U0936339

人民共和国的建设者

中国人民大学校友专访录精编版

（中卷）

RENMIN GONGHEGUO DE JIANSHEZHE

中国人民大学校报编辑部　编

中国人民大学出版社
·北京·

编委会

报效祖国
服务人民

勤荣

始终奋进在
时代前列

刘伟

目录

邵华泽：军旅人生　不负韶华

◉ 陈湘安

邵华泽简历

邵华泽（1933—　），生于浙江淳安。著名新闻学者。1951 年参加中国人民解放军。1957 年加入中国共产党。1960 年毕业于中国人民大学哲学研究班，毕业后继续在第二军医大学任教。1964 年后从事新闻工作，历任解放军报社编辑、副处长。1981 年任解放军报社副社长，1985 年任解放军总政治部宣传部部长，1989 年 6 月任人民日报社总编辑，1992 年 11 月任人民日报社社长、总编辑，1993 年起任人民日报社社长。1988 年被授予少将军衔，1994 年晋升为中将。中国共产党第十四届、十五届中央委员会委员，第四届全国人大代表，政协第九届、十届全国委员会常务委员。

我接受了采访人大校友的任务，来到解放军总政治部宣传部部长邵华泽的办公室。

当我向他提出采访的要求时，我们都笑了：他负责全军宣传工作，我是军事新闻战线的新手，常打交道，却不知对方是校友——一个采访者，一个被采访者，之间相隔20年，其中却有一条无形的纽带，那就是一所学校。真是有趣。

邵华泽1958年9月至1960年7月就学于中国人民大学哲学研究班。如今，他成为人民解放军的一位政治工作者和理论工作者，全军宣传工作的负责人。作为一个走出校门27年的学生，在中国人民大学成立50周年之际，回顾往事，他将有何感想？

他说，一个学校办好了，对在这所学校学习过的人的一生都会有很大的影响。

回想当年，邵华泽说："人民大学一些好的传统和校风，一直影响着我的思想、我的学习、我的工作。我没有什么贡献，人的贡献大小不是由地位高低来决定的。我现在能够用自己的知识和能力为军队建设出点力，是与在人大读书时打下的基础分不开的。"

我相信，这话绝无夸张之意。邵华泽1933年出生于浙江省淳安县。他中学未毕业，就赶上轰轰烈烈的抗美援朝运动。他所在的浙江省立严州中学，同学们纷纷写血书要求参军，以图报国。报名参军者近千，录取者仅三十，其中就有血气方刚的邵华泽。但结果他并没能在战场上大展身手，却被分配到第二军医大学，当了一名军校学员。不久后，由于工作的需要，他经过一年的集训，走上了理论教育的道路，同时也爱上了这一行。

1958年，邵华泽和一批干部进入中国人民大学哲学系深造。

25岁的邵华泽在班上算是年龄较小的。他和大多数人一样，把到首都高等学府学习看作是人生难得的机会，焚膏继晷，孜孜不倦。在人民大学，他也是品学兼优的好学生：学习成绩优良；

体育爱好者，系体协副主席；社会实践的积极参加者。在他的抽屉里至今还保存着上学期间在报纸、杂志上发表过的一些文章，还有一封听过他讲课的业余大学学员的来信。信中写道：学习之后，学员们的思想认识和文化知识有很大的收获，提高了工作效率。您这种为人民服务的共产主义风格，给了我们以鼓舞力量。毕业时，邵华泽获得了优秀学生奖，并被选为出席北京市高等学校先进集体和先进个人代表大会的代表。

毕业后，邵华泽回军医大学继续担任教员。后调往解放军报，担任过编辑、副处长，解放军报社副社长；曾当选为四届全国人大代表、党的第十三次全国代表大会的代表。

他发表过的文章和讲演已汇编为两本书——《生活与哲学》和《新闻评论写作漫谈》，分别于1983年、1987年出版，加起来近50万字。1985年第4期《哲学研究》发表了一篇题为《理论之花与生活之树》的文章，对邵华泽的书《生活与哲学》的特色做了评述。文章评论说，全书论及马克思主义哲学的“近百个哲学概念、范畴和规律”，“分析和解答了生活中的新情况、新问题，力求做出认识论上的理论概括，使理论和实际紧密联系，水乳交融”。书中文章“生动的现实感、鲜明的时代感和深刻的历史感，具有持久的生命力”。

做到这些，无疑需要坚实的基础。谈到这点，邵华泽流露出对中国人民大学深挚的情感。

回忆两年的学习生活，他认为中国人民大学有三个方面留给他的印象很深。一是学习风气很浓，学校很注意教育学生珍惜学习时间，刻苦钻研，并且鼓励大家多读一点马克思主义原著，力求打下坚实的理论基础。二是理论联系实际，注重培养学生分析、解决问题的能力，鼓励并组织学生写文章、编书、参加学术讨论会、到社会上去讲课、参加社会实践等，通过各种形式提高运用马克思主义的能力。这种做法不仅培养了学生的能力，而且增强了学生的社会责任感，使学生在在校期间就成为一个社会实践的参与者。邵华泽在学习期间就参加了《辩证唯物主义和历史唯物主义》与《〈唯物主义还是经验批判主义〉注释》两本书的编写，还到东城区工业业余大学讲了多次哲学课。三是校风很正。不仅教书，而且育人。学风严谨，作风朴素，真正继承了延安陕公的校风。学校领导平易近人，尊师爱生、团结友爱蔚然成风。邵华泽举了一个例子。一次，他一边走路一边看书，正巧遇到吴玉章校长，吴老和蔼地对他说，这可要伤眼睛的呀！老校长亲切的面容和关切的语气，至今仍留在邵华泽心里。他说，那时候同学们感到能到中国人民大学学习，胸前别上中国人民大学的校徽，是非常值得自豪的。

谈到希望，邵华泽说，中国人民大学办学的方向正确，为国家培养了大批理论骨干和多方面的人才，为社会主义事业做出了很大贡献，希望今后办得更好，特别是把培养学生为人民服务、为祖国建设奉献力量的好传统进一步发扬光大。

（原文发表于 1987 年）

贾文鸾：到祖国需要的地方去

◉ 陈骊骊　钟　扬　姚思宇

贾文鸾简历

贾文鸾（1933—　），华北大学1949级校友，曾任河北省邯郸市肥乡县人民政府司法科书记员、邯郸县银行会计师，1978年到邯郸地区卫生局工作，1982年到石家庄计生委工作，后调任河北省中医院总会计师。现已离休。

1949 年，满怀着为人民服务的热情，贾文鸾走进了中国人民大学的前身——华北大学。从那一刻起，一枚人大人的印记便深深烙在了贾文鸾的生命里。华北大学的生活，不仅给了贾文鸾学识上、见识上的滋养，更让贾文鸾加深了对"为人民服务"这五个沉甸甸的大字的理解与感情。"为人民服务"成为她一生奋斗与奉献的准则，成为她"采得百花成蜜后，为谁辛苦为谁甜"的最佳注脚。

从县政府司法科到县妇联，从银行到卫生局，从计生委到三甲医院，工作岗位更换之多与行业跨度之大，都没有成为贾文鸾人生道路上前进的阻碍，相反，正是在这丰富的阅历中，她践行了自己毕业时"到祖国需要的地方去"的诺言。

艰难困苦　玉汝于成

"我工作了几十年，还没好好回忆过过去的事儿。"贾文鸾坦诚地说。60 多年过去了，当贾文鸾再次谈起在华北大学的经历与生活时，记忆的闸门被缓缓打开，其中的线条虽有些模糊，但当年的一些细节却依然让她记忆犹新。

怀着对大学生活懵懂的认识，1949 年春天，贾文鸾正式来到华北大学就读。刚解放的北平处处百废待兴，位于西四韶光胡同的华北大学老校区也不例外，艰苦的校区生活给她留下了深刻的印象。"我们当时是在韶光胡同入学，那里有一个普通的两层楼宅子，那就是我们的宿舍。在那儿待了一两个月，每天睡觉的时候需要就地铺草，每个人只有二尺的地方，边上再用干草挡住一点儿。"实际上，20 世纪 50 年代的校园样貌，今天的人们已经很难想象。当时的华北大学既没有固定的教室，也没有像样的宿舍，更没有配套的生活区和娱乐区。采访中，贾文鸾给记者描述华北

大学曾经的校区："我们的宿舍原来就是一个教堂的旧址，屋子里除了一个走廊不能住人之外，其他各处都可以住人。"不但宿舍如此，教室亦是同样简陋。"那时我们每个人都分到一个马扎，所有的课都是大课，我们就坐在马扎上听。每人一支蘸水笔、一瓶浅蓝还有点儿紫红颜色的自制墨水，就是我们听课学习的全部装备了。"

学校的条件虽然艰苦，但贾文鸾从没有抱怨过什么，因为她深知正处于初建阶段的国家，资源还很匮乏。她明白自己的使命，明白自己来到大学学习为的就是将来把祖国建设得更好。谈到这里，贾文鸾说道："国家刚解放，需要的东西多了，便顾不上许多。这样也有好处，我们大家一起吃住，一起过苦日子，同学之间关系处得特别亲密。"高度的社会责任感与坚强果敢的性格，让贾文鸾选择用豁达的眼光看待那段艰难的岁月。就是在这朴实的回忆中，从她的眼神里、话语里，我们感受到的都是她无意间流露出的，对曾经的革命年代和大学时代的深情和怀念。

实际上，当时正处在新中国成立初期国家急需干部队伍的阶段，加之各项制度尚未健全，到 1949 年 10 月正式毕业时，贾文鸾在华北大学实实在在度过的时光还不到一年。然而在采访中，每每提及华北大学和今天的中国人民大学，贾文鸾都难掩对母校的自豪感与归属感，"我在这里树立了正确的人生观，树立了为人民服务的思想，树立了不讲个人条件、无条件服从组织分配的思想，这对我一生影响很大"。正是华北大学给贾文鸾的这份最宝贵的精神财富，让她在之后的工作、生活中始终保持着充足的干劲，不断学习各项技能，在各个不同的岗位上贡献着自己的力量。

踏实钻研的"百事通"

刚刚走出校门的贾文鸾充满着那个时代毕业生对工作的热情。

回想起当年毕业时的情形，她感慨地说道："我们那时候的主要想法是毕业了到艰苦的地方去，因为既然参加革命了，我们今后就是革命干部，第一点要做到的就是服从组织分配。所以我们那时的毕业祝词就是'到西北去，到江南去，到祖国最需要的地方去'。"这简简单单的毕业祝词在很多人看来只是一个属于那个时代的口号，但这祝词背后所蕴含的奉献精神在贾文鸾的心里却成为一生奉行的座右铭。

从河北省邯郸市肥乡县人民政府司法科的一名普通书记员，到银行部门精通各岗的会计师，再到三甲医院的审计师、总会计师，频繁的工作调换从未让贾文鸾感到厌倦或是抱怨，她反倒将这些当成组织上对自己的培养与历练。凭借着勤奋好学的精神和为人民服务的热情，贾文鸾积极学习各种技能，成为名副其实的"百事通"。

"我这个人不论在哪儿工作都干一门爱一门，学一门就干好一门。"1962 年，贾文鸾服从组织安排从文教局调到银行部门工作，在银行一待便是 16 年。刚去的时候贾文鸾并不懂得银行业务，除了小学时学过几天算盘，其余的业务技能几乎一概不知，但就是凭借着那份独特的执着与专注，她决心从零开始学习。聊起那段往事，贾文鸾说："我的好奇心很强，所以好学心就强，自己的工作做完了，就看着别人做，看着看着就会了。除了出纳工作由于纪律原因不能看，其他的我都看、都学。比如信贷，什么情况下贷款、贷款需要哪些手续、什么情况下不能贷款，我慢慢地就都懂了。有时候信贷岗位上有同事请假，我就能替他，联行的同事请假我也能替。到最后，银行的岗位我几乎都干过，但我自己这么多年从来没请过假。"从最开始简单的记账工作，到后来会计、信贷等业务的样样精通，贾文鸾用努力证明了自己的能力，也践行了无私奉献的毕业诺言。

生命不息　奉献不止

1988年，本应离休安度晚年的贾文鸾又接到了新的任务，组织上请她到河北省中医院对财务工作进行梳理和统筹。一到中医院，她就深入细致地查看了所有账目的支出和使用情况，发现了很多长期存在的问题，并提出了简便而有效的解决办法。其中最为明显的一个问题，是这所具有75年历史的大型三甲医院竟然只有一个对公账户，财政拨款和医疗收入全部混在一起，这直接造成了银行利息的多年流失。贾文鸾给出的“诊断意见”很简单：开设一个单独的对公账户，专门处理财政拨款，已有的账户只用于处理医疗收入。她的审计报告一出，每年为医院挽回十余万元的损失，对此，贾文鸾笑称“每个月帮医院创造一个‘万元户’”。

靠着一股韧劲儿“走到哪儿学到哪儿，学到哪儿会到哪儿”，她在不同工作岗位上奋斗了几十年。贾文鸾每每谈起过去的点滴，言语间还是那样充满着热情。“到祖国需要的地方去”这一目标，在她丰富的人生阅历里，已不仅仅意味着空间与岗位的跨越，更是一种内化的精神，一种需要长久传递下去的价值追求。

华大校歌中的一句话至今仍让贾文鸾记忆深刻：“文化的先锋队要掌握最进步的科学艺术。”谈到这儿，贾文鸾谦虚地说：“我们这一代人没有掌握足够知识，这一点我一直觉得很欠缺。”面对如今社会的进步与各项条件的不断改善，结合自己的人生经历，她对大学生有着中肯的建议与殷切的期望：“现在的年轻人要珍惜这个环境，既然有了学习科学文化知识的机会，就要珍惜这个机会，珍惜这个年龄段，抓住这个宝贵机遇，要真正掌握有益于国家的知识，争做文化的先锋队，到祖国需要的岗位上去，为国家做出应有的贡献。”

60多年的光阴洗刷不掉一个学生对母校的关心与情感。当了解到母校现在的校徽所体现的“人民、人本、人文”的精神与中国人民大学名字的深刻寓意后，贾文鸾连声赞叹：“这个名字好!”“我们要把它办成世界一流的大学，要朝着这方面努力，这是我最希望的。”

（原文发表于2017年）

萧灼基：理想路上的求索者

◉ 程秋芬

萧灼基简历

萧灼基（1933—2017），出生于广东潮阳。1953年9月考入中国人民大学计划经济系政治经济学专业，因品学兼优于三年级就被推荐读经济思想史专业研究生，师从中国著名经济学家宋涛教授。1959年7月研究生毕业后被分配到北京大学经济系任助教，1992年开始享受国务院有突出贡献专家特殊津贴。曾任全国政协委员，全国政协经济委员会委员，北京大学经济学教授、博士研究生导师，北京市场经济研究所所长，《经济界》杂志社社长兼总编。主要研究方向是经济体制改革的理论问题和《资本论》，出版个人专著15部，发表论文数百篇，主编著作20余部。其1981年发表的文章《关于改革经济管理体制的若干设想》在理论界首次提出了国有企业所有权和经营权两权分离的理论，荣获首届孙冶方经济科学论文奖、全国改革与发展金三角奖。

在北大西门附近的畅春园，我采访了校友萧灼基先生。萧老师刚刚开完政协会议，采访是在他繁忙的日常安排中插空进行的，多少显得有些匆忙，但却丝毫不掩这位著名经济学家的睿智和豁达。

读书、教书、写书是我的人生经历，也是我的座右铭!

萧灼基，1933年12月出生在广东潮阳，从小，萧灼基就表现出了极高的悟性和极强的综合分析能力，再加上他的勤奋好学，学习成绩一直非常优秀。别家的孩子常常因为学习成绩不好挨打挨骂，萧灼基却从不为学习烦恼。除此之外，萧灼基还特别热衷于参加和组织各种社会活动。在汕头中学读书时，萧灼基就担任过学校的学生会主席，还担任过汕头市学生联合会宣传部部长。职务虽不大，按他的年龄、他的身份来说也算拔尖人物了。其实还不仅如此，就在这期间，萧灼基还被选为汕头市第一、二届人民代表，出席过市里的人民代表大会。萧灼基的爱好是很丰富的，学习和生活也缤纷多彩。他读书、学习，虽说还没有什么具体的人生方向，但基本思路是明确的，那就是：努力学习，健全自我；提高能力，造福社会。这一思路指引了他一生的实践。

萧灼基是新中国成立之初读的高中。当时的祖国百废待兴，一派生机初露，几乎每个青少年的心里都怀着一份雄心壮志。萧灼基也在心里描绘着美好的未来：做一名新中国的外交官，穿梭往来于世界各国，用自己的才华和热情为新中国的发展创造条件。一想到这些，年轻的萧灼基不免美滋滋的，所以，如果说当时的萧灼基积极参与各种校内校外活动有什么明确的目的的话，应该就是外交官的梦想在牵引着他。但是，第一个五年计划热火朝天的经济建设点燃了萧灼基年轻的心，他报考了中国人民大学计划

经济系。他毫无悔意地说："与外交比起来我更喜欢经济学。"大学期间，他各门功课全优，被推荐为研究生，攻读经济思想史专业，师从宋涛、苏星、张朝尊和苏联卡拉达耶夫等名师。在人大，他博览群书，学习兴趣十分广泛，除中外历史学、政治学、哲学、经济学著作外，还大量阅读了文学史、古典小说、诗歌等，获得了丰富的知识，为后来的研究著述工作打下了坚实的基础。1959年毕业后，他被分配到北京大学经济系任教，1979年6月晋升为讲师，1980年12月晋升为副教授，1985年9月晋升为教授。

萧灼基最爱做的三件事是读书、写书和教书。

说起萧灼基的经济学启蒙，还有一段有趣的故事。"文化大革命"时，萧灼基作为知识分子自然也逃不掉隔离、审查等常规"待遇"，在这段日子里，物质上的匮乏尚可忍受，不让读书、无法思考才是对一个知识分子最残酷的惩罚。机敏的萧灼基当然有办法应付，他灵机一动，主动对审查人员说要按照毛主席的要求读马列著作。读别的书自然不行，但读马列却是光明正大。审查人员很快满足了萧灼基的请求，给他找来了马列书籍，这些在一些人看来味同嚼蜡的文字，在萧灼基眼里却是字字珠玑。他几乎是逐字、逐句地阅读，一边读，一边思考中国当时的经济、政治等情况。在那种极不自由的情况下，萧灼基获得了精神上的极大愉悦，让自己的思想遨游在博大无际的经济学领域，汲取知识所提供的自由养分。不仅如此，那还是一段非常珍贵的"科研时光"，他就是在那时开始了对中国经济问题的认真思考。

未名湖畔，博雅塔旁，经历了中国从计划经济体制到社会主义市场经济体制的转变，他从一个热血青年成长为一个观点鲜明新颖、理论大胆超前的著名经济学家。在此期间，他出版个人专著12部，发表论文数百篇，主编著作20余部，专著和编著总计近2 000万字。现在的萧灼基已经桃李满天下，他的学生有的成为重要的党政军领导干部，有的成为知名教授、博士生导师，还有的

成为成功的企业家，成为新一代国家栋梁。他的足迹也遍及除西藏外的全国各省份，包括台湾地区。他还是国防大学第一个不穿军装的兼职教授，主持了多届国防经济学博士和硕士学位论文答辩。

我是坚定的马克思主义者，过去是，现在是，将来也是！

1956年，学术界发生了两件大事，对萧灼基一生产生了重要且持续的影响。其一是《马克思恩格斯全集》中文1版第1卷出版，其二是梅林的《马克思传》中译本再版。当时，他正提前攻读研究生，读了这两本书后，他立下平生两大宏愿：一是要通读《马克思恩格斯全集》，二是写马克思和恩格斯传记。那时他并不知道《马克思恩格斯全集》有多少卷，但他以一生的努力去实现这个志愿。几十年间，他不仅读马恩著作，也读了大量的哲学史、经济思想史、国际共产主义运动史、空想社会主义史等哲学、经济学、历史学著作，具备了广博的知识面。现在，他是国内少有的通读《马克思恩格斯全集》50卷的学者之一，他撰写马克思和恩格斯传记的愿望也已基本实现。1983年，马克思逝世100周年之际，他的《马克思的青年时代》一书出版。1985年，恩格斯诞辰165周年之际，42万字的《恩格斯传》出版，这是由中国学者撰写的第一部恩格斯学术传记，出版后获得学术界的高度赞誉，荣获北京大学首届社会科学成果（著作）奖，60万字的《马克思传》初稿已经完成，出版指日可待。

为了写《马克思传》，他曾于1998年到欧洲考察，沿着马克思生活和工作的足迹，寻访了德国特利尔马克思的故居，马克思就读的波恩大学，马克思最初进行革命活动、创办《莱茵报》的科隆，马克思思想转变的重要地方巴黎，及其马克思生活时间最

长、研究和写下了《资本论》并长眠于斯的伦敦。萧灼基参观了大英博物馆，到伦敦海格特公墓的马克思墓前去瞻仰和献花。10天的时间，他马不停蹄，跑了八个国家，拍了上千张照片。“我这一辈子最大的心愿就是要沿着马克思平生活动的地方进行参观访问，1998年终于实现了这个心愿，我非常高兴。”10天的行程，非常顺利。“我国驻英大使馆的同志听说我们是专程去拜谒马克思墓，非常感动，连说了几个‘难能可贵’，这也是对我们的鼓励。”萧灼基说：“我的研究工作取得一定成绩，应归功于伟大的马克思经济学说，马克思恩格斯对科学的探索精神和辩证的研究方法对我的研究工作有着深刻的影响。”

曾有不少人对从中国改革开放之始就站在市场经济研究前沿的萧灼基现在还是不是马克思主义者表示质疑。1996年，在美国芝加哥一个学术研讨会上，在萧灼基做完报告后，就曾有人提问：“你过去讲马克思主义，现在讲市场经济，请问你还是不是一个马克思主义者?”萧灼基当即明确回答：“我过去是一个坚定的马克思主义者，今后我也依然会是一个坚定的马克思主义者。实行市场经济绝不会动摇我对马克思主义的信仰。”1998年，他在香港讲课，有一位外国人俏皮地问：“您过去是研究马克思的，现在又要研究市场经济，那么，请问您是在马克思那边感到舒服呢，还是在市场经济这边感到舒服?”萧灼基幽默地说：“我感觉用马克思的思想方法来研究市场经济最舒服。”众人大笑，掌声雷动。“有人认为，搞改革开放、搞市场经济就是要放弃马克思主义，这是一个极大的误解。”萧灼基认为：社会主义和市场经济是可以兼容的。有的社会主义国家不搞市场经济，那么它的经济就会越来越困难；有的国家不坚持社会主义，那么它解体了，国力也由强变弱；中国是既坚持社会主义又搞市场经济，我国的经济有了一个突飞猛进的发展，这是全世界有目共睹的。

经济学是经世济民的学问，经济学家必须贴近实践！

作为在计划经济条件下成长起来的一代经济学家，思想受计划经济的影响很大是不言而喻的，但同样隶属于这个阵营，萧灼基却通过把理论研究紧密贴近实践，在边实践、边研究、边总结、边摆脱旧体制的束缚中，努力走出了一条用马克思主义的理论和方法来研究市场经济的新路。

有评论称萧灼基是一个“离实践较近的经济学家”，事实确是如此。他把大部分时间用于参加实践活动，出席各种研究实践问题的会议，考察地方的工厂企业，与地方官员、企业家及方方面面的人员联系交往。他每天都要看十几份报纸，从这些报纸中发现大量的与市场经济实践相关的信息。他说：“我非常赞同马克思的一个观点：以往的哲学家是认识世界，说明世界，但更重要的是应该去改造世界。当前的改革开放就是一场伟大的实践运动，作为一个经济学家，研究的目的就是为了正确地认识世界，从实践中找出规律性的东西，来参与改造世界的活动。”

我国实行改革开放以来，萧灼基围绕社会主义市场经济进行研究，内容涉及从产权制度改革到地区经济，从经济结构调整到资本市场等广泛的层面。

1981 年，改革开放刚刚开始，他就在《关于改革经济管理体制的若干设想》中，在理论界首次提出了国有企业所有权和经营权两权分离的理论，荣获首届孙冶方经济科学论文奖、全国改革与发展金三角奖；在 80 年代后期，又提出“在社会主义初级阶段，资本主义因素的存在不仅是不可避免的，而且对社会主义生产力的发展有着积极的作用”，这个在现在看来不算新奇的理论，在当时提出来却需要相当的勇气；1989 年，在《商品经济是我国

改革与发展的基本思路》等文章中，提出“有计划商品经济本质上是商品经济，必须突破劳动力和国有企业不是商品”的理论；1991年，又提出“商品经济就是市场经济”，并对市场经济的特征、功能等做了详尽的论述……他的一些观点，当时曾被有些人视为异端，但经过实践的检验，证明是正确的。

萧灼基在股市上的“神机妙算”使他在理论界有“萧股市”之誉，地方上称之为“股神”，而他则自称“股人”。作为“七五”国家社会科学重点研究课题“股份经济研究”的课题主持人，他是我国较早涉足中国证券市场理论研究的经济学家之一。他主编的《股份经济学》是我国最早介绍股份经济的著作，500万字的《中国证券全书》则是迄今为止有关证券市场最全面、最系统的工具书。1999年初，证券法刚刚公布，他就组织了一批专家，主编了370万字的《证券法实务指南》，并出版了论文和讲话结集《谈股论金》，对规范证券市场发挥了一定的作用。同年，他又提出保险资金要进入股市和改变发行办法，拿出一部分新股在二级市场上配售。这些意见受到有关部门的重视。

作为全国政协委员，他积极参政议政，1998年在全国政协提案，按十五大精神修改宪法，把“邓小平建设有中国特色社会主义的理论”，“以公有制为主体，多种所有制经济共同发展，是我国社会主义初级阶段的基本经济制度”和“非公有制经济是社会主义市场经济的重要组成部分”写进宪法，这在1999年宪法修正案中得到了反映。

正如他所言：“经济学是经世济民的学问，经济学家必须贴近实践!”结束了对萧灼基的采访，我感触颇深，萧老师对理想不懈的追求，对民族、国家深深的责任感，值得我们每一个从事经济学研究的人学习。

（原文发表于2002年）

刘放桐：做学问要有全面和科学的态度

◉ 郭卫民

刘放桐简历

刘放桐（1934— ），生于湖南桃江。1956年初入中国人民大学哲学系做西方哲学史专业副博士研究生。毕业后到复旦大学哲学系任教至今，1984年特批为教授，1996年被授予首席教授荣誉称号，2008年被聘为复旦大学文科特聘资深教授。曾任中国现代外国哲学学会理事、副理事长，2004年起任顾问。曾任国务院学位委员会哲学学科评议组成员，第一届高等学校哲学学科教学指导委员会副主任。1998年起任国家哲学社会科学基金哲学学科评议组成员。曾任教育部“长江学者”学科专家评议组成员，复旦大学哲学系西方哲学学科的学术负责人、现代哲学研究所第一任所长、哲学系博士后流动站第一任站长等。著有《现代西方哲学》《实用主义述评》《现代西方哲学述评》等书。参加编写或主编有十余种著作，发表论文80余篇。2004年任复旦大学杜威与美国哲学研究中心主任。

1988年2月的上海，隆冬的寒意裹挟着节日的气息。那年春节前的一天，我们在北郊复旦园内采访了著名的哲学教授刘放桐。刘放桐是以主编《现代西方哲学》一书而闻名的。在20世纪80年代初我国社会科学理论处在百废待兴的时候，这本全面介绍现代西方哲学的著作脱颖而出，引起了人们的高度重视和赞赏。当我看到这本厚厚的哲学巨著时，以为刘教授一定是位头发斑白、带着老花镜的学究。可初次见面，我却发现现实中的他与我的想象迥然相异：活泼的神态，随意的谈笑，54岁的他全然是副中年教师的模样。我们很快就轻松而愉快地交谈了起来。

刘放桐是1956年作为第一批，也是唯一一批副博士研究生进入人大学习的。在“向科学进军”的口号声中，他成为人大在苏联专家帮助下试招的3名副博士研究生之一。一谈起在人大的学习生活，刘老师便神采飞扬，滔滔不绝地讲起难忘的往事，数次道起给他留下深刻印象的老师和同学。同时他也不无遗憾地说：在人大学了四年，可是课本上的东西基本没学什么。1957年开始了“反右”，大家也就谈不上什么学习积极性了。那时，学校常组织师生劳动、下乡。当然，在人大的学习生活和人大对他的培养在他一生中留下了重要的影响。1961年他被分配到了复旦大学，而他的一些同学像邢贲思、徐崇温等都留在了人大。

到了复旦大学后，他先是协助全增嘏教授开设当时称为“现代资产阶级哲学批判”的课程，第二年便开始独立开课。长期以来由于受“左”的思潮干扰，西方哲学的教研活动受到了很大的限制，尤其是在十年“文革”期间，这门课完全被取消了。直到粉碎“四人帮”后，这门课才得以重新恢复。1981年，刘放桐在其他一些同志的帮助下，将长期积累的讲稿和研究成果编辑出版了《现代西方哲学》一书，这本书在当时被教育部列为高校哲学专业统编教材。刘放桐说，这本书当时出版是很不容易的，花了不少力气，但仍有不少内容陈旧了，所以1985年后又进行了修

订，现已出版了修订本。近些年来，刘放桐除了主要从事西方哲学的教学研究外，还参加了《自然辩证法》杂志的编辑工作和作为“六五”和“七五”期间全国社会科学重点科研项目的《哲学大辞典》的编写工作。1984 年他得到特批，被评为教授职称，带出了一批硕士、博士研究生。除了教研任务外，每年他有大量的时间在外参加学术讨论会及教委组织的学术评定、评奖等各类会议。

人们说，从事西方哲学研究的人，思想一般比较解放。刘放桐诙谐地说自己是“老年人中的开放者，青年人中的保守派”。他说，近几年来哲学界思想比较活跃，是很可喜的。我们长期以来所讲授的马克思主义哲学距离当今的社会现实太远，一定要改造。现在最重要的任务是还其本来面目。我们要改变传统讲授的内容就是正统的马克思主义的根深蒂固的观念，去掉一切形形色色的非马克思主义的东西。譬如，我们以前讲马克思主义哲学，只讲唯物主义和唯心主义斗争，其实马克思主义哲学的内容应是非常广泛的，而且唯心主义中也有科学的成分。他说，马克思主义是开放的学说，它必须容纳人类发展过程中的一切精华。马克思以后的西方哲学并不是比以前的哲学倒退了，而是进步了，我们要进行认真的研究和吸收。他又强调说，我们在发展马克思主义哲学的过程中要防止从一个极端走到另一个极端。现在几乎还没有哪一家哲学像马克思主义哲学那样全面和完备，认真学习和掌握，对于提高我们的理论思维能力是很有帮助的。他说，过去有些老先生在西方哲学或中国哲学某个领域研究很深，但难以真正有所建树，一个重要原因就是不懂马克思主义哲学。所以我们一方面要坚持以马克思主义为指导，另一方面要发展它，不可偏颇。

我们的话题转到了如何对待当今在社会上流传的各种西方哲学思潮的问题，刘放桐认为，出现各种流派思潮是改革开放的必然产物，它也有助于我们进行科学的分析和研究，帮助我们借鉴

其中积极的部分。但在这个过程中要防止简单化。过去是简单地排斥、反对，现在要反对简单地引进，尤其是做些不准确的介绍。他举例说，前几年发表了很多关于萨特主义的文章，其中很少有没有错误的。这样的引进缺少科学的态度。

说到做学问的态度，刘放桐表示他信奉这样的格言：一是踏实，二是拼劲。他说，做学问要有全面和科学的态度，所以要求踏踏实实，同时要有毅力。他用自己的奋斗经历，说明了拼劲的重要性。1986 年后，他身体很不好，并曾被怀疑为患有肝癌，但他在病床上咬着牙关，坚持《现代西方哲学》书稿的修订工作，硬是拼了下来。

在采访的最后，刘放桐也谈了对人大所寄予的期望。他说：人大有着很好的传统，有着雄厚的科研教学力量，这些优势要保持；同时要克服人大由于历史的原因所造成的缺陷，一定要进一步加强开放，使之保持为真正的我们国家第一流的大学。

刘放桐说：“我治学的主要思想是勤奋、踏实、勇于克服困难，目标一经确定，就要不怕任何艰难险阻，一干到底，决不半途而废。”

（原文发表于 1988 年）

李泽民：坚定清醒有作为

◉ 李梦超

李泽民简历

李泽民（1934— ），四川苍溪人。1950 年 2 月参加中国人民解放军。1952 年参加抗美援朝战争。1954 年加入中国共产党。1960 年毕业于中国人民大学中共党史系。历任中国人民大学函授学院马列主义理论教研室助教、院部教材编审组负责人，中国人民大学函授学院沈阳教学辅导站主任秘书、副主任。“文化大革命”中受冲击，下放农村劳动。1983 年后历任中共沈阳市委常委兼宣传部部长，沈阳市委副书记，辽宁省委副书记，辽宁省委副书记兼沈阳市委书记。1988 年 12 月至 1998 年 9 月调任中共浙江省委书记。1993 年 1 月当选为第八届浙江省人大常委会主任。1998 年 1 月当选为第九届浙江省人大常委会主任。中共第十三届、十四届中央委员，第八届全国人大代表。

1997年3月8日，我们一大早就来到北京市西城区毛家湾皇城宾馆。参加全国人大会议的浙江代表团驻在此地。在戒备森严的宾馆门前，经过仔细的盘问，警卫终于答应把采访浙江省委书记、省人大常委会主任李泽民的介绍信转交给浙江代表团。3月10日晚，电话铃声响起，李泽民的秘书谢国建来电话说："泽民同志平时不太愿意接受采访，但对母校来的同志一定要看望。"这消息真让人喜出望外。

早就知道李泽民书记是我们的校友，我们也通过中央电视台、浙江卫视等媒体对他深入基层调查研究、亲临突发事件现场和抢险救灾第一线的活动有所了解。然而，作为我国沿海省份的省委书记，他对全省经济和社会发展所进行的思考与探索，他有着什么样的人生体验和内心世界，我们所知道的却只是一鳞半爪。

3月13日，我们在霏霏春雨中如约来到皇城宾馆，在一间有两个床位的极普通的客房中，李泽民亦书记亦师长、充满智慧而思路明晰的漫谈，留给我们鲜明的印象：坚定、清醒、有作为。

一

李泽民1934年11月生于四川省苍溪县。1950年2月，苍溪县城解放，正在高中一年级读书的他年仅15岁，就毅然参加了中国人民解放军，在部队政治处做宣传工作。其时，在解放军势如破竹的强大攻势中，被击溃的国民党军残兵败将流窜入山，与地方封建势力反动武装勾结在一起为非作歹、气焰嚣张，李泽民随同部队开进大巴山剿匪。抗美援朝战争爆发后，李泽民加入中国人民志愿军，做新兵组训工作。1954年6月，他光荣地加入了中国共产党。战争结束后，部队选派他到省军区军政干校学习政治理论。1956年初，他转业到中共贵州省贵定地委，做直属城关区

委秘书。1956 年，党中央召开知识分子工作会议，发出了“向科学进军”的号召，李泽民深受鼓舞，他利用业余时间补习功课，并以调干生的身份考取了中国人民大学，揭开了生活道路新的一页。当年在贵阳报考者有 700 多人，有幸被录取到中国人民大学的只有 11 人。8 月，李泽民从贵定乘汽车到广西金城江转乘火车，一路憧憬一路风尘地来到北京。当时的情景他至今记忆犹新：“我们在铁一号报到，校舍在海运仓辅仁大学旧址，我们党史系的学生住在灰楼。”

中国人民大学的前身是延安的陕北公学，具有光荣的革命历史。进城之后，学校继承和发扬了我党在根据地、解放区办教育的优良传统。虽说人民共和国进入多事之秋，校园中难免风风雨雨，师生们也身不由己地卷入了一些政治运动，李泽民也曾受到某些伤害，但是学校重视马克思主义基本理论教育，坚持学习马列经典著作，使学生终身受益。李泽民说：“这样的教育对于我以后在工作中包括走上领导岗位之后，能够坚持正确的政治方向，政治上保持清醒，用理论思维思考问题驾驭全局，具有重要意义。”学校重视理论联系实际，鼓励师生了解社会，接近工农，倡导艰苦朴素的作风，加强党的建设，开展卓有成效的思想政治工作，都给李泽民留下了难以磨灭的深刻印象。他现在还能记起：他曾到四季青西山脚下的一个村子办过人民公社，边参加劳动，边在场院中上国际共运史课；也曾参加过北京市委组织的城市人民公社调查，在街道办事处居委会协助工作；还曾在顺义农村参加过“社教”。无论在海运仓，还是在西郊，上课、听报告、看电影、看演出，都带着一个马扎，一个班十几名党员组成一个党支部，没有班主任、辅导员，完全是自己管理自己。说起这些，李泽民如数家珍、万千感慨。

1960 年，李泽民大学毕业后留校工作，任函授学院马列主义理论教研室教师、院部教材编审组负责人。中国人民大学函授学

院担负着在职干部理论教育的任务，教育对象包括国营大中型企业厂长、党委书记，党政机关组织部部长、宣传部部长等。除了马克思主义理论课，还有财政金融、工业经济、贸易经济、会计、统计等应用课程。李泽民从6月起冒着酷暑备课，到秋风习习的9月就登上了讲台。当时人大函授学院空前兴旺，办班很多，在职干部学习热情高涨。李泽民穿梭往来于北京、天津、呼和浩特、太原、张家口、沈阳等地讲课，参与编审了20多种教材。他继承发扬了何干之、胡华、尚钺、戴逸、彭明等名师严谨治学的作风和无私奉献的敬业精神。

“文革”初期，李泽民被说成是“修正主义黑苗子”受到冲击。1969年底他去辽宁随爱人工作单位沈阳农学院下乡走“五七”道路。李泽民一步三回头地离开了无限眷恋的人民大学。他一往情深地说：“在人民大学学习工作先后14年，这是我人生中很重要的一段。”

二

1970年春节，东北大地寒风刺骨、滴水成冰。李泽民同爱人、孩子一起，下放到辽宁、内蒙古、吉林三省区交界处的三江口农场参加劳动。此后在农村经历了五次搬家，辗转于辽北与辽西。1973年，毛泽东说大学还是要办的，尚在辽北农村的沈阳农学院开始招收工农兵学员，其中就有“白卷先生”张铁生。李泽民回学院给学生讲授毛泽东的《实践论》《矛盾论》，以及《共产党宣言》《国家与革命》《哥达纲领批判》《反杜林论》等马列原著。邓小平恢复工作后，中央开始抓整顿，着手纠正“左”的错误。李泽民理论联系实际，在课堂上讲解正确处理革命与生产、红与专的辩证关系，却被张铁生把持的工农兵“上管改”组织说成是散

布右倾言论、攻击“文革”、否定“文革”。张铁生炮制了所谓第二份新答卷，据此编造了一个否定“文革”、反对毛泽东思想、搞资本主义复辟的反动学术权威，含沙射影攻击李泽民。这份“答卷”被江青、毛远新利用，作为“批邓、反击右倾翻案风”的政治工具，在《人民日报》头版头条公开发表。李泽民对此种卑劣行径十分气愤，立即找工宣队争辩评理。一位老工人对他说了模棱两可又发人深省的一句话：“不要着急，运动后期再作道理。”果然，在“四人帮”被粉碎后，李泽民在政治上一切不公正的对待得到彻底平反，他的人生道路又发生了重要转折。

1977 年起，李泽民先后任沈阳农学院马列主义教研室副主任，院党委委员，党委宣传部副部长。1982 年底，在干部“四化”潮流中，李泽民被推上沈阳市委常委兼宣传部部长的岗位。1984 年他出任沈阳市委副书记。1985 年任辽宁省委副书记，负责意识形态战线，主管宣传、教育、科技、文化、统战、政法等方面的工作。1986 年，任辽宁省委副书记兼沈阳市委书记。

沈阳是中国最早的计划单列市之一，是国家体改委批准的第一批综合改革试点城市。李泽民和市委一班人，为探索城市经济体制改革，探索国有大中型企业的改革，做了大量卓有成效的工作。在他主持沈阳市委全面工作期间，发生了 1986 年的全国性学潮。李泽民亲身走上维护稳定的第一线，旗帜鲜明地坚持四项基本原则，反对资产阶级自由化。他与沈阳 30 多所高等学校的校长、党委书记一起及时分析动向，研究对策，积极做大学生的思想工作。结果，在不少大城市局势较为严峻的形势下，沈阳高校学生没有贴大字报，没有上街游行。

1988 年 12 月 16 日，宋平在北京约见了李泽民，宣布中央决定调李泽民去浙江主持省委工作。李泽民虽然感到意外，但是作为党员的他懂得组织决定的分量，也深知责任的重大。月底，李泽民单人独骑走马上任，来到浙江这个美丽富饶、名人荟萃的沿

海省份。

三

在处理重大斗争、突发事件、日常事务的繁忙之中，初来乍到、人地两生的李泽民，不辞劳苦，熟悉省情，两年内跑遍了全省 80 个市县以及大部分国有大中型企业、大专院校，取得了工作的发言权和主动权。

浙江省 4 400 万人口，陆域面积 10 万平方公里，人均耕地只有半亩，缺煤少铁无油，陆地矿产资源短缺。过去长期地处海防前线和对台前沿，沿海岛屿解放较晚。在“打完仗再建设”思想的影响下，国家投入少，重点工程少，国有企业比重不大，经济结构是以轻纺工业为主的轻型经济结构。改革开放以后，虽然被确定为沿海开放省份，但没有经济特区，没有享受像广东、福建、上海浦东等地对外开放的特殊政策。根据这样的实际情况，浙江几届省委特别是李泽民主持省委工作以来，认真贯彻邓小平南方谈话重要精神，解放思想，实事求是，紧紧把握经济建设这个中心，围绕全党全国工作的大局，把党的路线方针政策、中央的精神与浙江省的实际情况结合起来，总结干部群众创造的新经验，发挥浙江人才优势和浙江人民勤劳智慧、敢冒风险、善于经营的长处，为发展生产力创造相对宽松的政治环境、舆论环境，探索符合浙江省情的经济社会发展路子。全省保持了较好的发展势头，20 世纪 90 年代的浙江经济社会发展又上了一个大台阶。

李泽民特别介绍：“浙江省委坚持执行以公有制为主体、多种所有制经济共同发展的方针，允许各地区从实际出发，探索符合本地实际情况的经济发展路子，比如温州和台州、杭嘉湖、绍宁等不同区域都建立了适应本地情况的经济发展格局，有效地推动

了生产力的发展。”

李泽民告诉我们：“浙江省委一条重要经验，就是对于改革中探索的问题，我们坚持实事求是的态度，不搞无谓的争论。”在邓小平南方谈话发表前，浙江是是非非的事情不少，争论的问题也比较多，比如对温州的经济发展格局就褒贬不一、众说纷纭。有人评论说，温州除了没挂国民党党旗之外什么都有；也有人认为温州是走资本主义道路的典型。对于这些议论，李泽民采取非常审慎的方式加以处理。省委也统一了认识：对温州的经济格局，不搞无谓的争论。只要是生产力真正发展了，老百姓富裕起来了，省委就支持继续探索和试验。李泽民强调说：“不争论不等于不引导、不管理，不等于撒手不管、放任自流。”浙江省委对于在经济体制改革过程中出现的家庭联户经济、个体私营经济，既注意到它们出现的某种合理性，又注意它们发展的动态性，引导它们在进行二次创业中向规模经济、股份合作经济方向发展，引导个体私营者先富帮后富，走共同富裕之路。

也正是坚持以公有制为主体、多种所有制经济共同发展的方针，浙江省形成了符合省情、适应社会主义初级阶段生产力发展水平的所有制结构。1996 年，在全省工业增加值中，国有工业占 15.8%，集体工业占 46.0%，个体私营工业占 30.8%，三资工业占 7.4%。国有工业总资产绝对额的增长高于全国水平。在关系国计民生的能源、交通、原材料产业中国有企业仍然占优势，在国民经济中继续发挥着主导作用。由于浙江省国民经济的市场化水平比较高，各种资源通过市场机制进行有效配置，国有经济也就比较早地面向市场转换机制，因而在多种所有制经济竞争中，浙江国有企业的机制相对活力强一些，适应市场的能力也强一些。浙江以市场取向改革起步早，乡镇企业异军突起，股份合作经济十分活跃，商品市场十分发达，区域经济很有特色，再加上二三百万人在全国务工经商，多种所有制形式，多种公有制实现形式，

多种经营方式，促进了生产力要素的流动组合，极大促进了生产力的发展，推动了经济总量的增长。1996 年全省生产总值达到 4 150 亿元，在全国名列第五位；人均生产总值在全国名列第三位；农民人均纯收入达到 3 463 元，在全国名列第三位，比全国平均水平高出一倍多。

李泽民对浙江改革开放和经济社会发展所取得的成绩是充分肯定的，但他始终坚持一条原则，就是少说多做，少宣传和不宣传个人，不事声张，也不张扬自己和浙江有什么经验，多埋头苦干，扎实工作。对浙江经济发展中存在的问题，李泽民显得十分清醒。他说，和沿海兄弟省市相比，浙江还有一定差距，特别是在经济结构、经济效益和发展后劲方面还存在不少突出问题。1996 年，在全省经济工作会议上，李泽民特别指出，实现经济体制和经济增长方式两个根本性转变，关系浙江经济发展的兴衰成败。两个根本性转变中，经济增长方式由粗放型向集约型的转变在浙江难度更大一些，这是长期的艰巨的任务。要把实现两个转变作为整个经济工作的根本指导思想，努力改善经济结构，提高经济素质，增加经济效益，增强发展后劲，从而把浙江经济推进到更加健康的发展轨道。

四

无论是经济建设、改革开放，还是党的建设、精神文明建设，在省委做出重大决策之前，省委书记李泽民事先总是经过充分论证，广泛征求各方面意见，进而深入一线调查研究，试点总结经验。

1996 年浙江省委制定到 20 世纪末的山区开发建设和扶贫攻坚规划，李泽民先后用了半个多月时间深入浙西南山区做调查研究。

对山区贫困县，李泽民曾做过多次调查研究，并请省新闻单位将山区人民的贫困情况拍成电视片向全省播放。几年过去了，贫困县的变化到底有多大，脱贫致富情况如何，他要通过实地考察做到心中有数。在调查研究、倾听干部群众意见、总结典型经验的基础上，他在丽水主持召开了山区开发和扶贫工作会议，对这项工作做了新的部署。省委的规划提出，浙江省所剩的4个贫困县1997年都要摘掉贫困帽子。

1994年，17号台风在浙江温州登陆，风雨潮“三碰头”出现了百年不遇的大灾，死亡1 000多人，造成巨额财产损失。灾害发生的第二天，正在浙江西部抗旱的李泽民就乘小飞机赶到台州，转陆路连夜赶到温州，到第一线了解灾情，领导抗灾救灾工作。

浙江省乡镇企业所占比重很大，在工业领域已是三分天下有其二。那几年乡镇集体企业深化改革，转换经营机制，搞股份制、股份合作制，取得了很大成绩，如何规范乡镇集体企业的转制工作，做到既坚持以公有制为主体，又能使企业具有很强的活力，这是浙江企业改革中的重要课题。带着这个课题，李泽民搞了几年的调查研究，在此基础上，总结典型经验，形成决策，并经省委同意，召开地市委书记会议，统一思想，贯彻实施。

在发展社会主义市场经济条件下，在农村二、三产业快速发展的同时，如何稳定农业，特别是稳定粮食生产，是沿海经济发达地区遇到的一个突出问题。1994年，省委、省政府按照中央的要求，努力稳定农业特别是粮食生产，大灾之年粮食生产总量与上年基本持平。1995年初，经李泽民提议，省委做出了“横下一条心，打好粮食翻身仗”的决策，提出要争一口气，为中央分忧。全省上下统一思想，并制定了一系列有效的工作和政策措施。为提高种粮比较效益，保持复种指数，从浙江实际出发，保持粮食供求基本平衡的关键是种好早稻，坚持“三熟制”，提高土地产出率，这既要解决认识问题，不能强迫命令，又要解决相关的技术

问题。李泽民经过调查研究采取典型引路办法推动这项工作。他在浙江最北部的长兴县选定纬度最高却坚持春粮、早稻、晚稻“三熟”的一个村子作为试点，用这个典型形象生动地告诉人们，在无霜期最短的地方能坚持“三熟制”，浙江中部西南部地区实行“三熟制”就应该没有障碍。

五

谈到社会主义精神文明建设，李泽民坦率地告诉我们：浙江目前在这方面比较突出的问题之一就是拆庙、迁坟。

富裕起来的农民投入巨额资金大规模建造豪华型坟墓、建造庵堂庙所，在浙江省一度带有普遍性。李泽民早已看在眼里，他认为，这是一种愚昧的表现，是富裕中的贫困，也涉及对致富后的农民进行消费引导的问题，但是解决这个问题难度很大。他积极寻找适当的时机。

1995 年中央经济工作会议决定把精神文明建设作为党的十四届六中全会的中心议题，借这个东风，1996 年初李泽民提议并经省委同意在全省集中开展反对封建迷信，制止非法建造寺观教堂、滥建坟墓的专项治理工作。李泽民指出，大规模建造坟墓大量占用了有限的耕地，助长了封建迷信活动，对社会风气和精神文明建设产生了不良影响。这个问题不能放到下个世纪再去解决，要下定决心一抓到底。

省委把迁拆非法建造寺观教堂和坟墓作为专项治理，在各界引起反响。李泽民和省委其他常委及各级主要领导，充分发挥政治工作的优势，大张旗鼓地进行思想教育，并运用经济手段、行政手段、法律手段做保证，整个专项治理工作按照依法办事、注意政策、普及科学知识和转变思想观念相结合的方法进行。基本

实现了迁除铁路、公路两旁及开发区坟墓的阶段性目标，搬迁坟墓 27 万座，拆掉小庙小庵 7 万多个。江泽民肯定了这一举动：精神文明建设要从具体事情抓起，这是讲政治的表现，这件事还要坚持不懈地抓下去。

谈到实施科教兴省的战略，李泽民显得更为兴奋。他说："浙江省科技、教育的基础原来比较薄弱。在市场经济条件下，实现经济增长方式根本性转变，使浙江的产业、产品增强竞争力，关键还是在人才、在科技。省委 1993 年在制定以提高国民经济整体素质为中心的跨世纪发展规划时，就把发展科技教育作为四大战略重点之一。"

近年来，浙江省把企业作为科学技术转化为生产力的主体和载体，制定了支持科技进步、增加产品科技含量的有关政策，加大对教育和科技的投入力度，充分发挥现有科技人才的作用，支持乡镇企业依托大城市、大专院校、科研院所实现科技进步，把科技成果转化为生产力。省委常委每个人都联系科研院所和大专院校。省委制定专门政策筹资建立高校青年教师住房基金，几所高校联合兴建的高教新村本年内可以竣工，为改善高校教师和科研人员的工作生活环境做了实事。从解决具体问题入手，省委把科教兴省的战略方针落到了实处。

1997 年 1 月，中共中央党校编辑出版了一套高级干部文库，其中就有李泽民所著 61 万余字的《坚定 清醒 有作为——浙江经济社会发展的思考与探索》一书。书中收入了李泽民 1988 年底至 1996 年上半年所写的文章、调查报告、经手起草的文稿共 126 篇，全书按内容分为跨世纪发展目标，集中精力把经济搞上去，以改革促发展，对内对外开放，农民、农业、农村，扶贫和山区、海岛开发，科教兴省，坚持两手抓，社会主义民主法制建设，把党组织建设好等 10 个部分。

我们请李泽民对书的题目做些诠释，他向我们讲了自己的想

法——

坚定，是指作为省委书记、作为党的高级领导干部，要始终把握好政治方向。政治方向不是空洞的口号，它体现为忠诚于党的基本路线，把党的路线方针政策与本省实际结合起来，自觉维护中央的权威，从政治上组织上同党中央保持一致。地方工作要有全局观念，不搞地方主义，不搞地方保护主义。要为国家多做贡献。

清醒，是指无论在发展顺利的时候，还是面对困难的时候，政治上要保持清醒。对形势的分析，对工作中成绩与失误的估计，要坚持实事求是、一分为二，注意不能以一种倾向掩盖另一种倾向，要善于把握全局。

有作为，是指个人要少说、多做、不张扬，要意识到自己的责任，兢兢业业做好工作。浙江作为全国的一个局部，近些年发展较快，这受益于党的改革开放的政策，要利用地处沿海的有利条件，继续保持好的发展势头，在社会主义现代化建设中发挥更重要的作用。

六

“邓小平同志非常关心浙江的发展，浙江人民对邓小平同志也充满深厚的感情。我们一定要把浙江工作做好，不辜负他对我省干部群众的殷切期望。”李泽民深情地回忆起邓小平第三次来浙江的情景。

1992 年 12 月 15 日上午，李泽民与当时的省长葛洪升到杭州东站去迎接邓小平。10 时左右，小平同志身穿皮夹克，头戴粗呢鸭舌帽，在他女儿毛毛的搀扶下走出专列。李泽民走上前同小平同志握手说：“我代表浙江省委欢迎您来杭州。”

上了柯斯达面包车，李泽民坐在邓小平身旁。小平同志问："你是哪儿人啊?"李泽民答："我是四川人。"小平同志乐了："我们可是老乡啦!"车子驶往宾馆途中，邓小平看着车窗外的景色谈笑风生。车过市区时，小平同志说："杭州这几年的变化可不小!"车过白堤时小平同志又说："像杭州这样的风景旅游城市在世界上可是不多的!"他向李泽民详细询问了每年来杭州的境外游客有多少人，能有多少收入，创汇多少，等等。李泽民一一做了回答。小平同志又说："要把杭州的旅游业好好发展起来。"

第二次陪同是李泽民和葛洪升一起随小平同志游览西湖。小平同志身穿浅色夹克衫，在西子宾馆码头登上游艇。原计划在三潭印月上岸，跟群众见见面，但天阴风大，保卫人员担心小平同志受凉，没有同意上岸，游艇就在西湖上绕了一大圈，用了一个多小时。在游艇上，小平同志详细询问了改革开放以来浙江的经济建设和社会发展情况，比如地区生产总值、城乡人民收入、乡镇企业发展、利用外资情况、经济总量在全国的位置等等。李泽民与葛洪升一一作答，还利用这个机会向小平同志汇报十一届三中全会以来浙江发生的巨大变化，汇报了省委学习贯彻南方谈话精神，加快经济发展的工作部署。

李泽民说："小平同志在游艇上的谈话有四点非常重要。一是要抓住机遇发展自己，不断提高综合国力；二是一定要把经济搞上去，以经济建设为中心不能动摇；三是在搞好物质文明建设的同时，要搞好精神文明建设，坚持两手抓，两手都要硬；四是面对风云变幻的国际形势，要冷静观察，沉着应付，少说多做，努力把自己的事情办好，这样在处理复杂多变的国际事务中才有更多的发言权。"

1993 年 1 月 4 日，邓小平离开杭州前，要接见浙江省党政军领导和老同志。李泽民和葛洪升到西湖宾馆一号楼接小平同志，在走廊上，邓小平对李泽民说："我很关注浙江的发展。浙江的发

展势头是不错的。要珍惜这个好的发展机遇，保持好的发展势头。”小平同志与大家见面、合影、握手后，直奔车站。李泽民陪小平同志又乘那辆柯斯达去杭州东站，目送开向上海的专列驶出站台，渐渐走远。

李泽民说：“小平同志在杭州休息共21天，我们送到小平同志住处介绍浙江巨大变化的资料、报纸、书刊和录像带，小平同志都认真看过，临行前那番语重心长的话，我至今铭记在心。浙江省得益于邓小平同志倡导的改革开放政策，他去世后浙江人民非常怀念他。”

七

李泽民对他学习工作14年之久的母校深深怀念，他至今仍然能说出许多老师、同事、故人的姓名，也会谈起在杭州会见母校领导和师生的情景。

在这次接受采访的过程中，他还表示要对设立“奉化胡华奖教基金”给予支持和具体帮助。

谈起对中国人民大学的希望，李泽民情感真挚：“在改革开放的新的历史条件下，继续发扬光荣传统，保持原有优势，重视面向社会主义现代化建设实践，根据邓小平建设有中国特色社会主义理论来研究面临的新情况、新问题，总结新经验，增加新的活力。应当高举邓小平建设有中国特色社会主义理论的旗帜，使学科建设、专业设置和人才培养都保持正确的方向。”

（原文发表于1997年）

郑良玉：不懈的追求者

◉ 杨　娟

郑良玉简历

郑良玉（1934—　），出生于上海，原籍浙江吴兴。1961 年于中国人民大学历史系本科毕业后，在复旦大学学习西欧经济，并在复旦大学资本主义国家经济研究所从事西欧经济研究达 8 年之久。1981 年起先后任江苏省人民政府外事办公室副主任、主任；1985 年任中共江苏省徐州市委书记，中共十三大代表；1990 年任中共广东省深圳市委副书记、市长；1992 年任江西省副省长；1995 年任江西省人大常委会副主任。中国人民大学和复旦大学兼职教授。现已退休。

一

在约定采访的时间，我来到郑良玉的办公室。拉开门的是一个清癯的身影，仪表不凡，风度翩翩，虽从简历中已知郑良玉历任深圳市市长、江西省副省长、江西省人大常委会副主任，可谓政绩赫赫，可面前的身影实在不像一位已有63岁的老人，他看来仍是那么年轻、充满活力。

在客气地招呼我坐下后，郑良玉爽朗地说道："我挺喜欢与小校友聊一聊。我现在虽然离开人大都有30多年了，但还是很怀念过去那段求学的时光。"

郑良玉兴致颇高地谈起了他的大学生活："我是在工作几年后考上人大的。那一年我22岁。当时能考上人大是一件很荣耀的事。那时人大招生在统考之前，对学生的素质要求很高，不仅要有一定的文化知识水平，还要有过硬的思想素质。"

"在人大，我学的是历史专业，虽然我以后一直从事的是经济工作，但在人大这四年的学习为我打下了扎实的理论功底。现在我能挥挥笔杆写点文章就是在大学里练就的。人大与其他大学相比明显的优势就是：理论联系实际。把基本理论与我们国家当时的建设实际结合起来，重视运用。社会科学不像自然科学，可以在实验室里关起门来研究，像居里夫人就是通过在实验室里废寝忘食地试验发现了镭，社会科学要解决的问题比较复杂，又与时代紧密相关，不可能关起门来研究。人大吸取了苏联教学的优点，理论教学很扎实，同时也很重视理论运用，注重培养学生观察、分析问题的能力。"

"在人大的生活，为我的身体素质打下了坚实的基础。那时，我们除了体育课，还要上劳育课。若通不过就毕不了业。所以我们都拼命锻炼，每天5点钟就起床跑步，跑完步就念外语、吃早

饭、进课堂。下午 4 点下课后至少得有半个钟头锻炼，否则就通不过。这个锻炼的习惯被我一直保持下来。”

我恍然明白为何他看来如此年轻、有活力。当被问及在大学期间可树立什么具体人生目标时，郑良玉娓娓道来：

“那个年代的大学生想法比较简单一些，只抱着一个信念：一切听党的指挥、安排，为建设社会主义国家贡献力量，最典型地体现在毕业分配上。绝对服从组织分配，哪儿需要我，就到哪儿去贡献力量。那时没有现在所谓的自我设计，想着要去哪儿，干什么工作，都是根据时代的召唤，根据国家的需要，到哪里，就在哪里生根开花。我就是在这种情况下被分到复旦大学的，从此便离开了历史专业从事经济研究工作。”

二

郑良玉说：“我被分在复旦的西欧经济研究所工作，开始和经济打交道。当时人大有一个东欧经济研究所，北大有一个拉美经济研究所，复旦刚建了一个西欧经济研究所。那个时候，我们的国家遭到帝国主义的封锁，毛主席已看到这个问题，提出知己知彼，才能百战百胜，于是开始了对西方资本主义国家经济的研究。我们那一批人也就成为新中国成立后培养的第一批研究现代西方经济的人。因照顾家属，我后来离开复旦，来到江苏。江苏的有关领导看到我是从西欧经济研究所出来的，就把我安排在主管经济的国家机关中工作。这样我就离开了社会科学研究岗位。”

三

一谈到粉碎“四人帮”后的生涯，郑主任的眉宇间又焕发出

光彩：

“拨乱反正后，全国的经济形势转好，我的优势也就显示出来。关于商品经济，长期处于计划经济中的人们并不了解，而我正好学这个方面，长处也就体现出来了。当我还在机关工作时已经写了一些文章，也有人请我去讲讲课。这样，我很快就进入了领导行列，先后任江苏省人民政府外事办公室副主任、主任，徐州市委书记。原定的人生目标并没有当官这一项，我后来干的工作也都是顺应潮流，在每个岗位上努力、勤政。”

“在这个历史潮流中，我被调到深圳去当市长。在这期间，我最引以为傲的是深圳在进行经济体制改革方面先走了一步，而且是成功的一步。现在全国轰轰烈烈地都在改革，就是因为深圳的改革开放为其他地方提供了成功的实践经验。我任市长时比较重视两个方面：一是改革开放，二是建立市场经济。我在任市长后，强调既要提高经济增长速度，还要提高经济增长效率。毕竟不仅要提高经济的总量，还要提高经济的质量。后来，人大经济系主编的《中国党政人士论改革》一书也向我约稿，我写了一篇《走向新经济体制的若干重要问题探索》——哦，就是这本。”郑主任从他案前厚厚的一摞书中抽出一本递给我，“我把在深圳的体会都写在其中。”

略略翻阅这篇文章，我问道：“您的专业知识使您对中国前途的思考走在大部分人前面，也可以说您具有一种时代的开拓精神，是不是这样？”郑主任谦虚地答道：“这也是历史条件造就我的。在人大掌握了社会主义的基本理论，在复旦又研究的是资本主义国家的经济，我的知识面决定了对改革开放的问题容易理解，容易接受。有了这个理解，小平同志改革开放一声令下，我当然是拥护者。后来小平同志视察南方时，我是陪行团主要成员之一。我们给他一路谈深圳的情况，他也一路启发我们。他的每一句话确实都紧扣我们的心弦，关于生产力，市场经济当然不是资本主

义的产物，市场和计划都只是发展经济的手段，并不决定社会制度本身，一番话把我们心底的疑团全部解开了。听了小平同志精辟的解释，我们都感到很高兴。因为在全国都在说以计划经济为主、市场调节为辅时，深圳虽不敢明喊要搞市场经济，但却提出了要以市场经济为主、计划调节为辅。那正是‘六五’期间，所以小平同志的一番话让我们感觉到深圳的理论与实践和小平同志的提法都是共通的。”

四

当问及现在的工作时，郑主任啜了一口茶，继续说道：“现在因为年纪大了，转到江西省人大常委会当副主任。现在省一级人大拥有立法权，可以制定地方法律，我就分管这个。因为我是搞经济的，而现在的立法重点也是围绕经济。市场经济的立法过去是个薄弱环节。从全国来看，立法也不完善，各地的情况也是千差万别。现在的经济立法主要靠地方。1995 年搞股份合作制，我很赞成，因为经济体制是可以改变的。若仅搞合作制，农村的经济实力还很弱，不可能有充足的剩余资本来投放生产，这就制约了发展。所以把股份制引进，让有钱的出钱，有力的出力。全国人大已在斟酌《合股企业法》，提倡股份合作企业。江西在这方面的立法是走在全国的前列的。”

“老了，就要做老的打算，65 岁以后，我就要从现在的岗位退下来。现在各方面有请我当顾问的，也有请我写书的，但我觉得可能胜任不了。因为在这个号称知识爆炸的年代，知识更新太快，我的知识结构在过去还有点新意，但现在已经跟不上时代的脚步，我还需要多补充点儿新的知识才行。若是去写书，翻来覆去说一些老话，怕是要激怒年轻人啊，不好，不好。所以还是多做点儿

力所能及的事吧!”

勇于拓新,不懈追求,正是郑良玉的真实写照,这一点,不也正是我们这新的一代尤其需要的吗?

△知识在不断更新,干到老,学到老。

△做官的只要自己勤政,勤勤恳恳工作,就一定会有成绩。

——郑良玉

(原文发表于1997年)

强焕文：将星高照

◉ 黄钦阳

强焕文简历

强焕文（1934—2006），1951 年参加抗美援朝战争，原国防科工委办公厅副主任，少将军衔。曾在山西省军区司令部机要训练队、中国人民志愿军司令部机要处工作。1958 年入中国人民大学历史档案系学习。1988 年后，历任中共中央办公厅秘书局科员，冶金工业部钢铁设计总院党政档案室科员、副主任兼秘书科副科长，国家计委政工组秘书处副处长，国防科工委办公厅秘书局信访处处长，国防科工委办公厅档案处处长，国防科工委办公厅保密档案处处长等职。1988 年 9 月被授予大校军衔，1992 年 7 月被授予少将军衔，1994 年 10 月 1 日被授予中国人民解放军胜利功勋荣誉章。

“强将军是咱们档案系毕业生中在军界担任最高领导职务的同志，他有着很强的军人特质、军官风范，他为国防科工委档案事业的建设、发展立下了功劳。”一个熟悉他的人这样钦佩地向我描述了强焕文少将。

5 月末的一个早上，我来到了强焕文少将的住所。那是一个墨海飘香的房间，四壁那一幅幅高洁淡雅的丹青佳作，显示出了主人不同寻常的品位和追求。

1997 年，强焕文六十出头了，可是那闪动着智慧火花的深邃双目和条理清晰、思路敏捷的言语，却让人感到了一股滚烫的生命之火。在融洽的气氛中，将军拉家常似的和我谈起了他的当年。

烽火中成长

强焕文 1934 年生于山西大同一个劳动人民家庭。“七七”事变后，为躲避战乱全家人辗转来到了太原。在那里，他开始了小学、中学生活。在中学里，家境清贫但天资聪颖、勤勉好学的强焕文，引起了一位真实身份是中国共产党地下党员的级任老师的注意。一段时期的考察后，质朴真诚的强焕文在这位地下党员的指引下，走上了革命的道路。那一年，强焕文还不到 15 岁。

美国侵略者将战火燃向鸭绿江边，强焕文随同大部队来到了战火纷飞的朝鲜前线。血与火的斗争是残酷、艰苦的。零下 40℃的寒冬，就是裹着厚厚的棉衣，也冻得人骨头发麻。

艰难地咀嚼着硬邦邦的压缩饼干，他和他的战友，为了祖国和人民的神圣重托，无怨无悔地在那滴水的冰冷坑道内，度过了一个又一个不眠之夜。“艰苦的条件的确很锻炼人，让人学会了不怕苦、不怕累。”回忆起那令人永生难忘的战争年代，强焕文充满了激情。

回国后，焕文调入了中央机关工作，在那里，他和他的同事们一道为党和国家做着默默无闻的幕后工作。那时和焕文一道工作的，不仅有年轻的同志，而且有参加革命多年、久经革命历练的老同志。这些忘我工作、无私奉献的榜样，给焕文以深深的启示和激励。几十年后，焕文感慨地说："我的领导中有苏区时期的老干部和参加过长征的老红军，这些同志的榜样作用，对我的一生都有着很大影响。"

知识的锤炼

1958 年，各方面表现优异的强焕文，被组织选派到了中国人民大学历史档案系学习。怀着满腔的兴奋和喜悦，强焕文迈着自豪的步伐进入了这所具有光荣革命传统的新型大学。

这是一个崭新的世界，知识渊博的老师，内容丰富的专业知识，把焕文带入了奇妙的知识殿堂。"人民大学有其他学校无法比拟的优势。给我上课的老师中，有很多都是学识渊博的学者、教授，通过他们深入浅出、生动形象的讲授，我学到了很多。"

对知识有着真挚情感的强焕文告诉自己，"咱原来文化底子薄，而且年龄也大了，要想学好，就要比别人付出更多的劳动"。

大学那几年，强焕文基本上每晚都泡在图书馆，在这里他博览群书，学到了许多终身受益的知识。

谈到大学学习对后来工作的影响时，强焕文说，"现在看来，年轻人能进入大学学习的确是很幸运和必要的。在大学里可以把以前零散的知识很好地系统化、条理化，并学到许多新的知识。这样整个人的素质都有了提高，也就为将来走向工作岗位打下了基础"。此外，他还认为，即使走上工作岗位，也应进一步学习。必须具有一定知识文化水平，不断地虚心学习，才能跟上时代的

发展，适应工作的需要。

忘我地工作

强焕文的人生信条是“实事求是”。对于同志他以诚相见，对于上级交给他的任务更是全力以赴，认真负责、一丝不苟地完成。

大学毕业后，他被分配到冶金工业部黑色冶金研究设计总院，当时那里大量积存的档案都处于无序状态。强焕文从零起步，埋头开始了全部档案的整理、分类、立卷工作。这不是一天、两天的工作量，每一件、每一卷档案的整理都意味着一次次审慎的思索，都蕴含着心血的投入。回忆起这些，强焕文严肃地说：“档案是党和国家的宝贵财富，对于档案必须像保护自己的眼睛一样保护。档案工作虽是默默无闻的幕后工作，但每个档案工作者都必须有高度的责任心，不管理、不保护好档案就对不起党、对不起人民。”

1983 年，强焕文开始全面主持国防科工委档案工作。也就在这时，博览群书的强焕文读到了一本名叫《大趋势》的书。书中关于整个社会发展都将进入科学管理的论断，引起了他的震动和共鸣。敏锐的目光使他认识到这个思想的重要性。既然外国人都能意识到用现代化科学技术为国家和社会的发展注入新的活力，咱们中国人不也一样可以大胆开拓，积极学习，用现代化知识和技术武装咱们的档案事业，促进咱们档案事业的腾飞和进步吗?!

“军人就是要雷厉风行，言出必果。”长期的军队生活坚定了他的信念和不屈不挠的斗志，更铸就了他勇于开拓、埋头苦干的创业精神。无数次酝酿，无数次辛劳，终于，在全军居于领先水平的国防科工委档案自动化管理系统建立起来了。

在那些紧张难忘的日子里，坦诚、直率的强焕文也曾发过火、着过急，但那都是为了把工作更好地完成。就像他自己打的一个比方：前方在打仗，一份十万火急的电报需要即刻发出，而有人拖拖拉拉、婆婆妈妈，这能行吗?！军令如山，是没有商量余地和情面可讲的。铁面无私的强焕文对部下要求严格，有时近乎苛刻，但事情最终的结果，每每令部下由衷地感动和信服。因为，“要求别人做到的，就要自己先做到”。他讲得虽然不多，但那身先士卒、埋头苦干、一丝不苟的敬业精神、执着精神，已为部下做出了最好的实干表率。

工作上，他大胆用贤，为能人开辟施展才华的广阔空间；生活上，他细致严谨地关注着部下的“疾苦”。

心与心的理解，筑起了坚实的基础，更激发出工作中巨大的热情和力量。辛勤的汗水，浇灌出丰收的硕果，国防科工委档案系统的成绩，受到用户广泛好评和上级嘉奖肯定。在上级领导和中国档案学会大力支持下，他先后三次主持召开了全国档案自动化工作会议。这些会议，为自动化管理在档案界的深入普及、全面推开，又一次起到了积极的推动作用。

做老实人

在成长的道路上，有一本书和一首词对将军影响特别大，它们就是描写保尔在困境中拼搏、成长的《钢铁是怎样炼成的》，以及岳飞那首脍炙人口、气贯山河的《满江红》。初读这些虽然都是几十年前的旧事，但它们在少年强焕文的心头已树立起坚定的信念：决不虚度年华。

谈到这里，澎湃的心潮使强焕文有些激动。“文化大革命”时，他为了实事求是地说话办事，顶住压力不写其他同志的黑材料，吃了不少苦，但咬一咬牙，他挺了下来。因为他认准了，做

一个堂堂正正有骨气的人，就要把个人的荣辱放到后面，真正敢于说老实话、办老实事、做老实人。为了这，强焕文曾受过不少非难，而他根本不把这些放在心上。强焕文指了指墙上一幅挺拔俊逸的墨竹，说这幅竹子是他自己画的，最喜欢的就是竹子这种刚直不阿的骨气。

回首几十年的风风雨雨，强焕文感慨地表示，实践证明老实人终究不会吃亏，老实人终究会得到大家的肯定。如同他自己所走过的道路一样，虽然为了坚持实事求是的原则，他曾有过一时的损失和压力，但最终他还是赢得了同志们的信任和支持。做人就应该实事求是地坚持真理，不怕个人的荣辱得失。

现在，强焕文不仅把岳飞那首《满江红》工工整整地抄录了下来，挂在墙上，时时自勉，而且不到半年，他已把竹子画得笔力浑厚，颇具神韵了。谈到这里，强焕文还勉励青年人珍惜宝贵青春年华，努力学习，打好基础，同时他也殷切希望青年学生要具有坚定的信念，敢于坚持实事求是的人生原则。

（原文发表于 1997 年）

靳辉明：高举鲜明的旗帜

◉ 张海军　赵春仁

靳辉明简历

靳辉明（1934—　），山西侯马人，中共党员。1960年毕业于中国人民大学哲学系并留校任教。1984年破格晋升为教授，并被评为博士生导师。中国社会科学院马克思主义研究院马列所所长，兼任国务院学位委员会学科评议组政治学科召集人，全国社科基金马列学科评审组副组长，中国科学社会主义学会副会长，中国人学学会副会长。曾任中国人民大学马克思主义发展所所长，中共中央宣传部理论局局长。学术专长为马克思主义哲学和科学社会主义。1994年享受国务院颁发的政府特殊津贴。第九届、十届全国政协委员。

1883年，世界无产阶级革命的伟大导师马克思与世长辞，结束了自己坎坷而又辉煌的一生，作为马克思的亲密战友，恩格斯为马克思写下了感人肺腑的悼文：“现在他逝世了，在整个欧洲和美洲，从西伯利亚矿井到加利福尼亚，千百万革命战友无不对他表示尊敬、爱戴和悼念，他的英名与事业将永垂不朽！”①

1983年，我国的一位著名学者，在中央为纪念马克思逝世100周年而召开的大会上，以《马克思在历史观上的伟大变革》为题做了发言，他讲道：“一种思想体系对历史影响的深度和广度，同它所蕴含的真理性成正比，随着岁月的流逝，不少风行一时的理论学说失去了昔日的光辉，可是，马克思主义却与时俱进，日益显示出它真理的威力。在马克思长眠于海格特公墓以来的100年中，马克思主义越出了欧美，以雷霆万钧之力磅礴于全世界。”

这位演讲者便是中国人民大学校友、中共中央宣传部理论局原局长靳辉明。不久前我们对靳辉明进行了专访，靳辉明在自己的书房中热情地接待了我们，他身体健康、面色红润、精神矍铄，既有着学者的文雅、严谨，又有着长者的和蔼、亲切。

艰辛的求学历程

许多人认为哲学晦涩难懂、枯燥无味，很难把握，即使学了也难以很快取得实效。但靳辉明却并不这样看。在他看来，哲学是一门很重要的学问，是关于智慧和科学思维的学问。掌握了它会终身受益，不论是教学和研究，还是实际工作，有无哲学基础，大不一样。掌握马克思主义哲学必须从原著学起，奠定好基础。他为此40年不懈不怠，笔耕不辍，一如既往。古人云：“合抱之

① 马克思恩格斯全集：第二十五卷．2版．北京：人民出版社，2001：598.

木，生于毫末；九层之台，起于累土”。靳辉明之所以能成为当代国内马克思主义研究领域的权威学者和著名理论家，与他少年、青年时代的刻苦学习是分不开的。

靳辉明中学时代的生活为他毕业从事的事业做了充分的准备。靳辉明曾经就读的山西省曲沃中学是晋南三所重点中学之一，那时，他最喜欢听历史课，尤其是社会发展论，这为他接受马克思主义的唯物史观奠定了良好的基础，并使他在少年时代就萌生了探索社会奥秘和历史发展前景的愿望。历史老师教导他的“凡事预则立，不预则废”的道理至今铭刻在他的脑海里，使他懂得了立志做一番事业，从一开始就要树立远大理想并为之不懈奋斗。

1956 年，靳辉明以优异成绩考入中国人民大学哲学系，实现了他从事哲学探索的愿望。他说：“时代使我们这一代人比较容易接受马克思列宁主义理论，而且一经接受，就像马克思那样，支配着我们信仰的那种思想是一种不撕裂自己的心就不能从中挣扎出来的枷锁，因为真理的力量已经完全征服了自己的心灵。”

在谈到大学生活时，他兴致勃勃地告诉我们，中国人民大学是我们党为了培养革命和建设所需大量人才而亲手建立起来的，所以人民大学从一开始就得到了党和国家领导人的亲切关怀和大力支持。人民大学在 1956 年以前，主要招收干部、战斗英雄、劳模，对他们进行马列主义理论和专业培训，以便使他们充实到革命和建设的各个岗位。1956 年以后，中国人民大学开始大量招收应届生，当时靳辉明所报考的哲学系对学生的录取条件很严格，不但要考文科课程，还要考数学、物理学、化学、心理学等，所以当时的哲学系大部分是青年学生，而调干生很少，并且都是各地最优秀的毕业生。他回忆说，他们那一代由于历史条件的限制，虽然没有当代大学生广阔的视野和创新精神，却也少有他们的那种好高骛远和浮躁，虽然当时人民大学的条件很艰苦，住的是平房，冬季没有暖气，饭菜很清淡，但那一代青年学生都十分珍惜

自己来之不易的学习机会，抓住一切可以利用的时间学习，以充实、提高自己。

靳辉明告诉我们，那时期人大教学的一个很大特色是注重马克思主义经典著作的学习，通过学习原著掌握马克思主义基本原理。诸如马克思恩格斯的《神圣家族》《关于费尔巴哈的提纲》《德意志意识形态》《反杜林论》《路德维希·费尔巴哈和德国古典哲学的终结》《资本论》，以及列宁的《哲学笔记》《唯物主义与经验批判主义》《国家与革命》等，都是必读书目，必须要精读。这些马列经典著作理论精深，语言晦涩，读起来十分吃力，但靳辉明他们坚持不懈，持之以恒，反复阅读，加之老师讲解，同学讨论，终于掌握了比较扎实的专业基础知识，为日后的发展创造了良好的条件。靳辉明说，反对教条主义，并不是不要读书，不要读经典著作，关键在于对这些书本知识要融会贯通，并灵活地运用于实际工作中去。只有这样才能获得真知。

理论联系实际是人大教学的另一个特色，学校经常结合党和国家的中心工作组织学生参加社会实践，进行调查研究，使学生深入群众，了解现实，加深对国情和国家方针政策的理解，同时也增强了对劳动人民的感情，这十分有利于对立场、观点的培养。靳辉明说，他在人大学习时，许多教师都反复强调“不要做留声机，要理论联系实际，与实践相结合”，这给他以深刻的启迪和教育。他说，人民大学严谨的学风和理论联系实际的优良传统使他终生难忘，为他日后的学术研究事业打下了坚实的基础。靳辉明谈起几天前，几位他所带的中国社会科学院的博士研究生找到他，说他们读到一篇学术文章，文中几段引文的出处查找不到，特地向靳老师请教。靳辉明耐心询问几处引文的大致内容之后，立即告诉他们去《神圣家族》中某章节和《黑格尔法哲学批判》某章节中查找。学生们按靳辉明的指导去查阅，果然如他所言，这几处引文不但出自这两部经典著作，而且连章节也丝毫不差，学生

们为此感叹不已。靳辉明对我们说，这完全得益于中国人民大学对自己的培养，马克思主义经典著作中的经典段落是必须背下来的。

靳辉明说，他终生难忘的老师是当时任中国人民大学哲学系主任，后来担任中国人民大学党委书记的张腾霄教授。“他既是我敬爱的老师，又是同志和朋友。尽管我们在学术上有许多观点不尽相同，但这丝毫没有减弱我对他的感激之情。”就在靳辉明大学毕业后对“如何研究和探讨哲学”问题犹豫彷徨的时候，张腾霄将他领进了一条通向坦途的道路。“记得那是60年代初，西方掀起研究青年马克思的热潮，是张老师带领我们几位青年教师逐篇阅读和探讨马克思早期著作的。”在一年半的时间里，他们有时在张老的办公室学习，有时在张老的家里学习，读完书就在他家里包饺子吃，这时，张老不像严师，而像慈父。

正当靳辉明事业有成之年，“文化大革命”开始了，那场浩劫使他一度心灰意冷，几乎失去了继续从事理论研究工作的兴趣与信心。人大复校后，张腾霄不仅把他召回人大工作，而且对他进行鼓励，重新点燃了他心中追求真理的一团烈火，使他重新开始自己的学术研究工作。他颇有感慨地说：“我今天取得的一切，一半是由于我的勤奋，另一半应归功于我的恩师张腾霄。”

丰硕的学术成果

靳辉明教授长期从事马克思主义哲学及其发展史和当代社会主义问题的研究和教学，成果颇丰。主要论著有：《马克思早期思想研究》（合著），北京出版社1983年出版，1984年再版，该书曾获中国人民大学优秀科研成果奖和《光明日报》“光明杯”优秀哲学社会科学著作奖；《马克思主义哲学史》八卷本（第一卷主编），

北京出版社1991年出版，获北京市1994年优秀科研成果特等奖、1997年中宣部“五个一工程”奖等；《靳辉明文集》，当代中国出版社1993年出版，文集收录靳辉明十一届三中全会以来有关马克思早期思想和人道主义问题的研究，阐明坚持和发展马克思主义以及探讨当代社会主义问题等方面的文章26篇；《人道主义与现代化》，安徽人民出版社1997年出版，获华东地区优秀图书二等奖；《中国特色社会主义理论体系研究》（主编），海南出版社1998年出版，获1999年中宣部“五个一工程”奖；《社会主义历史、理论与现实》（主编），安徽人民出版社2000年出版，获2001年中宣部“五个一工程”奖等。此外，靳辉明还主持编写了两部大型资料书：一部是《马克思、恩格斯论人性、人道主义和异化》，人民出版社1984年出版；另一部是靳辉明担任中共中央宣传部理论局局长时，组织国内一些权威学者编写的“人权研究资料丛书”（共7册），包括《马克思主义人权理念》、《西方人权学说》（上、下）、《民主社会主义人权观》、《发展中国家与人权》、《中国人权建设》、《世界各国人权约法》（以上皆为四川人民出版社出版），靳辉明担任这套丛书的主编并为这套丛书作了序。这两套资料书出版以后，在国内马克思主义研究领域产生了重大影响，获得了广泛的支持与赞誉，并得到国家有关部门的肯定和表扬。靳辉明当前承担着国家哲学社会科学基金重大项目以及中国社会科学院重点课题“当代资本主义新变化和世界社会主义面临挑战及发展前景的研究”和“当代资本主义变化及其发展趋势研究”，这两项课题正在加紧进行。同时他还肩负着中央交办的国外社会主义跟踪研究的任务。当听说世纪之交马克思被西方媒体评为千年最伟大、最有影响力的思想家时，靳辉明非常兴奋，搜集有关材料，写下《千年伟人马克思》一文，被多家媒体转发，许多人读到此文激动地给他打来电话。曾经参加过中国共产党第七次全国代表大会的一位老党员将此文复印50份，并让一个省的省委宣传部门

组织中青年座谈讨论，与会者情绪激动，讨论热烈。许多机关及大学还邀请靳辉明就这个问题去做演讲，收到了很好的效果。靳辉明能取得如此辉煌的学术成果，既得益于母校的教诲与培养，更离不开他个人倾注的心血与思索。哲学是时代精神的精华，哲学家是时代精神的开创者，靳教授正值学术创作巅峰，继续为学术进步和理论创新而辛勤耕耘。

桃李满天下

靳辉明不但积极地从事学术研究活动，而且倾其所学培养青年学生。1982 年起，靳辉明主要培养马克思主义哲学专业的硕士生和博士生，之后又培养科学社会主义专业的研究生。已经毕业的学生，有些已成为高校和科研机构的青年学术骨干，有些已经在政府中担任要职，政绩斐然。靳教授对待自己的学生既有严师的苛求，又有慈父般的关爱。在学习上、研究上，他对学生的要求极为严格，甚至可以说得上是苛刻。他要求每个学生必须勤读马列原著，必须直接掌握第一手材料，要求学生多写文章，特别是撰写与马克思主义理论紧密联系、现实性又很强的论文。而在生活上，靳教授对自己的学生十分关心，经常问寒问暖，学生们遇到困难，他便慷慨相助。靳教授的学生们异口同声地说："跟着靳老师学习，虽然很苦、很累，但可以学有所成。能成为靳老师的门生，我们感到很荣幸。"

当谈到人大未来的发展时，靳辉明说，人民大学要在保持自己过去优势的基础上，开拓创新。人大在发展上虽然还有许多不尽如人意的地方，需要不断改进，但人大的前途是很光明的。靳辉明满怀希望地说："作为人大的一名学子，我始终挂念着自己的母校，关注她的每一个新的进展，人民大学由专门培养政治理论

人才的学校发展为今天这样一所专业设置齐全，师资力量雄厚的以人文社会科学为主的综合性大学，其成就是有目共睹的。人民大学为我国革命和社会主义建设培养了大批人才，为国家做出了巨大贡献，这是无可争辩的事实。在党和政府的领导下，人大师生员工团结一心，一定能把人民大学建设成为世界一流大学。人大永远是我的母校，我将为她取得的每一个成就而由衷地欢呼！”

（原文发表于 2002 年）

杨伟光：欲穷千里目

◉ 浦树柔

杨伟光简历

杨伟光（1935—2014），1961 年毕业于中国人民大学新闻系，毕业后，被分配到中央人民广播电台工作，先后做编辑、记者、新闻部副主任、工商部副主任，1982 年任副台长。1985 年 7 月调任中央电视台副台长。1991 年起任中央电视台台长。1994 年任广播电影电视部副部长。

“他现在可能进入‘状态’了。”听说我想采访校友——中央电视台台长杨伟光，新闻系一位老师提醒我。当时离十四大开幕还有两天。

第五次电话终于“逮”着他。杨伟光欣然应允，“明天 10 点你准时来”，一个很浑厚的男低音。

1992 年 10 月 11 日上午，彩电中心 15 层杨伟光办公室，他用平和的语调向我讲述了他在中央两台的经历。

改进广播新闻

1961 年，26 岁的杨伟光从人大新闻系毕业，到中央人民广播电台，一干就是近 1/4 个世纪。

编辑—记者—新闻部副主任—工商部副主任—副台长。

他曾为实现“名记者梦”而拼搏，却成了编辑记者们的“头儿”，于是又有了一个梦：改进广播新闻。

1982 年，杨伟光出任副台长，提出“全台共同办好新闻部”——当时中央人民广播电台主要是转发报社、通讯社的新闻，独家新闻很少，重大新闻更少。

强烈的责任感和要搞独家新闻的愿望，使杨伟光和同事们“制造”了新闻界一系列重大“新闻”——通讯《雷雨顺》、连续报道《双城堡火车站野蛮装卸事件》……

多年的实际工作——无论是微观的采访、编辑，还是宏观的决策和组织领导，杨伟光积累了丰富经验。他从各侧面对广播进行了深入的研究，写成了论文 150 篇，汇总成了《怎样办好广播》《广播宣传入门》两本书。

把路子搬到CCTV

1985年7月，正当杨伟光专心致力于广播新闻改革时，他被调到中央电视台任副台长，主管电视新闻。

“来CCTV的头两个月，我一句话没说。”杨伟光和台长助理一道埋头调查，写出了《关于电视新闻改革的几个问题》的报告。提出的目标是：把中央电视台办成事实准确、信息量大、时效快、报道面广、声画并茂、全国最有影响力的重要新闻舆论中心之一。

杨伟光提出抓三个字——快、短、多。北京晚6时的重要活动，力争当晚7时的《新闻联播》播出；各地白天重要活动当天播出。以短为主，搞简讯，几十秒一条新闻，一句话一条新闻。汇天下新闻之精华，增加信息量。此外，他还提出改变新闻结构，减少会议、外事和生产新闻，增加经济、社会和科学、教育、文化、卫生、体育方面的新闻，提高可视性。

“杨伟光把他在中央人民广播电台的路子搬到CCTV去了！”其实并非完全如此，因为电视和广播各有自己的特点。

尽管困难重重，杨伟光凭着他敏锐的洞察力、冷静的判断力和出色的决策组织能力，开始了新的追求。

他要让CCTV在亿万观众心中树立起新的形象。

“这字幕新闻没治了！”

1987年，广东全运会尚未开赛。中央人民广播电台把演播室搬到了广东。得知这一消息，杨伟光和同事们商量：怎样才能领先？打字幕新闻！

全运会比赛的消息，两三分钟就可通过文传机传到北京CCTV播出机房，五分钟左右就可出现在电视屏幕上。时效大大超过中央人民广播电台。

“你们这字幕新闻没治了!”中央人民广播电台老播音员张之对CCTV节目主持人宋世雄说。

不再“出口转内销”

1992年10月12日上午8时55分，CCTV开始现场直播党的十四大开幕式，亿万观众目睹了5分钟后“历史性时刻”的到来。

5年前，CCTV录像播出六届全国人大五次会议全部8次中外记者招待会，跨出了中国新闻改革进程中“历史性的一步”。

“……通过各种手段，采取多种方式，抓紧一切时机，向国内外各阶层人士正面阐述、说明、解释党的政策，……澄清国内外的各种思想混乱。”

接到这个指示，杨伟光预感到新闻报道的突破时机可能就要来了。

杨伟光提出：录像播出全部记者招待会。

顺利通过CCTV报道组和广电部，方案到大会新闻组时遇到了“红灯”。很多人对其可行性表示怀疑——记者招待会向来是把领导人的回答记录下来并送本人审看后定稿，第二天见报。电视只发简要新闻，“领导人说漏了嘴、错了怎么办?”

“外国记者、港澳记者不也参加招待会吗?何必‘出口转内销’。”他们据理力争，使几乎被否决的方案通过了。

谁审稿?棘手的问题。“广电部!”中宣部说，“错了你们负责。”

为了把握好宣传口径，每次招待会，两位广电部的“头儿”

和三位顾问守在现场，杨伟光等三人则在传送制作中心，边看边商量，两边“通气”后决定取舍。编辑根据决定边录边制作。

8次记者招待会播出后受到了广大观众的热烈欢迎。中央领导却沉默了10天。杨伟光他们心里有点儿“打鼓”。直到1992年4月5日，中央领导在植树时闲聊：“这几天是电视热，记者招待会，这不仅是对外开放，而且是领导和群众的对话。”“广播电视宣传搞得好，打开了一个新局面。”

CCTV打了一个翻身仗

1992年9月21日11时55分，中央电视台中断正在进行的节目，播出了汉城亚运会上中国自行车队获第一枚亚运会金牌的消息。当时，有些参赛车队尚未到达终点。

10月5日下午北京时间2点35分，中国观众从CCTV获得了中国金牌总数第一的消息。

半小时后，中央人民广播电台才播出同样的消息。

至此，电视比广播快的计划实现了。

杨伟光在他的《电视新闻学论集》一书中道出了其中的“秘密”——

10月4日金牌榜：中国92枚，韩国92枚，两军对峙。当晚杨伟光打电话问袁伟民，5日战况如何？回答是“很难预料”。10月6日还有6项比赛，中国、韩国各占一项优势。

形势变得非常微妙。

北京时间10月5日下午1点，田径比赛开始，报道组做好赶稿准备。

韩国痛失女子4×400米和男子4×400米金牌——他们最多能获93枚金牌！中国队已获94枚金牌，中国金牌总数第一！

唰唰唰，杨伟光以最快的速度写好简讯，交给播音员韩乔生。北京时间 2 点 15 分传回，2 点 35 分播出。

“最成功的是采访萨马兰奇”

在 1992 年 7—8 月巴塞罗那奥运会那场无硝烟的“世界大战”中，中国体育代表团战果辉煌。CCTV 再度大放异彩。

已经担任台长的杨伟光率领由 27 人组成的 CCTV 报道团在巴塞罗那度过了 20 个高度紧张的日日夜夜，花 30 万美元做了 250 小时报道。而美国派出 1 300 多人花 4 亿零 100 万美元报道了 200 小时。日本 NHK 派出 450 人，加上 TBS 等地方台共 800 人花 5 600 万美元报道了 200 小时。韩国 KBS 派出 97 人花 750 万美元报道了 180 小时。中国成为除东道主西班牙外观看奥运会比赛观众最多的国家。江泽民、李瑞环、李铁映对 CCTV 此次报道给予了赞扬。

“最成功的是采访了国际奥委会主席萨马兰奇。”杨伟光自豪之情溢于言表，“那么多国家的电视台云集巴塞罗那，只有 CCTV 提出采访要求。”

杨伟光向萨马兰奇介绍了 CCTV 播出奥运会比赛的情况。萨马兰奇听了很高兴，他问：“我给邓亚萍颁奖你们播了吗?”杨伟光说：“播了，不但有新闻，还有实况转播、专题报道。”

把 CCTV 建成世界级大电视台

“CCTV 的未来发展：一是要加强新闻节目，从明年开始增加新闻节目，重要新闻滚动式播出。二是要加强服务性节目，尤其是文艺性节目。”杨伟光在客厅里悠闲地踱着步，勾勒 CCTV 的蓝

图——

“我们要把中央电视台建设成与中国的大国地位相称的世界级大电视台，把它建成与美国的 CNN、日本的 NHK、英国的 BBC 并驾齐驱的大电视台，到 2000 年 CCTV 的节目要通过卫星覆盖全世界。”

（原文发表于 1992 年）

宋峻：站在法制建设前列

◉ 林　晚

宋峻简历

宋峻（1935—　），1951 年在辽东公安厅工作。1955 年考取中国人民大学法律系，1959 年在中国人民大学法律系读研究生。1962 年 10 月到北京政法学院当教师。1973 年调福建师大政教系任教。1980 年任福建省社科院法学研究室主任与哲学研究所负责人。1983 年 8 月到福建省人大，历任法制委员会副主任、主任，省人大常委会副秘书长，省人大常委会副主任兼秘书长。

走进福建省人大常委会所在的院落，印象最深的是那座颇具现代风格的建筑上庄严醒目的中华人民共和国国徽和军容严整坚守哨位的武警值勤人员。在这样的氛围中，记者对权力机关这个概念似乎多了一些实际的体验。然而真正能体现权力机关深层内涵的，是省人大常委会副主任、中国人民大学校友宋峻研究员向我们介绍他亲身参与的福建省法制建设的历程。我们为福建省法制建设所取得的成就感到高兴，也为我们的校友宋峻为之做出的贡献感到骄傲和自豪。

一

宋峻平易近人，百忙之中接待我们采访，他思路清晰，话题是围绕对法律人才的两种不同态度而展开的。"'文化大革命'中，法律专业人才被看成多余的人。党的十一届三中全会以后，法律专业人才成为求之不得的紧缺人才，真是形势比人强啊!"这番感慨发自肺腑，来自他所经历过的两种不同的境遇。

宋峻于1935年出生于河北省武安县。8岁时随全家闯关东到辽宁宽甸。1949年，小学没毕业的宋峻跳级到初中。宋峻初中二年级时正是抗美援朝轰轰烈烈的时候，怀着保家卫国的一腔热血，他参军参干，被分配到东北公安干部学校学习，一年后到辽东公安厅工作。辽东辽西合并为辽宁省，作为省公安厅工作人员，他从丹东来到沈阳。一位同窗好友在丹东上高中，家中只有老母亲，难以维持学业，宋峻用自己的工资接济，并请这位同学帮忙买了一套高中课本。利用工作的间隙，宋峻自修了高中全部课程。

1955年，党组织号召在职干部考大学，宋峻顺利地考取了中国人民大学法律系。本科毕业又读研究生，1962年10月研究生毕业，他被分配到北京政法学院讲授中国法制史。

“文革”中，宋峻离开北京随爱人到福建三明莘口公社插队落户。1971年爱人调到福州，宋峻也考虑把工作关系从北京转到福建。他来到省革委会组织组下设的干部调配组说明情况，一名造反派干部当头给他泼了一瓢冷水：“福建省需要从外地调进的是地质勘探、胸腔外科等方面的技术人员，像你这样的人我们福建有得是!”

碰壁之后，宋峻又来到福建师范大学。在这里“支左”的福州军区炮兵司令部政委是一位老同志。他态度和蔼，聚精会神地听宋峻做自我介绍，又亲自把宋峻领到了校组织部。1973年，宋峻正式调到福建师大政教系哲学教研室工作。

1980年，北京政法学院复校，召集失散的教师，学院答应给宋峻四个进京户口名额。不料，根据福建省分管领导的指示，省人事局的同志挡了驾：“现在需要加强法制建设，福建全省没有几个法学研究生，现在到处寻找法律人才，你是不是继续留在福建?”向外亮了红灯，向内亮了绿灯：“省司法厅、省人大法制委员会、省社科院法学研究室这几个单位任你挑选!”事已至此，归队心切的宋峻选择了不必每日坐班的省社科院，任法学研究室主任与哲学研究所负责人。

创办厦门经济特区的计划启动后，福建省人大常委会抽调人员起草特区法规。刚刚回到法学领域的宋峻随起草小组到特区搞调查研究，参与制定了四五个特区法规并受到重视，有关同志开始动员他去省人大法制委员会工作。宋峻起初并不愿意。省社科院院长原是福建师大副校长，也是人大校友，他了解宋峻的想法后，安排他到中央党校宣教班学习一年。寒假回到福州，省人大常委会主持工作的副主任找他谈话，通知他：省委研究决定，调你任省人大法制委员会副主任，学习归来立即赴任，不准讨价还价！1983年8月，宋峻从北京学习归来调到福建省人大，先后任省人大法制委员会副主任、主任，省人大常委会副秘书长，省人

大常委会副主任兼秘书长。

宋峻说:“治理好国家离不开法制。‘文革’中砸烂公检法,法学人才被迫改行。党的工作重心转移到经济建设上来以后,迫切需要加强民主法制建设,这时才发现法学人才不是‘有得是’,而是‘缺得很’。散失在工厂、农村、部队的法律专业毕业生都被寻找回来重操旧业。我在政法学院的学生,许多人成了福建省政法战线的骨干。两个时期两重天地,说明法学人才的命运与国家的命运紧紧连在一起,改革开放了,法学专业人才才有了用武之地。”

二

宋峻谈起他在福建省人大常委会所从事的立法工作。

1979年,我国地方设立人大常委会,这是政治体制改革的重要举措。地方人大常委会享有地方立法权。地方立法可以为国家大法提供先期试验,或为国家大法提供补充。福建省是对外经济开放比较早的省份,港澳台同胞带来的资金对福建经济发展起了很大的推动作用。吸引这些外来资金很重要的条件是要有法律保证。宋峻担任省人大法制委员会副主任以后,把涉台、涉侨、涉外立法作为工作的重要部分。

1987年前后,海峡两岸关系有所松动,两岸人员往来增加,随之产生的诸多问题需要法律来调整规范。不了解台湾地区有关规定,没有涉台立法,就不能适应形势发展的需要。当时许多涉台法律,是在涉外法律中附加提到对台湾同胞也适用。台湾是中国领土的一部分,在涉外法规中附加涉台内容名不正言不顺,造成政治上的被动。1988年,根据宋峻的建议,福建省人大常委会在国内较早成立了台湾法研究中心。中心成立后把涉台立法与研

究台湾地区有关规定结合起来，同省司法厅、省法院、省检察院、省台办、省政法干部管理学院等单位的台湾地区有关规定研究机构合作，经常开展学术研讨活动，在立法项目的确定、立法过程的法理论证中发挥了重要作用。目前福建省已经在8个方面设立涉台法律，如劳动管理规定、企业登记规定、台湾船舶停泊管理规定等等。

福建省以经济立法为重点，突出体现了法制建设为经济建设服务的中心思想。1996年，全省立法25项，其中经济立法就有14项。

福建地方立法，不少在全国具有创新意义，如保护消费者合法权益条例，禁止非医学鉴定胎儿性别，行政处罚罚款收支两条线，等等。国家在修改刑法时，吸收了福建省关于检察机关加强法律监督规定的有关条款。

宋峻注意到地方性法规是国家大法的补充这一特点，在主持地方立法时不搞大而全，坚持小而精，避免了权力界限的混淆，利于法律的宣传和执行。他特别注意从全国、全省大局出发，通过立法推动改革。宋峻说："'社会主义市场经济是法制经济''依法治国、依法治省'这些口号，根基是以经济建设为中心，对提高人们的法制意识具有很强的号召力。我们运用这些口号，大力宣传法制建设的重要意义，有效地推动了全省的立法工作。"他谈道，过去，福建人大立法想提出一项法规草案很困难。现在人们普遍增强了法制观念，许多部门对立法工作抓得很紧。前不久，省工会专门成立了法制处，研究维护工人合法权益问题，主动与省人大配合制定有关法规。省人大立法工作已经由被动转为主动，储存了一批立法项目。

宋峻说："1979年以来，福建省人大已经制定地方法规近200个，八届人大期间立法将达到100个。"

三

加强监督，是省人大常委会的重要职责。宋峻说：“福建省人大的监督工作，主要从重大事项入手，抓群众关心的难点、热点问题。法律监督是看国家和地方的法律法规能否贯彻实施，工作监督是看一府两院是否依法行政、公正执法、公正裁判。”

福建省人大每年都要进行执法检查，比如通过农业执法检查，保证农业在国民经济中的基础地位。福建省八山一水一分田，人均占有耕地不到六分。维持口粮自给，保护农田，是十分突出的问题。为此省人大专门制定了保护基本农田的地方法规，对农田水利建设、减轻农民负担也做了具体规定，同时加强执法检查力度，使这些法规得到贯彻实施，取得了很好的效果。再比如，对于消费者权益保护法地方实施办法，省人大每年都要检查执行情况，规范生产与消费的相互作用，以此促进经济发展。

宋峻说：“在工作监督方面，我们有些新的做法，从前年开始，省人大开展了对一府两院的评议。前年评议了土地管理局和工商管理局，去年评议了省高级人民法院、对外经贸委、计生委、林业厅。”宋峻主持了对省高级法院的评议活动。

法院工作千头万绪，评议工作从何做起？宋峻提出要把“司法公正”作为评议的主题，这是他深思熟虑后的抉择。他认为，司法公正是法院的基本职业道德。法官头顶国徽、肩扛天平，职责就是忠实于国家的法律，按照法律规定公平公正裁判。司法公正是法律实施的重要原则。立法是阶级意志的表现，不可能平等；但是法律实施时，公民应在法律面前人人平等。体现人人平等的一个方面就是公正裁判，按罪量刑，不允许有超越法律的特权。司法公正还涉及经济利益问题。在市场经济条件下，经济案件、

民事案件大量增加，司法稍微偏斜，就要损害一方的物质利益，不利于平等竞争。从计划经济体制向社会主义市场经济体制过渡，公平裁判是重要的司法保障。司法公正又是政治问题，历史上朝代更替、兴盛衰落，重要原因是有无苛捐杂税，政治是否清明。“四人帮”使国家在经济上走到崩溃的边缘，政治上冤狱遍于国中，所以他们必然要垮台。司法公正，关系国家的长治久安。从法律文化角度看，司法不公表现在办金钱案、办人情案、办奉命案。要通过提高全民族的文化素质，通过经济发展、文化教育、两个文明建设，使司法与金钱观念、亲缘观念、等级观念割断联系，做到司法公正。

主题确定之后，评议组从一审二审反差最大的案件、自由裁量权、诉讼收费这些方面入手进行全面检查，在肯定成绩的基础上，发现并及时解决司法不公的突出问题。

根据有关规定，法院在结案时应向胜诉方返还诉讼费，但是检查组在审阅法院判决书时发现，判决书要求败诉方直接向胜诉方交还诉讼费。原来这是法院贪图方便，不愿直接向败诉方收取诉讼费，而把麻烦留给了胜诉方，结果常常是胜诉方官司打赢了，诉讼费却讨不回来。检查组原以为这可能是个别判例，后来到经济庭查对，却发现 200 多份判决书都这样写，因而作为问题提出并要求法院及时予以纠正。

为了实行审级监督，国家规定案件要两审终结。但是事实上两审法院之间请示汇报、上下通气的现象，破坏了审级监督的司法制度，抵消了当事人的辩护权、检察机关的抗诉权和同级人大的监督权。针对此种现象，评议组一针见血地指出，这不是按法律办事。要求法院除涉台、涉外、处重刑案件需按规定请示汇报外，其他案件必须坚持依法独立审判，实行审级监督，保证公民的合法权利。

在这次评议中，查处了收受贿赂、贪赃枉法的个别执法人员。

宋峻说："福建省人大对一府两院的评议活动收效很好。我们的意图是通过行使人大的监督权，促进行政机关依法行政，促进司法机关依法公平审判。民主法制建设是长期的过程，要循序渐进，逐步完善，我们的目标是建立社会主义的法治国家。"

今年还就清除地方和部门保护主义问题，专题评议了省公、检、法、司四家，效果不错，解决了一些问题。

四

宋峻在省人大的工作，显示了他的深厚理论功底，也显示了他处理法律实务的聪明才智。

他担任省人大常委会副秘书长、人大法制委员会副主任不久，碰上了福州郊区秀山村选举案。这个村在选举人民代表时，村干部为了拉选票，变集中选举为使用流动票箱，让候选人跟在流动票箱旁边，从而引起群众不满，一些人砸了票箱，吃掉了为村干部准备的夜宵，拔掉了村干部自行车的气门芯。这件事被市司法机关宣布为冲击会场、破坏选举，构成犯罪，属顶风作案，拘禁两名群众达 8 个月之久，关押威胁当事人家属有的长达 12 小时。事件一时闹得沸沸扬扬。《福建日报》群工组认为群众无罪，抓人违法；区检察机关认为破坏选举，构成犯罪。于是，经常有人为此事到省人大告状。省人大决定派宋峻率领由省人大、公安、检察、法院四方人员组成的调查组，对此案进行调查。调查组严格按法律程序办事，一个月内弄清了案情，提出了处理意见。宋峻提出，这个案件的关键点是流动票箱的合法性问题。在选民住地分散，老弱病残选民不能到中心会场的情况下，为了提高参选率可以设立流动票箱，但只能起补充、辅助作用，不能代表中心选举场所的集中投票，更不能本末倒置。调查组明确指出，违反规

定使用流动票箱，群众的过激行为不构成犯罪。根据调查组的意见，这起过程曲折、涉及许多部门和人员的案件，终于告一段落，当事人被宣告无罪。

1992年，宋峻已是人大常委会委员、法制委员会主任，任上他领导处理了一起民告官的案件。事情的起因是，一女子将一桶水从楼上倒下，泼在一过路男子身上，双方为此发生口角，后矛盾升级，两人厮打，致使女子受伤。某市公安局收容审查了该男子。关押一周以后，作为治安案件调解处理，以男子赔偿800元了结此案。事后，男子以不是收审对象为由，到市法院提起行政诉讼状告公安局执法不公。法院受理此案后，公安局做手脚再次鉴定女子伤情，提高伤势度，重新追究男子刑事责任。在法院开庭审理时，公安局局长带人到法院当庭抓人。法院很快将事情上报人大常委会，指责公安局无视法律、冲击法庭。此时刚刚颁布实施行政诉讼法一年，这起民告官案件具有典型意义。宋峻派出省人大调查组，查实案情，提出处理意见：公安局作为被告应当出庭应诉，公安局局长到法庭抓人冲击法庭是违法行为，要追究责任。结果，由上级检察院纠正错误的逮捕决定，放出被抓男子，并恢复其名誉。公安局局长免予追究刑事责任，撤职调离。宋峻说："这个案子涉及公安局的行政权、检察机关的检察权、法院的审判权。三权冲突，人大必须出面解决，以维护国家法制的统一。"

有一次，发生了人民代表被殴打事件，省人大法制委员会坚决查处此案，惩办了打人凶手。国家法律规定：权力机关组成人员享有特殊权利，无同级人大允许，不得对人民代表采取强制措施，代表在会议上发言不受追究。宋峻说："必须坚决查处此类案件，提高人民代表的社会地位。人民代表的基本权利得不到保障，就谈不上人民当家作主。"

这些典型案例也常常被宋峻用来做法制宣传教育、培训人大

干部的素材。

五

在繁忙的工作中，宋峻还挤出时间尽可能去参加有关法制建设的社会活动，从事他所钟情的法学研究。

他是福建省律师协会名誉会长，省消费者委员会名誉会长，人大制度研究会副会长。他通过参加这些组织的活动，从独特的角度为法制建设做出了贡献。

作为省消费者委员会名誉会长，他曾在消费者立法方面发挥了核心作用。他起草讲解并修改法规条文，提出并以附件方式，规定了小额投诉质询办法、代表不特定多数起诉办法等。在保护消费者权益方面，福建省在全国起到了带头作用。每年“3·15”国际消费者权益日，宋峻都出席省消费者委员会的活动并发表讲话。宋峻说，维护消费者权益涉及中国的民主政治建设。他认为，社会上每个成员，包括生产者和经营者在内，都是消费者。消费者的利益受到损害，寻求保护要通过一定的程序，这个程序是一种民主政治训练。每个人都接受这种训练，人们的法制意识就会提高，就能影响整个社会。他说：“保护消费者权益的法规，不单单是保护了消费者利益，从长远全局角度看也保护了生产者、经营者的利益。打击了假冒伪劣，事实上就为优质服务、优质产品提供了公平竞争的环境。”全国人大、法工委、国家工商管理局有关保护消费者权益的立法活动邀请宋峻参加，他都欣然前往。1997 年他还被推荐为全国保护消费者合法权益活动家。

1980 年，宋峻取得了律师资格后，虽然只办过一次案，但他对律师协会的工作却十分热心。他写过关于律师工作的文章，也帮助律师解决工作中的困难，支持订立了律师执行职务的地方法

规，保护律师的合法权益，并经常参加有关会议襄助大陆与台湾地区律师的交流。

注意总结工作经验，使之上升为理论，是宋峻科学研究活动的重要特点。近些年他发表文章数十篇，合作主编了《台湾法丛书》《大陆与台湾三大诉讼法比较研究》《台湾"两岸人民关系条例"评析》等图书，独自或合作起草、修订法律法规及说明草案100余件。

几十年来，他以拓荒者的勇往直前精神在中国社会主义法制建设园地中辛勤耕耘、努力奉献。他说："社会需要秩序，管理需要秩序，生活需要秩序。法律、法规规范的要求，转化为人们的生活习惯，法制社会才算真的建立起来。我将为此而积极奋斗。"

（原文发表于1997年）

张怀西：心系人民　荣辱不惊

◉ 侯衍社　陈骊骊　刘春哲

张怀西简历

张怀西（1935—　），江苏无锡人，民进会员。1957年至1961年于中国人民大学中共党史系学习；1961年至1965年在北京林学院马列主义教研室任助教；1965年至1970年在黑龙江省林业干部学校马列主义教研室担任教员；1970年至1972年在黑龙江省嫩江地区“五七”干校劳动；1972年至1983年任江苏省江阴县文教局教研室教研员；1984年至1987年任江苏省江阴县副县长；1987年至1988年任江苏省无锡市教育局副局长、无锡市政府副秘书长；1988年至1993年任江苏省无锡市副市长，民进中央常委；1993年至1997年任江苏省副省长；1997年至2003年3月任民进中央副主席、常务副主席，中国教育学会副会长，中华职业教育社副理事长；2003年3月至2008年3月，任第十届全国政协副主席。

乘车横跨了半个北京城，我们辗转来到一座宁静雅致的院落，这就是中国民主促进会中央委员会的所在地，远离了马路的喧嚣，只有林木清秀，没有绚烂的花朵，简洁而朴素，满眼尽是深深浅浅的翠色。在三层一间向阳的办公室里，我们见到了全国政协副主席张怀西，他平易随和的风度令人顿感亲切。

忆往昔：年少追梦，玉汝于成

提及人民大学，就有一种自然而然的自豪感流露在张怀西的神情和眉宇间，话题自然也转向了他的大学时光。从 1957 年到 1961 年，张怀西在中国人民大学攻读中共党史专业。这所新中国自己创办的大学，给他留下了非常深刻的印象，也成为他一生为之感到光荣和自豪的出发点。

就读人民大学前，张怀西曾有两度几乎与学业失之交臂：高中一年级时，张怀西因无力负担学费而辍学，经济的拮据没有扑灭这个 16 岁少年的求知热情，他坚持自学，并于 1951 年考入苏南公学银行系，毕业后分配到无锡人民银行工作。然而“铁饭碗”并没有消磨掉他的求知欲，在钻研银行业务的同时，张怀西如饥似渴地学习，1957 年终于考入中国人民大学，圆了自己的大学梦。正是心中“我想读书”“我要学习”的朴素愿望和坚韧精神支撑着，张怀西始终没有放弃学习，也最终改变了他的命运。海阔凭鱼跃，天高任鸟飞，从此，张怀西的人生进入了崭新的发展阶段。

张怀西回忆说，当时，人民大学的本科课堂上活跃着大批校内外专家和教授的身影。时任中共党史系主任的我国著名党史学家何干之教授就亲自为本科学生传道授业。何老的课堂讲稿条理清晰，整堂课记下的笔记简直就是一本书。还有像艾思奇这样的名师大家，常常来到人大，在一个小教室给几十个学生讲课，课后还和同学们展开自由讨论，耐心细致地引导大家步入哲学殿堂。这些学界前辈亲切、随和的为人之道，律己、敬业的处世准则，严谨、细致的治学精神，都在潜移默化中影响了张怀西的一生。

给张怀西印象最深的还有人民大学贯彻理论联系实际的办学思想。学校在讲授革命和建设的基本理论的基础上，定期请来参加过革命活动的老前辈，为党史系的学生讲课，从五四运动到南昌起义，从万里长征到抗美援朝……前辈们以自己的革命历程引领同学们穿越波澜壮阔的中国共产党发展史。学校有计划地安排学生参加社会实践，大学四年时间，断断续续有一年左右时间都在深入基层参加劳动参与实践，张怀西跟同学们一起到北京郊区的四季青公社劳动，和农民打成一片，期间还广泛阅读了毛泽东的著作，在政治学习中迅速成长起来。正是由于人民大学坚持把马克思的基本理论同中国的具体建设实践相结合的办学理念，才使得张怀西在几十年的工作和学习中都始终坚持马克思主义中国化、实事求是、用马克思主义的普遍真理解决中国实践的行为准则。

张怀西说，在人民大学度过的这四年是他人生中最为重要的阶段。现在回想起来，他越来越深地感觉到，这四年内所打下的坚实理论基础，为自己日后能够在诸多不同岗位上都做出成绩起到了非常重要的作用。

人生路：淡定平稳，厚积薄发

人生无法永远阳光明媚，雨点总会落下，一些日子因此变成灰色。在遇到困境时，是否能够成功克服挫折、走出低谷，是人生是否成功的关键所在。张怀西的一生颇具传奇色彩，以画喻之，犹如一幅异彩纷呈的长卷。

从人民大学毕业后，张怀西来到北京林学院执教，1965 年被调往黑龙江林业干部学校支援边区建设，1970 年又被派往讷河插队，成了“面朝黄土背朝天”的庄稼汉，1972 年才终于回到江阴，开始了 12 年的基层教师工作。从陌生的黑土地到山清水秀的苏南，张怀西的工作轨迹跨越了大半个中国，在东北的几年里，他的人生经历了一次次重大转变，但他从不对工作拈轻怕重，总是保持着惯常的平稳心态。时至今日，张怀西仍始终坚持两条原则：不提要求，不找麻烦。“把一切工作做好是我的原则，我总觉得我的工作是为人民做事而不是为哪个人做的，遇到再多波折也没有动摇，我会平稳地对待这些事情，不因外界影响自己。”可以说，没有这一阶段的长期积累，也就没有他后来在事业上的腾飞。

对于普通人而言，48 岁也许是开始筹划闲适退休生活的年纪，但对张怀西而言却是人生和事业的转折点。1983 年底，已经在江苏省江阴县做了 12 年普通教师的张怀西被组织上破格提拔为副县长，那一年，他已经 48 岁了。谈起这段往事，张怀西感慨地说：“从教与从政是两个完全不同的概念，分管教育工作要发展、要改革、要创新，与当普通教师完全不同，我之所以能够顺利完成从普通教师到副县长的转变，与人民大学的办学理念和教育实践给予我的巨大影响密切相关。”

1987 年，张怀西从江阴县副县长调任无锡市教育局副局长，同年加入中国民主促进会，担任无锡市政府副秘书长。一年后，即任无锡市副市长。1993 年，58 岁的张怀西任江苏省副省长，1997 年由江苏调任北京担任民进中央副主席，2003 年任全国政协副主席。1983 年至 1993 年的十年，他从一个普通教师到副省长，1993 年至 2003 年的十年，他从副省长到全国政协副主席，无论在何种岗位，张怀西首先都是从群众利益出发，认认真真、踏踏实实做事，并得到了民众的爱戴。

按照张怀西对自己的评价，机遇加努力是他成功的两大因素。

曾有记者问起他如何能在20年内跃升为国家领导人，张怀西坦然答道："我的不断晋升没有任何个人的背景，却有深刻的社会背景：中国共产党始终坚持共产党领导的多党合作和政治协商制度为我的发展提供了基本条件，改革开放为我的发展提供了可能，干部'四化'为我的发展提供了前提，个人的努力对我的发展也至关重要，这四个方面不可分割。"

看今朝：参政议政，心系人民

1997年，张怀西调任民进中央副主席。从江苏到北京，从副省长到民进中央，从从政到参政，张怀西完成了自己人生最为重大的转变。多年的基层行政工作积累下的丰富实践经验是张怀西的宝贵财富，他因此能够深刻地了解中央最关心的问题是什么、需要解决的工作是什么。

1998年，张怀西在全国人大常委会会议上做了"建议把保护、节约和合理使用资源作为一项基本国策"的发言，可持续发展中的三大问题，人口和环境保护都已作为基本国策，唯独关于资源的问题没有成为基本国策，民进中央就此整理的建议受到中共中央的高度重视并最终被采纳。作为世界第四大湿地拥有国，我国对湿地资源的保护状况却不容乐观，三大生态系统中的森林与海洋都已经立法保护，唯独有"地球之肾"之称的湿地没有专门法律保护。张怀西敏锐地注意到了这个问题。在他的提议下，民进中央专门组织了对湿地问题的调查研究，并于2001年将《关于长江中游湿地保护与合理利用的建议》呈送给国务院。2002年3月，全国政协九届五次会议上，民进再次郑重提出尽快把湿地保护与合理利用纳入法制轨道，提案得到了中共中央的高度重视。目前，我国国内湿地保护力度不断加强，这与张怀西的不懈努力和积极

推进是密不可分的。

在张怀西心中，农民的事情没有小事，纵使身居高位，农村、农业和农民问题依然时刻萦绕在他心头，多年来他和民进中央的同志们共同在“三农”问题上积极建言献策，做了很多工作。“生态家园富民计划”是农业部组织实施的一项工作，张怀西从中看到了农村清洁卫生和干群关系的根本改善，认为这项工作体现了“三个代表”重要思想，是惠及农民的好事，应当成为我国全面建设小康社会的重要内容和重要措施。于是，他率民进中央深入开展调查研究，形成了《关于大力推进生态家园富民计划，促进农村全面小康》的提案，受到各界充分的重视和支持。国家对这项计划的投入也在逐年增加。2000 年，民进中央提出的《关于建设陇海线星火产业开发带，推动中、西部经济发展的建议》，成为国家“星火计划”的重要组成部分，推动了西部建设。该提案被列为全国政协九届三次会议的一号提案，这在改革开放以来民进的参政议政工作中尚属首次。然而人们并不知道，这项以张怀西等民进领导同志历经三年深入陕、甘、宁基层农村调研形成的审慎建议，最初源于张怀西在主持江苏苏北星火产业开发带时的实践经验和充分调研。“这几年来，围绕党中央、国务院关注的重大问题开展调查研究，我和民进中央的其他同志跑了不下几万公里。”但张怀西无怨无悔，他幸福地体味着为国计民生工作的乐趣。为早日建成“关中星火产业带”“河西走廊星火产业带”，张怀西继续不辞劳苦地奔走着，他殷切地企盼着这星星之火早日在西部大开发战略中呈现燎原之势。

在人民大学的求学岁月教会了张怀西如何了解中国的国情、了解马克思主义的基本原理，对他的一生也产生了重要影响。谈到多年参政议政工作取得巨大成就的主要原因和动力，张怀西说，最为重要的一条就是始终坚持从中国的国情出发，坚持马克思主义中国化、坚持履行民主党派参政议政职能，从党和人民最关心

的问题出发，实事求是，抓住主要矛盾，办事讲究实效。

励青年：勤奋学习，报效国家

张怀西多年来始终从事与教育相关的工作，担任全国政协副主席后，虽然不再主管教育工作，但在他繁忙的日程中，教育事业仍旧是他关注的问题。

张怀西常说，义务教育是国家的基础，职业教育是国家发展的关键，这两个方面都是强国的重要方面。早在1998年，他就针对职业教育呈现滑坡趋势建议有关部门给予足够重视。2007年全国“两会”期间，张怀西还曾做客人民网“强国论坛”，畅谈我国义务教育和职业教育。高等教育体系很复杂，有研究型专业也有一般专业，有公办教育也有民办教育等，应实事求是地区别对待，根据不同地区、不同情况制定不同发展政策。不同类型的高校应当有不同的教育方式，一部分研究型高校以培育研究型人才为主，但更多的高校还应带有点儿职业教育的性质，以便使学生真正了解中国的实际情况，毕业后能够尽快熟悉生产第一线的情况。

高等教育近年来的快速发展令张怀西欣喜地看到，高等教育事业在我国前程无限。母校中国人民大学是张怀西内心最温暖的记忆之一，他一直关注着母校的发展，对青年学子的成长寄予厚望。作为老一辈学长，张怀西希望人大学生在校勤奋学习，将来勤奋工作，真正在国家社会学科、经济学科、新闻学科等领域里成长为知荣辱、识大局、顾大体、爱祖国的国民表率、社会栋梁。

这就是张怀西，一位历经风雨坚守自我人生信条的乐观老人，一位求真务实、丹心为民的民主人士，一位“在位拼命工作，随时准备让贤”的人民公仆，一位勤勉上进而又淡泊名利的豁达智者。

（原文发表于2007年）

陈昌本：洒尽痴情写人生

◉ 王 黎

陈昌本简历

陈昌本（1935— ），笔名鲁丹，中共党员，生于山东青岛崂山脚下的丹山村。9 岁时曾一度失学到日本人的炼焦厂当童工。1952 年参加中国人民解放军，在华北军区装甲兵司令部当文化教员。1956 年考入中国人民大学新闻系，毕业后留校任教。1960 年开始发表作品。1984 年加入中国作家协会。历任华北部队教员、机要员，中国人民大学新闻系教师兼新华社记者，北京市委宣传部新闻出版处副处长，北京广播电视局副局长、局长，北京电视台台长，北京市委宣传部副部长，文化部副部长，全国政协委员，中国作协主席团委员、党组副书记、书记处书记、第七届全委会名誉委员。

他当过北京电视台台长，当过文化部副部长。他写过名噪一时的小说，还策划过轰动全国的电视连续剧《渴望》。他就是陈昌本，毕业于中国人民大学新闻系。

崂山脚下的童年往事

作为文化部副部长，陈昌本曾在《艺术院校教师的艰巨责任》讲话中，花大量篇幅说起关鸿——他的小学老师。在《芳草碧连天》《痴恋》等小说中，陈昌本更寄托了对关鸿老师的无限思念。

1935 年，陈昌本出生在山东青岛崂山脚下的丹山村。他的笔名叫鲁丹，足见其恋乡之情。

秀美的崂山在陈昌本童年的记忆里，是那漫山遍野的花儿和鸟儿，是“老鼠娶亲”“十兄弟开箱”那一串串故事。

然而这不是陈昌本童年生活的全部。打从日本侵略军开进崂山，他家再没过上温饱日子。9 岁时他失学到日本人的炼焦厂当童工，每天要和同伴爬坡把一筐筐煤送进粉碎机。毕竟只有 9 岁，一次，又困又饿的他竟在上工时沉沉睡去。日本监工连踢带踹也没能弄醒他，就一声令下“这个小孩‘霍列拉’地干活”，要把他扔上“瘟疫车”拉走活埋。多亏众工友顶着皮鞭、枪托的抽打，把陈昌本救了下来。

日本侵略者被赶走后，复学上四年级的陈昌本遇到了关鸿老师。这位来自北京的青年知识分子，到了崂山就再也没回过家，放弃了祖上的家业，甚至落下“不孝”的罪名。

那时陈昌本不幸左腿上生了疮，三年都没愈合。抹香灰、敷杨树叶等土方都使尽了也不见好，眼看这条腿就保不住了。幸亏关鸿老师懂得西医，他上青岛买回药品，亲手为陈昌本治好了顽疮。

关鸿老师和这个山里娃建立了深厚的感情，他还要带陈昌本认识山外的精彩世界。他让这个倔强沉默的孩子（“日本鬼子打断鞭子，我也不开口”）走到了演讲台上，并以演讲《插上理想的翅膀》获得了演讲赛的第一名；他引导陈昌本读《呐喊》，读《寄小读者》，教给他作文为人的道理。

陈昌本曾把自己在日本人的炼焦厂干活儿的经历写成作文《童工的一天》，他写日本侵略者的凶残，写工友们的善良，把自己的感情毫无雕饰地倾泻出来。动情的关鸿老师流着泪说：“写出真感情，就是好文章。”这句评语，陈昌本记了一辈子。

这篇作文登上了山村学校的墙板，陈昌本把它当作自己“发表”的第一篇作品。

在那个时代的农村孩子里，陈昌本是幸运的，他遇到了关鸿这样的好老师。这是陈昌本一生中弥足珍贵的记忆，也是他力量的源泉。

从校园舞台到广阔天地

回忆在中国人民大学度过的那段时光，陈昌本感慨地说，在母校获得的理论修养，是他做行政领导工作的支柱……

20 世纪 50 年代是火热的年代。当魏巍《谁是最可爱的人》等系列通讯在全国掀起参军热潮时，陈昌本正在青岛念中学。1952 年，17 岁的他步入军营，不过没能开赴抗美援朝战场，而是到华北军区装甲兵司令部当上了文化教员。

1956 年，在“向科学进军”的号召下，陈昌本考入了中国人民大学新闻系。寒窗苦读之余，他满怀憧憬地编织起文学梦。他活跃在系话剧团，一连写了两个剧本都搬上了校园舞台。他还学着写诗、写歌词、写曲艺段子，并四处投稿。不过，他的诗运不

佳，出版社和杂志社都认为这位文学青年的诗太“飘”。

初受挫折的陈昌本暗暗发愤：要“沉”下去，要把根扎进生活的土壤里去！

1957年，城里的反右斗争告一段落后，大学生们下乡参加社会主义教育活动。陈昌本也去了，白天干活儿，晚上写心得体会，三个月写下了20万字的笔记。从这时起，陈昌本养成了观察生活、记录生活的习惯。

大学毕业，陈昌本留在新闻系任教。他到新华社兼任记者，从而可以更广泛地了解社会生活，把新闻理论和自己的采访实践结合起来。他是教学改革的先进典型，他讲的新闻采访和写作课别开生面，很受学生欢迎。

正当陈昌本的生活积累和艺术认识有了些根基的时候，“文化大革命”开始了。陈昌本不愿打“派仗”浪费时间，干脆穿上粗布衣裳，到京郊双桥农场大鲁店村当起了农民，又一次“沉”了下去。由于粗通摇耧、耙地各式农活，他很快就跟农民们熟络了。陈昌本是个有心人，他边干活儿边写人物札记，一年工夫竟写下了80多人的身世经历。当军宣队和工宣队进校，把他传回去参加“斗批改”时，他的背包里又多了30多万字的珍贵素材。

在人民大学养成的或者说是逼出来的“沉”下去的作风，陈昌本一直坚持着。后来他调到北京市委宣传部，总忘不了每年下一次乡。黄松峪、周口店、焦家坞、苏家坨，京郊各地都留下过他的足迹。说他跟农村干部群众打成一片一点儿也不夸张：有的农村干部甚至把怎么瞒产私分，怎么糊弄上级检查的招数都“泄露”给他。

陈昌本下乡为工作，也为创作。脑子里的农民形象丰满了，便忍不住要写出来。从1972年开始，陈昌本先后发表了《管婶》《云开一线》《“魏招呼”挡驾》《“花脚王”开棺》等众多农村题材小说。

常自谦是“业余作家”的陈昌本，其作品绝不业余。拿那篇曾获《当代》文学奖的《“花脚王”开棺》来说，那位受尽农村政策转变之苦，倔强而又幽默的老挂掌匠“花脚王”，让陈昌本写活了。“花脚王”身怀祖传绝技，凡他钉过掌的牲口，一上他们村的路，就“乐得屁颠屁颠的，撒欢喷鼻儿”。陈昌本信笔写来，从“冬穿硬、夏穿软、冷挂厚、热挂单”的挂掌要诀，到那土得掉渣儿却让人笑破肚皮的人物语言，那火候儿，正如“花脚王”炉火纯青的手艺一般。

陈昌本总算圆了文学梦。

不当空头的官儿

陈昌本说，在各式各样的官衔、头衔里，他最钟爱的是中国作协会员。他不爱当空头的官。

从陈昌本的履历中不难看出，他的艺术创作总是和他的行政领导工作紧密联系着。

20 世纪 80 年代中期，陈昌本创作的小说少了。因为他在 1984 年调任北京电视台台长，一头扎进全新的电视艺术中去。

他当台长之初，正是日本和香港电视连续剧风靡的时候。这种局面的改观始于 1985 年春节。北京电视台试播了由北京电视艺术中心拍摄的 28 集电视连续剧《四世同堂》，取得空前的成功。

面对社会各界的高度评价，陈昌本着手研究电视剧的创作和欣赏规律，一心要拍出更多更受欢迎的作品。

这一时期，北京电视台属下的北京电视艺术中心又拍摄了《凯旋在子夜》《便衣警察》《钟鼓楼》等一批电视连续剧。陈昌本在拍摄前要看剧本，和创作人员一起修改，播出后又一道总结经验教训。四年里，他写了 16 篇关于电视剧创作的系列文章，加上

他研究电视新闻和专题创作的文章，合成了《电视艺术诱人之谜》一书，为许多初涉电视行当的同仁提供了难得的参考。

北京电视艺术中心在不断成熟。当陈昌本和同事们把自己的作品和《女奴》《诽谤》这些引进片进行比较后，又不约而同地把目光转向室内剧这个新课题上：搞多机拍摄、同期录音、现场切换的室内剧，走既能贴近生活、贴近观众，又能多快好省的电视剧创作之路。

要拍室内剧，可拍摄大棚还没有着落。陈昌本和同事们认准了这条道儿，义无反顾地把电视台和艺术中心的200万元家底都投了进去，将香山脚下工程兵部队的两个篮球训练馆改造成了简陋的拍摄大棚。在这个大棚里，他们拍出了轰动一时的《渴望》。

传闻《渴望》这部极其“煽情”的片子是几个人住着宾馆“侃”出来的。作为剧本策划人之一，陈昌本对这一说法不置可否。但他说，如果没有深厚的生活积淀，就是关在屋子里“侃”三年，《渴望》也出不来。《渴望》里，有陈昌本小说中人物的影子。

《渴望》刚停机，陈昌本就接到了出任文化部副部长的调令。又要丢掉“刚刚入门”的电视艺术，他心中不无遗憾。

俗话说，无官一身轻。但在走马上任前一个月的间隙里，陈昌本也没闲着。他回忆起童年的往事，用一个孩子稚嫩的视角去折射三四十年代胶东农村生活的全景。他以空前的速度完成了从《八仙图》到《芳草碧连天》约10万字的《花海》系列小说。

几年辍笔，但陈昌本心灵的耕耘却从未间断。这部他自觉“得心应手”的作品，在小说界获得了很高的声誉。

“隔行如隔山”。陈昌本从事文艺创作，做文艺领导多年，绝不是艺术界的“门外汉”。可当上文化部副部长，分管艺术和艺术教育，他仍然感到了压力。因为陈昌本不但要“在其位”“谋其政”，更要追求“通其艺”的境界。他开始潜心研究戏剧，边看戏

边摸索戏剧规律，探求艺术教育的特点。

五年春秋寒暑，陈昌本看了几百部戏，也写出了20万字关于戏剧和表演艺术的论文。于是又有了一本《陈昌本文艺创作论集》。

最初痴迷于小说的时候，陈昌本给自己立下一条规矩：只写小说，不写评论。现在看来，他食言了。

“没办法，工作逼的。”

（原文发表于1997年）

郑天伦：特区高教事业的开拓者

◉ 融　融

郑天伦简历

郑天伦（1935—　），毕业于中国人民大学。曾任厦门市学校工委团委书记，中山大学教研室主任。1984 年，郑天伦调到深圳大学，担任特区经济研究所副所长，之后先后兼任经济系和国际金融贸易系系主任，并从事特区经济和港澳经济的教学、研究工作。1986 年起，担任深圳大学副校长、经济学教授。

1996年1月5日，深圳大学的大会议室内洋溢着喜庆的气氛，深大的师生员工济济一堂，举行一项隆重的庆典，墙正中红底白字的横幅分外引人注目：庆贺郑天伦教授执教四十周年。主席台正中，一位神采奕奕的老教师微笑着接过人们递上的一束束鲜花，接受着大家诚挚的祝福。他，就是中国人民大学校友、深圳大学副校长郑天伦教授。室内飘出的欢声笑语伴随着徐徐清风，在校园中回荡，仿佛在向人们诉说这位老教育工作者的执着追求与辛勤耕耘的历史。

20世纪80年代初，以往偏僻的小城深圳，沐浴了改革开放的春风雨露，一跃成为经济特区后，便以迅猛的势头，跨入现代城市的行列。然而，教育文化与经济发展不平衡的现象在深圳显得很突出。刚创立的深圳大学还非常缺乏师资。研究经济学的郑天伦对特区经济的发展产生了浓厚的兴趣。1984年，当他听说刚刚创办的深圳大学师资力量不足时，便毅然决然地决定离开广州的中山大学，到深圳大学去教书，为特区经济发展培养人才。

“做一名光荣的人民教师”是郑天伦从年轻时就确立的志向，也是他一生的追求。上大学前，他就在福建省厦门一中和爱国华侨陈嘉庚创办的集美学校担任团委书记。1956年，他考入中国人民大学经济学系。1960年毕业后，学校决定让他留校任教。多年的梦想一朝成真，郑天伦无比兴奋。从此，他便以老一辈教育工作者为楷模，兢兢业业地教书育人，踏踏实实地做学问，潜心研究经济学说史。谈到当年他在人民大学工作与学习的那段经历时，郑天伦深情地回忆道：“母校给了我许多宝贵的东西。母校优良的传统，比如艰苦奋斗的精神、实事求是的作风，教育了我怎样做人、怎样教书育人，母校给了我扎实的理论基本功，让我在几十年的教书生涯中受益无穷。”

“文革”中，人民大学被迫停办。郑天伦回到老家广东，但他割舍不下自己的教书情结，便去了中山大学教书。1984年，年近

半百的郑天伦来到深圳后既不下海经商，也不去机关当官，而还是选择了教书。他一到深圳大学，便积极参与创办特区经济研究所。在当时，深圳经验、深圳道路、深圳现象……这些问题亟待人们更深入地进行探讨，以便进一步明晰和确定特区发展的目标。特区的丰富实践，给郑天伦的经济学研究带来了无穷的生机，也激发了他浓厚的兴趣。从此，他的研究进入了一个新的阶段。

1986 年，郑天伦担任深大副校长，从一名普通的教师变成了校长，他深感在特区办大学的不易，特区大学与内地大学有许多不同之处。因此，郑天伦首先明确地提出了深大的办学方向：特区大学是实验大学，要办出特色，勇于走自己的路。他身先士卒，率领特区经济研究所积极探索如何把马列主义原理运用到特区经济建设中，于是他们创立了一门新型学科——特区经济学，并在深大为学生开设了这门新课。人们评价他是"特区经济学这门学科的倡导者和开创者，在这方面很有建树"。他写过很多关于特区经济的文章，并编写了《特区经济学》《中国经济特区十年丛书》《中国经济特区的投资环境》等在经济学界颇有影响的著作。这些新兴课程为特区大学增色不少，构成了深大的办学特色。

在高校改革中，专业与学科的调整与建设至关重要。特区高教事业要办出特色来，必须在这方面下大力气。为此，郑天伦创建了经济系和国际金融贸易系，还兼任这两个系的系主任，并针对深大专业设置方面存在的问题，结合特区经济实际进行教学改革。在保留传统专业的基础上，又引进全新的专业，如公共关系学、行政管理学、旅游文化、房地产开发等一批有特色的专业，深受学生和用人单位的欢迎。几年中，深大为深圳特区的经济建设输送了大批知识面广、工作能力强的优秀人才。

在郑天伦的领导下，深圳大学在全国高校中，比较早地实行了学分制，制定了较严格的学分制管理办法。它并不是完全由学生的兴趣所决定，而是科学地分为三个层次：必修课、限制性选

修课与任选课。同时还进行主修、副修和双学士课程的实验。

郑天伦领导深大所走的教学改革之路不仅提高了深大的教学水平，也为其他高校的教改提供了经验。

在人民大学学习、工作了十几年的郑天伦深知扎实的基本功对一个学生的终生成长至关重要。他在主管深大教学工作期间，很注重对学生基本功的训练。怎样引导学生扎扎实实地下功夫打基础，是特区教育的一项重要任务，也是一个难题。郑天伦对此很有感受，为此他非常注重在教学中加强基础课的比重，加强文理渗透，促进课程的整体化，使学生完整地掌握科学文化知识体系。平时注意培养学生的自律、自立、自强精神，使他们真正成为知识面广、视野开阔、能适应市场竞争的强者。

与此同时，深大还为学习成绩优异的学生提供去国外学习的机会。每年都选送几位成绩优异的本科三年级学生，通过严格的考试后送去日本学习，再回来参加毕业考试，费用由学校负担。深大与美国、英国、澳大利亚也进行联合办学，培养金融会计、计算机专业的本科生。这些交流活动调动了学生的学习积极性。

郑天伦担任副校长期间，深大为深圳特区输送了一大批优秀的专业人才，为特区经济发展做出了积极贡献。

在特区办大学，郑天伦遇到的最大难题就是师资队伍的流失。在市场经济发达的特区，充满了物质的诱惑，想寻觅甘坐冷板凳的人是很难的。深大费尽周折从全国各地调来的人才，往往为外界的高薪厚遇所动，跳槽到大公司、大机关，有的人虽然没有离开，但也是“身在曹营心在汉”，有的兼职，有的炒股，有的做生意。虽说全国高校教师队伍都面临着这类问题，但特区的师资队伍压力更大。为了稳定队伍，郑天伦除了制定严格的制度，加强管理，每年进行教师考评外，还积极为青年教师创造深造、进修的机会，让他们参加各类学术活动、出国考察，引导他们把主要精力放在教学与科研方面。近年来他在负责学校基建和企业管理

工作时，还努力探索通过企业创收来补充学校经费不足的方法，每年向学校上交七八百万元，支持学校的发展，提高教师的待遇。这样，学校平均每月可以给每位教师补贴400元，各系也积极开展一些结合教学工作的创收活动。现在深大有教师400多人，其中，有硕士学位和博士学位的占了将近一半，青年教师占教师总人数的一半多，形成了一支较强的教师队伍，为深大的发展奠定了坚实的基础。

郑天伦虽为深圳大学的副校长，但他始终没有忘记自己的老本行，没有忘记自己的职责是教书育人。在处理繁忙的行政事务之余，他投入了大量时间从事科研活动。为了讲好经济学说史这一门有一定难度的课程，多年来他花费大量时间备课，形成了系统的讲课体系，深受学生的欢迎。此外，他还开设了当代西方经济学、西方货币金融学说史、政治经济学、《资本论》研究、《资本论》创作史、马列主义经济学原著、中国社会主义问题、港澳经济、特区经济学等多门课程。同时，他还指导了几十名硕士研究生，参加了诸多重点课题的研究，如西方经济学说史与当代西方经济研究、马克思主义发展史研究、《资本论》创作史研究、中国特区研究等。此外，郑天伦还利用业余时间撰写论文，编写学术著作，他先后在全国和广东省主要刊物、报纸上发表论文近百篇。参加编写的论著有《十九世纪末二十世纪初资产阶级经济学》、《经济学说史》（上、下两册）、《政治经济学辞典》、《资本论辞典》，主持编写及主编的论著有《特区经济学》、《当代西方经济学》、《投资与经贸国际惯例》、《中国经济特区的投资环境》、《中国经济特区十年丛书》（深圳卷）、《当代中国经济大辞典》（特区经济卷）等，可谓著述宏富。在教书育人的同时，郑天伦还积极参与各种社会活动，兼任了广东省学位委员会委员、广东省高等学校教师高级职称评定委员会委员、全国外国经济学研究会理事、广东省外国经济学研究会副会长、深圳贸易经济学会副会长、深

圳港澳经济研究会常务理事等社会职务。

郑天伦把自己的大半生无悔地献给了中国的教育事业，在壮年时，又不辞辛劳地为特区的高教事业开拓耕耘，洒下了辛勤的汗水，创造了令人瞩目的成就。在纪念他执教四十周年的庆典中，深大党委书记说："在郑天伦教授的身上，体现了教育工作者的勤劳和智慧，体现了人民教师对党的教育事业的热爱和忠诚。郑教授为教育事业辛勤耕耘几十年的精神值得青年教育工作者好好学习。"

在采访中，郑天伦拿出一本装满庆典活动照片的精美相册，一边翻看，一边感慨地对我们说："来深圳工作后，我也有很多升官与发财的机会，但我还是愿意教书，教书育人是我的最大乐趣。"听着这朴实的话语，我们触摸到了郑教授那赤诚的献身特区高教事业的心灵世界，也为特区有这样的高教带头人而欣慰。教育为立国之本，也是特区腾飞之本，我们相信，深圳有这些忠诚的教育工作者，教育事业一定会跻身全国的前列。

（原文发表于 1997 年）

郝建秀：难忘的人大工农速中

◉ 刘　鸿

郝建秀简历

郝建秀（1935—　），山东青岛人，中共党员。1949 年至 1954 年为青岛国棉六厂工人。1954 年 9 月至 1958 年 8 月在中国人民大学速成中学学习。1965 年至 1977 年任青岛国棉八厂副厂长、革委会主任、党的核心小组组长，山东省青岛市革委会副主任、中共青岛市委副书记、青岛市总工会主任，山东省总工会副主任、山东省妇联主任、中共山东省委常委。1977 年至 1981 年任纺织工业部副部长、党组成员，全国妇联副主席。1981 年至 1982 年任纺织工业部部长、党组书记。1982 年至 1987 年任中共中央书记处候补书记、书记处书记。1987 年至 1998 年任国家计划委员会副主任、党组成员（正部长级）。1998 年至 2001 年任国家发展计划委员会副主任（正部长级）、党组成员。2001 年 7 月增选为政协第九届全国委员会常务委员。2003 年 3 月当选为政协第十届全国委员会副主席，同月起任政协第十届全国委员会党组成员。中共第十一届、十二届、十三届、十四届、十五届中央委员，第十二届中央书记处候补书记、书记（十二届五中全会增选）。

“我对那一段的生活，念念不忘，每当回想起来，感情总是十分深厚。”郝建秀高兴地说。她那愉悦、欢欣的情绪，感染了周围的一切，似乎连空气、吊灯、窗帘、盆花都变得活跃起来，和我们一道静听她的故事。

郝建秀出身贫寒，家里经常吃不上、穿不上，没有钱供她上学。她断断续续、勉勉强强地念了一年，失学后就拣煤核。每当路过学校，听到里面的读书声，她心里又羡慕又难受。

1949年，13岁半的郝建秀进了青岛国棉六厂当工人，要不是解放了，工农大众做了主人，连做工也是一种奢望。她勤奋工作，努力钻研技术，成了一名好挡车工。在抗美援朝期间，她摸索出一套多纺纱、多织布的高产、优质、低耗的工作方法，并在全国进行了推广。1952年，在全国纺织系统大会上，这套方法被正式命名为“郝建秀工作法”。

郝建秀成了全国劳动模范，还当选为第一届全国人民代表大会代表，一直连任到“文化大革命”开始那年。

郝建秀的名字遐迩闻名，妇孺皆知。

新中国成立初期，党中央曾提出，要在工农群众中培养知识分子，将来担负起国家的重要工作。因此，中国人民大学附设的工农速成中学（人大附中前身）应运而生。它的招生对象是各条战线卓有成绩的工农干部、劳动模范和军队转业的同志。

郝建秀是怎样来到工农速中的呢？说来，这还是中国共产党德高望重的革命家、教育家，当时人民大学的校长吴玉章一手操办的。郝建秀深情地陷入了往事的追忆中……

“1952年夏天，中共中央委员、全国总工会副主席、纺织工会主席陈少敏大姐来青岛，我去看她时，第一次见到了吴老。那时我才16岁，吴老已是72岁高龄。大姐把我介绍给他，‘这就是郝建秀，搞出工作法来的小黄毛丫头’。吴老和蔼可亲地拉着我的手，就像爷爷和孙女讲话似的，问我多大了，上过什么学。陈大

姐对吴老说：'她年轻，蛮聪明，很肯干，就是没文化。'吴老说：'啊，好，到我那里去学习培养。'听了吴老的话，想到将有机会上学了，我心里真激动。"郝建秀的话语中充满了对吴玉章的感激和崇敬之情。

1954年，郝建秀来到人大工农速成中学，开始了紧张而艰苦的学习生涯。

顾名思义，速成中学就是快速培养，6年的课程，4年就要学完。这对于郝建秀来说，真如同要翻过遍布荆棘的一座座高山，难上加难。尤其是数理化这一类知识，她过去一直没学过，根本听不懂，学了后面忘了前面。郝建秀心里真急呀。想到党和各级领导为了培养自己，花费了许多钱财和心血，若学不好，完不成任务，如何交代？她吃不好，睡不着，除上课以外，所有能利用的休息时间都用上了，连放寒暑假也从不回家。

周恩来十分关心她，每次开会碰见，都要仔细询问她的学习情况。总理勉励她："只要努力学，刻苦钻研，总会跟上来的。"总理还请吴玉章多关照她的学习和生活。

一个星期天，吴玉章请郝建秀到他家去。吴玉章穿着一身灰布制服，亲切地招呼她坐下，用浓重的四川话询问她在学校生活习惯不习惯，学习怎么样。目光中洋溢着同志的温暖和长者的抚爱。吴玉章把周恩来的嘱咐讲了两遍，然后对她说："你的文化基础差，困难一定不少，有什么困难提出来，不要客气嘛。我们都能帮助你解决的。开始困难多一些，不要紧，别着急，以后逐渐走上正轨就好了。"他满怀信心地鼓励郝建秀："我相信你一定能学好的，还得注意身体，参加体育锻炼，将来有了文化科学知识，又有健康的身体，就能为国家建设做出更大的贡献。"

一番话说得郝建秀心潮澎湃，热血沸腾。今天重温那个时刻，就像昨天发生的事情一样，历历在目。她的激动之情溢于言表。

她接着说："还有许多领导和老师给了我巨大的帮助。"说到

这儿，她兴致很高，一一说起教过她的几位老师。

“教我们语文的鲁善夫老师，抓得很紧，经常布置作文题。教地理的梁其朴老师，一上课老提问我，就是让我反复加深理解。他们课下为辅导我花费了大量时间，还经常让我到他们家里去。”

说到这儿，郝建秀笑着想起：“教我们体育的一位姓王的女老师，还有一个眼睛近视的陈老师，双杠我上不去，他们使劲往上托我。”

我们都笑了。

“我经常要参加会议和社会活动，所有耽误的功课，老师们总是千方百计地为我补上。据说，学校还派专人帮我处理信件，挡驾采访人。所有这些，都给了我很大的鼓舞和帮助，使我学习的信心更足了。”

郝建秀念念不忘老师的培育之情，她说：“我们师生之间就像一家人似的。”听得出，说这话时，她很动情。

1958 年，郝建秀从人大工农速中毕业后，考取了华东纺织工学院。1962 年，大学毕业后，她回到青岛国棉六厂当技术员。1965 年调任国棉八厂副厂长。后任山东省委常委，以后又到纺织工业部任副部长、部长，现任中共中央书记处书记。

回顾自己走过的道路，郝建秀称在人大工农速中学习的几年，是“自己一生中很重要的一段”，“为以后深造和工作打下了很好的基础”。她激动地说：“太值得回忆了，太值得留恋了，太难忘了。”她对母校深厚的思恋、怀念和感激之情，溢于言表。

郝建秀衷心希望人大继承和发扬全面培养人才、理论联系实际、艰苦奋斗、师生友爱等光荣传统。她祝愿母校办得朝气蓬勃，越办越兴旺，越办越好！

（原文发表于 1987 年）

胡福明：一篇文章揭开思想解放的序幕

◉ 孟繁颖　马　飞　李俊杰

胡福明简历

胡福明（1935— ），生于江苏无锡。1955年就读于北京大学新闻系，1959年进中国人民大学哲学研究班学习。1962年毕业后，到南京大学哲学系任教，曾任助教、讲师、副教授、副系主任、党总支副书记。1982年11月调到江苏省委工作，历任江苏省委宣传部副部长、部长、省委常委、省委党校校长，江苏省政协副主席等职。是1978年5月11日《光明日报》特约评论员文章《实践是检验真理的唯一标准》的主要作者。2001年退休。2018年12月18日，胡福明被党中央、国务院授予改革先锋称号，颁授改革先锋奖章，并获评“真理标准大讨论的代表人物”。

在当代中国历史的两个重要时间节点，留下了两个人大人的名字。一个是胡福明，一个是陈锡添。他们以笔墨绽开“东风第一枝”，率先发出时代的声音。一篇文章对社会引发的巨大影响，个人一生因一篇文章引发的重大改变，胡福明“当时是万万没有想到的”。

祖国，不会忘记一个时代的开启

提到30多年前参与写作批判“两个凡是”，为推动拨乱反正、改革开放呐喊的文章《实践是检验真理的唯一标准》，头发花白的胡福明仍然心潮难平。正是这篇文章，揭开了中国新时期历史上最重要的一次思想解放运动的序幕。

已经古稀之年的胡福明谈起自己在当年的那场思想解放运动中所发挥的作用时感言：自己生在这样一个时代，遇到一个机会做了一件应该做且愿意做的事。

1978年5月11日，《光明日报》以“本报特约评论员”之名发表了题为《实践是检验真理的唯一标准》的文章，这不仅是胡福明理论研究生涯中的最高峰，更是引发了那场酝酿已久、波及全国、影响深远的关于真理标准问题的大讨论，其功绩永远彪炳共和国的史册。

再一次梳理写作《实践是检验真理的唯一标准》初稿的前前后后，胡福明说：“1977年2月7日，‘两报一刊’发表社论提出‘两个凡是’后，正在全国展开的拨乱反正运动降温了。当时我意识到只有批判‘两个凡是’，中国才能重新走一条新的社会主义建设道路，便开始酝酿写文章。”

在浩瀚的哲学海洋中，他苦苦地思索着……批判“两个凡是”，一定要有立论，有破有立，才能击中对方要害，用什么“武

器”来批判呢？用辩证唯物主义的基本原理“只有实践才是检验真理的标准”！

这一酝酿过程持续了两个月。1977年5月，《光明日报》理论部哲学专刊主编王强华向当时还是南京大学哲学系教师的胡福明约稿。6月，他开始着手写作《实践是检验真理的标准》（原题）。

那是一个难忘的暑假。偏偏在那个时候，胡福明的妻子患肿瘤住进了医院。于是人们每天晚上都能在医院昏暗的走廊上看到这样一个“怪人”，椅子上叠着一卷卷大部头的理论原著，这个人弓着身子在翻阅，做摘要。瞌睡了，就把三张椅子拼起来睡一会儿……谁会想到一篇轰动全国的文章将要在这里诞生！妻子病愈出院后，文章的提纲也形成了。

1977年9月，经过三次修改，胡福明将文章寄给了《光明日报》。1978年4月他到北京开会，王强华向他透露《光明日报》新任总编杨西光对这篇文章很赞赏，原准备把它放在哲学版上发表，现在决定把它用在第一版。

1978年4月中下旬的这十几天，对胡福明来说是忙碌而兴奋的。在4月底返回南京之前，杨西光将文章的发表计划告诉了他：先由中央党校内部刊物《理论动态》发表；次日，在《光明日报》公开见报；然后，新华社、《人民日报》、《解放军报》转发。至于署名，为了更有分量，就用“本报特约评论员”。杨西光当即表示聘请胡福明为《光明日报》特约评论员。这时候，胡福明已经明白，这已经不是简单地发表一篇文章的问题了，《光明日报》之所以要在最后将文章送到中央党校理论研究室修改，并由当时的中央党校副校长胡耀邦拍板决定发表，自有其特殊的考虑。

1978年5月11日对胡福明来说是终生难忘的。那天，他照例打开收音机，尽管每天的收听都怀着某种期待，但当那天真真切切地从电波中得知文章发表时，他还是兴奋不已。

文章发表后，巨大的反响和来自最高层的批评几乎是同时产

生的，参与文章写作发表过程的人都承受着巨大的压力。然而，“云开雾散终有时”。1978 年 6 月 2 日，邓小平在全军政治工作会议上发表重要讲话，他指出：“只有人们的社会实践，才是人们对于外界认识的真理性的标准。”邓小平领导了真理标准大讨论，使解放思想、实事求是的思想路线得以重新确立。这场思想解放运动为十一届三中全会的召开提供了思想舆论准备。

在胡福明心潮澎湃的讲述中，还是不忘提到这篇文章能见报并发挥这么大的作用，不是他一个人的力量。“杨西光、孙长江、马沛文、王强华等众多同志参与修改，使这篇文章更有深度，更有战斗力，因而也是集体创作。邓小平、胡耀邦等领导同志的信任和支持，为文章的发表和真理标准讨论扫清了障碍，并使文章发挥了更大的作用。”

他，不会忘记知识分子的作风

谈起后来的从政经历，胡福明说，相比之下更乐意一辈子在大学里做学问，更愿意做一个纯粹的知识分子。

《实践是检验真理的唯一标准》一文发表后，胡福明的生活发生了很大的变化，“做梦都没想到的改变”。1980 年春天，南京大学党委副书记告诉胡福明，胡耀邦提出调他到中宣部工作，组织部调令都下了。可他始终想留在校园里。此后省委调他到省委宣传部工作，他写了封意愿书，提了六条理由，表示愿意留在南京大学。

说到推却工作调动的原因，他说：“我喜欢教师职业，喜欢学生，学校这个环境是可爱的、生机勃勃的，而且可以无话不谈。我是知识分子，生性喜欢自由、喜欢独立思考，因此不太习惯于受约束。机关和学校大不一样，对同一个问题，学校可以自由发

表意见，独立思考。在机关工作要谨慎，是有纪律的，是要承担很多责任的。”

1982年11月，胡福明调入省委宣传部，此后历任省委宣传部常务副部长、省委常委、省委党校校长等职，后为江苏省政协副主席。在近20年的从政生涯中，他一直致力于研究中国区域经济和现代化进程，先后发表了数篇论文，主编或合作编写了《社会主义市场经济论》(1993)、《中国县域经济》(1995)、“中国现代化丛书”《中国现代化曲折三十年》(1998) 等等。

2001年，胡福明从江苏省政协副主席岗位退休以后，坚持研究马克思主义实践论与建设中国特色社会主义理论的哲学基础，同时一直从事沿海地区现代化建设研究，为主编《苏南现代化》提出了很多前瞻性见解。当下最大的课题是研究重大的历史和现实问题，从中发现一些有益于中国未来的启示。他的研究大多围绕“两个经验教训”：苏共失败的教训，中共执政的经验教训。

20年的教育生涯，20年的从政经历，一辈子也不会忘记的知识分子情怀：忧国忧民，做有理想的知识分子，为祖国的发展贡献所有，为人民的利益服务一切。这就是胡福明的生活态度。

人大，不会忘记一介书生的求索

谈起在人民大学生活的三年时光，胡福明对很多事都记忆犹新。三年的哲学学习生涯，为他的人生奠定了实事求是的基调。

1959年，胡福明于北京大学新闻系毕业并进入中国人民大学哲学研究班，从新闻学到哲学的转变，使胡福明从一位准记者转变成了一位影响中国深远发展的时代创造者。

谈到本科到研究生的专业转换，胡福明说：“我在北大学新闻，是想做一个记者，一个名记者，最后还能当一个作家，但是

后来发现，当一个名记者不容易，它要求你具有敏锐的眼光，要能够迅速地捕捉新闻，还要有理性的思维，能够抓住事物的本质，而且要高瞻远瞩，能够把握全局和事物的发展趋势，所以我认为应该学哲学。不管怎么说，学新闻学、哲学都对我有很深的影响，都影响了我的一生。学新闻培养了我关注现实的新现象、新问题的习惯。在人大哲学研究班学习的三年培养了我观察事物的本领，实事求是看事物，从发展中看事物，从联系中看事物。”50 多年了，胡福明每天都坚持读报，星期天也要到报亭去买报纸，并且一定要看《人民日报》《光明日报》《参考消息》，几天不看报就有一种失落感。

在哲学研究班的三年学习中，胡福明最深的记忆就是“苦读书”。真正开始学会读书，也是从人民大学开始的。他当时读书很勤奋，周一到周六不用说，都是读到很晚才休息，周日也会坚持。以至于在北京七年多的时间里，他连长城、雍和宫、陶然亭都没去过。对于在人民大学的苦读经历，胡福明总结说：“第一个重要的收获是掌握了马克思主义的基本原理，特别是掌握了马克思主义哲学的基本原理；第二个重要的收获是认识了社会生活，培养了一种独立思考的能力，从社会发展中、现实中发现问题的能力。”

那三年里，胡福明不仅读的书多，而且有些书读了两遍以上。“我读了《马恩选集》《列宁选集》《毛泽东选集》《资本论》，辩证法的相关书籍，马克思主义哲学原理以及各种历史书籍。”正是众多的伟大著作为胡福明以后的思想理论奠定了基础，成就了一个书生的历史担当。

胡福明说：“人民大学是我国知名的高等院校，为祖国的发展培养了大批理论家、经济学家、社会学家、历史学家、新闻工作者。可以说各省市、各领域都有人大学子作为骨干力量，这是有目共睹的。我认为人大这几年的发展非常迅速，得到了中央的高

度重视，也得到了全国人民的支持。作为人大校友，我们感到很自豪，人大的每一个进步、每一次发展我们都感到是一种荣誉。”

作为人大人，胡福明对人民大学的未来也十分关注，他希望学校要更密切地研究世界的变化，更深入了解中国社会的现实、矛盾和发展趋势，不要脱离实际；要深入到中国最广大的工人、农民、知识分子当中去，人民群众才是历史的主人；要进一步发扬解放思想、实事求是、与时俱进的精神，进一步发扬独立思考、勇于探索、勇于求证的科学态度，进一步尊重科学、尊重民主；要发扬学校的特点、优势，在研究和发展马克思主义、建设中国特色社会主义方面做出杰出贡献，为推动社会科学发展做出新的贡献。“要建成世界一流大学，要出大师，中国的大师，世界的大师。”

（原文发表于 2012 年）

桂世镛：纸上得来终觉浅

◉王 甫

桂世镛简历

桂世镛（1935—2003），浙江湖州人，著名经济学家。1952年8月至1956年7月在中国人民大学计划经济系工业计划专业学习。1956年7月加入中国共产党。1987年任人民日报社副总编辑。1988年起，先后任国家计委委员兼秘书长，国家计委副主任、党组成员，其间兼任国务院研究室副主任、党组成员。1994年任国家行政学院党委书记、常务副院长。1998年至2001年任国务院研究室主任、党组书记。2001年3月、9月相继增选为政协第九届全国委员会常务委员、经济委员会副主任。2003年当选为政协第十届全国委员会常务委员、文史资料委员会主任。中共第十三届、十四届中央候补委员，第十五届中央委员。

桂世镛1956年毕业于中国人民大学计划经济系。30多年来，他走过了一条坎坷的道路。

告别母校之后，他被分配到中国科学院经济研究所。走上工作岗位不久，他深入基层，先后到北京和山西的一些工矿企业进行调查研究。1960年，他参加了孙冶方主持的《社会主义经济论》书稿编写工作。之后，他与别人合作拟订了一本文稿，提出了在当时具有创新意义的经济学结构体系，受到孙冶方的称赞，印发到全所进行讨论。1962年，马洪主持编写《中国社会主义国营工业企业管理》一书，桂世镛撰写了该书的第一章、第二章和结束语，并协助马洪统改全书。这本书在1964年出版以后，被列为经委系统干部理论学习的教科书，并在“文化大革命”之后再版，受到学术界的重视。

桂世镛担任了经济所党总支青年委员、团总支书记，并参加了1964年10月召开的共青团第九次全国代表大会。时年29岁的桂世镛，为自己政治上的进步高兴，为自己学术上的成长喜悦，他跃跃欲试，准备在经济学研究领域继续努力、一显身手。

就在这时，一场政治风暴正在悄悄地逼近。

1964年10月，经济所在“四清”运动中挖出了所谓张闻天、孙冶方反党联盟。桂世镛被列为反党联盟中“八大金刚”之一受到审查，“文化大革命”中又遭到进一步的批判，被下放到干校和农村劳动。

政治上的沉重打击，身处逆境的强大压力，使这位刚刚崭露头角的青年经济学者感到眼前一片迷惘。

在农村，桂世镛看不惯某些干部多吃多占的坏作风，他主动提出要住到一户最贫困的农民家里。房东是一对老夫妇，老汉双目失明，家里穷得连一张床也没有，只好临时搭起一个砖坑。老两口自己吃稀饭，却为桂世镛做了干饭，还拿出过节的腊肉招待他。老汉拉起桂世镛的手，语重心长地说：你们是国家的人，来

一次不容易，以后回去工作了，不要忘了咱们农民。几句话，说得桂世镛鼻子发酸，两行热泪潸潸而下。

双目失明的农村老汉，用他质朴的感情，用他坦荡的胸襟，用他真挚的祝愿，点燃了一位理论工作者心中的希望之火。

近十年的磨炼之中，桂世镛广泛地接触社会，深入考察工厂、农村基层单位的经济组织和经济活动。他不但没有被厄运摧垮，反而在实践中经受了锻炼，学到了新知识。

1973 年，桂世镛回到经济研究所。1975 年，邓小平主持工作，提出要对工农业生产进行全面整顿。桂世镛参加了“工业二十条”的起草工作。不久，风云突变，这个文件被作为“大毒草”，在全国范围内进行批判。有人要桂世镛写揭发批判材料，他置之不理。他不再像以前那样感到迷惘，他深信自己的所作所为是由马列主义指导的，是符合中国的实际情况的，为捍卫真理他决不退缩一步。

十年动乱结束了，万象更新，百业待兴。桂世镛抖擞精神，为振兴中国经济而努力工作。他先后担任了国家计委政策研究室主任、计划经济研究所所长和计委委员等职务，并被评定为研究员，当选为全国工业经济学会副理事长、中国计划学会副会长。他还参加了党的十二大政治报告、六届全国人大会议政府工作报告、关于经济体制改革的决定、党的十三大政治报告等重要文献的起草工作。

几年来，桂世镛深入研究中国经济问题，提出了一些有创见的观点，受到学术界和实际工作部门的重视。他在《红旗》《人民日报》《经济研究》等报刊上发表了一些理论文章，并先后到日本、美国、英国、意大利等国考察或讲学。1985 年，他所著《论调整改革与效益》一书出版发行。中国人民大学和中国社会科学院先后聘请他为教授，指导硕士研究生。

回首往事，桂世镛感慨万千。他说，大学毕业后，掌握了一

定的专业知识，为今后的工作打下了基础，但是真正要把工作做好，攀登科学高峰，重要的还是要在实践中不断钻研、不断探索，真正把书本上的知识与中国的实际结合起来。入浅水者得鱼虾，入深水者得蛟龙。只有下苦功夫深入到中国国情中探索规律的人，才能有所开拓、有所创新，在建设有中国特色社会主义的伟大事业中做出应有的贡献。

“纸上得来终觉浅，绝知此事要躬行。”

（原文发表于 1987 年）

郭继严：严谨博学　爱国爱民

◉ 尹　倩　李建国　王新尚

郭继严简历

郭继严（1935—　），吉林长春人。1956年考入中国人民大学经济系，1960年毕业后留校任教。1973年中国人民大学停办后到北京市委工作。1978年中国人民大学复校，他又回到中国人民大学，任马列主义发展史研究所副所长。1991年调到国家计划委员会社会发展研究所任研究员、所长。主要著作有《马克思主义发展史》《〈资本论〉创作史》《20世纪马克思主义史》《中国社会发展蓝皮书》《社会主义经济发展论》《2001—2020年中国就业战略研究》等，主编的《2001—2020年中国就业战略研究》被称为“难得的同类研究成果中的上乘之作”。1998年10月退休。

看重人大理论功底

一个冬日的下午，我们如约拜访了郭继严教授。开门迎接我们的是60多岁的郭教授，他身材高大，头发已全白，戴一副眼镜，儒雅的气度中透出东北人的爽朗。

郭继严是吉林长春人，15岁便参加工作。1956年考上了中国人民大学经济系，1960年毕业后留校任教，1973年人大停办后到北京市委工作。“文化大革命”后，人大复校，他又申请回到了人大，在马列主义发展史研究所任副所长。直到1991年，他已56岁，又转行到了国家计划委员会社会发展研究所工作。一生中两进两出人大，不用说，对人大他有着难以割舍的感情。

提起人大给他最深刻的印象时，郭继严缓缓说道：“应该这样说，人大不管对老师还是对学生，在基本功、专业基本知识和马克思主义基本理论上都能严格要求。人民大学毕业的学生逻辑能力、思维能力、适应能力都比较强。搞本专业没有问题，即使转行从事其他专业都能很快适应，就是这个原因。”人大老师自身理论水平达到一定高度，对学生基本功要求严格。当然，物质条件等别的方面人大也不错，但他看重“人大理论功底要求严”这一点。瞻望人民大学未来的发展，郭继严轻轻推了推架在鼻梁上的眼镜，笑着对我们说，人大应该在重大理论问题研究上发挥其长处。人民大学是我们党亲手创办的第一所正规大学，是中国大学的典范，有优势，有理论积累，希望人民大学在理论研究上继续保持优势。人大在以前很有名气，原因有两点：一是培养学生多，二是出版教材多。全国各地都有人大毕业的学生，也都有人大编写的教材，这样人大的社会影响就出来了，他希望人大能继续发挥原来的优势。郭继严言语之间流露出了对母校的无限深情，也对母校的未来发展充满了信心。

一定要有理论创新

郭继严在人大工作的时间很长，当时主要搞经济研究，后来到计委搞社会发展研究。谈话间他也说到了我国的社会发展问题。前30年都比较注重工农业生产，对社会发展不太重视，或者重视不够，没有认识到问题所在。近十几年逐渐认识到社会发展的重要性。在国外，发达国家20世纪60年代以后把社会发展问题提到一个很高的高度，也是因为环境污染、资源浪费以及社会矛盾等才逐渐认识了这一问题。现在中国逐渐认识到社会发展问题的重要性，对社会发展问题也比较重视。20世纪80年代郭继严写了《社会主义经济发展论》一书，和其他著作相比，写作这本书他花了更多的精力，耗时五年，这一点让我们感到十分的佩服。写作这本书的一个原因是他从人大经济学毕业，教书几年，之后研究马克思主义经济理论史，这是他的主要研究领域。他不像别人那样，书出来了，文章也写出一大堆，他本人坚持这样一个原则：没搞完书的写作，不发表文章。马克思再生产理论是马克思主义理论中的一个主要理论。在研究过程中，单用再生产理论概括社会主义经济发展不够全面，也不够丰满。过去对马克思再生产理论研究、教学只是最基本的理论观点，讲得十分枯燥、抽象。通过对《资本论》第二卷再生产理论进行进一步研究，他考虑经济发展还应该包括别的什么。写作该书的另一个原因是，他觉得在教学、研究与现实生活当中，马克思再生产理论与现实有一些距离，脱离了现实，单独用再生产理论不够得心应手，现实问题有好多解决不了。

1978年回到人大，直到1991年再次离开人大，这十几年间，

他坦言半夜 12 点以前睡觉的时候很少，挺辛苦。当时对做学问、对写文章看得很重，不能随便，要反复推敲，“白纸黑字，写上去要经受得起时间的考验。你们这一代人比我们强，知识结构好。我们当时视野较窄，知识结构也不好，在封闭的状态下，外语只会俄语，别的不懂。看的主要是苏联的材料，材料也比较保守，学术环境是远不如现在的”。

说起前几年有人提出北大要拿诺贝尔经济学奖，他认为中国经济改革发展到现在，应该是出理论的时候了。在理论上，有马克思主义经济理论、西方经济理论，各家各派都研究过。历史上，中国改革之初借鉴过南斯拉夫，然后是匈牙利，再后来是罗马尼亚的经验，这些东欧国家都失败了。中国改革开放经历了 20 多年的实践，我们不要重复别人的理论，也不要急急忙忙去得出结论，要下点儿扎实功夫，研究一些带有普遍性的问题。中国现在遇到的甚至包括已解决的问题，用马克思主义经济理论或西方经济理论都解决不了，这需要解释，不要老重复别人的理论，应该有新的理论，应该进行新的研究。现在社会上活跃的一些经济学家，大都在重复西方的理论。西方理论是要学习、是要借鉴，但不可能解决中国的问题，国情不同，有很多问题西方也未曾遇到过。针对中国具体国情而言，我们一定要有理论创新。

崇拜马克思，反对神化马克思

怎样对待马克思？怎样对待马克思的理论？

郭继严 1960 年从人大毕业后留校任教，直到 1991 年离开，30 多年重点搞的就是马克思主义经济理论。在他看来，对劳动价值理论的理解，各家有各家之言，但有一点，就是要重视马克思提出劳动价值理论的历史背景。孔夫子有自己的儒学理论，黑格尔

有自己的哲学理论，他们提出什么样的理论都有其历史背景，要理解他们的本意。不要用现实问题来套马克思的理论，而且马克思的经济理论也不是能够解决所有问题的。用他们的理论只能解决当时历史条件下提出的问题，要求他们的理论解决我们现在遇到的所有问题，就是强人所难，也等于神化马克思，把他当作神来要求。我们反对神化马克思。另外，也反对牵强附会地理解马克思的理论。“别人反对马克思我不反对，马克思不是神，对他可以有不同的看法，但要提出自己的看法，不要打着马克思的旗号，把自己的观点栽在马克思那里。你的观点是你自己的看法，不同意他也不能歪曲他。”马克思的理论要发展，但对这个理论的评价要用历史的观点，要和历史比，不要和现在比。正如现在你很聪明，但几十年以后，后代人会比你更高明，不过，不应否定你的历史功绩。

“马克思的劳动价值理论可不可以重新讨论？当然可以。100年前的理论必须有新的发展。包括亚当·斯密，他也区分了一个要不要剥削，劳动收入和非劳动收入的问题。现实需要一个中产阶级，扩大也可以，但我们不能用这个否定马克思，否定劳动价值论。马恩何止著作等身！但他们对未来社会的论述是慎之又慎。莫尔写‘乌托邦’可写一本书。马克思恩格斯对未来社会为什么讲得那么少？非不能也，实不为也。这就是理论家的高明之处，可取之处。这里，对马克思要有理论上的公正。对人的评价应放在历史中，哪些问题当时已提出来了，你解决了，你就是伟人；提不出问题，没解决，说明你水平不够；让马克思来解决现在中国经济问题，这是十分不公正的，但也不应因此否定马克思。”

农业问题实质上是农民问题

从人大调到国家计委工作以来，郭继严主要从事宏观经济和

社会发展方面的研究，我们请他谈一谈对我国当前经济形势的看法。他略略沉思之后，坐直了身子，问我们有没有注意到中央提出的两个创新：科技创新与制度创新。一方面，我国改革从 1978 年开始到现在已有 20 多年了，改革是相对于旧的制度、体制而言的，不破不立，有破有选，毛泽东早就讲过这一问题。去了旧的必须有新的来代替，不能用现有的西方经济理论来代替，必须有适合我国国情的、符合我国生产力创新要求的制度、体制，这就是制度创新。另一方面是科技创新了，科技发展要下大力气，靠三年五载解决不了，靠引进国外科学技术也不行。从主要产业上讲，我国目前生产水平、技术水平已达到了一定高度，如何再前进是一个大问题。老是引进，作为大国来讲，不是长远之计。要有科技创新，要下大力气来建立我国科研队伍。技术水平要赶在别人前面，不然的话，生产力水平老是赶不上，怎么能实现现代化！

由郭继严主编的《2001—2020 年中国就业战略研究》一书，是“难得的同类研究成果中的上乘之作”。既对就业战略问题做了深入的理论探讨，又对当前在战略对策问题上的各家之言做了比较分析，还对这一问题做了广泛深入的典型实地调查和国情分析，在题中还做了国际比较研究。书中大篇幅地提到了农业、农民问题和我国农业正在进行的结构调整。他认为，从一个产业上来讲，农业问题实质上是农民问题。中国几亿农民，怎样解决吃饭问题，怎样提高他们的生活、教育水平，是一个不得了的大问题。在 21 世纪，中国就业问题主要不是城镇居民而是农民。中国实际需要多少农民从事农业，甚至连 1/3 都不需要。多余劳动力往哪儿安排？农村就业问题实质上就是劳动力过剩问题。如何解决农民就业问题是个大的战略问题。

21 世纪的头 20 年可能是我们国家就业形势最严峻的时期。2020 年以后，体制转轨带来的就业问题基本解决了，新增劳动力

压力可能减小，整个就业形势可能会好转。当前就业压力主要来自两个方面：一是人口多，新增劳动力多；二是结构性调整带来的结构性失业多。现实情况比统计的数据严重得多，解决的时间也要长一些，不是一下子就可解决的。从结构上而言，有人口过剩、劳动力富裕的行业，也有劳动力不足、人才缺乏的行业。

中国加入 WTO 以后就业形势会如何呢？这个问题针对不同的行业有不同的影响。有的行业影响多一些，有的行业少一些。他还特别指出，对农业的影响要高度重视。例如水果，中国水果数量不少，是质量不如外国水果？也不是。中国人好奇心强，洋水果来了，都想要尝一尝，每人尝一下，就不得了。前几年农村水果种多了，就有一个饱和问题。这也说明，我国农业结构调整不是一次、一下子就能够完成的。这里，郭继严谈论最多的是农业和农民问题，在他的内心深处，有着永远难以割舍的、深深的农民情结。

坐得下来　博采众长

采访始终是在愉快的气氛中进行的。在我们面前的是一位慈祥、健谈的长者，是一位爽朗、热情的校友，我们之间有着许多共同的话题。

郭继严饶有兴趣地问起了我们的校园生活，不时插话，时而又笑笑，仿佛也回到了他年轻的时候。他喜欢和年轻人待在一起，说年轻人有生气，思维活跃，同时也对青年学生提出了建议，寄予了更高的期望。那就是青年学生中有一部分人应该研究现实问题，有一部分人还要挨得住清苦，搞一些基本理论研究，视野要宽广，要坐得住冷板凳。现在中国经济发展不错，中国今后应有什么样的大战略，一时可能提不出成熟见解，但从长远来讲，国

家需要这样的一批理论家，需要这样的理论指导。党和国家领导人的水平都很高，但他们也不是样样通，他们需要一个很大的智囊团，需要一支熟悉中国国情的、有水平的、有创新精神的理论家队伍。这样我们国家就可以少走弯路，老百姓也就少受一点痛苦。朴实的话，却体现了我们这位老校友真挚的爱国情怀。

郭继严还提醒我们，作为学生，在校时有两点需要引起注意：一是要坐得下来，二是要博采众长。本科、研究生阶段学习时间有限，既然是学生，就要多学，各家各派都要学，都要知道。新观点就是从不同看法的比较研究、撞击中产生出来的。对不同的问题人们有不同的看法。如对中国农业问题就是经过对各种看法、观点比较以后才知道别人是怎样看这一问题的，还有什么问题没有解决，你能解决这些问题，就比别人高一步，就是创新。看别人的文章怎么写，多看不是记忆，而是比较。我们要站在巨人的肩膀上——这是伟大的科学家牛顿说过的，唯其如此，才能有看法，才能有创新，才能发表见解。他告诫青年学生，对别人既不盲从，也不要瞧不起别人。仔细研究为何别人有如此看法，他们的长处、短处在哪里？每个人都有出发点，每个人都有自己不同的角度，比较分析以后，才能提出自己的看法、观点。

说起现在的研究生，他认为研究生首先要对自己有一个客观的评价。在中国，不管是学社会科学，还是学自然科学，硕士研究生已经上了一个比较高的平台，在中国学生中间已经是精华了，不要妄自菲薄，历史、社会已对我们有要求了。国家投了那么多钱培养我们，不提要求行吗？毕业以后光发大财、赚大钱，自己有房子、汽车，自己舒服，还有些人给外国洋老板跑腿，这不是有远大理想之人所为，应该有社会、历史责任感，要胜过洋老板。硕士研究生已有这些基础，理论功底也较扎实、知识面较广、研究能力强，就看谁下功夫多、谁动脑子多、谁能够坐下来。郭继严不太满意的是现状，一些学生太急功近利。当学生不应该搞第

二职业，大好时光，搞别的，钱挣不了多少，财没发了，时间浪费了，浪费掉的是生命。在计委社会发展研究所当所长，郭继严每年都挑人、进人，从中感觉对高等教育不太满意，原因在于学校对学生不敢严格要求，学生太放纵。那时在人大读书，老师对学生要求十分严格。学生要有自我约束力，学校也要加强对学生的管理、约束。

（原文发表于2002年）

杨春贵：学以致用　不断探索

◉ 李才元

杨春贵简历

杨春贵（1936—　），1956年加入中国共产党，1958年随专业合并转入中国人民大学新闻系学习。1959年到1962年在中国人民大学哲学研究班学习。毕业后分配到南开大学哲学系任教。1969年底下放广西河池地区，先后任地委宣传部报道组副组长、理论教育科科长。1977年调广西壮族自治区党委《思想解放》杂志社任编辑。1978年6月调入中共中央党校，先后任哲学教研室教学组长、马哲史教研室主任、哲学教研室副主任、哲学教研部主任。1983年任副教授，1987年任教授，1992年获国务院政府特殊津贴，1993年任博士生导师。1993年6月任中央党校副教育长兼教务部主任，1994年任中央党校副校长。社会兼职主要有：中国辩证唯物主义研究会会长，中国马克思主义哲学史学会常务理事、邓小平理论研究会会长。现已退休。

在中国人民大学建校60周年之际，我前去采访了校友、中央党校副校长、著名哲学家杨春贵。

人大给了我理论功底

听我说明来意后，杨春贵非常愉快地回忆起在人大学习和生活的岁月。他说，他1955年考入北京大学中文系新闻学专业，1958年随专业合并转入中国人民大学新闻系学习。1959年大学毕业时，响应中央加强理论工作的号召，接受抽调，进入人民大学哲学研究班学习，1962年毕业。杨春贵说："人大的学习生活是终生难忘的，为我一生的工作打下了最重要的理论功底。"

杨春贵感触最深的是人大教育的三个显著特色。

第一个是高度重视马列和毛泽东原著的学习和研究，要求学生通过学习原著弄清基本原理的来龙去脉和精神实质。人大哲学系有强大的精通马列哲学原著的师资队伍，数量之多，素质之高，在全国绝无仅有。杨春贵说，老师不但认真指导我们研读原著，还和我们一起编写原著讲解，关于《自然辩证法》的注释和提要就是老师和我们班的学生一起搞的。另外，关于《哲学笔记》《唯物主义和经验批判主义》等的注释和讲解都是师生合作的产物。通过这样的学习，许多学生切切实实地提高了哲学素养，打下了比较扎实的理论功底，后来成为高校和理论战线以及实际工作部门的骨干，做出了很大的贡献。现在看来，通过原著学习马克思主义哲学的做法是成功的。在这方面，人大哲学系是最早的。

杨春贵说，理论联系实际是人大校风、学风的第二个显著特色。学校经常结合党和国家的中心工作组织学生参加社会实践，进行调查研究，使学生接触实际、接触群众，加深对国情和党的方针政策的理解，同时利用自己所学到的知识为群众服务。杨春

贵本人当时就多次参加哲学普及工作，到北京市郊农村为群众讲解哲学，用哲学为人民服务。理论联系实际，既加深了对理论的理解、对群众的感情，又提高了工作宣传能力，这是树立和巩固科学世界观的有效途径。

杨春贵认为，人大培养学生的第三个显著特色是十分注意培养学生树立科学的思想方法和工作方法，哲学系在这方面尤其突出。原著原理学习也好，理论联系实际也好，都是为这个目的服务的。马克思主义是科学，科学就要学以致用，学以致用的关键就是将马克思主义的科学的世界观和方法论转化为科学的思想方法和工作方法。毛泽东要求学习哲学“以研究思想方法论为主”；邓小平认为党的干部“很需要学习马克思主义哲学”，“很需要从思想方法、工作方法上提高一步”。他们强调的都是思想方法和工作方法。人大哲学系是自觉地这样做的。老师们从学生的思想实际出发，引导学生读原著，进行调查研究，参加社会实践，逐步地树立科学的世界观，掌握科学的思想方法和工作方法。在大学里，一个学生不可能学会一切东西，关键是学会基本的思想方法和工作方法。有了科学的思想方法、工作方法，学习其他知识就比较容易了，科学研究和宣传工作的能力也就会不断得到提高，辨别是非美丑的能力也就有了增强。这样实际上为学以致用打下了直接的理论功底。杨春贵认为，以培养科学的思想方法和工作方法为教学目的是人大成功的根本原因之一。

人生给了我实践功底

杨春贵满怀深情地讲完人大学习生活以后，将话题从学校转向社会，从理论学习转向人生实践。谈到毕业后的人生经历，杨春贵说：“人生给了我实践功底。”

杨春贵认为，人生问题与哲学、与世界观和方法论是紧密相关的。人生观是世界观的一部分，并且是受世界观指导的。一般说来，有什么样的世界观就会有什么样的人生观，有什么样的思想方法和工作方法就会有什么样的人生追求和人生态度。真正树立辩证唯物主义和历史唯物主义世界观的人，理所当然地把人民群众看作是历史的主人，是历史的真正创造者，因而处处尊重人民群众，把全心全意为人民服务看作是自己的人生目的。信奉了这种哲学世界观和人生观，就会心甘情愿乐此不疲地勇于实践、追求真理、服务人民。这是历史发展规律，也是人生成功规律。

杨春贵说，全心全意地为人民服务，这既是一种人生境界，又是一种人生勇攀高峰的巨大动力。有了这个素质，在任何时候、任何岗位上，都能够把全部精力投入工作，兢兢业业地干活。在广西河池地委工作时，工作单位离家有二十公里半的路程，杨春贵每天骑自行车往返在广西的山路上。不管刮风下雨、道路泥泞，不管雪花飘纷、天寒地冻，杨春贵总会按时到工作岗位上。杨春贵认为，有了为人民服务的人生观，就会自觉地改造自己，就能够自觉地驾驭自己迅速进入角色，迅速适应环境，并在适应环境的基础上自觉地改造环境，这就是环境的改变和人的自觉改变的一致，这就是马克思提倡的革命的实践。革命的实践观与革命的人生观是一致的。杨春贵认为，有了革命的人生实践观，一个人在人生的道路上就会经受住各种考验。因为不管是逆境，还是顺境，都是人的外在环境，都是我们要去自觉地改造并通过这种改造去为人民服务的实践伙伴，人对环境这个实践伙伴是不应该有太多挑剔的。当然，这并不是说人不应该有更好的生活和工作环境，只是说共产党人要不怕吃苦，要有一种在吃苦中磨炼自己的精神状态。

抱着这样自觉的人生观，杨春贵打下了并且继续不断地提升着自己的实践功底。从南开大学的讲台到广西河池地委的报道组

和理论教育科，从广西壮族自治区党委《思想解放》杂志社到中央党校，杨春贵总是能够将自己的身心融入实践中。在河池，一次次深入基层，了解实际，而后“一穷二白”的国情从概念变成实际的东西，对群众的感情也从世界观的理性变成人生观的感性。实践确实高于理论，杨春贵深有感触地说：“搞理论的人不懂实践是搞不好的。”

1978年6月，杨春贵在十一届三中全会召开之前被调入中央党校，开始了重要的人生实践历程。中央党校是党中央轮训和培训党的高中级干部的重要基地，杨春贵就长期工作在这个基地的教学实践第一线，同时从事教学行政工作。在教学实践中，他认真勤劳，一丝不苟，每个学期都为校内各种班次讲课，并担负培养、指导硕士研究生、博士研究生、领导干部在职研究生和访问学者的任务；他以经济改革和发展为中心，结合全党工作大局和干部的思想实际阐述党的思想路线、思想方法与工作方法。他热爱教学实践，尊重教学实践，以教学实践为基础，进行了两个方面的研究工作。一是理论本身的研究，重视研究马克思主义基本原理及其中国化的最新成果；二是教学本身的研究，重视研究干部教学工作的规律和经验。实践之源不断，理论之树常青。在教学实践的同时，杨春贵出版著作10余部，发表论文200余篇，并且渐渐形成自己治学的根本指导思想和主要理论风格。

以中国革命和建设的实践为中心
研究和宣传马克思主义哲学

杨春贵认为，马克思主义哲学作为时代精神的精华，它的生命力在于同实践、同人民群众的紧密结合，在结合中发挥其作用，又在结合中获得其自身发展的丰富养料。哲学是怎样的，就应该

怎样研究哲学。马克思主义哲学本身要求我们立足实践，不断探索，勇于和善于从哲学高度不断总结历史经验。因此，以中国革命和建设的实践为中心，研究和宣传马克思主义哲学，是他治学的根本指导思想和主要理论风格。这包括四个方面的内容。

一是以实践为中心，研究和宣传马克思主义哲学基本原理。杨春贵认为，党的十一届三中全会以来是新中国成立以来马克思主义哲学研究最繁荣、最活跃的时期，也是取得理论成果最多的时期，其中，最突出的便是实践观点的重新确立和科学理解。他说，马克思主义哲学作为现代唯物主义哲学，将实践观点引入唯物主义和认识论，是实践的唯物主义和以实践为基础的可知论，是建立在实践基础上的唯物主义和辩证法，因此，研究和宣传马克思主义哲学原理，必须以实践为中心。但是，以实践为中心通向的是辩证唯物论和历史唯物论，不能走向唯实践论和唯主体论。杨春贵认为，唯物主义是马克思主义哲学的一块理论基石，一旦抽掉它，整个马克思主义哲学大厦就会倒塌。以实践为中心研究和宣传马克思主义哲学原理，体现在杨春贵的全部作品中。他的作品处处充满了实践观点和实践标准。其中，比较突出的是《唯物主义和主体能动性》《几个重大哲学理论问题辨析》两篇论文。

二是以中国革命和建设的实践为中心，研究和宣传中国化的马克思主义哲学。杨春贵认为，以实践为中心研究和宣传马克思主义哲学基本原理，是马克思主义哲学的共性问题。共性存在于个性中。任何具体的实践都是一定国家、一定民族的实践，因此，中国的马克思主义哲学工作者，应该以中国革命和建设的实践为中心，研究和宣传中国化的马克思主义哲学。中国化的马克思主义哲学已经有了毛泽东哲学思想和邓小平建设有中国特色社会主义理论两个成熟形态。杨春贵对此都有较深的造诣和独到的见解，并出任中国辩证唯物主义研究会会长和中国马哲史学会邓小平理

论研究会会长。

他主编的《毛泽东哲学思想新论》一书，围绕马克思主义普遍真理同中国具体实践相结合这个中心，阐述毛泽东哲学思想是如何在总结中国革命基本经验过程中，在同党内主观主义特别是教条主义的斗争中形成和发展起来的，强调毛泽东哲学思想是中国革命和建设基本经验的哲学总结，其主要内容是对马克思主义普遍真理同中国革命具体实践相结合的必要性做了充分的哲学论证，对否认这个“结合”的主观主义做了深刻的哲学批判，对如何实现这个“结合”的主观主义做了深刻的哲学批判，对如何实现这个“结合”在方法论上进行了系统的概括。书中不但重视对毛泽东哲学思想基本原理的阐述，而且重视发掘毛泽东政治、经济、军事、文化等著作中所体现的马克思主义的立场、观点、方法，引导人们学习毛泽东思想，重视并善于从哲学高度总结历史经验，提出和回答各种新问题。

杨春贵围绕马克思主义普遍真理同中国建设具体实践相结合这个中心，撰写了一系列文章，从哲学高度阐述邓小平建设有中国特色社会主义理论的方方面面。他认为，在邓小平的著作中，处处体现了马克思主义的实践观点和实践标准、生产观点和生产力标准、群众观点和人民利益标准，以及矛盾观点和矛盾分析的方法。他认为，邓小平建设有中国特色社会主义理论实现了一系列的“破除”和“坚持”：破除“两个凡是”的框框，坚持实践是检验真理的唯一标准；破除苏联僵化的社会主义模式，坚持走自己的路，建设有中国特色社会主义；破除超阶段的“左”的思想，坚持以社会主义初级阶段作为制定政策的依据；破除抽象谈论社会主义的思维定式，坚持“三个有利于”的判断标准；破除把马克思主义教条化思想，坚持根据新的情况，认识、继承和发展马克思主义；破除形而上学片面性，坚持一系列“两手抓”的正确方针。如此等等。杨春贵认为，改革是中国的第二次革命。第一

次革命是革旧社会基本制度之命，第二次革命是革僵化的社会主义体制之命。因此，重视从哲学高度研究体制和制度的区别与联系，是深入把握两次革命实质的一个关键。

三是在马克思主义哲学研究中努力做到坚持与发展的统一。杨春贵认为，马克思主义哲学的基本原理必须坚持，马克思主义哲学的基本原著必须熟读常读。但是，当书本上的某些观点同实际生活发生矛盾的时候，不要以书本去剪裁生活，而应以实践去修正书本、发展理论。例如，在很长一段时间内，几乎所有的论著、教材都认为“团结—批评—团结”的公式是解决人民内部矛盾唯一正确的方法，杨春贵根据新中国成立以来的实践经验，大胆提出了新的看法，写出《对人民内部矛盾要作具体分析》一文，发表在1980年5月22日的《人民日报》上。文中指出：人民内部矛盾包含有非常丰富的内容，其中既有思想认识上的是非矛盾，又有物质利益上的得失矛盾，还有科学和艺术中不同学派和风格的矛盾，等等。解决人民内部的是非矛盾要运用“团结—批评—团结”的方法，解决人民内部的物质利益矛盾则主要运用经济的手段和方法，解决科学和艺术中的不同学派、不同风格的矛盾则主要运用“百家争鸣、百花齐放”的方法，解决复杂的人民内部矛盾还应当运用多种方法综合地去加以处理。因此，“团结—批评—团结”的方法并不是解决人民内部矛盾的唯一方法，我们不应当把它绝对化。此文发表后，一些报刊纷纷转载，也引起一些领导同志的注意，此后的一些文章及论著，大体都采用了该文的提法。

四是在马克思主义哲学宣传中努力做到提高与普及的统一。杨春贵长期从事干部理论教育工作，十分注意结合工作实际和干部、群众的思想实际阐述马克思主义的立场、观点、方法，帮助人们提高认识能力。他发表这方面的论文100多篇。例如，当一些人对改革中出现的一些新问题特别是出现的一些消极现象而感

到困惑不解、对改革产生怀疑的时候，他在 1986 年第 4 期《学习与研究》发表《在不断解决矛盾中开拓前进》，运用唯物辩证法的观点分析了人们关注的热点问题，强调要辩证地看待改革措施的完善与不完善、合理与不尽合理、利与弊等矛盾，坚持在不断解决矛盾的过程中把改革推向前进。读者读后很受启发。该文在 1986 年度全国省级政治理论刊物优秀文章评选中荣获优秀论文一等奖。又如，在东欧剧变、苏联解体以后，一些人对社会主义前途产生忧虑，甚至丧失信心。针对这种情况，他发表了《从哲学高度总结历史经验》《论社会主义发展的前进性与曲折性》等论文，回答了如何看待社会主义发展中所出现的曲折以及在曲折面前既要坚定信念又要善于总结经验等一系列问题。其中，《论社会主义发展的前进性与曲折性》一文获《北京日报》“在党的旗帜下”征文优秀奖。

与此同时，为了使广大干部、群众更好地掌握和运用马克思主义哲学这个武器，杨春贵在哲学普及和通俗化方面做了大量工作。他作为主要撰稿人和修改人参加编写的《通俗哲学》一书，运用古今中外大量生动资料和革命、建设中的实际事例阐述马克思主义哲学的基本观点，融理论性、知识性、趣味性于一体，使许多干部、群众特别是青年人爱不释手，在 1979 年到 1983 年全国通俗政治理论读物评奖中被评为一等奖。此书已印售 500 多万册。此外，他还著有《哲学讲话》等普及性哲学著作。

采访结束了，我离开中共中央党校，返回中国人民大学。在中国马克思主义的两大基地之间，在北京西北角这段短短的路途上，我看到了杨春贵从人民大学开始的近 40 年的岁月。这是一位马克思主义哲学家学习的岁月，更是一位马克思主义哲学家学以致用，不断探索，并取得杰出成就的岁月。这里面既包含母校的教诲与恩泽，又浸满个人的勤勉与思索，而更多的应归功于党的改革开放政策。任何真正的哲学都是时代精神的精华，任何真正

的哲学家都是时代使命的承担者。

杨春贵正值哲学思维的壮年，为哲学的使命奉献着并且继续奉献着自己的全部心血和智慧。

（原文发表于1997年）

杨瑞森：我永远是人大的学生

◉ 王大广　高　颖　王　伟

杨瑞森简历

杨瑞森（1936—　），生于河北省赤城县，中共党员，哲学教授、博士生导师。1956年考入中国人民大学哲学系。1961年本科毕业，先后在中国人民大学、南开大学从事教学与科研工作，1989年至1997年5月在国家教委社会科学司任副司长、司长、巡视员。全国普通高校马克思主义理论课教学指导委员会副主任委员，教育部人文社会科学研究专家咨询委员会委员，中国马克思主义哲学史学会常务理事，中国人民大学马克思主义学院博士生导师。著作有《五十天的回顾与反思》《关于若干现实理论问题的思考》《美国的“和平演变”战略》等。现已退休。

坦率地讲，在见到杨瑞森之前，我们在潜意识里有种莫名的紧张。他不仅是一位著名的哲学教授，而且曾经是一位高级官员。他的任何一个头衔都足以令我们望而却步、敬而远之，更何况集二者于一身呢？带着一丝敬畏和疑虑，我们在约定的时间叩响了方庄小区的一座普通住宅楼1601室的房门。迎接我们的是面容慈善、和蔼可亲的长者。老两口又是拿水果又是倒茶水，不知不觉间，一丝温馨和一抹感动在我们心底油然而生，我们心里所有的顾虑和担心也被扫得一干二净。交谈在亲切而又平和的气氛中开始了。

留下青春17年

谈到母校，谈到在人大的学习和生活，杨瑞森显得格外兴奋。他完全沉浸在对往事的回忆之中，说到动情处，不时地加一些手势。“20世纪50年代初，我在河北宣化一中读书，考大学的时候，也不太懂得要考什么大学。当时人大在全国是提前招生的，我很感谢我当年的一位历史老师，是他建议我考人大的，我问他考什么专业，他十分肯定地说：‘当然是哲学啊！’当时哲学是很热门的专业，能上人大本身就是一件很荣耀的事，能上人大哲学系那更是不得了啊！”谈话间，他的脸上浮现出无比的自豪。

“我是1956年入学的，是人大哲学系的第一届本科生。我这届同学由两部分组成，大部分是高中应届毕业生，小部分是从全国各地选派来的调干生。当时的学习条件很艰苦。但我们那一代人很单纯，朝气蓬勃。学习就是为了建设祖国、报效人民，没有现在年轻人那么多的自我设计。大家建设新中国的信念十分坚定，社会风气、学校风气都很好，同学们学习的劲头很足，参加校内校外各种社会活动很踊跃，我本人也算个社会活动积极分子，在哲学系担任过学生会副主席和体协主席等职务。”杨瑞森微笑着用一种略微深沉的语气诉说着过去，眉头不时地皱一下。我们可以察觉到，他的记忆在翻腾。“那个时候，人大在全国高校之中的确是很有特色的，一度成为新中国高等教育的典范。首先，人大十分重视对学生的思想政治教育，培养学生树立坚定正确的政治观点和政治方向。这样的教育对于我以后在工作中包括走上领导岗位之后，能够坚持正确的政治方向，时刻保持头脑清醒，从政治上思考问题、驾驭全局有重要意义。其次，人大很重视理论功底的训练和培养，强调读原著。记得我刚刚入学时，对哲学可以说是一窍不通，但经过几年的学习，无论是从感性上还是从理性上，都有了一个质的飞跃。现在看来，通过读原著来学习哲学这种方法是成功的！我们那一代人都经历过对理论的深入刻苦的学习，所以同学们的理论功底都很好。尽管后来有很多同学转向了哲学以外的其他学科，但是有了深厚的理论功底，有了科学的思维方法，做什么工作都能深入。再次，学校很注重理论联系实际，那时我们的社会实践很丰富，经常下乡参加农业劳动，和老乡吃住在一起，所以学习的理论不空洞，因为它有经验实证的东西做支持啊！正是这样的学校教育，培养了同学们艰苦创业、实事求是的作风。我们那个年级后来出了不少的精英，像罗国杰、郑杭生、靳辉明等同志，他们既是高级官员，又是全国著名学者，是国务院学位委员会委员。”这时杨瑞森停顿了一下，话题转到现在，说：“改革开放之后，社会上有一种不好的风气，就是急功近利。读书也都浮光掠影，不深入。这种态度是学不好理论的。”杨老师一针见血地指出了当前学界的浮躁之风。“我之所以能在后来的几十年的学习工作中取得了一点成就，在很大程度上得益于在人大哲学系的五年学习。没有人大的培养，就不会有我的今天。”

接下来，杨瑞森尽情地回忆起他在人大学习生活的点点滴滴。那真是一段如火如荼的岁月，在哲学系读书，毕业后留校，先后

在哲学系、马列所任教，前后共有 17 年时间。尽管共和国正值多事之秋，政治运动严重地冲击着正常的教学和科研秩序，但他还是利用一切时间来加强学习。全面、系统而又深入地学习与研究马克思主义哲学基本原理，并确立了自己终生的研究方向——毛泽东哲学思想。政治上的坚定沉稳，理论功底的深厚扎实，为他后来学术成果的取得奠定了坚实的基础。可以说，他一生中最宝贵的黄金时间都是在人民大学度过的。杨瑞森动情地说："我现在已经 66 岁了，但不管我有多老，我都是人大的学生!"这是多么朴实而又令人感动的话语啊！谈到在人大的那段岁月，杨老师有说不完的话。在举手投足之间，杨老师尽情地表露着他对母校的无限热爱和感恩情怀。

芳草报春晖

1972 年底，心爱的母校已经被"文化大革命"折磨得奄奄一息，她已经没有能力再为她的儿女们遮风挡雨了。在这万般无奈之中，杨瑞森不得不离开他无限热爱和眷恋的母校——中国人民大学，转入南开大学继续从事教学和科研工作。

十一届三中全会的召开，像一声春雷响彻中华大地。"那个时候真是振奋啊!"杨瑞森不无感慨地说。从此，他的人生开始步入正轨。在十几年的等待与煎熬之中，他已经在理论和实践两个方面积累了足够的能量，如在弦之箭，蓄势待发。他决心要把平生所学都发挥出来，用以报答母校、党和人民对他多年的养育之恩。他开始全身心地投入到科研和教学工作中去，并在较短的时间里取得了一系列重要成果。

他所主编的《毛泽东哲学思想概论》一书，围绕马克思主义普遍真理与中国具体实际相结合这个中心，全面深入论述了毛泽

东哲学思想形成、发展的一般规律，并从理论与实践相结合的角度考察了毛泽东哲学思想的内涵和外延，是在新的历史条件下全面、系统阐述毛泽东哲学思想不可多得的力作。该书于1988年获得天津市优秀教材成果一等奖，并于1996年被国家教委定为国家级统编教材。与他人合著的《毛泽东哲学思想史》从更高的视角更加全面地论述了毛泽东哲学思想的整个体系。该书获1992年国家教委第二届高校优秀教材二等奖。撰写并发表研究毛泽东哲学思想的论文数十篇，其中《毛泽东同志对马克思主义哲学的伟大贡献》获得天津市1986年优秀科研成果二等奖。他还主编了《五十天的回顾与反思》《关于若干现实理论问题的思考》《美国的“和平演变”战略》等五部著作，先后在《红旗》《求是》《人民日报》等国内一流报纸刊物上发表论文数十篇，其中有多篇获奖。

由于教学和科研成果突出，杨瑞森在1987年晋升为教授，并先后获得天津市劳动模范、南开大学优秀共产党员标兵等光荣称号。正当杨瑞森准备在哲学教学与研究事业上大展宏图的时候，一个更重大的历史使命在等待着他。1989年3月，经组织研究决定，杨老师调回北京，到国家教委社会科学司主持全国高校马克思主义理论教育工作。之后不久，全面主持社会科学司工作。

“要做懂专业的管理者”

从一名大学的普通教授到一位全国高校社会科学研究和马克思主义理论教育的管理者和领导者，这是一个角色的重大转变，所经受的压力可想而知。当我们问及在这一转变中他所遇到的主要问题和所采取的应对办法时，杨瑞森意味深长地谈道：“到教育部做领导工作，任务是繁重的，情况是复杂的，政策性很强。在实际工作中，既会遇到某种极为特殊复杂的政治局面，也经常会

遇到思想理论战线上大量的认识问题和学术问题，还有许多实际问题需要深入研究和妥善处理。”杨瑞森深切地感受到，作为一名长期从事高校理论教学与研究的学者和基层管理工作者，他虽然有一定的理论修养和实际工作经验，但是对人文社会科学的许多领域却并不熟悉，也缺少处理全局工作的经验。这样，在调入中央国家机关工作后，实际工作的需要与个人现有能力和水平之间的矛盾就显得十分突出。杨瑞森认为，为适应实际工作的需要，唯一的应对办法就是加强自身学习，在工作实践中学习，向有关专家、群众和周围有经验的同志学习，学习理论、学习政策、学习思想方法和工作方法，以不断地充实和提高自己。

杨瑞森是一位学有专长的学者，对马克思主义理论有很深的造诣，这是他从事领导工作的一大优势。但是，作为一名专家型领导干部，他更多地强调在工作实践中要加强理论学习和专业学习。杨瑞森谈道，教育部社会科学司是一个业务性很强的单位，许多工作同理论观念、思维方式和行业知识是紧密结合在一起的。社科司的工作领域十分广泛，涉及人文社科的诸多方面。因此，“作为教育部社科司的领导者，虽然不可能精通每个学科，但是仅仅懂得专业是不够的。要提高工作的主动性和有效性，就需要下功夫加强自身的学习，尽可能拓展专业领域，不断完善自己的知识结构，做一名懂专业的管理者”。杨瑞森对我们说，他在工作中常常遇到经济学，特别是西方经济学方面的问题，这是他知识结构中较为薄弱的领域。为了弥补这个不足，他花了很大工夫去重新阅读马克思主义的政治经济学原著，参加经济学的学术研讨会，搜集和阅读西方经济学的有关资料。在此基础上，为了掌握有关经济学方面的信息和情况，他还撰写发表经济学学术讨论会的综述文章。

在杨瑞森同我们谈到他的工作经历和经验时，我们发现他的神情有些激动。他认为，多年来他之所以能够在重大的政治风浪

和复杂的思想理论战线斗争中始终保持清醒的政治头脑，能够较为顺利地开展工作，重要的原因有两条：一是得益于母校的培养教育，奠定了扎实的理论功底，养成了良好的思想作风和学风，获得了分析和研究问题的科学方法；二是始终坚持在工作实践中不断学习，不断地获得新的知识来补充和武装自己。这第二条也主要得益于母校老师们的教诲和帮助。所以，他对人民大学始终充满敬仰和感激之情。说到这里，话题一转，杨瑞森又谈到社会上一些人对哲学社会科学的看法问题。他认为，现在社会上有着一种不好的风气，就是忽视、轻视甚至歧视人文社会科学。特别是对于文史哲这样的基础学科，很多人不屑一顾，认为可有可无。这是没有道理的。就拿哲学来说，我们知道，在历史的重大的变革时期，哲学往往起到至关重要的作用。历史已经生动地说明了这一点。试想，如果没有关于真理标准问题的大讨论，能有解放思想、实事求是路线的确立吗？不确立路线，改革开放的经济建设方针的确立也就成了无源之水、无本之木。有错误认识的人，往往把在市场上获得物质财富的多少作为衡量一个学科“好坏”的标准。他们不知道，如果没有基础学科的积淀作用，就不可能有人们整体素质的提高，也不会有一个良好的市场经济秩序，想赚钱也是不可能的。他接着说：“当然，普通人可以有这种看法，但作为国家的高层领导和社会的精英分子就不能有这样的偏见。说到底，任何一门科学追溯到其精神本源，都是一个为了人、发展人的问题。21世纪将是一个人文精神回归的世纪，对一个对社会负有重大责任的人来说，掌握广博的科学文化知识是承担领导责任、做出正确决策所必需的。”他还认为，在我们社会主义国家里，在当今全球化、一体化的大潮冲击下，掌握马克思主义的基本原理是掌握所有其他科学知识的前提。否则，就很容易迷失方向，丧失立场。国家和民族的命运就可能遭到威胁，后果不堪设想。在整个谈话中，杨瑞森思维敏锐，观点深刻，充满了对党、

国家和民族，乃至人类的关怀之情，洋溢着要为往圣继绝学、为万世开太平的豪情。让我们深深体会了老一代知识分子高尚的人文情怀。

老有所为，老有所乐

正如作家柳青所说，在人生的岔道口上，最关键的只有几步……杨瑞森用自己的大半生生动地论证了这点。如今，他已退休，“不过，现在每天也是很忙的，还有好多工作要做”。的确，杨瑞森依然像一支红烛一样，努力发挥着余热。退休后，他担任全国普通高校马克思主义理论课教学指导委员会副主任、委员，教育部人文社会科学研究专家咨询委员会委员和中国马克思主义哲学史学会常务理事等多个学术职务。另外，还担任母校——中国人民大学的兼职博导，指导着几个博士生。同时，他仍旧笔耕不辍，撰写大量论文指导“两课”教学的实践，努力探索着“两课”教学的新方法、新路子，力图在坚持和改进上下功夫，增强“两课”的针对性和实效性。

对于一个年近古稀的人来说，还能有如此充沛的精力承担这么多的工作，真是让我们这些年轻人有些惊诧。杨瑞森似乎看出了我们的担忧，他说：“现在身体还行，这和我热爱体育，经常参加体育锻炼分不开。当年在大学读书的时候，我就是一个体育爱好者，是哲学系体协主席，是校足球队和篮球队的队员；毕业后留校任教，是校教工篮球队队员。”“现在年纪大了，篮球和足球不能玩了，现在玩的是乒乓球。”杨瑞森起身把我们领到书房一角，指着柜橱里摆放的大大小小的奖杯和照片说：“这都是我的战利品，是退休后参加由全国乒协组织的名人邀请赛获得的。”接着，他兴致勃勃地讲起每一个奖杯和每张合影背后的故事。我们

看得出，他晚年过着繁忙而又充实的生活。

不知不觉，两个小时已经过去了，我们起身告辞。在回来的路上，夕阳已经西下，余晖暖暖地披在我们身上。抬头望一望，才发现，原来夕阳很美、很红！

（原文发表于2002年）

黄宝璋：风雪西陲廿九载　乐战天山志弥坚

◉ 鄢光让

黄宝璋简历

黄宝璋（1936—　），中共党员，经济师，河北武邑人。1960年毕业于中国人民大学贸易经济系。毕业后自愿到新疆，历任新疆维吾尔自治区计委物资处、工交处、基建处科员，基建处副处长、处长，综合处处长，新疆维吾尔自治区副主席兼计委主任，自治区党委常委、自治区常务副主席兼政法委副书记，对外开放领导小组组长，自治区计划经济学会名誉会长，西亚研究学会名誉主席等职。1991年调到海南，曾任省计划厅厅长。第七届全国人大代表。

天山——北京，相隔千山万水，路途遥遥，但我们的心却常常飞越雪山大漠回归母校，怀念那育人的摇篮。

29 年，是一段不短的岁月，但我们却在 29 个春秋中，在那风霜雪雨的日子里，常常回想在母校的美好时光。

似乎很奇怪，离得越远，离开得越久，思念得越深沉、越强烈。

这是我们约访新疆维吾尔自治区副主席、中国人民大学 1960 届贸易经济系毕业生黄宝璋时，倾吐的共同心声。我们既是老校友，一列火车进疆，又同在边城工作生活，聊起来倍感亲切。

政治上的启蒙在人大

黄宝璋回忆起中国人民大学，流露出无限深情。他说，对人的一生起决定作用的往往是学生时代的启蒙。中小学和大学是文化知识的启蒙时期，而人民大学这所独特的大学，也是他政治上启蒙的地方，终生难忘。他出身贫苦，对党怀有朴素的感情。但是他真正认识党、确立共产主义人生观，明确自己在建设新中国战斗中的责任，是在人大学习期间完成的。人民大学有一个好的校风，艰苦奋斗、艰苦创业、不怕吃苦、顽强拼搏，这股精神伴着他在边疆走过 29 年，使他在最困难的时刻勇气倍增，不断奋进，成为他坚实的精神支柱。

他还谈道，人民大学提倡的脚踏实地、实事求是、不脱离实际的作风，对他影响很大。他说，他是高中毕业后直接上了人大，单纯、幼稚，从校门到校门，对社会和人生认识很肤浅。在人大学习期间，老师们、同学们把这种实事求是的作风一代一代传下来。理论联系实际，注重调查研究，干什么事都要脚踏实地，不脱离群众，是我们事业成功的法宝。这个法宝最早是人大教给他的。走上工作岗位后，特别是近年来担负了领导工作的重任，他就更深切感受到人民大学所培育的这些好作风是多么重要，就更对人民大学充满怀念感激之情。他期望人民大学能保持这些好作风，发扬好校风，使人民大学在高校之林中能够独树一帜，保持独特的风格。

到边疆去，到祖国最需要的地方去

这是20世纪60年代毕业分配时最响亮的口号。黄宝璋在回忆毕业分配的情景时，虽已时过近30年，却还是激动不已。他说，那时年轻、气盛、心热，一听这个口号就热血沸腾，在北京当时留下大部分毕业生的情况下，他同几个同学一起毅然挥笔写下到西藏去的志愿书。但是当时西藏没有分配名额，他又选择了新疆。谈起这段往事，他说，这个选择是对的，终生不悔。

他并不是因为现在当了自治区的副主席才这样想。29载雪雨风霜，他在新疆的道路并非一帆风顺。即使在最困难的时候他也没有后悔过。1960年秋分配到新疆不久，正赶上三年困难时期，他被分配到机关农场种地，一种就是四年。1962年，爱人在家生第二个孩子时，大的才六岁，工资又低，他又在农场不能回来，生活真苦啊！家境相当难。1964年之后，他又连续到农村搞“四清”、搞“社教”，直到1966年他才回到机关。长期艰苦的基层工作，培养了他，锻炼了他，使他懂得了生活，接近了群众，了解了普通百姓的疾苦，也锻炼了他处理实际工作中难题的能力。他在回忆这段生活时说，这为他后来担负领导工作打下了一定的基础，对他深刻认识新疆，与新疆各族人民结下不解之缘，下决心为振兴新疆贡献力量，打下了坚实的思想基础。

此后的十多年，他在自治区计划委员会工作，先后搞过物资

计划、工交、基建、国民经济综合计划多种工作。他说，他工作变动多，叫他干什么他就学什么干什么，只有为各族人民服务的义务，而没有讲价钱的权利。也正因为如此，他在基层工作期间受到了多方面的锻炼，为他后来从事领导工作创造了条件。

把一生献给新疆

1983年3月，黄宝璋由自治区计委综合处处长被任命为自治区副主席。

他说，这是他做梦也没有想到过的。

由一个普通干部一跃成为一个省区的领导人，他现在是自治区常务副主席，协助主席负责领导政府的日常工作，重任在肩。

他说，他感到压力大，力不从心。他没有经过厅局岗位的锻炼，缺乏统揽全局的能力。因此，他从上任的第一天起，就给自己立下两个信条：一是无论什么时候，也不要忘记自己是普通一员，无论在什么岗位也不能脱离群众。一旦脱离了群众也就丧失了作为领导的基石。二是无论遇到什么问题，都要虚心向别人学习，要拜所有的人为师。作为一个省区的领导人，他感到不懂的东西太多了，特别是搞宏观管理，主管经济建设，他感到自己知识面窄而陈旧，情况千变万化、千差万别，不虚心请教不行，千万不能不懂装懂。他说，以这两条来律己，不怕丢面子，不摆领导架子，才能补足自己的不足，做好工作。

1988年，自治区人民政府换届，他又一次当选为自治区副主席，还要再干四年。他同时还担任自治区党委常委。他认为，这是各族人民对他的信任，是党对他的期望，做不好工作，对不起人民，对不起党。他在自治区党委领导下，协助主席，走遍天山南北，深入农村牧区、工矿企业调查研究，为制定新疆经济和社

会发展战略，为振兴新疆贡献了自己的力量。他奔波于新疆与北京之间，为新疆的经济发展，向中央反映情况，为边疆和少数民族地区的许多优惠政策的制定贡献了力量。要让世界认识新疆，让新疆认识世界，全方位对外开放，向西倾斜，他为此而努力，主持了两届新疆对外经贸洽谈会，收到很大成效。

黄宝璋说："我们这一代人是承上启下的。社会主义有计划的商品经济、现代化的中国到底是什么样子？老一辈打下的江山，我们怎样坐下去？新的一代要搞成什么样子？东南沿海、内地都飞速发展，差距越拉越大的新疆怎么办？"黄宝璋在苦苦思索这些问题。他近几年多次出访香港地区和日本，到东南沿海访问更多。他说："若问我到了香港地区和日本有什么感想，我只有一个心思：赶快回去把新疆建设得更好，增加了紧迫感和责任感。"他在采访结束时深情地说："我是河北人，却长在东北。故乡养育了我，人大培养了我，但是53个春秋中却有近30年是在天山脚下这块热土上度过的。我热爱新疆，热爱新疆的山山水水，热爱新疆的一草一木，热爱新疆的各族人民。我要把一生献给新疆。"

> 我提醒自己，无论地位多高，无论何时何地，自我感觉必须是一个普通群众，否则，就是脱离群众的开始。
>
> ——黄宝璋

（原文发表于1989年）

刘振敏：质朴无华　正直敬业

◉ 张　鹏

刘振敏简历

刘振敏（1937—　），出生于河南唐河，中共党员，1961 年毕业于中国人民大学新闻系。中央人民广播电台高级记者，曾任中央人民广播电台时政部副主任。主要采写我国重大政治、外事活动。每年发稿 500 篇左右，供电台新闻和专题节目播出。她的笔下多次出现我国领导人的活动情况及世界上 100 多个国家党政军各界人士访华的情景。她是中央人民广播电台派出国的第一位女时政记者。1992 年开始享受政府特殊津贴。

说起刘振敏这个名字，广播新闻节目的不少忠实听众都很熟悉。她就是中央人民广播电台著名政治外事记者，中国人民大学新闻系1961届毕业生。

30多年来，刘振敏兢兢业业地对待工作，诚诚恳恳地对待生活，为我国广播新闻事业的发展立下了汗马功劳。

她的笔，曾记述过毛泽东、周恩来、刘少奇、朱德、董必武、叶剑英、邓小平、李先念、万里、杨尚昆、江泽民、李鹏等党和国家领导人的活动情况。

她的笔，还记录过美国、英国、法国等100多个国家的领导人的访华活动。

作为一名政治外事记者，每年的重大节假日，刘振敏和她的同事们都是在工作岗位上度过的。每年的元旦、春节、妇女节、植树节、劳动节、儿童节、建党节、建军节、中秋节、国庆节、重阳节以及各种各样的纪念会都要去采访、发新闻。

年复一年的辛劳没有白费，刘振敏至少创作了900万字的稿件。其中包括文字消息、现场报道、录音新闻、广播讲话、口播新闻、现场直播报道等。这些稿件在中国新闻奖、全国人大、全国政协、广播影视部、水利部、民政部、全国现场短新闻、首都女记协评比中获奖的有40多篇。

也许多数人对刘振敏都是“只闻其声，不见其人”，而我却有幸两次面对面聆听了她生动亲切的讲课。

生动的专业知识课

讲授专业课“广播音响报道”的钟新老师特地从中央人民广播电台录制了《刘振敏现场报道专辑》提供给大家学习。《钱学森的三次激动》《江泽民等党和国家领导人在火热的水利工地上》

《邓颖超骨灰撒江河》《李鹏给邓颖超拜年》等被誉为现场报道经典的作品强有力地感染了大家。刘振敏清脆的嗓音、略带乡音的普通话和饱满的激情给大家留下了深刻的印象。接到钟老师诚恳的讲课邀请，刘振敏二话没说，爽快地答应了。讲课前，她还在极短的时间内详细地听了同学们第一次实习的现场报道作业，并在备课纸上写下了密密麻麻的详细记录。

1997 年 5 月 23 日早晨，刘振敏六点多就离开家门，七点一刻就赶到了学校。八点到十二点，整整四个小时，一分钟也没有休息，就像要把她这一生的积累和从事广播事业 30 多年的心得体会都一股脑儿交到我们这些年轻人手里。

那是金秋时节。24 岁的她，走进了米黄色的雄伟的广播大楼。她第一天走上工作岗位，编的第一篇稿件就是国际政治新闻，接的第一个电话就是记者发来的外事消息，从此，她就与政治外事报道结下了不解之缘。

井然有序的工作使她熟悉了政治外事稿件的规律，同时也锻炼了头脑清晰的思路，练就了手轻笔快的技巧。她开始在这一方土地上开拓出属于自己的一片天地。她深信：生活的快乐和幸福来自对生活的热爱和开拓精神。这位河南姑娘记住了焦裕禄的一句话："吃别人嚼过的馍没味道。"

电视行业的发展使她面临新的考验，不少人认为广播行业已经"夕阳西下"，而她却对广播产生了浓情。她琢磨开了：广播真的走入穷途末路了吗？广播与电视、报纸相比，它的优势到底在哪儿？什么样的广播新闻报道体裁才能有效发挥广播媒体的优势，使它在新媒体不断崛起的形势下保有一席之地呢？带着这一连串的问题，她在实践中摸爬滚打，逐渐认识到运用手中的话筒采制融编、录、说为一体的现场报道正是广播记者的拿手好戏，是广播参与媒体竞争的优势所在。现场报道要求节目在现场一次完成，节省了好几道技术制作工序，有效地提高了新闻的时效性。现场

真实可信的音响加上记者本人身临其境的解说，使得报道真切感人。

现场报道的新形式对广播记者提出了更高的要求，它要求记者不仅眼观六路、耳听八方，善于捕捉最有信息量的丰富音响，而且能及时详尽地将耳闻目睹的场景用饱满的激情、生动的语言传达给观众。

刘振敏说："当你真正感到采用录音报道的形式要比发文字稿生动、现场感强时，你就会努力干，上了一个台阶，还要精益求精。"为了做好现场报道，刘振敏认真对待每一次采访任务，能做现场报道的就做现场报道，尽量及时地让听众听到最真实可信、亲切感人的报道。同时，她还殚精竭虑地在报道形式、音响组成、音响与解说的结合、提问方式等方面下功夫，取得了突破性的成绩。

1992年10月17日早上，中央人民广播电台播出了刘振敏采制的录音讲话《钱学森的三次激动》，节目播出后，中共中央书记处书记指示广播影视部部长艾知生让中央电视台于次日重新报道一次。《人民日报》于两天之后发表了钱学森讲话的全文。中国国际广播电台随即要走了录音带。主管科委的国务委员宋健称赞说："你为科技界做了一件好事。"一位普通老工人说："钱学森同志的讲话实惠解渴，鼓舞人心。"湖南一位农民说："我有四个儿子都在国外留学，我要让他们学成以后回来报效祖国。"这篇报道取材于国务院、中央军委授予钱学森为国家杰出贡献科学家和一级英雄模范荣誉称号仪式上钱学森的讲话，尽管刘振敏只是原封不动地摘录了讲话的十分之一，但所引起的反响却是巨大的。刘振敏善于打破常规的开拓精神由此可见一斑。

刘振敏常以独特的报道角度采制独树一帜的独家新闻，增强了政治外事报道这一本身比较模式化的领域对受众的吸引力。此外，刘振敏在采用不同方式丰富音响和提问方式的革新上也是善

于开拓的先驱。

坚持了10多年的植树报道，本是很模式化的题材，音响也单调，很难跳出常规的报道方式。在1993年的报道中，她采用了历史音响，将邓小平10年前在十三陵植树时的讲话资料运用到现场报道中来，突出地表现了一代又一代领导人长期不懈地坚持带头植树造林，造福人民的功绩。她还通过"请总书记说一个带绿字的春联或诗词"的提问方式打开了江总书记的话匣子，使报道显得风趣生动。一位高级编辑说："这主意只有刘振敏才能想得出来。"

刘振敏曾深有感触地说："谁都想象不出，我们这些外事记者在国外采访有多苦。我们追踪领导人采访，飞机一到，赶快去发稿。代表团去吃午饭，我们却要发上午活动的稿。发完稿，接着采访下午的活动。晚上代表团去赴宴，我们又要去发下午活动的稿。别人休息了，记者又要发晚上活动的稿。大饭店的伙食太贵，吃不起，又没时间上街找小餐馆。有时两片干鱼片、几颗花生米顶一顿饭。在澳大利亚饿得胃疼。在加拿大，好不容易带了包方便面，旅馆里没开水，只好用凉水泡方便面。广播记者比其他记者更苦，采访时要背上沉重的录音机，各种连线、话筒架、电池、磁带等，记者的车往往离领导人的车很远，要录音就得跑百米。发稿的卫星电话线路都是预先约好的，过时取消。有时为发一篇稿，楼上楼下地找机房，上气不接下气，仍然拿起话筒就向国内发稿。"

1991年10月6日，《人民日报》头版头条刊发了一张照片，内容是国家领导人接见少数民族代表。照片的左边是少数民族代表，右边是中央领导人，中间是年过半百的刘振敏手举话筒跪在地上录音的背影。这张照片刊登出来后，在广播新闻界引起了很大反响。有人嘲笑她："刘振敏，你太丢我们广播记者的脸了，你不会换个地方站吗?"刘振敏自己心里清楚，只有这个位置才能录

到听众们满意的音效，为了这个目标，她什么都不在乎。

深刻的人生哲理课

刘振敏出生在一个革命家庭，父亲是河南省唐河县的一名地下党员。刘振敏五六岁时，父亲带着全家老小，推着独轮车假装逃荒来到延安。刘振敏在延安保小上一年级，母亲在延安保育院照顾革命后代，刚刚欢庆过抗日战争的胜利，国内战争又爆发了。父亲为了“解放全中国”的目标随刘邓大军南下，家里缺少劳动力，母亲正怀着小弟弟，生活极其困苦。当国民党的飞机扔下炸弹时，小小年纪的刘振敏左手牵着大弟弟，右手拉着二弟弟，背上驮着小弟弟，钻防空洞。早上去村西头挑水，晚上帮人缝袜子边，赚一点儿零钱，星期日去挖野菜挑煤土。小学三年级的她常迟到，可作文成绩在全班名列前茅。新中国成立后，全家人回到河南老家，这时，传来了父亲牺牲于大别山的噩耗。不久，家里来了一位父亲早年的战友，他半夜叫醒刘振敏：“你愿意跟伯伯去南阳读书吗?”刘振敏毫不犹豫地点了点头，之后她来到了离家几十里的一个革命子女大家庭。这个家里有伯伯的几个孩子，还有其他一些烈士子弟。这个小集体对培养刘振敏坚强独立的性格起了重要作用。

刘振敏读书刻苦用功，先后顺利考入了南阳一中（初中）和南阳女中（高中）。毕业前，母亲让她学医，校长却鼓励她报考新闻和外交专业。那年中国人民大学提前考试，单独招生。不知从哪里得到了消息，刘振敏和几个同学相约来到县城，怀里揣着过年时嫂子让她买棉鞋的 6 块钱作为报名费和路费。这次极偶然的机遇决定了刘振敏的一生，她顺利地考上了中国人民大学新闻系，从此踏上了漫漫新闻旅途的第一步。

1957年9月，刘振敏走出了闭塞的南阳盆地，踏进了当时位于京城海运仓的人大校园。一个铺盖卷，里头裹着几件少得可怜的换洗衣服，这就是她的全部行装。这一年是人大新闻系第一次招收高中毕业生，班里一半是有工作经验的调干生。振敏睁大眼睛看着这个陌生的新世界和周围的同学们，第一次觉得自己什么都不懂。从小就好强的振敏从此更加努力了，她学习认真，社会工作也不耽误，一到周末就钻进图书馆。至今她仍能清楚地回忆出方汉奇先生讲授新闻史时从容不迫地踱着方步、口若悬河而又思路清晰的情景。

上大学后，每月14.5元的一级助学金就是她的全部伙食费和零花钱。每月24斤粮食的定量她还自愿节约一些给男生，饭从来都填不饱肚子，体育也从来都达不了标。5分钱看一场电影，4分钱坐一站有轨电车，她都舍不得花。因为掏不起路费，每年寒暑假她都留在学校。回忆这一段艰苦的岁月，刘振敏说："经过这些困难，以后再大的困难我都不觉得它难了。当时人民大学的政治思想教育是极其严格的，这为我毕业后从事政治外事记者工作打下了坚实的基础，使我终身受益。"

毕业时，振敏在志愿表上郑重写下了这样一句话："到边疆去，到祖国最需要的地方去。"她没有填任何具体的单位，但1961年夏，她却走进了中央人民广播电台。

"文革"期间，刘振敏与在空军报社工作的丈夫都受到了冲击，他们两人一起蹲牛棚，一起挨批斗，但她始终高扬着头颅，没有掉过一滴泪，她始终相信自己一心忠于毛主席，忠于党和人民，冤屈总有被澄清的时候。丈夫到干校改造，每次见面，她都反复地说："再苦，再累，再受委屈，我都不怕，但有三点你必须答应我：一不能反毛主席；二不能离婚，我不认为你是反革命；三不能自杀，一自杀，就什么也说不清楚了。"

在"五七"干校劳改，住在猪圈里，白天劳动一身尿，一身

水，晚上还要参加批判会。刘振敏怀上第二个孩子后，好心的人劝她打掉孩子，她却坚持要把孩子生下来。十月怀胎，她没吃过一个鸡蛋，没吃过任何补品，还要参加繁重的劳动。回河南老家生孩子，没有人性的极左分子不让丈夫送，她就一个人挺着大肚子，一手牵儿子，一手拿行李，冒着大雨一步一滑，顺着山坡走到了火车站。当时许多人站在马路两边敢怒不敢言，只能流着泪目送她远去，而她自己却昂着头，一滴泪也没掉下来。

虽然用刘振敏的话来说，"'文革'中所受的苦真是三天三夜也说不完"，但是最使她佩服的，是平反后成为空军报社副社长的丈夫。他用忘我的工作，夺回了"文革"中失去的时光。他不但不利用职权对付"文革"中曾迫害过自己的人，反而想方设法给他们合理安置。刘振敏含着泪说："政治上、业务上、生活上，他都是我的兄长、老师和伴侣。"

对越自卫反击战中，刘振敏的丈夫亲率记者到前线采访，回来时却发现他已是胃癌晚期。1981 年，丈夫去世，留下了一大一小两个孩子，大儿子 13 岁，小女儿才 9 岁。"他去世后，真像天塌了一样。但天塌了我顶着，再苦再累我也苦苦支撑着这个家，而且业务上更努力了。我真正在业务上拔尖，也是在这十多年。"每天下班回来，刘振敏撂下采访本就系上围裙，下厨房做饭，晚上还要写点随笔或准备第二天的采访。从广播中，人们感受到的刘振敏是一位雷厉风行、激情饱满、精力充沛的女记者，有谁想得到这声音背后的酸甜苦辣？

1992 年，她的作品又获了好几个全国大奖，不久，职称也通过了评定。刘振敏感慨道："如果说当好一名记者有什么经验的话，那就是先做人，再做工作。"

刘振敏的家里很朴素，没有华丽的家具和装修，唯一的一台大彩电还是儿子和女儿凑钱买的。墙上挂的最珍贵的东西就是刘振敏与周恩来等国家领导人的合影和她到世界各地、全国各地参

加各种仪式、会议的采访时所用过的花花绿绿的记者证，密密麻麻的有好几百张。这是刘老师正直敬业的一生的记录，也是她无愧于党、无愧于人民的证明。

刘振敏曾在一本书中写道：“我喜欢《女记者之歌》中所说的：不要说女性的名字是软弱，我们的美连着新时代的脉搏。工作神圣，全力工作。生活广阔，驾驭生活。”作为一名记者，刘振敏的不少作品已铸就了历史，而她在现场报道领域也为后人树立了榜样。作为一位共产党员，她用坚强自立的性格和正直敬业的作风给了年轻人宝贵的精神财富。她也是一位成功的生活驾驭者和事业开创者。

（原文发表于 1997 年）

张洁：用生命写作的作家

◉ 降瑞峰

张洁简历

张洁（1937— ），祖籍辽宁抚顺，生于北京。1960 年毕业于中国人民大学计划统计系。1978 年开始文学创作。美国文学艺术院荣誉院士，国际笔会中国分会会员，中国作家协会第四届理事，第五届、六届全委会委员，第七届名誉委员。享受政府特殊津贴。1979 年加入中国作家协会。文学创作一级。著有作品集《张洁小说剧本选》，小说散文集《爱，是不能忘记的》《方舟》，小说集《祖母绿》，长篇小说《沉重的翅膀》《只有一个太阳》《无字》，散文集《在那绿草地上》以及《张洁集》等。1989 年获意大利年度“马拉帕蒂”国际文学奖。其作品《谁生活得更美好》和《条件尚未成熟》分获 1979 年和 1983 年全国优秀短篇小说奖，《祖母绿》获全国第三届优秀中篇小说奖，长篇小说《沉重的翅膀》获第二届茅盾文学奖，长篇小说《无字》获第六届茅盾文学奖。

> 每每面对那石墙，便会在溟濛中看到有铭文在那墙上时隐时现，铭刻着与她休戚相关而又不可解读的文字。起先那铭文像是刚刚镌刻上去的，然后经雨雪风霜越来越深地蚀入石墙，倒好像那石墙如血肉之躯在不断生长，渐渐地将那些文字嵌入自己的身躯。那是一种莫测的，说有形又不可见，说无形又很具体的力量，日夜镌刻不息的结果。
>
> ——摘自张洁的长篇小说《无字》

这段话用在小说中，恰如其分地渲染了那种空灵、跃动、绚烂之至、回归平静的气氛。但是，假如我们用心去观察张洁一路走过的脚印，我们就会发现，这也是张洁对自己生活最好的注解。

今天我们来找寻作家张洁，从她洋洋大观的数十本著作和只言片语的谈话中，仍然能读出人民大学的底气和韵味。

简单的文本：张洁的经历

张洁 1937 年生于北京，1956 年高中毕业。在中学时代，她的理想是报考大学的中文系，然而老师却推荐她学经济。她对音乐也有特殊的感情，喜欢贝多芬、柴可夫斯基及莫扎特的作品。

1960 年，张洁毕业于中国人民大学计划统计系，分配到国家第一机械工业部工作。1978 年发表处女作《森林里来的孩子》（《北京文艺》1978 年第 7 期），引起文坛注目，获当年全国优秀短篇小说奖。1979 年加入中国作协，同年发表的短篇小说《爱，是不能忘记的》触及爱情与伦理道德的关系这一敏感问题，引起文坛的极大反响。

1980年，喜欢文学创作的张洁被调往北京电影制片厂工作，后成为作协北京分会专业作家。出版有《张洁小说剧本选》，小说散文集《爱，是不能忘记的》《方舟》，中短篇小说集《祖母绿》，长篇小说《沉重的翅膀》《只有一个太阳》等，长篇散文《世界上最疼我的那个人去了》，游记《一个中国女人在欧洲》等。其中《谁生活得更美好》和《条件尚未成熟》分获1979年和1983年全国优秀短篇小说奖；《祖母绿》获全国第三届优秀中篇小说奖；《沉重的翅膀》获第二届茅盾文学奖，是反映改革的代表作品，发表后争议很大，被译成多种文字出版；《无字》获第六届茅盾文学奖。

张洁的创作享有国际声誉。她初期作品的特点是婉约清丽，在宁静悠远中呼唤人的真情；后来的作品则更关注社会现实，挖掘人性的复杂。对女性命运的关照是她坚持的立场。

张洁被国务院授予有特殊贡献的作家称号。她是中国第一个获得短篇、中篇、长篇小说三项国家奖的作家，并于1989年获意大利年度“马拉帕蒂”国际文学奖，1992年2月被美国文学艺术院选为该院荣誉院士。作品被译为英、法、德、俄、丹麦、挪威、瑞典、芬兰、荷兰、意大利等十多种语言，近30种译本。

张洁是一位优秀的作家。她不仅属于中国，也属于世界。1986年，诺贝尔奖的最后表决名单上，有中国作家巴金、张洁的名字。1989年她获得意大利年度“马拉帕蒂”国际文学奖时，意大利外交部长亲自为她颁奖。1992年她被美国文学艺术院选为荣誉院士时，《纽约时报》专门做了有关的报道。对这些，张洁自己从不谈起，国内媒体也很少进行报道。

2005年春天，第六届茅盾文学奖揭晓，张洁以《无字》再次获奖，成为第一个两次获得茅盾文学奖的作家。

绚丽的文字：张洁的作品

《无字》一书凝重恢宏、空灵隽永，文字灵动洒脱，情节精妙跌宕，人物复杂逼真，布局宏达伟阔，展现了中国近百年间的风云际会，对20世纪的中国进行了独特的记录与审视，写出了一个说不尽的时代。

《无字》1989年开始创作，1994年推倒重来，1998年后又一遍遍地改、一字字地磨，这一改一磨就又是两三年……为了写《无字》，她采访、收集的各类资料有两尺多厚。为了一个小细节，她三番两次地乘火车到偏远的原型小村镇探访，寻找独特的艺术感觉。这12年中无数个日日夜夜在电脑前一坐就是十几个小时地斟字酌句，书稿由薄变厚，又由厚变薄，最后硬是把已然写就的4部100余万字压缩成如今的3部80余万字。由于过度劳累，写完《无字》的前两个月，她的视力下降到0.2……

张洁在获奖后成为媒体关注的焦点，但她却没有接受任何媒体的采访。她说："我不会说话，写的比讲的好。""我以前写的所有小说都是为《无字》做的练习……哪怕写完这部长篇马上就死，我也甘心了……""写作是我生命的存在方式。""我会继续闷头写作，好好写，认真写，希望写得很好，对得起手里的笔和纸……"

张洁是个对文字极其讲究，生活中却处处喜欢低调的人，是个嘴上说不再相信爱情却永远也不会真正放弃爱的人。她以《爱，是不能忘记的》出道，经历了数不尽的坎坷，如今年过花甲的她总是把"爱是不能指望的"像是誓言又像是提醒一样挂在嘴边。

张洁是个很坚强的人。笔者曾经无意中翻出她写在1986年的一篇散文——《我的第一本书》，里面有一句话像是谶语那样让人惊心。她说："当我摩挲着我第一本装帧粗糙、纸张低劣的书的时

候，我悟到，我的痛苦，其实就是我的财富。”

张洁是个永远的“愤青”。她对政治的狂热从《沉重的翅膀》一直保持到现在，但认识她的人谁也不会把她和成熟沉稳的革命者形象联系在一起。“我小时候就想当一个坚贞不屈的革命者，你懂吧。怎么说呢，牺牲，献身。就喜欢这个，不管对爱情还是对一个合理的社会，献身。我觉得‘献身’这两个字特别棒。”她的更像是小布尔乔亚的政治热情，让她在作为政协委员参政议政时像个不谙世事的青年人，没有顾忌地滔滔不绝：“什么是理想社会我也说不出来，但看见不合理的事情我就要提出批评。在理想的社会里，应该尊重人家的人格，包括吃喝拉撒睡，也包括人的生存权利。我觉得这是最起码的一点。”所以每年的全国“两会”，她都会有一大堆提案交上去，哪个居民院儿的下水道多年堵塞都会被她写上去。

不认识张洁的人总是把她与女性作家和女权主义放在一起，认识张洁的人都知道她会对这两个词大为光火：“我为什么要卖这个‘女’字？不卖这个‘女’字，就不能成为一个好好写书的人吗？如果是个自立的女人，就应该在这平等的基础上进行竞争。我真干出来是我的能力，不是因为我是女人，或者我长得漂亮。如果那样，对男人公平吗？一个人，要是心脏健康的时候，你不觉得它嘣嘣嘣嘣在跳，你非得是真的有病的时候，才会心率过速啊，停跳啊，或者是狭窄、堵塞。所以你如果意识到你是女人，你也有点儿问题。”

张洁是个唯美而挑剔的人。她的喜好纯粹而且率直，好像在她那里从来没有“同行是冤家”的概念，每每看到同行有了精彩的作品，她都会兴奋地到处打电话大段大段地念给别人听。“我希望我在读者心目中是一个好作家，我的长项是悟性好，细节用得好。不过你看了最近王安忆的作品了吗？真好，还有张承志的……还有余华的……还有王朔的……还有史铁生的……还有叶兆言的……真好

真好。”谈她创作的话题几乎每一次都是这样拐了弯儿。

（注：本文写作中曾参考刘家中在《北京青年报》发表的《张洁：此时无字胜有字》以及吴立英在《南方日报》发表的《张洁：写作是“以血为墨”的生命需求》等文章。）

（原文发表于2007年）

张志坚：教诲无垠　受益终身

◉ 侯衍社　陈骊骊

张志坚简历

张志坚（1937—　），生于四川攀枝花，1960年加入中国共产党，同年毕业于中国人民大学农业经济系，获农业经济专业学士学位。毕业后在国家计委等部门长期工作，自1986年起，历任国家劳动总局副处长、处长，劳动人事部计划劳动力局局长、综合计划局局长，国务院机构改革办公室主任。1988年起先后任人事部副部长、党组副书记，国家编委办公室主任，中央编委办公室副主任。1998年任国家行政学院党委书记、常务副院长。2000年任中央编委办公室主任。2003年当选第十届全国人大常委、全国人大内务司法委员会副主任。

“我离开母校已经48年了，虽久未探望，但人大校徽仍在我心中熠熠闪耀。65周年校庆时，我曾回到母校，今天接到你们的电话非常高兴，这次接受采访也让我心情很激动，在母校学习生活的情景仍然历历在目。”张志坚校友亲切而朴实的话语中难掩激动之情。初见，他的平易近人就令我们感到分外亲切。

自豪：那一段受益终身的大学生涯

大学时光总是让人难以忘怀，忆起那时的学习和生活情景，老师们的谆谆教诲言犹在耳，同学们的谈笑打闹萦绕脑海，朝气蓬勃的校园生活历历在目。1956年夏，张志坚这个十几年来出门只见大山的小伙子离开金沙江边的家乡，乘汽车、倒轮渡、换火车，走了整整十天，来到了首都北京，来到处处洋溢着勃勃生机的中国人民大学，看到的是满眼的天高地阔，感受到的是难以抑制的激动之情。

中国人民大学是党中央创办的第一所社会主义综合性大学，有着优良的革命传统，在马克思主义理论方面师资力量很强，教学方法也非常科学。让张志坚受益最深的也正是马列主义基础理论课的学习。当时农业经济系开设的课程有“辩证唯物主义”“历史唯物主义”“政治经济学”“科学社会主义”“中共党史”等，苏星、萧前、何干之、宋涛、何思敬、戴逸这些在当时就非常有名的教授给本科生进行大班基础课教学，再由讲师分班进行辅导讨论。课堂上，教师很注意启发学生思考问题，并留给学生充足的提问和讨论时间，鼓励大家积极思考并提出问题，以加深对课堂内容的消化和理解，从不会把问题留到课下。“这些基础课程的学习为我初步形成马克思主义的世界观、人生观、价值观和方法论奠定了基础，使我在日后的工作中能利用马克思主义基本理论来

观察问题、分析问题和解决问题，在大是大非问题上能站稳立场。”

老师们还提倡大家读经典著作，张志坚就在老师的推荐下通读了《资本论》和《路德维希·费尔巴哈和德国古典哲学的终结》等经典著作。那时学校有个书报资料室在全国都很有名，资料管理员从全国各种报纸杂志选编许多专题，编成资料文摘卡，这成了张志坚学习理论和写论文的主要来源，他几乎每天都去查看。“我也由此养成了积累资料的习惯，并一直保持到现在，坚持做读书笔记，坚持下班后学习，几十年来已经积累了几百本读书笔记，摆了满满一书柜呢！”张志坚笑道。

张志坚还赞赏地回忆起当年人大的考试方法。他们的四门基础理论考试，除了采用闭卷方式外，还增加了开卷、答辩等多种形式，避免了一味死啃书本、死背教条，帮助涉世不深的青年人更好地把握了马克思主义的精神实质。

在张志坚对母校的记忆中，政治思想教育作为母校的突出特点令他印象深刻。他的大学时代充满了“要有远大理想，要有强烈的事业心和社会责任感，要努力为共产主义而奋斗”这样的深切教诲。当时农经系绝大多数学生都是党团员，事事带头，彼此之间能够开诚布公地开展批评与自我批评。学校还非常重视革命传统和形势教育，彭真、陈毅、谭震林、薄一波、粟裕、何长工等中央领导同志都曾应邀到人大为学生做形势报告，“使我学会了很多书本上学不到的东西，了解了国家的政治和经济形势，得到了较好的党性锻炼和培养，大大提升了思想境界，也对我后来的政治成长影响很大”，张志坚深思地说道。

在四年的大学生活中，张志坚和同学们有一年的时间深入农村，跟老乡们一起下田种麦，开展调查研究，真实地接触了社会、了解了农村，真实体会到了农村劳动的艰辛，也加深了对百姓的感情。当时学校的文体活动内容非常丰富，他还参加了全军事化

训练和管理的海岛野营、篮排球比赛、学生舞蹈队、合唱团、北京市跳伞运动，并曾获得三级跳伞运动员奖章，不仅陶冶了情操，而且强健了体魄，充分实现了德智体全面发展。这些当然与学校非常注重培养学生理论联系实际的能力、积极引导学生实践的诸多努力是紧密相连的。

见证：共和国人事制度改革的亲历者

从一名普通的公务员到身居高位，张志坚在中央国家机关历经了四届政府、五个部委，这段经历始终令他感到很自豪。张志坚在他近50年的公务员生涯中，主要从事人事劳动和行政体制改革工作，这近50年的公务员生涯和经历就是一部活的历史。

张志坚毕业后被分配到国家计委工作。“这个工作很有挑战性，”张志坚说，“我对待工作的一贯态度是一定把工作做好，不在乎它是冷差事还是香饽饽。”他秉承了在人民大学养成的良好学习习惯，孜孜不倦地钻研业务知识，下班后常常留在办公室自学，很快就比较全面地熟悉和掌握了国家计委的有关业务知识，为进一步做好工作打下了扎实的基础。

20世纪60年代初是我们国家非常困难的时期，个人命运与国家情势紧密相连。能否把握大方向、坚定政治立场、经受各种考验，对于当时的年轻人来说是一次严峻的人生挑战。现在回想起那段经历，张志坚还记忆犹新。1960年底，他被下放到房山县搞调研，白天下地干活，晚上看书、开会、给社员讲课，还常常饿肚子。有些人干劲不足、怨气冲天，而他却只想着怎样干好工作。1964年，他又被派到黑龙江，“那里条件更为艰苦，冬天最低气温达到零下36度，冻得人皮肤开裂，只能烧秸秆取暖”，但张志坚凭着坚定的意志和信念，凭借着对党和人民的真情实感，仍然把

工作开展得有声有色。

20世纪七八十年代正是我国改革开放不断深化的年代，也是张志坚事业发展的关键时期。正是在这短短20年间，国家建设取得了举世瞩目的伟大成就，张志坚也为国家的人事制度改革殚精竭虑、呕心沥血。1986年至2005年，他凭借自己过硬的专业知识和业务能力，历任劳动人事部副部长、国务院机构改革办公室主任、国家编办主任、中央编办副主任、国家行政学院常务副院长、中央编办主任、全国人大常委和内务司法委员会副主任。参与建立和推进国家公务员制度，开社会主义国家公务员制度之先河；参与了四次党政机构改革方案的研讨和制定，为构建中国特色的行政管理体制奠定了坚实的基础；参与主持了国务院劳动人事制度改革、国务院机构改革方案、党政机构改革方案等重要文件的研讨、制定和实施工作；组织、实施了对国家中高级公务员特别是港澳的中高级公务员的培训，为港澳回归做了人才储备；参与了国家公务员法的审议和修改工作，在我国干部人事制度发展史上树立起一座里程碑。不论职务和岗位如何变迁，他总是不弃不馁、宠辱不惊，始终坦然、平和地面对名与利、得与失、顺境与逆境，“这无疑与母校教人树身立志、尚品重德、求真务实的教育精神息息相关”，张志坚深情地说。

张志坚是个事业心极强的人，常常废寝忘食地工作，虽然已经年过七旬，他仍然几乎每天都加班。在秘书的记忆中，张志坚似乎没有节假日，往往是接到中央一个电话、一纸批示后就投入到紧张的工作中去，深入基层展开充分调研。经他主持成功制定的一系列法律法规和重大政策性文件，无一例外地都获得了社会各界的广泛赞同。

回顾近50年的工作历程，张志坚对母校怀有深沉的感激之情。母校深厚的马克思主义政治理论教育使他在政治上始终能保持清醒头脑，在行动上始终与党中央保持一致；母校“实事求是”

的校训精神使他在推行改革过程中始终强调了解和掌握国情，始终坚持想问题、办事情从实际出发。人大岁月成为他树立信念、历练人格、积累知识、强健体魄等方面取之不尽、用之不竭的力量源泉，也是母校给予他的宝贵人生财富。

寄语：成长为祖国建设的栋梁之材

在交谈中，张志坚曾几次对我们说："我只是一名脚踏实地的公务员，人大岁月对我后来的成长与发展至关重要，如果说自己有一点作为的话，应该说与母校的培养和熏陶是分不开的。"言语间无不渗透着他对母校的深厚感情。他所希望并盼望的，是母校继续发挥马列主义基础理论教育的特色，汇集诸多名师大家和大批优秀的中青年教师的优势，坚持并进一步发展诸如农业经济这样适应现代化发展要求的特色学科和专业，为国家培育更多的综合素质出类拔萃的优秀人才。

最后，张志坚以一位学长、老校友的身份问我们："大学是培养精英的殿堂，如何在这样的氛围里把自己塑造成对祖国对社会有用的人才呢?"他寄语莘莘学子："志不立，天下无可成之事"，所以青年学生要立志，要有理想信念，树立反映时代要求的正确的世界观、人生观、价值观，自觉地把个人志向同国家的前途命运和人民幸福联系起来，这是一个人成长、进步的动力源泉；"业精于勤，荒于嬉"，所以在校大学生要"勤"字当先，要勤勉、笃学、敬业，要不畏劳苦，不怕艰辛，持之以恒；"人而无信，不知其可也"，大学生特别是毕业生要诚实守信，敢于说实话办实事，常怀律己之心，慎独慎为、慎言慎行、表里如一，因为诚信是个人品质的基本修养，是立身之基、谋事之道、成才之本；"纸上得来终觉浅，绝知此事要躬行"，实践是学习和思考的继续，要勇于

实践创新，不断探讨，通过实践历练品格、丰富阅历，可以帮助我们获得新知识，做事要接受实践的检验，脚踏实地。

“须知知易行难，要热爱自己的岗位，从小事做起，从现在做起，使之成为一生的信念。”张志坚校友温和而坚定地望着我们，一字一顿地说。

（原文发表于2007年）

方克立：为有源头活水来

◉ 卢盘卿

方克立简历

方克立（1938— ），湖南湘潭人，知名历史学家方壮猷之子。1962年毕业于中国人民大学哲学系，历任南开大学哲学系教授、中国哲学教研室主任、博士生导师，国务院学位委员会哲学评议组成员，中国哲学史学会副会长、会长，天津市社会科学界联合会副主席，国际中国哲学学会驻中国代表。1994年任中国社会科学院研究生院院长。开创了新儒学的研究，完成国家“八五”社科规划的重点课题，成为现代新儒学思潮研究的负责人，在海内外新儒学研究中产生了较大的影响。在中国传统哲学范畴研究和现代新儒学研究方面取得了令人瞩目的成绩。被海外学者视为中国马克思主义文化派的代表人物。

在1984年天津哲学社会科学优秀成果评奖大会上，《中国哲学史上的知行观》一书荣获专著一等奖。天津市社科联在成果评语中写道："该书是国内出版的第一部中国哲学范畴史专著，在这方面做了一件开拓性的工作。该书以毛泽东同志的《实践论》为指导思想，总结、清理中国哲学史上的知行问题，作者始终坚持这一宗旨，不为前些年社会上出现的一股怀疑和贬低毛泽东思想的倾向所动摇，表现了一个哲学工作者坚定的马列主义立场。"这部著作不仅在国内，在境外也有点名气。香港《文汇报》等报刊发去书评，认为："这部著作，除了它自身的学术价值外，对中国哲学的研究，也预兆着一个新的富有生命力的研究方向。"

"我1956年考入中国人民大学哲学系。这个学校有优良的革命传统，始终把马克思主义基本理论教育放在第一位。哲学系更是如此。马克思主义哲学经典著作《费尔巴哈论》《反杜林论》《哥达纲领批判》《唯物主义和经验批判主义》《哲学笔记》《国家与革命》《矛盾论》《实践论》等等，我们都是一本书一本书地啃，每章每节都抠得很细。为了掌握精神实质，必须把重点、难点都搞清楚，首先要把书读懂，然后才谈得上'精义入神'，进而才谈得上把理论运用于实际。现在看来，当时的学习方法虽有些死，但那时打下的基本功却让我们终身受益。搞历史科学，掌握第一手材料十分重要，但掌握马克思主义的理论和方法更重要。面对着同样的历史资料，有的人能做深入的理论分析，得出符合历史实际的科学结论，并且总结出对现实富有启迪的规律性的东西来，有的人则不行。在这里，关键是看谁的马列主义水平高。从事哲学社会科学工作，正确的立场、观点、方法是灵魂，否则就会迷失方向。1978年我着手写《中国哲学史上的知行观》一书的时候，社会上有些人以思想解放为名，怀疑和贬低毛泽东思想。有人说《实践论》是狭隘经验论，你还为它唱赞歌，把它当作中国知行学说发展的最高成果，以它为指导思想来总结历史，这样写出的书

能出吗？我进行了认真的思考。毛泽东同志虽然晚年有错误，但他毕竟是中国历史上的巨人，是伟大的无产阶级革命家。毛泽东思想是包括毛泽东在内的我国老一辈无产阶级革命家集体智慧的结晶，是马列主义思想宝库中的珍贵财富。《实践论》和《矛盾论》是在和党内‘左’、‘右’倾错误斗争中产生的成熟的马列主义著作，它的基本观点没有错。于是，我坚持了原来的宗旨，把书继续写下去。现在看来，这本书有一定的价值，重要一点是它揭示了毛泽东思想和我国传统哲学内在的本质的联系。”

坚持真理、勇于开拓的精神，源于方克立在人民大学的学习和工作。他1962年毕业留校，先是协助张腾霄搞马克思恩格斯早期著作的研究和教学工作，第二年转到中国哲学史教研室。这一年，他在《哲学研究》上发表了和哲学界老前辈李景春、冯友兰教授商讨《周易》和孔子研究方法论的文章，力图把在校学习到的马克思主义基本理论和方法，运用到哲学史研究的实际中去。一个刚出校门的青年敢于和老教授“争辩”，这在有些人眼中岂不是“大胆”“狂妄”？然而，初出茅庐的方克立却没有这么多包袱。他认为，在学术研究上没有老少之分，大家都应服从真理，谁握有马列主义的真理就应向谁学习。

尽管方克立在人生道路上历经坎坷——1957年被划成“中右”，受到团内警告处分；“文化大革命”中被诬为“修正主义的黑苗子”；追随党数十年，直到1983年才被批准迈进党组织大门——可是他在青年时就确定的马列主义信仰，却不为一次又一次的政治风浪和个人的逆境所动摇。在生活的激流中，有的人像河底的鹅卵石，有的人却像矗立在激浪中的礁石。方克立就是后一种人。不管生活怎么折磨他，他都没有被磨去棱角。他不惧邪恶，不信权势，唯信真理。

“文化大革命”以后，方克立得以重操旧业——从事中国哲学史的研究。这是一个研究基础比较深厚的学科领域。但方克立认

为，30 年来的中国哲学史研究工作，大多是概论式的，未能摆脱“列传体”“几大块”的模式。要突破这个局面，只有加强对断代哲学史的研究，加强对专人、专题、专书的研究，在深入对“部分”研究的基础上，再进行新的综合，使对“整体”的认识提高到一个新的水平。他同时认为，过去的中国哲学史研究和马克思主义哲学基本理论研究总是两张皮，搭不上界，应在这两个研究领域寻找“结合点”。中国哲学史研究理应为发展中国的马克思主义哲学做出自己的贡献。基于这种认识，方克立积极提倡开展和加强对中国哲学范畴的研究，并在这个领域里开拓实践。他在全国范围内首次开设了这方面的系列课程，招收了以“中国古代哲学范畴研究”为专业方向的研究生。他深入研究了辩证唯物主义的范畴理论，具体地考察了知行、体用、天人、理气、道器等中国传统哲学范畴的源起流变。他在这方面的研究成果，体现在一系列论著中，其中《中国哲学史上的知行观》和《论中国哲学中的体用范畴》曾先后荣获天津市第一届、第二届哲学社会科学优秀成果一等奖。目前，他正在撰著的《中国哲学范畴通论》一书和他主编的《中国哲学大辞典》，都是这方面研究成果的系统总结和进一步深化。我们期待着这些哲学新葩散发出诱人的芳香。

近年来，在我国的文化研讨热潮中，方克立又敏锐地发现并开拓了一个新的研究方向，这就是关于现代新儒学思潮的研究。如果说，中国哲学范畴的研究是把“史”和“论”联系起来的话，那么，现代新儒学的研究则立意要把“古”和“今”联系起来。中国哲学史本来是一门极富有现实感的科学，可是由于长期以来的“厚古薄今”传统，对近代和现代思想反而缺少深入的研究。现代新儒学是“五四”以来客观存在的一个主要学术思想流派，在当代政治生活和学术思想领域发挥着不容忽视的影响和作用。重视和加强对它的研究，有着重要的理论意义和现实意义。由方克立和中山大学李锦全主持，全国 40 多位学者参加的“现代新儒

学思潮研究”课题，去年被确定为国家哲学社会科学“七五”规划重点项目，已经引起国内外思想界的广泛注意。在这项研究中，方克立同样坚持必须以马列主义的立场、观点、方法为指导。正如他在课题论证中所写的：“全盘西化的路在中国是走不通的。中国的马克思主义者也决不会接受所谓‘儒学资本主义’的道路。所谓‘儒学的复兴’‘儒学的第三期发展’在现代社会是没有前途的。”

新的研究领域需要大批新的专门人才。方克立极为重视新的专门人才的培养，并在这方面做出了开拓性成果。1978级学生殷陆君，在考入哲学系不久就提出转系要求。方克立从他写的一篇关于《周易》的文章中，发现这个学生很有才华，于是找他谈心，劝他安心在本系学习，并帮助他选择中国哲学史作为专业方向。到殷陆君三年级时，方克立又根据他的特长，更具体地建议他把专业方向确定为中西哲学比较研究。方克立为他答疑解惑，指示门径，甚至为他借书，教他使用工具书、积累资料、做笔记、写卡片的方法。在方老师的精心指导下，殷陆君进步很快，在大学本科学习期间就发表了七篇论文，受到国内学术前辈的重视。殷陆君毕业留校后，方克立又继续帮助他补习外语，为他创造赴美深造的机会。写作本文时，殷陆君正在斯坦福大学读博士学位，并不断以出色的成绩回报老师、母校和祖国。

1987年，方克立48岁，正处于知识分子的“黄金年龄”，他除了承担繁重的教学和科研任务外，还有许多社会工作。他担任国务院学位委员会哲学评议组成员，全国高等教育自学考试指导委员会哲学专业委员会委员，中国哲学史学会副会长，天津市哲学社会科学联合会副主席，南开大学校党委委员、校务委员会委员、学术委员会委员等职务。对于他来说，这些当然不能只是“挂名”，而必须实打实地去干。他常年超负荷工作，曾不止一次晕倒在课堂上和写字台边。在他的日程表中很少有休息和娱乐的

时间，我们连采访他都需要通过“关系”，抓住“有利”时机。他真是太忙了。谈到这些，他苦笑着说：“都是革命工作，都需要有人去做。我们研究马列、信仰马列的人，一定要照老祖宗要求的去干。‘马列主义上刺刀——对人不对己’，这样的人不是真正的马列主义者。”

方克立说：“是母校的培养、教育，使我较系统地掌握了马列主义的理论基础。有了这个基础，在政治、理论风云变幻时候，我才能明辨是非、站稳脚跟，也才敢于开拓创新。”

（原文发表于 1987 年）

艾丰：勤思，善思，勇思

◉ 孙　维

艾丰简历

艾丰（1938—2019），生于河北省玉田县。高级记者、著名经济学家、“品牌中国产业联盟”主席、经济日报社原总编辑，中国作家协会会员。1961年毕业于中国人民大学新闻系，1961年至1978年在北京人民广播电台工作，1978年考入中国社会科学院研究生院，1981年毕业后分配到《人民日报》工作。在《人民日报》历任经济部主任、编委。1996年至1999年任经济日报社总编辑。2003年，组建中国发展研究院，并担任院长。2005年底被推选为“品牌中国产业联盟”主席。曾任中国企业联合会顾问，中国工业经济联合会、中国质量协会、中国新闻文化促进会副会长等。

别人在微笑的时候，眼睛总是眯成一条缝；可他笑着的时候，眼睛却仍然是圆的——这就是艾丰。当母校要我写写这位校友时，我首先想到的就是这一点。他无时无刻不在观察，无时无刻不在发现，这也许正是他作为记者获得成功的重要原因。艾丰现在是人民日报社经济部主任、全国最年轻的高级记者、中国社会科学院研究生院教授。我作为他麾下的一名“小卒”，经常得到这样的教诲：在生活面前不要闭上眼睛，眼界要开阔，目光要犀利。中央号召全国开展“双增双节”运动，他不满足于刊登那些现成的总结材料，就把我们“轰”到“双增双节”第一线去，让我们到工厂车间里亲眼去看，亲自跟工人交谈，把所见所闻如实地反映出来。之所以这样要求我们，是因为他认为不学会观察，就当不了记者，更当不了好记者。大家还记得去年他写的那三篇《菜篮子引起的思索》吧，观察之细、之深，不能不令人拍案叫绝。

勤于思索、善于思索、勇于思索，这是艾丰留给我的又一深刻印象。《思索的笔》一书，汇集了他近年来的力作。集子中的每一篇，都留下了他思索的轨迹。思索，几乎成了他的作品最主要的特色。拿《菜篮子引起的思索》来说，透过一般人司空见惯的小小菜篮子，他居然把商品经济运行的整个过程描述出来，把在新的经济机制面前人们的心态揭示出来。他对一个小菜篮子的思索，让人们认识到了价格改革的重要性。他写的揭露黑龙江省某些人利用不正之风大肆贪污的通讯《触目惊心，发人深省》、反映襄樊落实知识分子政策经验的通讯《现代化的觉悟》、报道引滦入津工程的通讯《背水之战》、报道我国最早搞包产到户者的通讯《已是山花烂漫时》等，读后都使你不由得和他一同思索起来。艾丰写文章逻辑严谨，但在生活上有时却丢三落四：上班走到办公室，才发现忘带钥匙了；手里拿着的东西，一转眼就记不得随手放在哪儿了——别怪他，他又在思索一个新问题呢。

“我的智力至多属于中上等，我的机遇也不算好，可我的勤奋

刻苦是第一流的。”艾丰毫不掩饰地说。他 1961 年毕业于中国人民大学新闻系，之后在北京人民广播电台干了 17 年。1978 年，40 岁的艾丰成了中国社会科学院研究生院的第一届新闻研究生，开始了他人生旅途中“一次真正的转折”。研究生的三年，他是怎样走过来的呢？一位同窗回忆说：他宿舍里那两支日光灯很少在 12 点之前熄灭。虽然“上有老，下有小”，家在北京，但他绝大部分夜晚都在学生宿舍里度过。有段时间，家里老人患病长期住院，他在病床前护理之余，仍写出许多论文。欧阳修有“三上”（马上、桥上、厕上）文章之说，艾丰也有自己的“三上”——路上、床上和厕上。他不仅以优异成绩完成了新闻研究生的所有课程，还学习了外语，在报刊上发表了近 10 万字的作品，和其他同学合作完成了 5 万字的译著，并写成了 26 万字的专著《新闻采访方法论》。如今他成名了，勤奋是否还伴随着他呢？每当夜晚在报社院里散步的时候，我总能看见编辑部二楼的一扇窗户里有灯光射出来。至于那灯光何时熄灭的，很少有人知道——不用说，那间办公室的主人就是艾丰。

艾丰是自信的，他要认准一个理儿，十头老牛也甭想拉他回来。在他看来，没有自信，就不会有成功。他在事业上那坚韧不拔的追求和锲而不舍的努力，都和自信密不可分。同时，艾丰又是非常谦虚的。他从不认为自己最高明，所以常常把自己的稿件拿给别人看，希望听听别人的意见。像他写的一篇《经济生活对话录》，居然给了六七个人看，而且还挨个去征求意见，如果有谁能提点反面意见，他显得格外高兴。他不是故作姿态，而是真诚地去琢磨别人的意见。也许别人和我都有这个感觉：想说什么就说吧，他不会给你穿小鞋的。

这就是艾丰。

（原文发表于 1987 年）

丘传英：潜心研究乐不疲

◉ 陈韩晖

丘传英简历

丘传英（1938—　），1956 年考入中国人民大学统计系，1960 年毕业后留校攻读研究生，1963 年到中国科学院经济研究所（1977 年更名为中国社会科学院经济研究所）工作，1981 年借调到国务院发展研究中心，1984 年应聘调入广州市经济研究所，任筹建领导小组副组长、副所长、党组成员、所长、党组书记、副研究员、研究员。1990 年中共广州市委、市政府授予他“广州市优秀专家”称号。1991 年经济研究所改研究院后，任院长、党组书记。1992 年经国务院批准享受政府特殊津贴。广东省七届人大代表，第八届全国人大代表。

他是一个经济理论园地的耕耘者，1963 年从中国人民大学统计系研究班毕业至今，转眼间，他已在这块园地上奋力劳作了 30 多个春秋。

他 1963 年到中国科学院经济研究所（1977 年更名为中国社会科学院经济研究所）工作，1981 年借调到国务院发展研究中心，1984 年广州市筹办经济研究所，他又南下羊城。他这一辈子，可谓是与“经济研究”结下了不解之缘。他，就是广州市经济研究院院长丘传英。

“人大理论和实际相结合的优良作风，使我终身受益。这一基本原则，始终指导我的理论活动。这个根是在人大扎下的。”一提起母校，丘传英充满了深情。

如果说，人大七年的学习为丘传英打下了扎实的理论基础，那么，在中国社科院经济研究所期间，经济学界著名经济学家，如杨坚白、刘国光、董辅礽、孙尚清等的指导和经济思想的熏陶，对他的成长和理论观点的形成起到了重要作用。

有人说，搞理论研究的人是走在时代前列的人，他们总是率先捕捉到时代跳动的脉搏。早在 20 世纪 70 年代末，丘传英就对我国劳动力管理体制改革问题进行了研究、探索，发表了一些新的见解，提出了一些有价值的建议。他针对当时一些地方和部门解决劳动就业问题，忽视提高劳动生产率，把劳动就业和提高劳动生产率对立起来的观点和做法发表文章，尖锐指出，解决劳动就业要摒弃单纯安置的观点，并提出如何处理两者关系的意见和建议。在《关于社会劳动力管理体制改革问题》一文中，他和合作者深入考察了我国劳动力管理制度的演变，较早突破了把劳动者就业包下来的“铁饭碗”制度，提出改革“统一管理，统一分配”“能进不能出”的劳动力管理制度，建议应实行在国家计划指导下，扩大用人单位自主权，择优录用和择业自由相结合的办法。改革实践证明，这些观念是正确的。1982 年，他又在《从经济发

展战略出发提高劳动力质量》一文中，提出必须从经济发展战略高度去认识提高劳动力质量问题，并就如何提高劳动力质量提出了一些新的看法和对策性意见。1988 年，他在《广州市劳动力市场的发展与思考》一文中，首先提出广州市劳动力市场的目标模式是社会劳动力资源配置市场化，并对实现这一目标模式提出改革的新思路和措施。

丘传英一直在探索一条把基础理论研究和实践应用相结合的路子。1984 年，广州市筹办经济研究院，他应聘南下，参与组建工作。广州这块改革开放的热土，给他的研究工作带来很多灵感，在这里，他如鱼得水。他提出了“四结合四为主”的研究方针：理论研究与应用研究相结合，以应用研究为主；当前经济问题研究与中长期经济问题研究相结合，以中长期经济问题研究为主；宏观经济研究与微观经济研究相结合，以宏观经济研究为主；上级交办课题与自选课题相结合，以上级交办课题为主。在这个方针指导下，在广州市委、市政府的领导下，他带领全院科研人员，就广州经济发展、改革中带全局性、综合性、长远性、战略性的重大问题，组织开展了一系列专题研究，研究成果的科学性、应用性、超前性和可操作性不断提高。建院十几年来，全院共完成专著、研究报告、论文等 400 多项，其中不少项目为广州市委、市政府及有关部门和企业的决策者提供了科学依据和可供选择的方案。有好些项目获部委级、省市级优秀研究成果奖。

对此，丘传英颇自豪地说，他们可以说是广州市政府经济决策的“谋士”。他如数家珍地列出了他们的重要研究课题：广州市重点行业、重点产品技术水平调研预测，广州市产业结构调整和产业政策研究，广州市工业布局规划研究，广州与珠江三角洲协调发展研究，发展广州市第三产业初探，关于加快广州产权市场建设的研究报告，广州地铁二号线筹资研究，推进广州科技与经济结合的对策研究……

丘传英同院里的科研人员一起深入实际调查研究，一起探讨，一起攻关。他主持或参与主持的一些重点课题，如“广州实施分层宏观调控的政策研究”“广州八区经济发展研究”“长洲岛旅游资源综合开发与利用研究”等，成为市政府或有关部门决策的重要参考依据。

丘传英在经济理论界浸泡多年的心得是：应用对策研究没有尽头，每个时期都不断出现新情况、新问题和热点、难点问题，都为他们的研究提出了很多新课题，越沉下去，越有嚼头。

丘传英常以“学习、学习、再学习”自勉。他说，现代社会知识更新快，不及时“充电”，就要落后。因此，在事务繁忙中，他总是“挤”时间看书、学习，忙里偷闲、见缝插针成了他利用时间的准则，就连节假日也常常顾不上休息。每一本著作，每一篇文章，都是这样在一点一滴的余暇中“攒”出来的。

在经济理论研究的天地中，丘传英乐此不疲。由于他对经济理论研究的突出贡献，1990 年他被评为广州市优秀专家，1992 年享受国务院授予专家的政府特殊津贴。并先后被选为广东省七届人大代表，第八届全国人大代表。他还是中国生产力学会理事、广东省经济学会副会长、广州市社科联副主席、广州市政府决策咨询顾问团顾问、《珠江经济》杂志主编。

对此，他谦逊地说：“荣誉对我是一种鼓励，是一个新的开始。”他展望，要力争在三年内使广州经济研究院发展再上一个新台阶。

（原文发表于 1997 年）

许一鸣：时代的号手

◉ 林　晚

许一鸣简历

许一鸣（1938—　），江苏金坛人。1964年夏毕业于中国人民大学新闻系，同年9月分配到新华社西藏分社工作，任西藏分社记者、团支部书记。1970年调新华社福建分社，先后任记者、农村组组长、分社党委副书记兼副社长、党组书记兼社长，中共福建省委对外宣传小组成员，福建对外文化交流协会常务理事，福建省新闻工作者协会副主席。第五届、七届福建省政协委员。1992年6月26日由新华社新闻专业高级职务评委会评审确认为高级记者。1996年10月被选为福建省新闻学会会长。现已退休。

从江苏金坛到首都北京，从雪域高原到八闽大地，新华社福建分社党组书记许一鸣的多彩人生和非凡阅历，对我们产生着磁石般的吸引力。

当我们坐在他的办公室，倾听这位资深记者那舒缓的陈述时，耳边响起的分明是伴随历史前进的惊雷，脑海中翻腾的分明是祖国大地沧桑巨变的绚丽图景。

这是一位时代号手的歌声。

一

许一鸣是江苏省金坛县王母观村人，在1938年那凄风苦雨的年代出生于一个贫苦农民的家庭，襁褓中便惨遭厄运。来到这个世界只一个多月，日本侵略军就打到村上，父亲组织村里人抵抗日寇，母亲带着他躲进芦苇荡。回来时家中的房屋已被日寇放火烧毁，母亲被湖水浸泡染病，不久就离开了人世。爷爷和父亲含辛茹苦将他抚养长大。四岁时，父亲续弦娶了继母，爷爷撒手人寰。六岁时，许一鸣上了村里的中心小学，父亲参加了陈毅领导的新四军。然而许一鸣把父亲送到部队后就失学了。生死线上挣扎的孩子七八岁就不得不去当雇工，白天放牛，晚上看牛。由于体力不支，又不愿去当和尚，继母在溧阳县为他找了一个活儿，早晨牵盲人到镇上算命，晚上牵盲人从镇上回家。不仅如此，白天还要下田种地，天不亮就要起床出去捡粪。有一次割稻子，左手无名指被镰刀一劈两半，血流如注，他痛得死去活来，当时敷上泥土、香灰止血，很快就感染溃烂，至今疤痕犹在。后来，他到一个开磨坊的远亲家中做工，磨米磨面，割牛草接牛粪，与主人家童养媳一起吃饭，10岁的孩子睡一只破摇篮，穿着长满虱子的破烂衣服。说起当年的情景，许一鸣至今仍然不寒而栗：“可怕

的是到长荡湖里割牛草，手脚泡烂掉了皮，碰到草上痛得钻心，还被东家拿大棍子打得晕死过去。真是比高玉宝还高玉宝。”

1949年的一天早晨，纷纷扬扬的瑞雪覆盖了苏南大地，有人告诉许一鸣：“你父亲在下新河镇等你，你赶快去！”许一鸣听后，身着褴褛的衣衫，赤着双脚，在雪地里一口气跑了三里路，见到了当解放军的父亲。父亲见孩子已经瘦弱得不成人形，难过得痛哭失声。不久，已经在县上工作的父亲把11岁的许一鸣送进村小学，从三年级读起。不料，1952年父亲突然去世，家庭重又陷入困境。许一鸣坚持读完了小学，在全年级几十名学生中脱颖而出，考取了金坛中学，就是今天的华罗庚中学，而且是村小学唯一的一名正取生。然而继母为难地说：“家里无力供你上中学了！”家乡村干部对继母说：“这孩子很聪明，你应该让他继续读书。”于是，继母把土改时分得的土地卖掉了两亩，又卖了一点粮食，把许一鸣送到县上读书。金坛中学知道这是新四军的后代，家境贫寒、饱经磨难，就包下了他的全部学习生活费用，寒暑假也可以在学校生活。许一鸣说：“从这时起我就成了共产党的孩子。”虽然长期流浪做雇工的经历使得他不喜欢学校严格的纪律约束，但是他酷爱读书、尤喜美术，工作积极，进步很快，还当了班长。1954年继母去世，留下一个妹妹由村里收养。成了孤儿的许一鸣倍受学校和老师的关心，大家时常接济他一些衣物，一位参加革命工作的堂兄也给他些许补贴。初中毕业，许一鸣被保送到高中。这时许一鸣觉悟提高很快，读书学习、炼钢铁、拣粮食处处走在前面，获得了金坛县社会主义积极分子、优秀共青团员等荣誉称号。

金坛县中学是华罗庚的母校，成立几十年都没有毕业生报考新闻专业。许一鸣高中毕业时，学校领导希望他填补这个空白，许一鸣本人也对新闻记者这个职业心向往之，填报的四个志愿全部是新闻专业，第一志愿就是中国人民大学新闻系。他果然如愿以偿。

带着亲友、老师们凑起来的被子衣物，从没有出过江苏省，甚至没有去过南京市的许一鸣，1959 年 8 月只身北上来到首都。雄伟壮丽的天安门给许一鸣留下了终生难以忘怀的北京第一印象。

二

许一鸣深情地说："中国人民大学培养教育了我，给了我力量和信心。五年大学生活对我一生产生了关键的影响。"

进校后，许一鸣和大家一起去密云参加修建水库劳动，因救火被学校表扬，三年困难时期也曾挖野菜、喝小球藻、喝空酱油汤，也闹浮肿。虽然遇到了困难，许一鸣仍然读了很多书，学到了很多知识。郭沫若关于好好读书的号召更是得到了他和同学们的热烈响应。

1964 年，新华社西藏分社记者郭超人到人大新闻系做报告，谈在西藏当记者的酸甜苦辣。他说："那里是新闻的宝藏，人们很少去西藏，又都很关心西藏，有志青年应该到西藏去，在那里一定会大有作为。"这一番话在许一鸣心中激起不平静的浪花，他明确表态："我是孤儿，没有共产党的培养就没有我的今天。毕业后我愿意到任何艰苦的地方去工作，包括西藏在内。"毕业分配方案公布了，许一鸣真的被分配到新华社西藏分社当记者。当时有的人是谈藏色变，一位家乡小学老师在江苏原籍好心给许一鸣介绍女朋友，对方一听许一鸣要去西藏立即表示不要见面，但许一鸣对去西藏的选择却毫不后悔。许一鸣到祖国最需要的地方去，为毕业生树立了榜样。党组织根据他的一贯表现，批准了他加入中国共产党的申请。许一鸣说："这对我是莫大的鼓舞和鞭策。"

列车喷云吐雾急驰前进，到甘肃柳园缓缓停下了疲惫的车轮，

接着一辆苏制嘎斯69汽车在轰鸣中启动。穿戈壁、过敦煌、越盐湖，青藏公路两旁秀丽的风光令许一鸣目不暇接。到了唐古拉山，他出现了高原反应。这里海拔5 700米，所有氧气袋都递了过来，头还是撕裂般的疼痛，不久他便失去了知觉。慢慢醒过来时，车已开到海拔3 700米的地区，到了拉萨他基本恢复了正常。

地处祖国大西南的西藏分社，难得有经过名牌大学正规训练的新闻专业大学生充实队伍，老记者带许一鸣跑了一两次就鼓励他独立作战。

他第一次独立采访是到藏北安多县红海乡。这里是西藏与青海交界处的唐古拉山脚下，海拔4 300多米。时值寒冬腊月，他从拉萨乘敞篷汽车，冒着零下40多度的严寒在颠簸中北进，身上厚重的皮衣仿佛像纸一样薄，全身都冻得麻木了。行李、碗筷、一应用具都装在一个马背套里。跑了上千公里到安多县后，他雇了五匹马，一匹自己乘坐，一匹驮行李，一匹给翻译骑，一匹给翻译驮行李，一匹由赶马人自乘，浩浩荡荡行进在渺无人烟的茫茫草原上。晚上借宿在藏族老乡家中，藏胞老两口让出位置给客人，自己却与羊群住在一起。第二天继续前进，傍晚才到了红海乡。乡里工作队热情接待了他们。掀开锅盖，捞起碗口大小的一团牛肉，用刀剖开，中间还鲜血淋漓。这就是丰盛的美餐了。虽说是初次面对这样的困难环境，许一鸣仍然圆满完成了采访任务，写了几千字的长篇通讯。不久，许一鸣又去独立采访雅鲁藏布江大桥通车的新闻，写出的消息和长篇通讯，在《人民日报》登了一个整版，并配发照片。

在社会主义教育运动中，许一鸣住在琼结县一户翻身农奴家中，与藏胞同吃同住同劳动。在这里，适应藏族老乡的饮食和卫生习惯对许一鸣是最严峻的考验。平时所吃的“土粑”是用糌粑面和着羊油在锅里煮。过节时吃的“羊头土粑”，是把隔年宰杀晾干的羊头燎毛砸碎，和上菜、豆、羊油煮在锅里。许一鸣虽然对

这种饮食方式很不适应，但他尊重藏胞风俗习惯，坚持与藏胞打成一片，受到了好评。艰苦的生活使许一鸣身体消瘦，八个月后许一鸣回到拉萨，连对象都几乎认不出他了。

“文化大革命”中，鉴于新华社各分社记者不同程度地介入了地方运动，总社决定对人员进行大幅度调整。在总社举办的学习班上，有关负责人对他说：“你还年轻，派你到福建去。那里面对台湾海峡，可以大有作为。”1970 年，许一鸣像一颗种子从世界屋脊飘向东南沿海，在另一片新闻沃土中生根开花。

三

来福建分社之初，虽然仍处在“文化大革命”期间，但这里形势较前几年相对平静，抱着补回被耽误的时间这样一种心情，许一鸣积极采写了《古田会议精神代代传》《更上一层楼》《汗水换来发言权》等一批新闻报道，在福建产生了很好的影响。1974 年，福建省委、福州军区召开四委联席会，肃清林彪在福建的流毒和影响。许一鸣作为驻会记者，在 8 个月时间中写了 100 多篇内参，充分反映了会议的情况，受到了总社的重视。1975 年，周恩来总理抱病举行国庆招待会，总社推举许一鸣作为新闻界的代表出席，名字也发表在报纸上。当他拿着印有周恩来签名的请柬，当他聆听周恩来发表的最后一次国庆讲话，当他被与会者关心国家前途命运的情绪所感染时，许一鸣深深意识到一个新闻工作者的神圣职责。他感到，改换了环境和条件，应该集中精力，用自己的笔，反映所在地在中国共产党领导下所取得的成就，反映新情况、新经验、新问题。许一鸣说：“新闻记者是党的耳目喉舌，是党的工具，不可避免地要介入一些政治斗争，不可能游离于这些斗争之外。这就必须时时自觉地站在党的立场上，传播党的声

音，为党的事业做好工作。”

党的十一届三中全会前后，福建省在如何全面贯彻十一届三中全会精神，要不要开展实践是检验真理标准的讨论，在农村搞不搞联产承包责任制这些问题上态度不明朗。许一鸣采写了《福建省党的思想理论工作会议强调指出，福建应对真理标准讨论进行补课》《福建省正式宣布不同意搞“包产到户”》《福建省委至今不肯放宽农业政策，各地干部群众意见很多》等内参，积极向中央反映了有关情况。

福建省三明市年轻干部赵大中，“文革”期间对林彪和“四人帮”迫害老干部表示不满，在街上写大字报点名批判张春桥，被打成“现行反革命”抓进监狱。粉碎“四人帮”后，赵大中积极申诉要求平反，三明市一些领导有意拖延迟迟不动。福建分社有记者写内参向中央反映，引起邓小平的重视，邓小平批示福建省委要认真查处。福建省委派工作组到三明市进行调查，发现连同赵大中共有四起因为反对“四人帮”而获罪的案件都没有平反。福建省委召开专题工作会议，责成三明市委立即平反冤案，落实党的政策。参加省委调查组工作的许一鸣对此事发内参并写了长篇报道《福建省委把平反冤案与揭批“四人帮”结合起来，严肃处理三明市委阻挠平反冤案的严重事件》，《人民日报》刊登这篇报道并配发题为《落实党的政策必须具备无产阶级坚定性》的长篇评论员文章，全国报纸纷纷转载，对深入肃清“四人帮”的流毒，平反一批冤假错案，起了重要推动作用。

“文化大革命”中，除了高层干部、知识分子被迫害，大批农村基层干部也受到了摧残。在农村，开展多种经营被说成走资本主义道路，农民只能种水稻不能种蔬菜，连水仙花也濒临绝种。许一鸣到龙海县调查两个月，采写了内参《林彪“四人帮”假左真右路线给农村基层干部带来的灾难》《落实经济政策是当务之急》《党的优良传统作风被败坏》《拨乱反正龙海大上有希望》。这

组内参受到总社领导和省委领导重视，朱穆之社长指示要公开发表，福建以省委文件的形式转发全文，并召开省委工作会议，推广龙海县的经验。公开报道《农业要大上，必须揭批“四人帮”，龙海县抓纲治县的经验》，告诉人们严重内伤不治理，农业难以上去，龙海县查内伤批极左肃流毒，恢复党的优良传统和作风，促进党的政策的落实，调动了广大干部群众的积极性，农村重新恢复了生机和活力。新华社加按语播发这篇报道，《人民日报》及全国各大报纸均在显著位置刊登，《福建日报》还配发了长篇社论。

许一鸣还与老社长、老记者合作，采写了《福建在揭批“四人帮”中走向大治》《重灾区农业翻身记》《社会主义培养人才有功——揭批林彪“四人帮”一伙否定福建高考红旗的罪行》。十一届三中全会后还采写了《五亩茉莉花的启示》《福建省委讨论全省工作中心转移问题》。这些报道都产生了重要影响。

许一鸣说：“一个负责任的新闻工作者，在新形势下要热情关注当地的改革开放，及时推动实际工作的进展。”他为此做了不懈的努力。

福建省漳州市东山县，地处厦门、汕头之间，长期不设海关，各种产品包括蔬菜、鱼货都要到厦门、汕头验关出口，由于运输困难，路途遥远，很多鲜活产品运不出来或是途中腐烂变质，白白倒入大海。了解到这个情况，许一鸣写了内参《福建要求尽快批准设立东山外贸口岸》。中央领导同志看到后要求有关部门尽快解决。结果，一周之内有关部门把福建省和东山县的同志请到北京，半月之内东山海关正式建立。

农村实行联产承包责任制以后，漳浦县成立了五个农业服务中心，很好地解决了农村合作组织如何为农民从事大规模开发和生产服务这个问题。许一鸣到漳浦县调查研究，发现了这一新生事物，采写了内参《漳浦县五个农业服务中心的调查》。在内参发

出当天中央领导就批示："这种服务中心专业联合形式，可能是一种有生命力的形式，请予关注。"党内著名农村问题专家杜润生派农村发展中心研究室主任卢文到漳浦考察，充分肯定了记者的调查。省委书记陈光毅两次写信，要求在全省推广漳浦经验。

1994 年，福建省泉州市 37 家国有企业嫁接外资，在社会上引起了很大争论。许一鸣与人合作到泉州进行专题调查，并发表了内参。调查报告内参刊出后，李鹏总理专门到泉州了解该文所反映的情况，肯定了泉州市的做法，总结出四条经验。

这类专题调查还有《闽南三角区实行"贸工农"调查》《三明集体林区改革调查》《福建省外商经营成片土地开发调查》等，都受到中央和省委的重视与好评。

四

许一鸣说："新闻工作者离开现实生活光写风花雪月不行。在伟大的社会变革中要满腔热忱地支持新生事物，旗帜鲜明地反对错误倾向。"

福建漳浦县委书记黄步翔，原来是龙海县的公社书记，许一鸣早就熟悉他，他的特点是认真、苦干、实干。来到漳浦，黄步翔看到大片山场闲置不用感到很可惜，决心带领干部群众把荒山变绿山，为此制定了大规模治山计划，两年内要绿化荒山 10 万亩，新种荔枝 200 万株。任务下达到各个乡镇后，他又提出，责任制不能只是约束基层，领导干部也应受责任制制约。他和县长、农委主任分工负责，有的筹款，有的买荔枝苗。他本人负责组织挖好 200 万个树穴，而且立下军令状：完不成任务，向全县人民检讨，扣罚工资。有一天，省长马兴元告诉许一鸣，黄步翔当晚来汇报，让他来听一听。从晚 9 点到晚 10 点，一个多小时的汇报，

规划宏伟，措施得力，思路对头，令人振奋。许一鸣受到鼓舞，连夜写了题为《县委书记立下军令状》的新闻稿，总社很快播发，被许多报纸转发。有人看了报道不以为然，说黄步翔放大炮吹牛皮。但两三年后任务完成得很漂亮。虽然黄步翔过度劳累，经常吐血，但他仍然坚持在第一线，定规划，搞测量，解决各种问题，不分白天黑夜与大家干在一起。许一鸣进一步追踪采访，写出了《实干家黄步翔》《志在山海间》等稿件，弘扬了这种苦干实干精神。

厦门华美卷烟厂厂长刘维灿大胆改革，同外商搞合资经营，被说成搞资本主义、卖掉了主权，受到来自各个方面的压力。许一鸣经过调查认为该厂改革的方向是正确的，他如实反映了情况，给企业以支持。福建省55个企业家提出松绑放权的建议，认为从旧体制中脱出来之后，要放开企业家的手脚，让企业家按市场经济规律办事。许一鸣写文《他们站在改革前列》，支持了这个举动。

有一年，某些经销单位趁改革之机，随意提价倒卖彩电，从中牟利，许一鸣就此种现象写了内参，中央领导读后当即批给中纪委：此风要狠刹，中纪委要有言论。福建省委对内参反映的问题进行复查，认为基本属实并做严肃处理，对倒卖单位进行经济制裁，并举一反三狠刹倒卖国家紧缺物资和乱涨价两股歪风。中纪委还发了必须狠刹高价倒卖商品歪风的长篇通报。

1996年，许一鸣到一个县去采访。这个县公安局的副局长杨碧桂，对公安系统内部的不正之风敢抓敢管，对腐败现象敢于揭露，却因此得罪了一些人。许一鸣写内参《警徽在胸中闪光》，支持这位副局长的斗争精神。他说："正直的记者，要敢于触及社会的难点、热点问题，勇于干预生活，要在困难中在斗争中去磨炼自己的党性，不要怕冒风险。"他自己正是这样身体力行的。

五

来到福建这些年，许一鸣参加了许多重大报道活动。江泽民四次视察福建，李鹏、乔石、谷牧、田纪云等也多次来访福建。在这些报道活动中，许一鸣每次都有一番拼搏，留下了讲不完的故事。

江泽民第一次来福建是1989年12月，预计先到龙岩革命老区，再去厦门、泉州等地。当时正遇上东欧剧变，于是缩短行程，泉州没停，赶到福州。一个上午，接见福州军区、省公安厅干部，又在省委会议上讲话，然后直接去机场回北京。按照以往的惯例，党和国家领导人来视察的文字报道要在首长离开之前送审。但这次由于日程太紧，而且领导讲完话就登机，无论如何来不及。请示的结果是稿子写好后传到北京，江泽民过目同意后再发稿。在整个过程中许一鸣既要做文字采访，又要拍摄照片，分分秒秒都处于高度紧张状态。在西藏就患有肥厚性心肌病的许一鸣，心绞痛发作了两次，但疼痛消除后，他立即又投入工作。1995年，江泽民又一次来福建视察，在参观香蕉园时，为了使照片更生动，许一鸣找来一串香蕉递给省长王兆国，请他拿给江泽民看，没想到江泽民一下把香蕉接在手上边看边谈，许一鸣立即抓拍下这个难得的镜头。到厦门时，江泽民与许一鸣在船上交谈了好几分钟，江泽民说："你是一鸣惊人，这次你很辛苦。"回到福州，江泽民在与省委领导交谈时还说道："那位老记者很辛苦，工作精神可嘉。"

有一次，省委书记项南给许一鸣打电话请他到省委来，说下午一起出发，任务到路上交代。到了莆田，看到谷牧等在那里才得知胡耀邦到了福建。福建山区居民历来以树木做燃料，植被破坏情况相当严重，利用山地水利资源发展小水电提供能源，对保护森林意义重大。胡耀邦要去永春县调查发展小水电的情况。由

于是突发性任务，文字采访、摄影、录音，包括为省委办公厅整理首长讲话都落到了许一鸣一人身上。看到胡耀邦时常向当时担任水电部副部长的李鹏询问情况，李鹏时时在胡耀邦身边，手忙脚乱的许一鸣急中生智，把录音机交给李鹏请求帮忙，李鹏欣然应允，把录音机拿在手上，随时录下谈话内容。许一鸣非常感动。在李鹏担任国务院总理后，许一鸣时常为这件事感到不好意思。李鹏到福建考察时，许一鸣送给他的照片中就有当年手拿录音机的照片，李鹏看后很开心，并和许一鸣合影留念。

中央领导来福建考察，只要许一鸣随同采访，除写下大量文字报道外，他每次都拍下上千张照片，留下了许多转瞬即逝的历史资料。他说："一个合格的记者，不仅要有扎实的文字功底，也要有扎实的摄影功底，这样才能应付各种预想不到的情况，完成报道任务。"

许一鸣每时每刻都绷紧神经，保持新闻敏感。有一次，参加省委党校举办的厅局级干部学习班，贾庆林为大家做报告后匆匆忙忙告辞。许一鸣感到事情异常，立即找有关人员询问。得知某合资企业的一名女工，被厂方开除后纵火报复，造成严重火灾，死亡 30 多人，伤数百人。了解到这个情况，许一鸣立即给分社打电话，派记者火速赶赴现场。当时福州市对此事件实行新闻管制，不准公布死伤数字，新华社福建分社坚持按新闻规律办事，如实报道了伤亡情况，受到各方好评。此外，对于劫机事件、台胞车辆坠海等事件，福建分社都坚持如实报道。许一鸣说："现在是信息时代，消息根本封锁不住，如实报道是负责的表现。当然，我们的报道都要有利于国家大局的稳定。"

六

到 1997 年，许一鸣来到福建分社已有 27 年，1977 年 12 月开

始担任分社副社长，从那时起，不管是做副社长，还是做社长、党组书记，他不仅要指挥报道，组织调查研究，还要做好队伍建设、思想建设、经营管理等各项工作。在实行经费包干以后，分社要依靠自己的经营活动来养活自己。总社每年拨付给分社的经费只有 17 万元，而五年前分社每年交付的电话费就有 20 万元。许一鸣不得不投入相当多的精力围绕主体业务开展多种经营，现年创收达 200 万元。

然而，许一鸣始终牢记自己的主要任务是为党中央站好岗、放好哨，组织记者采写各类稿件从不放松。此外，他自己一直坚持进行采访调查活动，每年写稿八九十篇，发稿数量高于普通记者，每年都有作品获奖，30 余年写稿 3 000 余篇，其中内参就有 1 000 余篇。他说："社长就是首席记者，不能光动口不动手，要记者做到的，自己也要身体力行。"

年近花甲的许一鸣 1998 年就要离开第一线了，回顾自己 30 多年走过的路，他感慨良多。

他说："作为一个从农村走出来的苦孩子，能在社会上做出一些成绩，靠的是付出比别人更多的精力和劳动。'笨鸟要先飞'，要花更多的工夫奋斗、探索、追求。我当记者、当社长期间，工作不分白天黑夜，星期天、晚上都在办公室，所有时间都投入到工作中去了，爱人和子女为此对我很有意见。"

他语重心长，不隐瞒自己的看法："现在有些年轻记者到会议上拿点材料、收个红包、接个礼品，把人家写的东西拿回去编一编，签上自己的名。当这样的记者有什么意思？福建分社十分强调记者要深入实际、调查研究。八小时内当好一个记者不太可能，必须艰苦奋斗。"

在讲这一番话时，许一鸣很激动。

许一鸣热心于中国人民大学福建校友会的工作，言谈间洋溢着对母校的深厚感情，怀念着母校的良好校风和光荣传统。我们

在福建逗留的这几天，这位老学长抽出宝贵时间接待我们，倾诉人生真谛。福建校友会要在校庆60周年之际向母校赠送石狮，他亲自到泉州落实厂家，选定石狮造型。这份认真，寄托着许一鸣的心意：愿母校为人民共和国做出更大的贡献，愿党的新闻事业更加兴旺繁荣。

（原文发表于1997年）

孙宝存：心系社会科学事业

◉ 雪　松

孙宝存简历

孙宝存（1938—　），生于河北省丰润县一个农民家庭。1958 年 7 月加入中国共产党。1958 年 8 月从河北滦县师范学校毕业后分配到中共宁河县委宣传部理论研究室工作。1958 年 12 月调中共唐山地委（后改为市委）宣传部。1960 年 9 月至 1965 年 8 月在中国人民大学政治经济学系学习。毕业后分配到中共河北省委宣传部《共产党员》编辑部任编辑、记者。1974 年 12 月到河北省衡水市景县任县委副书记。1977 年 7 月至 1983 年分别任河北省社会科学研究所副所长，河北省展览办公室副主任，河北省文物局办公室主任、党组成员。1984 年到河北省社会科学院经济研究所任所长，1989 年任副院长，1991 年被选为河北省社会科学界联合会副主席。1996 年 5 月至 1999 年 5 月任河北省社会科学界联合会专职副主席、党组副书记，兼河北省社会科学院副院长。1992 年被评为享受国务院政府特殊津贴专家，1993 年被评为经济学研究员。1998 年当选为第八届河北省政协委员。

2002年1月28日上午，河北会堂灯火辉煌。河北省政协八届五次会议闭幕式在这里举行。开会前十几分钟，坐在第12排7号的一位委员，戴上了老花镜，仔细审看他的最后一件提案：《关于提高社会科学获奖退休人员工资待遇的建议》。这份提案，不仅关系社会科学工作者的待遇，而且关系着社会科学的地位。长期以来，不少领导对社会科学的认识一直失之偏颇，摆不平社会科学与自然科学的位置。河北省虽然重视社会科学，并在1995年颁布政府令，把社会科学奖励与自然科学同等对待，与奖励工资挂钩，但相关人员的退休待遇却不一样，自然科学工作者获奖人员退休，退休费可提高5%～10%，而社会科学工作者却不能。为此，才有了这份提案。而提交该提案的委员，就是中国人民大学1965届毕业生、河北省社会科学院高级专家咨询组负责人——63岁的孙宝存研究员。孙宝存曾任河北省社科联党组副书记、副主席，河北省社会科学院副院长。他从1958年参加工作起，一直在理论宣传战线工作，长期从事社会科学的领导和研究工作。他不仅在学术上取得了一定的成绩，多次获得省部级奖励，1992年被评为享受国务院政府特殊津贴专家，而且在恢复和发展河北省社会科学事业，开创河北省社会科学工作新局面方面立下了汗马功劳。

孙宝存对理论感兴趣是小时候的事。他在河北省丰润县圆觉寺小学读书时，到教员办公室交作业，看见老师桌子上放着一本《毛泽东选集》，就好奇地翻了翻，老师立刻制止：“别动！那是《毛泽东选集》！”那时，他的伯父孙受之是小学的校长，趁伯父把《毛泽东选集》带回家时，他便从头到尾翻了个遍。虽然大多数文章都看不懂，但《愚公移山》这篇却给他留下了深刻的印象。这篇文章不仅讲了故事，而且讲了革命道理。孙宝存好像一下子懂得了好些东西。在小学五年级、还不满13岁时，他便加入了中国新民主主义青年团（后改为中国共产主义青年团），并担任了团支部副书记，参加了县团校举办的团训班。1952年小学毕业后，他

又以第一名的成绩考入丰润县初级师范学校，并当上了团支部书记。学校有个不小的图书馆，在完成正课学习外，他总是一本接一本地看课外书。除《钢铁是怎样炼成的》《新儿女英雄传》等文学作品外，他一遍又一遍地读艾思奇的《大众哲学》，还有《联共（布）党史》等理论书籍。这些理论知识的营养，加上老师的教导、轰轰烈烈的社会主义建设的熏陶，以及当学生干部的实践，不仅对他世界观的形成起了重要的作用，而且使他对社会科学产生了深厚的感情。从丰润初级师范学校毕业之后，孙宝存被保送到河北省滦县师范学校学习，在这所学校里，他学到了较为丰富的文化知识，加入了中国共产党。1958 年从滦县师范学校毕业之后，他被分配到中共宁河县委宣传部理论研究室工作。1958 年底，刚刚 20 周岁的他，又被调到中共唐山地委宣传部理论研究室当起了研究人员。

坚固的基石

1960 年夏，正在遵化县下乡的他，突然接到机关通知，要他到中国人民大学学习。对孙宝存而言，这真是喜出望外！对理论的兴趣代替不了理论的水平，在理论岗位两年的实践使他深深地感到，自己连马克思主义的基本常识都知之甚少。这一难得的学习机会，真是久旱逢甘霖。就这样，他开始了五年的大学生活。

大学阶段，是人生的重要一站。孙宝存说：“人民大学的五年，对我的成长起了关键的作用。这五年，我不仅系统地学习了马克思列宁主义、毛泽东思想的基本原理，更重要的是自觉地按这些原理确立起自己的世界观、人生观，懂得了做事、做人、做学问的基本道理。此后的几十年，尽管经历了不少风风雨雨，也遇到了一些惊涛骇浪，但我始终是按照这些道理向前走着，今后

还将继续走下去。”

系统的马克思列宁主义学习，使他坚信这一思想必然胜利，共产主义一定实现。因为，马克思、列宁分析了资本主义发生、发展和灭亡的规律。

人民大学优良的校风，吴玉章、郭影秋、孙泱、李培之等老一代校领导的言传身教，老师们的谆谆教诲，干部们的严格管理和严密的思想政治工作，理论联系实际的教学方法和学风，塑造了孙宝存这一代人。学习可以“海阔凭鱼跃”，活动可以“天高任鸟飞”。但是，党纪、国法、校规不可逾越一步。

在人大学习期间，孙宝存一直担任党支部的组织委员兼保卫委员。学生干部的实践对增长一个人的才干很有益处。在校内，包括日常的政治思想工作、各种矛盾的解决、各种活动的组织，也包括迎接外宾、接受党和国家领导人的检阅、参加各种课外活动小组等；在校外，下乡劳动、参加社会主义教育运动等。对于这些实践活动，作为学生干部，不仅要干在前面，而且要尽心组织、筹划。表面上看会耽误一些时间，但孙宝存知道，这可以学到许多书本上学不到的东西，还给了自己理论联系实际的机会，能提高工作能力、增强学习毅力。

1965 年，从人民大学毕业之后，他被分配到中共河北省委宣传部工作。1974 年，他被任命为中共河北省衡水市景县县委副书记。他回忆说：“母校的五年，给我人生的道路奠定了坚固的基石，我永生铭记。”

艰难的创业

1977 年，正在河北省衡水市景县担任县委副书记的孙宝存，走上了河北省社会科学研究所副所长的岗位。这是一个高规格

（正厅局级）的小单位。就是这个小单位，要承担起恢复和发展河北省社会科学的历史重任。他上任时，连司机只有 8 个人，3 间办公室。另一位副所长赵纯是他原来的老领导。那时，刚刚粉碎“四人帮”，百废待兴，百业待举。在这样的背景下，他和赵纯开始了这个所的筹建工作。

没有合适的人才，是担当不起发展河北省社会科学事业重任的。当时，具有社会科学专业知识的人才，多数分散在基层。物色人选，亦如大海捞针。一是翻档案，寻找“文化大革命”前这些专业人员的下落。仅寻找“文化大革命”前河北省哲学研究所的人就花了许多时间。因为单位撤了，人员散了，档案也流失了。二是各部门推荐，尤其是省委宣传部、组织部推荐的人才，成了社会科学研究所主要人才来源。三是毛遂自荐。社会科学研究所这块牌子打出去一段时间，出于对事业的追求，主动找上门来的专业人员越来越多。仅仅一年时间，孙宝存他们掌握的备选名单就有几百人。他们组织力量进行考察，对一些重点人物，孙宝存和赵纯更是亲自考察。对于一些知名人士，他们还“三顾茅庐”。由于编制（当时定编 50 人）和其他条件的限制，一年的时间里，所里人员由 8 人增加到 24 人。

一个新单位，要有必要的办公条件。一是办公室，开始他们是在省委宣传部挤了 3 间房办公，一年后有了 10 间，那是和省委机关警卫连一起共占一个小楼，后来又开始了办公楼的筹建；二是要有办公家具，孙宝存找到爱人所在单位省计委批了几十方木料，做的桌椅、书架，足够编制有 50 人的单位使用；三是科研需要图书资料，他们从省里申请了数十万元的经费，购买了“文化大革命”前几乎所有的社会科学类报刊合订本和一些必要的图书，用数个集装箱运来，满足了当时的科研需要。

新建的社会科学研究单位，研究从哪里开始，没有经验，也没有样板，只靠摸索前进。他们一方面听取省领导和省直有关部

门的意见，另一方面派人到中国社会科学院和兄弟单位学习。同时，又在省会石家庄承担组织了华北片儿的社会科学学科规划会议，参加了在天津召开的全国历史科学学科规划会议。在此基础上，他们制定了河北省社会科学研究所的研究和发展规划。而同时组织参加的“实践是检验真理的唯一标准”的讨论，则为社会科学研究奠定了思想基础，指出了前进的道路。

在河北省社会科学研究所的筹建过程中，孙宝存奉献了自己的一份心血。1978 年 8 月，他被调到河北省展览办公室、河北省文物局工作，1982 年至 1983 年在中央党校学习了一年。1984 年又到河北省社会科学院经济研究所任所长。

艰苦的科研

河北省社会科学院，是在河北省社会科学研究所的基础上组建的。作为地方社科院，应以为地方服务为主。经济研究所应当为河北省的经济建设服务。孙宝存是学经济学的，他选择了河北经济为研究方向，并很快进入了角色，为河北省委、省政府经济决策，为河北省的两个文明建设，默默地付出了心血和汗水。

搞河北省的经济研究，要涉足河北经济的方方面面。他参加了河北省经济发展战略的起草和制定，参与了河北省“七五”“八五”“九五”“十五”计划和多次长远发展规划的研究和制定，一直进行河北省经济发展战略的研究；他深入到农村，给一些市、县、乡、村制定经济发展计划、规划、战略，被一些县聘为经济发展顾问。1984 年，他主持制定的《武安县经济社会发展纲要》，作为河北省的县级发展路子的试点得到推广；他到一些企业进行调查和研究，主持了全国百家大中型企业——秦皇岛耀华玻璃集团的调查；著名的石家庄第一塑料厂厂长张兴让的“满负荷工作

法”提出之前，他和同志们进行了几次论证；省直经济部门的经济研究活动，他更是经常参加。

科学研究，必须创新。为了给研究创造条件，也为了给各级领导机关决策提供参考，1985 年经济研究所创办了《河北经济》(内刊)，孙宝存任主编；经省政府批准，经济研究所和统计局一起创办了《河北经济统计年鉴》，后来改为《河北经济年鉴》，并被定为河北省的经济年刊，孙宝存担任主编长达十几年。研究河北经济十几年来，孙宝存为全省经济发展提出的许多意见和建议得到了认可和采纳，受到了表扬和奖励。

科学研究，要有超前性。例如，面对 1988 年经济过热趋势，中央提出用三年的时间进行治理整顿。三年之后怎么办？孙宝存主持对这个课题进行了研究，提出了河北省应当以内涵扩大再生产为主、提高经济效益的若干条思路。中央实施西部大开发战略，他就提出“抓住西部开发机遇，谋划河北经济发展”的建议。北京申奥成功，他便对奥运给北京、河北和全国带来的发展机遇进行研究，提出河北省应当抓住机遇，发展奥运经济，争取给河北省的 GDP 多带来一个百分点的增长。

在科学研究的岗位上，就要以承担课题为主。这些年来，孙宝存承担了大量省里交办的课题、省社会科学规划课题、省软科学课题等。20 世纪 80 年代以来，河北省乡镇企业如雨后春笋般发展起来，但许多经济、环境、社会问题也随之而来。为此，孙宝存主持了省软科学课题“河北省乡镇企业发展研究”，提出了在普遍发展中，要“上规模、上水平”“讲究规模经济，提高科技水平，加强企业管理，重视人员素质”的对策建议。20 世纪 90 年代初，河北省多个县发展道路雷同，严重制约着河北省经济的发展，他又牵头有针对性地搞了“发展县域经济，实现跨越式发展”的河北省软科学课题。搞河北省经济研究，不能就河北研究河北，而应把河北放在全国中来研究。1995 年他做了河北省社会科学规

划课题“河北省在环渤海中的地位与作用”的研究；1997年承担了省社科规划课题“抓住路桥机遇，促进河北经济发展”的研究。国家提出西部大开发战略，要求东西部必须协调发展。河北省地处环渤海核心地带，是新亚欧大陆桥东部桥头堡之一。如何用新亚欧大陆桥把西部大开发战略与环渤海战略结合起来共同发展，直接关系着河北省的经济发展问题。因此，2001年，他又承担了国家社会科学基金课题“加快新亚欧大陆桥建设，促进东西部协调发展”，其意义不仅是促进东西部协调发展，而且把河北省的对外开放推进了一大步。

搞科学研究是一件艰苦的事。要进行大量的调查研究、查阅资料和写作，还要反复思考论证。加班加点、占用休息日是家常便饭。有时为了一个数据、一个词语，需要查许多资料，以求数据的准确性和成果的科学性，尤其是难度较大的课题，常常需要夜以继日地工作。孙宝存也养成了这样的习惯：困了就睡，醒了就干，几万字乃至数十万字的论文、调研报告，他往往是一鼓作气，几天完成。这何止废寝忘食，简直把脑袋弄得像木头一样，完成任务后，几天才缓得过劲儿来。孙宝存的老伴儿总结得很生动：“我们老孙经常是一篇文章一场病。”一个夏夜，孙宝存光着膀子在家里写完一篇文章后，满身大汗，一高兴便写了一首打油诗：“爬格夜过午，汗流脊背骨。谁知书中字，笔笔亦辛苦。”

1989年，孙宝存担任了河北省社会科学院的副院长，1991年被选为河北省社会科学界联合会副主席。

艰巨的使命

1996年初，孙宝存调任河北省社会科学界联合会专职副主席、党组副书记，兼任省社会科学院副院长。此时，他已经58岁。他

在一首诗中写道："已到致仕年，又令撑新船。"新的任命虽然仍在社科战线，但毕竟工作重点不一样了。新工作的任务主要是通过对所主管的100多个学会和11个市的社科联的工作来促进河北省社会科学事业的发展。

到社科联工作，要了解各市社科联和省直各学会的情况，还要熟悉社会科学各主要学科的知识，也要知道整个社会科学的发展状况。第一，孙宝存用了半年的时间，深入到河北省11个市的社科联进行调查研究；第二，抓机会，采取"走出去、请进来"和参加学会活动的办法，先后到几十个省直属学会了解学会的有关情况和该学科的发展情况；第三，他刻苦读书，学习一些主要学科的基础知识与发展趋势；第四，通过参加会议和到外地考察，学习兄弟省市社科联的工作做法和经验，以拓展思路；第五，组织河北省青年社科专家代表团，赴欧洲一些国家参观访问。

邓小平讲，科学当然包括社会科学。但实际上，社会科学与自然科学在领导重视程度上、成果奖励力度上、经费支持强度上，都显得不一样。河北省社科联从解决这些差别入手，先后争取省政府通过了《河北省社会科学优秀成果奖励办法》《河北省优秀社会科学青年专家评选办法》，使社会科学奖励成为省级正式奖项，走上了法制轨道，并把奖励与工资挂钩，在全国引起了极大的反响。孙宝存到社科联工作前，就参加了这些办法的制定，之后又在执行中进行修改和完善，使这些办法更科学、更准确，既有权威性，又有导向性，给社会科学工作者以极大的鼓舞。

在20世纪50年代，各级科学普及协会都建立起来，进行自然科学的科普工作，并且一直有经费保障。而社会科学的科普，却从来没有得到应有的重视。但社会上大量的问题，无论是出自老百姓的，还是出自官员的，都与缺乏社会科学知识有关。新中国成立后因违背社会科学规律造成的问题，远比因违背自然科学规律造成的问题要大得多。为了推动社会科学事业的发展，河北省

社科联多方呼吁加强社会科学普及工作。孙宝存作为河北省政协委员，专门为此写了一条提案，希望解决社会科学科普经费问题，当年省财政就拨了社科科普经费数十万元，省社科联也专门设立了科普部。

在河北省社会科学界联合会，孙宝存工作了三年多。1999 年 5 月，他年满 61 岁，不再担任社科联和社科院的领导职务，但在社科院继续从事经济研究工作。他说："在社科联工作的三年，使我大开眼界，知道了社会科学领域之广、学问之深、牵动人心之大，体会到普及和推广社会科学成果，远比普及和推广自然科学成果要难得多，任务还艰巨得很。"

艰辛的果实

从 1958 年在中共宁河县委宣传部搞理论研究到现在，孙宝存前前后后在社会科学战线奋斗了几十年。1984 年从事经济研究之后，他先后写了近百篇专业论文。通过做重要课题，主持编写了《河北经济发展战略研究》、《河北省 2000 年工业发展研究》、《观念·速度·效益》、《迈向 21 世纪的河北》、《环渤海湾经济圈（河北卷）》、《机遇与发展》、《辉煌十五年（河北卷）》、《战略·理论·对策》、《中国耀华玻璃集团公司》、《河北经济事典》、《河北经济史》（五卷本）等著作。

这些成果，不少获得了省部级以上奖励。《河北经济统计年鉴1987》和《河北经济发展战略研究》分别获河北省第二届、第三届社会科学优秀成果一等奖，《河北经济事典》获河北省第四届社会科学优秀成果特别荣誉奖，论文《抓住路桥机遇，促进河北经济发展》获第六届河北省社会科学优秀成果二等奖，论文《软要素带来了硬效益》获中宣部"五个一工程"奖，《河北经济年鉴》

多次获国家统计局二、三等奖。

1992年，孙宝存成为享受国务院政府特殊津贴专家。1998年当选为第八届河北省政协委员。目前，除继续从事研究工作外，他还兼任中共河北省委督察室顾问，河北省人大财经委顾问，河北省专家献策团副团长，河北经贸大学和河北行政学院兼职教授，河北燕赵文化研究会会长和一些省级学会的副会长等社会职务。

几个小时的采访，使我深深地为孙宝存的高尚品质和敬业精神所折服。在采访结束时，孙宝存说："不识庐山真面目，只缘身在此山中。从领导岗位上退下来之后，对'庐山真面目'看得更清楚了，也包括自己在内。几十年来，党和国家给了我许多荣誉。但我深知，我最多是个土专家。知识的老化，更甚于年龄的老化。在力所能及的范围内，饱餐各种知识和信息，心系着社会科学事业，便是我最大的乐趣。"

（原文发表于2002年）

苏叔阳：一个闲不住的“艺工”

◉ 毕　玥　杨雅玲

苏叔阳简历

苏叔阳（1938—2019），河北保定人，当代著名剧作家、作家、文学家、诗人，笔名舒扬。1960 年毕业于中国人民大学中共党史系。1978 年调任北京电影制片厂国家一级编剧，1979 年后历任中国作家协会理事、中国电影家协会副主席、中国文化书院导师、影视艺术研究院院长、北京电影学院客座教授等。1978 年发表处女作《丹心谱》，著有《左邻右舍》《夕阳街》《春雨潇潇》《中国读本》《西藏读本》等。其中《中国读本》以 15 种文字出版，在世界发行 1 200 多万册，成为中国图书“走出去”的范例。他的作品多次获得国家图书奖、“五个一工程”奖、华表奖、文华奖、金鸡奖、人民文学奖、乌金奖及中国作协全国优秀短篇小说奖、散文奖等。2010 年 7 月他获得联合国艺术贡献特别奖。

初见苏叔阳老师是在他的家中，苏老师一直带着温和的笑容，热情地招呼我们。他已有了银发，却精神矍铄，用“人至暮年志不减”来形容苏老师一点儿也不为过。回忆起自己这些年来的故事，79 岁的苏叔阳与我们侃侃而谈。

“为何干之老师做助教是很大的幸运”

苏叔阳和中国人民大学的缘分开始于 1956 年，他进入人民大学中共党史系学习，那也是党史系成立的第一年。本科毕业之后，苏叔阳留校任教了两年半，说起在人民大学度过的这六年半的时光，他如数家珍。

本科毕业留校后，苏叔阳为何干之做助教。当时学校给何干之安排的助教有三个人，但最后只有苏叔阳一个人留下来了。苏叔阳把这视为自己的幸运，“跟着干之老师工作是很大的幸运，他不太爱说话，可字字珠玑”。回忆起何干之教授，苏叔阳的言语神态中无不透露出对这位老师的敬仰。在何干之的课上，苏叔阳听到最多的一句话就是“不要看小册子”。何干之十分反对学生看“不正规的小册子”，他总是对学生说：“你们是专业的，你们的教科书就是《毛泽东选集》。”

当时中国理论界普遍存在的问题是缺乏生动的、自己创造的革命理论，中国革命的理论和中国建设的理论到底是什么？这是摆在时代面前的课题。在这样的背景下，何干之开设了“中国革命与建设”这门课，苏叔阳就是这门课的助教。当时正值“大跃进”时期，苏叔阳和大部分学生都被派去劳动了。由于何干之开的这门课，苏叔阳和同学们才被重新拉回了课堂。何干之备课很认真，在课上出口成章，苏叔阳说：“如果把干之老师上课的内容记录下来，直接就能写就一篇极好的论文。”

作为一名理论家，何干之有勇气、有担当，敢于直面社会问题，真正做到了将理论联系实际，这对苏叔阳产生了很大的影响。在后来的人生里，苏叔阳始终把自己的命运和祖国的命运联系在一起，即便是在遭遇困难之际也毫不畏惧，坚守在文学创作的阵地上。除了何干之，还有很多优秀的教授，甚至是胡耀邦等领导人来给当时学校党史系的学生授课，“这是一堂堂实实在在的课，能真正学习到知识。这也是别的学校没有的待遇”。苏叔阳回忆起大学课堂，充满着怀念，“我们那一级学生‘吃了很多偏饭’。大家都觉得很光荣”。

“中华文化的一张名片”

苏叔阳在人大度过了六年半的时光，但直到创作《中国读本》时，他才真正明白人大教给了自己什么。《中国读本》的创作过程十分不易，当时，苏叔阳正处于与癌症病痛的抗争之中。三次患上癌症没有把他击倒，反而给了他更好地面对生活的勇气和决心。回忆起那段经历，苏叔阳坦然地说：“我今天散步、吃中药是为了明天继续散步、吃中药，这日子还有什么意思呢？没意思！我总得找个活儿干。”就这样，苏叔阳决定接受中宣部的邀请，撰写《中国读本》。

《中国读本》被誉为“中华文化的一张名片”，被翻译成十几种文字从中国走向世界。《中国读本》能够取得如此大的成就，苏叔阳认为，离不开母校给予自己的精神养分——实事求是、谦逊严谨的学风给他留下的精神底色。从事文艺工作后，苏叔阳更加明白了“学问是众人之事”，要把个人的命运和祖国的命运紧密联系在一起。对于《中国读本》，有些人存在误解，认为它是一味地“夸祖宗”；但苏叔阳觉得，不尊敬先贤、总是挖苦古人，绝非好

的学风。

谈到为何从高校教学转入文艺界，苏叔阳提到了《丹心谱》。《丹心谱》是他的处女作也是成名作，它的成功完全是在苏叔阳意料之外的。写作原本只是他在教书之余的一个爱好，当时的苏叔阳正在中医药大学教书，他选取了冠心病新药的研制作为写作题材，用以歌颂知识分子的高风亮节。没想到的是，《丹心谱》一经发表就在文艺界广受欢迎和好评，被誉为“中国话剧史上的百年转折”。

借着这个契机，苏叔阳被调到北京电影制片厂工作，在这里，他陆续完成了《左邻右舍》《夕阳街》等名作。

“首先要好好地为着死，才能好好地为着生”

“我特别想要告诉在校的青年学生们一句话，‘首先要好好地为着死，才能好好地为着生’，这是 19 岁的周恩来在日本留学时作的一句诗。”这句话对苏叔阳的影响很大，“活着为了什么？是要好好地为着你的理想。周总理讲的这个意思，我到四五十岁才明白”。

在 56 岁的时候，苏叔阳患上癌症，或许是在与绝症一次又一次的斗争中，苏叔阳更加明白了自己人生的意义，懂得了如何让人生过得更有价值。

基于这样的信念，病魔也没有阻碍苏叔阳前进的脚步，他时刻不忘自己的理想，坚守在文学创作的岗位上。“人最难得的就是一辈子做自己喜欢的事情”，而苏叔阳一直在坚持着自己热衷的事业，似乎就没有闲下来过。他常常说，自己其实就是一个闲不住的“艺工”——就是这样一个闲不住的“艺工”，给中国文艺界创造了众多的财富，然而他自己却要求得很少，不求名与利，时刻

不忘回报祖国、回报家乡。《中国读本》在国内外畅销，但苏叔阳只拿很少的稿费，而且全部捐给了四川地震的灾后重建工作和他的小学母校。

尽管离开人民大学已经很多年了，但苏叔阳始终不忘母校的建设与发展。在80周年校庆之际，苏叔阳这样表达对同学们的期望与希冀："要抓住在学校里几年的学习机会，这是非常难能可贵的。因为在我们中国的大地上，有这么一所学校，一直坚定地信仰马克思主义、坚定地培养马克思主义的宣传员。我们应该以此为傲。"

（原文发表于2017年）

肖扬：神圣的使命

◉ 周　荣

肖扬简历

肖扬（1938—2019），广东河源人，最高人民法院原院长，中共党员。1957年至1961年就读于中国人民大学法律系。1962年1月至8月在新疆维吾尔自治区做政法干校教师。1962年8月至1990年12月于广东省任职，之后调任最高检察院副检察长，1993年至1998年任司法部部长，1998年3月和2003年3月两次当选为最高人民法院院长。2008年12月被推选为中国法官协会名誉会长。中共第十五届、十六届中央委员。

检察官——法律的卫士、正义的使者，从事着神圣的事业。然而，最高人民检察院副检察长肖扬却意味深长地对记者说："检察事业的神圣，在于检察官身负神圣的使命。其实，在祖国的热土上，只要具有强烈而神圣的使命感，任何工作都是神圣的事业。"这番话表明肖扬对人生价值的理解，也是他三十年来（至1991年）工作态度的写照。

一

肖扬是典型的广东人，个子不高，五官端正，线条柔和的脸上常常带着微笑，从他的外表难以想象这是一个历经风雨、疾恶如仇的检察官。是啊！他是人民的检察官，为了使无罪的人不蒙冤，为了平反冤假错案，为了保护和促进生产力发展，他呕心沥血，一心扑在工作上，敢于排除干扰，执法如山！从他那洋溢着豪爽之气的眉宇间，从他那炯炯有神的双眼里，透出的是火一样灼人的目光！这是一个典型的当代检察官。他对记者侃侃而谈，言语中流露出对人民、对工作、对母校的一往情深。

肖扬生长在一个农民家庭。他在小学时便聪明好学，已显露出过人的天赋，得到老师肖建邦的喜爱。1953年初中毕业后，因家境困难，无钱读书，便到一所小学代课。肖建邦老师不愿意看到一个聪明少年的前途夭折，积极鼓励并资助肖扬读高中。此后，肖建邦老师每月给肖扬寄钱，一直坚持到肖扬上大学。这一经历在肖扬的心灵中一直铭刻肺腑，难以忘怀。

1957年夏季，肖扬同时报考中国人民大学和中山大学。阴错阳差，当他接到几经周转的中国人民大学法律系的录取通知书时，已经坐在中山大学的教室里上了半个月的历史课。肖扬考虑再三，决定从中山大学退学，到祖国的首都攻读法律。然而，家境的贫

寒使肖扬没有路费进京，是广州一位素不相识的老师慷慨解囊，给肖扬30元钱资助他成行。在北上的列车上，肖扬望着窗外无限美好的艳阳秋色，心情异常激动。他像一只雏燕，飞向广阔的蓝天；又像一艘新船，开始人生的远航。思绪如同脱缰的野马，在他的脑海里奔腾。他想到父母，想到老师，想到周济过自己的热心人……他暗暗地立志：一定要学有所成，干出事业，报效人民的养育之恩。

北京的十月已是深秋，但肖扬穿着短衣短裤走进了人民大学校园。对迟到的肖扬，校领导、老师、同学纷纷伸出温暖的手，给他送来了棉衣裤、棉被褥等生活必需品。四年的大学生活，肖扬是靠人民助学金完成的学业，这让他终生难忘。

一进校园，肖扬便踌躇满志地投入到知识的海洋。在当时的历史条件下，虽然他法学专业知识学得不够系统，但系统的马列主义教育，频繁的社会实践活动，敢想敢干、鼓励创新的口号，使肖扬受益匪浅，不仅开阔了他的视野，还磨炼了他的意志，使他初步了解了中国的国情。肖扬深有体会地说："人民大学的教育很有特色，马列主义理论的学习，革命传统的教育，使我一直保持清醒的政治头脑，形成求实与创新的风格。没有母校的培养，就没有我的今天。"

肖扬自1961年大学毕业，已经过去了三十个春秋。三十年，在历史上仅仅是短暂的一瞬，但肖扬已由一个年轻的大学生成长为共和国最高人民检察院的副检察长。这是一条坎坷且坚实的奋斗者之路，这是一曲求实与创新的开拓者之歌。

二

肖扬的政治工作生涯始于县公安局。那是粤北山区，条件非

常艰苦。肖扬不仅参加正常的巡逻、警卫、破案等工作，还以“秀才”的身份撰写各种汇报材料，常常忙到深夜。他的文采和实干精神受到县委的重视，被列为重点培养的接班人。未曾料到，“文化大革命”中这竟成为肖扬追随“走资派”的罪证，受到造反派的多次批判，甚至被取消了预备党员的资格，下放到“五七”干校劳动。

面对严酷的现实，刚过而立之年的肖扬并未消沉，理想之火不熄。他坚信自己无愧于党，无愧于人民。逆境不仅未泯灭肖扬的热情，反而使他更加勤奋。利用这难得的空闲时间，肖扬开始了迎接未来、一展宏图的准备。历史的误会终于被历史所纠正。“九一三”事件后，肖扬获得重新工作的权利，县委批准其为中共正式党员。从此，他把整个身心投入到工作之中。虽然他未想到他的工作岗位变动得那么频繁，但他早已树立一个坚定的信念：党的需要，人民的需要，就是自己的志愿。

1975年，在全国学大寨的热潮中，肖扬担任了曲江县龙归公社党委书记兼革委会主任。肖扬生长在农民家庭，但对农业生产却一窍不通，让一介书生当一方土地的“父母官”，是一个严峻的考验。面对陌生的工作，肖扬没有退却。党的培养，生活的磨炼，造就了他脚踏实地、不怕困难、勇于献身的特殊品格。肖扬实地考察了全公社的现状，亲自拜访了数以百计的农民。农民仍然如此的贫困，使肖扬的心灵受到极大的震动，强烈的使命感油然而生。他想：人民用乳汁把我养大，我一定尽全力帮助农民走上致富的道路。

艰苦的生活磨炼着“秀气”的肖书记。为了摸索农业生产的规律，肖扬拜师求艺，建立了农业顾问小组，还与农民同吃同住同劳动，用整整一年的时间熟悉了农、林、牧、副、渔的生产过程和规律，取得了领导农业生产的主动权，也赢得了农民的敬重，被誉为“勇于开拓的带路人”。

肖扬坚信科学能创造财富，大力提倡科学种田，冲破各种阻力，推广杂优品种，插植单株。肖扬主张干部革命化、年轻化、知识化、专业化，提出“能人坐第一把交椅”的口号，在“地富”尚未摘帽的情况下，他冒着风险，果断启用一批表现好、有文化、有生产特长的“地富子弟”担任生产队长，发挥了他们的积极性，活跃了全公社的物质生产和文化生活。肖扬带领大家兴修水利，绿化造林，先后办起水泥厂、煤矿、电站、养鱼场、畜牧场，迅速发展乡镇企业。冬去春来，经过三年的努力，肖扬领导的龙归公社旧貌变新颜，被评为全国的农业先进单位，受到国务院的表彰，肖扬到京受奖。《南方日报》一位记者采访肖扬，以第一人称写了一篇题为《我是怎样努力争取从外行变内行的》的文章，介绍肖扬的工作经验。

谈到工作经验，肖扬坦率地对记者说：“我没什么秘诀，工作的核心一是求实，二是创新。求实是工作之本，创新是工作之路。”

生活像空中的云朵，不断变幻出新图案。当肖扬对农村工作已得心应手之际，1981 年，组织调肖扬就任广东省韶关市武江区委书记，他又来到一个全新的工作环境。于是，肖扬又脚踏实地进行调查，以一个街道为试点，摸索、总结城市管理的经验，从工业生产到居民生活、从社会治安到环境卫生、从市政建设到计划生育，肖扬都组织区委一班人提出一系列制度和措施，使武江区的工作走在全市的前列。不久，肖扬就任清远地委副书记。

历史终于给肖扬送来一个难得的机遇。1983 年 7 月，肖扬由清远地委调到广东省人民检察院任副检察长，重返政法战线。想到自己能用大学所学的法律知识为祖国的法制建设增添一分力量，神圣的使命感在肖扬心中升腾。

三

带着强烈的事业心，肖扬重操旧业，领导广东省检察院的工作。

肖扬上任之际，正是我国改革之初，面对“开放”“搞活”的大潮，凭借特殊的地理环境，广东省首先开始了深层结构的苏醒和躁动。在人们的心目中，广东是一个大特区，商品经济发达，思想活跃，经常提出新问题。肖扬感到自己肩上的担子很沉重，他想：“广东处于改革开放的前沿阵地，如果广东的检察机关不能适应改革开放的步伐，不能闯出一条新的道路，那我就有愧于广东人民，有愧于当一个检察官!”他决心努力寻找一条适合中国国情的检察体制。肖扬以自己的敏锐性和胆识，紧紧抓住检察工作与经济建设关系的联结点，进行了卓有成效的工作。特别是1986年担任广东省检察院检察长以后，为建立具有中国特色的检察制度，肖扬在广东率先采取了一些颇有见地、很有影响的措施，受到中央的重视，在全国引起反响。

改革之初，检察工作的开展与开放搞活的关系不尽协调。有的人认为，打击经济犯罪，就是保护改革开放，就是促进生产力发展。肖扬却认为这种观点并不全面，除此之外，可以寻找一条更直接、更具体的为促进和保护生产力发展服务的道路。

要探索，就要接触实际、了解实际，从实际中探索、从探索中求新。

为了更好地、更全面地了解改革开放第一线中企业家、厂长、经理和工程技术人员的工作情况，倾听他们的呼声，肖扬从繁杂的事务中抽出大量时间，到广州、佛山等地，走访了白云山制药厂、华夏科技信息中心等企业，和企业家交朋友。肖扬真诚地对

企业家说："过去，检察官到企业主要是挖蛀虫，现在不同了，既要挖蛀虫，又要保护和促进企业的发展，为企业排忧解难，为企业保驾护航！你们对执法机关，包括对检察机关有什么意见，尽管提，我们一定要改善执法活动。"听了肖扬这一席话，企业家激动地说："真没想到，检察长这么理解我们的苦衷，这么体贴民情，这么平易近人！"为了倾听科技人员的呼声，肖扬的足迹踏遍了广东各地，深入科研第一线。了解到执法部门侵犯科技人员合法权益的事时有发生，广大科技工作者呼吁检察机关切实保障科技人员的合法权益，1986 年 12 月，在一次省内的检察工作会议上，肖扬根据党的十二大精神，明确提出："法律不仅有打击犯罪的职能，也有保护经济发展的职能。作为法律监督机关的检察工作，要为促进经济、保护生产服务。"他强调指出："检察机关要为科技体制改革保驾护航！"为保护科技人员业余兼职的合法权益，肖扬倡导制定了《保护科技人员合法权益的意见》，深受广大科技工作者拥护。省内外报刊誉之为"科技人员的保护神"。科技工作者激动地说："检察官既是打鬼的钟馗，又是阿罗汉保护神。"为了端正检察工作的指导思想，1990 年广东省检察院又发出《检察工作必须为经济建设服务的决定》，得到中央的肯定，由最高人民检察院转发全国。

毋庸讳言，改革开放以来，贪污、受贿、投机倒把、走私贩毒等经济犯罪案件数量逐年上升，数额越来越大。加强廉政建设是检察工作的重心，但是通过什么途径发动群众同腐败现象做斗争，肖扬和他的同事调查研究、反复思考，终于开辟了一条"民告官"的途径。1988 年 3 月，在肖扬等人的支持下，广东省深圳市人民检察院设立了经济犯罪案举报中心，于是，一个举世瞩目的机构诞生了。这是我国创建的第一个举报中心，对检察工作乃至反腐败斗争产生了深远的影响。举报中心不仅挖出一大批蛀虫，也挽救、教育了一大批失足者。当一批批的经济犯罪分子走进举

报中心大门时，心情是多么沉重，但是，当他们坦白自首后，都有如释重负的感觉。他们称“举报中心不但是我们的克星，也是我们的救星”。

人们欣喜地看到检察机关经济犯罪案举报中心的建立，为广大群众开辟了一条“民告官”的通路。此后，全国各级检察机关相继设立举报中心，为人民群众揭发犯罪架起一座畅通无阻的桥梁，成为反腐败的有效途径。

坚决、准确、慎重地打击贪污贿赂犯罪是检察工作的重要任务。几年前，肖扬检察长的脑海里常常思考这么一个问题：贪污、受贿等经济犯罪案件为什么逐年上升，重大案件越来越多？检察机关查处了一批又一批经济案犯，惩罚了一大批犯罪分子，但是贪污贿赂却得不到有效抑制，到底为什么？为此，肖扬认真研究了我国反贪倡廉的历史经验，深入进行调查研究，广泛听取各阶层群众意见，同时，借出访之机，认真研究和借鉴有关国家或地区的反贪经验，并派人到香港等地考察廉政公署等机构，大胆提出在检察院设立一个集举报、侦查、情报资料、预防犯罪为一体的反贪污贿赂专门机构的设想。1989 年，我国第一个反贪污贿赂工作局在广东省检察院建立。一些海外报纸称该局的建立是中国反腐败的创举！这个局的建立犹如在 960 万平方公里的土地上树起了一面惩治腐败的大旗，各地纷纷响应，大多数检察机关也建立了反贪污贿赂工作局。

随着改革开放的不断深入，广东省的经济犯罪活动越来越猖獗，不少经济犯罪分子利用与境外经济交往的便利，把大笔外汇存入港澳或国外银行，一旦东窗事发，便携款外逃。为了不使潜逃的犯罪分子逍遥法外，广东的检察官们绞尽脑汁，努力寻求一条跨境办案的通道。1987 年，肖扬和他的同事们倡导广东省检察院与香港廉政公署加强联系。双方经过多次协商，在充分尊重双方司法体制的前提下，达成了个案协查制度。内地与香港之间，

终于开辟了一条相互配合、相互协作的侦查取证道路，为检察工作提供了便利。

肖扬在广东省检察院工作期间，从中国的实际出发，认真研究检察工作的规律，进行了一次次开拓性、创新性的工作。有人说，“肖扬的思想空间非常博大，站得很高，想得很远，看得很准。”最高人民检察院检察长刘复之说：“在反贪污受贿方面，有好几件新鲜事都出在广东……”是啊！近几年，广东检察机关的确接二连三地爆出新闻，不仅使全国瞩目，也为世界舆论所关注。

由于肖扬的突出政绩，1990 年 12 月，他离开广东，到北京就任最高人民检察院副检察长。一个泱泱大国的检察工作何其难！这是一个更艰巨的任务。

四

接触过肖扬的人，特别是肖扬身边的工作人员都佩服他的工作效率、管理才能和用人之道，都称赞他视野开阔、熟悉国情、政策性强，有一种驾驭全局的大家风范。人们评价肖扬：“他平易近人，尊重同志，善于建立和谐而默契的人际关系”；“他精明干练，办事周到，具有一股凝聚力”；“他勤政廉洁，不计名利，是一位实干家”；“他是法律专家，却非常谦虚，注意发挥每一个人的长处，是一位好领导”。

肖扬走上新的工作岗位，职位高了，舞台大了，困难也多了，他的事业心更强，使命感更重了。肖扬在最高人民检察院不仅管检察业务工作，还身负重任，受刘复之检察长委托主持研究起草人们呼吁已久的《反贪污贿赂法》。他还利用业余时间负责编撰国家社会科学基金项目《贿赂罪研究》，用肖扬的话说：“事业——方兴未艾，使命——任重道远。”

肖扬的事业可以说是成功了，但他对此十分淡然。他说："一个把人民给予的知识又奉献给人民的人，是可以做出成绩的。在中国的检察战线上，默默奉献的人很多很多，我不过是他们当中的一个。"

（原文发表于 1991 年）

何西来：创造新的人格类型

◉ 韩　平

何西来简历

何西来（1938—2014），原名何文轩，曾用笔名秦丁、骊声、陈沙等。1938 年生于陕西省临潼县秦皇陵东上何村。五岁入村塾启蒙。1958 年毕业于西北大学中文系，曾留校任助教一年。1963 年毕业于中国人民大学文艺理论研究班，同年调入中国社会科学院文学研究所。曾任中国社会科学院文学研究所副所长、学术委员，《文学评论》副主编、主编，中国社会科学院研究生院文学系主任，鲁迅文学院等客座或兼职教授，文学所研究员、学术委员，中国作家协会会员。主要著作有《新时期文学思潮论》《探寻者的心踪》《文艺大趋势》《文学的理性和良知》《横坑思缕》《文格与人格》《绝活的魅力》《艺文六品》《虎情悠悠》《文外文》等。2009 年 10 月获郭沫若诗歌散文奖二等奖。2010 年获"江南文化节"言子文学奖散文奖。

认识西来先生是在中国人民大学为建党 80 周年而举办的一次有关“人的全面发展和马克思主义文艺建设”的研讨会上。魁梧的身材、饱满的豪情、浓密的短发、如炬的目光，展示着他充满活力的思想和独特的气质。更重要的是他的发言如黄钟大吕，掷地有声，并且有一个响亮的名字——《提倡刚劲、豪迈的文风》。那一次的发言不长，却深深打动了在座的每一个人，当然也包括我。于是，何西来这个名字于我就愈发多了几分崇敬与仰慕。

机会总是不期而至。中国人民大学校刊编辑部为庆祝建校 65 周年准备编辑一部人大校友的专访录，于是，我便主动请缨，要求采访西来先生。

在与西来先生电话联系的时候，我的心里还很忐忑，不知道西来先生是否乐意接受我的采访，可是电话那端传来的是热情的声音，他愉快地答应了，并详细地告知他的住所位置，还叮咛我过立交桥的时候，一定要注意安全。一种被崇敬的长辈呵护的温暖感动了我。

再次见到西来先生是在一个春日的午后。阳光很暖，屋内的色调也很温暖。西来先生一身休闲的运动装，他的目光很真诚，很典型的西北人轮廓分明的脸。我们一老一少两校友相对而坐，这拉近了我和他原本的距离，谈话慢慢展开。

漫漫求索路

何西来，原名何文轩，西来，是他 20 多年来常用的笔名。1938 年出生于陕西省临潼县秦皇陵东上何村，五岁时入村塾，先后就读于县城骊山小学和新丰鸿门小学。1949 年，何西来步行到省城西安，入学西安市二中，六年后毕业于该校高中部。读中学期间，他已流露出对文学的喜好。1955 年 8 月，何西来接到西北

大学中文系的录取通知，9 月入学。在西北大学学习的几年，一直是学生干部。1956 年，经高年级的两位同学介绍，他加入了中国共产党。但在次年的反右派斗争中，因对后来被划为“极右分子”的外国文学老师刘思虹“斗争不力”，有温情主义，预备期被延长一年。1958 年，他提前毕业，留校做助教，并与另一位助教老师共同辅导并参加中文系杜诗研究小组，执笔写成《论杜甫的世界观》和《论杜甫的艺术风格》两篇论文。前者刊发于次年的《西北大学学报》上，后者两年以后连载于《文学遗产》上。这是他学术研究的起点。

何西来先生每每谈到自己的学术起步总会谈起自己的老师、杜甫研究专家傅庚生教授，是傅先生以自己被批判的苦难方式，心滴着血，领何西来上路的。研究的对象杜甫，也给了他很大的影响。杜甫崇真尚实的人生理想和美学理想，他仁心广被、爱及众生的人道主义精神，他“穷年忧黎元，叹息肠内热”的忧患意识，他对妻儿、对故人的诚笃、深挚的道德情怀，都曾给西来以刻骨铭心的人生启示，并渗透于他的批评观念之中。

1959 年秋，何西来入中国人民大学文艺理论研究班。这是人大和中国科学院文学研究所合办的，人大负责学生的管理，文学所负责教学及辅导。何其芳和何洛两位先生分任正副班主任，除文学所的有关专家外，北京和全国的许多著名理论家、学者都给研究班讲过课。当时的课程设置真正是古今中外，无所不包。外国文学的专题有罗念生讲的古希腊悲剧、李健吾讲的法国文学、季羡林讲的印度文学、冯至讲的德国文学等，授课者都是各自领域第一流的专家。中国文学也一样，讲《诗经》专题的是余冠英，讲《楚辞》的是游国恩，讲杜甫的是冯至，讲《西厢记》的是中山大学的王季思等，讲现代文学的是专门从上海调到所里来的唐弢。此外还有朱光潜讲的西方美学史课程，宗白华讲的中国古代美学专题，以及其他专家讲的哲学课、逻辑课、美学史课等等。

可以说，在研究班的这几年，何西来真真正正、结结实实地读了几年书，为以后的研究工作打下了坚实的基础，也为最终成为一名文史兼通、学贯中西的大评论家埋下了伏笔。

何西来的第一篇当代文学评论《论〈创业史〉的艺术方法》，就是在这个时期发表的。在这篇文章中，他对素芳形象的分析、对作者意图的推断，都颇得柳青首肯。就这样，西来先生完成了从古典文学的研究到文学理论和当代文论研究的转型。

由于何西来在研究班时所显露出的文学研究才华和本色的为人，根据唐弢先生和何其芳先生的意见，何西来在研究生毕业后的 1963 年 10 月调到中国社会科学院文学所工作。但从这年到 1976 年的 13 年里，何西来先后在山东黄县、海阳，江西丰城劳动锻炼，参加农村“四清”运动，接着是“文化大革命”，下“五七”干校。这些年，整个国家处于失控的状态，个人的人格与学术研究都被践踏了，除了读了些《毛泽东选集》和马恩列斯著作，以及报纸文件外，业务基本上被抛开了。但这些年对于国家和个人来说又不完全是一片空白，它让人们多了一个反省的机会，也让人们在经历了世态炎凉以后逐步成熟起来。的确，往事如烟，又不完全如烟，这又为西来先生在“文化大革命”后追求人格独立解放、学术自由做了铺垫。

“文化大革命”以后，何西来主要从事当代文学批评和文学理论研究，偶尔也写点古典文学的研究文章。在“文化大革命”后的若干年，他渐渐完成了精神上的蜕变，即思想从僵化的、“左”倾的、教条的硬壳中解放出来的过程。他紧紧地追踪着新时期文学的大潮，注视着它的流向，倾听着它的脉动，并且把这一切记录在自己的评论文章里。

人道主义是新时期文学的头一个也是最主要的特点。何西来以其独特的理论敏锐感觉及时地把握住了这一点。坚持社会主义文学应该是最富于人道精神的文学；我们的社会主义社会，应该

是中国历史上最人道的社会；文学离开了人道主义，就没有了灵魂。于是，也就有了《人的重新出现》，这篇文章是1985年12月出版的何西来的第一本专著《新时期文学思潮论》的第一篇，也显示了何西来的基本学术理念和文学追求。此后陆续出版的著作有《探寻者的心踪》、《文艺大趋势》、《新时期小说论》（与人合著）、《文学的理性和良知》、《文格与人格》、《新时期文学与道德》（与人合编）等，从这些论著中我们可以看出西来先生的文化学术思想逐步摆脱教条、僵化、封闭模式的艰难过程，也反映了他对当时的真实认识，反映了他崇真尚实的文学观。其他还有散文随笔类著作，如《绝活的魅力》《横坑思缕》《艺文六品》《虎情悠悠》《文外文》等，从这些作品中又可见一个学识渊博，颇具生活情趣，真性情的生活中的西来先生。

何西来著作等身，且除了搞学术研究，他还曾先后担任中国社会科学院文学研究所副所长，《文学评论》副主编、主编，中国社会科学院研究生院文学系主任、学位委员会副主任、学术委员等。现为文学所研究员、中国作家协会会员。他在整个文学理论批评界绝对是一个响当当的人物，为新时期文学的发展做出了巨大的贡献。

中国的儒家向来有不朽三盛事的主张，即《左传》上所讲的“立德、立功、立言”，对于何西来而言，我想应该就是他苦苦追求、苦苦经营了一生的文学事业吧。

真我性情

同何西来谈话在我看来是一种绝对放松、绝对回归真我的精神旅程。这样一位独具大家风范的学者，举手投足间都流淌着性情中人的豪爽与真诚。我想，熟悉他的人都会对他的性格深有感

触。在这样一个物欲横流、人心不古的社会，还有人可以这样坚持自我、弘扬真理，真乃难能可贵。

何西来的真诚首先表现在对自己的人格几近苛刻的要求上。他时时自责年轻时自己的人格缺失。那是在1958年，何西来尚在西北大学读书。那时，各高校正在批“白专”、拔“白旗”。西来先生的老师傅庚生教授，著名的杜甫研究专家，在“学术批判运动”中被加上“宣扬资产阶级学术观点”的罪名。他的《杜甫诗论》也就变成主要的反面教材。学生们断章取义，无限上纲。面对学生对他的批判，傅先生仍保持着一位宽厚长者的风度。而何西来当时正值血气方刚，在批判傅先生的行列里冲在前面，会上发言词锋犀利。但傅先生听完却冷静地评说：“英气有余，而沉郁不足。”并鼓励说：“他将来一定会比我跑得更远些。我老了，比不过他。”何西来深知对前辈的伤害，每每想起，都深感愧疚。可以说，这件事整整影响了他的后半生。他曾在自己的作品、著作中屡屡提及。几十年过去了，他要做的第一桩事似乎就是要对自己已经作古的先生道个不是。这种深刻的自我解剖和自我反省意识正是基于何西来的严格自律和真诚人格。有这样的人格，有这样的胸襟，才可能生发成他那充溢正气、豪气的文风。

何西来的真性情还表现在他的基于真诚而生发的胆识上。人们常说，要想了解一个人，只要看一下他的朋友就可以了。毕竟，只有兴趣相投的人才会真正成为朋友。何西来和邵燕祥的友谊就是这样“英雄惜英雄”的范本。何西来十分推崇邵燕祥的为人和为文。蓝翎曾说过：“50年代中国杂文的代表是徐懋庸，60年代的代表是邓拓，80年代的代表则是邵燕祥。”何西来认为极是。邵燕祥疾恶如仇，敢于抽刃向强者，敢于大胆进击，不是左右偏倒的小草。他看来文弱温雅，骨头却是最硬的。何西来认为邵燕祥的杂文是现代中国知识者的良心，是社会的良知。在他的创作中最珍贵的便是他的人格，作为知识者的精神。为此，何西来在研

究了邵燕祥的许多杂文创作后写了一篇叫作《文格与人格》的文章。那篇文章曾遭"左"派学者的攻击，并加整肃，争议颇大。但何西来认为那是经过自己研究以后得出的学术结论，在没有得出足以推翻那些结论的资料和证据之前，他是不会轻易放弃的。当时如此，现在也如此。对于何西来而言，只向真理致敬，而不会向任何权势弯腰。

记得两年前对于发生在中国社科院院内的"研究员俱乐部"事件，当时许多报纸做了报道，但都做了较为隐蔽的处理。当时身为中国社科院文学所研究员的何西来对此深感气愤，一种知识分子的责任感让他写下了《我感到愤怒和悲哀》一文，并署上了自己的名字。的确，面对媒体的语焉不详，发表自己的观点，这需要勇气，需要胆识，何西来做到了。

何西来为人为文，不曾骗人，也不曾骗自己。他喜欢真诚地袒露自己，因而，往往招忌，常惹麻烦。然而，何西来总想，"百人百性，何必一定要扭曲自己去俯就某种统一的性格模式呢？那样，世界岂不是会变得单调吗?"正如鲁迅先生所写：仆生长危邦，年逾大衍，天灾人祸，所见多矣，无怨于生，亦无怖于死……夙心旧习，不能改也。的确，这才应该是一切知识者万古不易的做人风范。

何西来的真性情还表现在他浓厚的人情味和积极开朗的人生态度上。

许多人对搞理论的人存有误解，总认为理论工作者大都是面目严肃、生活呆板、缺乏情趣者。何西来不然。首先，他是一个无比热爱生活的人，喜欢运动，跑步、游泳都十分内行，你只要看一下他魁伟的身材即可。年逾六十依然挺拔，且无半点臃肿之态。神清气爽，声如洪钟，是一种被学识、被健康涵养起来的感觉。还有他那通脱的格调真的是不凡。

其次，他的爱好颇多，喜欢鉴赏绘画、品味戏剧。而这些爱

好都不是一般层面的喜欢而已，都是既有理论又有实践的，你只要看一下他和自己女儿合著的《文外文》即可，文章有趣生动，又有理论深度。而且，何西来的古典文学功底深厚，品词论诗，信手拈来，这在他的小品文集《绝活的魅力》中可见一斑。

另外，何西来对家人，对朋友都是呵护有加。在文章《黄河西来决昆仑》中可见一个真实的何西来，从一个顽劣的小男孩到一个忧国忧民的学者，正是他身上的人情味让他积极乐观地去经历风雨，去品味人生。在“渡尽劫波”之后，他也有白居易的“且喜老身今独在”的感慨，因此倍加珍惜手中的幸福。我们可以感受到他家庭的其乐融融。让我们祝福他！

铁肩担道义

这是一个不能不说的话题。

对何西来来讲，杜甫崇真尚实的美学追求和鲁迅“为人生”的文学主张是他本人世界观、文学观形成的基石，并最终形成他为社会、为人生的一以贯之的文学风格。

何西来的学识根底在中国古典文学方面。在大学期间，他就发表过关于杜甫研究的长文。他深受中国文化的浸润，更多的具有中国传统知识分子的忧乐情怀，他的文学风格也便更多地继承了中国传统文论中风格学的道德内涵。何西来本人也毫不隐藏自己的道德风格特点，并引以为豪。

事实上，新时期以来，研究界对人格、对文格、对社会责任感的研究都不算丰富。而且，基于“文化大革命”中的“文艺从属于政治”的文艺政策，人们更不敢再谈文学的经世致用、文学的道德责任，似乎再谈这个就会滑向事物的反面，或者认为这个问题太老，已毫无兴趣。而实际情况是，文学发展到新时代，需

要新的理论支持，而在众多的理论支持中，基于道德层面的文格论、人格论都是必不可少的。何西来便主张在弘扬道德的同时，要充分发挥作为创作者——人的主体性，在文章中要体现出文本的主体性。也就是说，要把道德感、责任感内化到人的主体性中去，内化到艺术的主体性中去。

在何西来的文章中，一以贯之的一根红线就是对道德、对社会责任感的弘扬。我们可以从《文格与人格》《新时期文学与道德》《文学的理性和良知》等著作中窥见一斑。

何西来一直是风格研究上的多元主义者，这是他本人的个性多样性所决定的。但作为一位极具个性的批评家，必然有着自己的爱好、倾向、选择、倡导，这又决定了他在风格批评上有着自我的独特追求。他在《论杜甫诗歌的艺术风格》和《论杜甫崇真尚实的人格理想和美学追求》中，就已经基本奠定了他日后风格批评的基本价值取向。在前一篇文章中，他揭示了杜诗“沉郁”风格的审美特点。既有对社会现实的深沉、敏锐的洞察力，以及随之而来的对浩浩荡荡、波澜壮阔的生活画面的书写，也有苍劲有力的笔触和忧国忧民的伟大思想，以及营造出来的悲剧氛围。无疑，何西来被诗人的风格魅力所折服，从而也影响了他自己的风格鉴赏，以及同这种鉴赏相应的心理模式。即便是现在，这种心理模式仍然在潜移默化地起作用。这表现在评邵燕祥杂文的《文格与人格》，评北京艺人的现实主义表演风格等文章上，在批评的风格上有着一贯的精神。

按照刘锋杰的观点，从人格上看，何西来推崇的是道德人格，即使这种人格在现实中、在具体作家或作品中还是不够完整的，却也不能否定道德人格的存在，不能否定作家与作品应当向着道德人格的完满而努力。从流派上看，何西来主要分析现实主义的创作。此种创作极为关注文学对人生的表现与介入，故何西来虽然反对单纯的功利主义，却也坚决反对一切非功利主义的文学观。

他是“五四”以来“为人生”的文学观的一个重要的接棒人。从形态上看，何西来偏爱豪放风格，从这种风格形态的创造中，他看到了文学蕴含的巨大的审美力量，其警世与振衰作用明显。简言之，可用重德行、求真实、崇豪放来概括西来先生的风格批评的内在追求，其目的则在于用此种风格力量塑造出崇高理想、积极入世、勇于承担、热情奔放、大胆创造的新的人格类型。这便是何西来的选择，他的人格与文格达到了真正完美的统一，体现了他对人生、对艺术的独特理解，与其独立不羁的品格、说真话的个性、自觉为社会负责的使命感相吻合，形成了属于他自己的独特批评风格，在当代文学创作、批评中形成倾向性鲜明、立论宏大、哲理精深、视界开阔的特色，成为豪放派的杰出发言人与理论创建者、坚持者。

事实上，在当今文坛众声喧哗的状态下，大家拼了命地向西方学习各种新的批评手法，拾人牙慧，人云亦云。何西来的坚守就显得别具意义，这正应是我们民族本土文化的希望所在。一个来自三秦大地的汉子就这样用自己的铁肩担负着一个民族的希冀。的确，在这样的大背景下，何西来的双肩还显单薄，但毕竟他在坚持。也真的希望有更多的人能真正明白这种坚持的意义。

将近四个小时的采访很快就结束了。临行，西来先生送给我几本他写的书，并很认真地在每本书上签了名，那笔迹是苍劲有力的。出门，外面已是华灯初上，我转过头与西来先生告别，真的有种“暮色苍茫看劲松”的感觉。

（原文发表于2002年）

陈晏清：哲学应关心民族和人类的命运

◉ 赵金福

陈晏清简历

陈晏清（1938— ），湖南新化人，南开大学荣誉教授，马克思主义哲学家。1962年从中国人民大学本科毕业后被分配到南开大学任教。曾任南开大学哲学系系主任、人文学院院长、社会哲学研究所所长、当代中国问题研究院学术委员会主任，以及中国辩证唯物主义研究会常务理事、顾问，中国人学学会学术委员会委员、顾问，天津市哲学学会会长、名誉会长等。曾于1988年被英国剑桥国际传记中心收入《世界名人录》。出版了《论自觉的能动性》《辩证的历史决定论》《当代中国社会哲学》《陈晏清文集》等专著。

在南开大学哲学系的一间办公室里，系主任陈晏清接受了采访。这位年过半百的教授自中国人民大学哲学系毕业以后，一直在南开大学任教，已经27年了。27年来，他脚踏实地地工作，时时关心民族和人类的命运，在教学和理论研究中取得了丰硕的成果。他先后撰写和主编专著、教材4部，发表学术论文20余篇，其中教科书《马克思主义哲学纲要》，自1983年初版发行以来，先后再版印刷十次，发行200余万册。这本书获得全国首届通俗政治理论读物评选二等奖。1988年，他被英国剑桥国际传记中心收入《世界名人录》。

陈晏清在上中学时就对哲学产生了兴趣。那时，他的理科成绩尤其是数学成绩很好，但同时也喜爱理论读物包括哲学读物，因而逐渐对理论产生了浓厚的兴趣。新中国成立初期，党风、民风很好，国家一派兴旺景象，充分显示了马克思主义改造社会的威力。他觉得，对于国家民族的振兴，哲学比什么都重要。出于这个认识，他放弃了学理工的志愿，毅然选择了中国人民大学哲学系。当时的人大，条件比较差，宿舍和教室多是简陋的平房。他说，校园环境虽比不上首都的其他高校，但人大是中国新一代理论家的摇篮，是他最向往的地方。

陈晏清教授回忆了在人大的学习和生活，他说，那是终生难忘的五年，为他一生的事业打下了最重要的基础。人大教育的一个显著特色，就是十分重视政治思想品质的教育，她教育学生要有远大的理想，要有对马克思主义的坚定信念，要有强烈的事业心和社会责任感。理论课的教学特别强调思想性。老师们教书育人、言传身教，学生把他们当作做学问和做人的楷模。整个校风表现出严谨、朴实、民主、进步，同志式的融洽。这一切，都有利于引导学生积极向上，培养优秀的政治素质。陈晏清当时想的就是如何使自己成为一个合格的理论工作者，将来能为国家多做贡献。对于这一点，现在有些人也许不以为然，他们认为所谓

"第二代人"，大概就是这样被抹成了"灰色"的。而陈晏清却始终认为，这正是人大教育的最大优长，正是使"第二代人"能够担负起承上启下的历史重任的基础。

在谈到人大的学风时，陈晏清说，理论系科强调学习马克思主义原著，要求学生通过学习原著去弄清基本理论原理的精神实质和来龙去脉。做了他们四年班主任的张懋泽老师常对他们说，不要图轻松、走捷径，用很多时间去看小册子，那样得来的东西不牢靠，而要下功夫去读原著。这一条令他受益无穷。精读原著，使陈晏清不仅基本理论掌握得准确、扎实，而且学会了读书的方法，训练了思维能力。

人大如何训练思维能力呢？陈晏清接着说："这里有科学研究基本功的训练，许多课是以写小论文的方式考核。一些主要的理论课，都有经常性的、很规范又很活跃的课堂讨论。不论在课堂上还是宿舍里，自由辩论之风很浓。我常常是参加辩论的积极分子。这种自由辩论，对于训练理论思维能力和理论表现能力，起了不可低估的作用。我一到南开大学就能登上哲学专业课的讲台，并能取得一致肯定的良好教学效果，这与学生时期有较多的辩论和演讲的训练不无关系。"

陈晏清说："理论联系实际是人大校风、学风的又一个显著特色。我在人大的五年里，有一年多的时间在农村参加劳动、搞调查，并协助做些基层工作。学校还通过种种渠道让学生了解国家的政治生活，特别是思想理论界的情况。理论联系实际的做法，作为大学理论学科培养学生的一种方式，现在看来也是可取的。"这一基本原则，始终指导着他的理论活动，并使他取得了一定的成就，这个根是在人大扎下的，因此，他的成就无疑首先应归功于母校的培育。

陈晏清说，近 30 年的理论生涯，他逐渐形成了一个基本观念：哲学应当关心民族和人类的命运，哲学自身的命运取决于它

能否满足民族和人类的历史需要。哲学家应当有激情，当然是理性的激情。这激情发自对于民族和人类前途、命运的关注。这是在人大上学时接受的观念，并在实践中不断深化、升华。因此，他不喜欢搞“书斋哲学”，而主张哲学的研究同现实实践紧密结合。诚然，哲学有它为实践服务的特殊方式。那种在‘联系实际’的口号下把哲学简单化、庸俗化的做法，是不妥的。哲学应是严密的科学理论体系，哲学的思维是最高的理论思维，需要有很高的思辨能力。因此，哲学基础理论研究是绝对必要的，哲学基本原理、基本范畴的研究应当不断深化。但是，基础理论的研究也应是对于实践经验和科学成果的反思。陈晏清曾对唯物辩证法特别是对立统一学说做了深入研究，提出过一些新的见解。例如，改变我国历来按《矛盾论》表述对立统一规律的体系，突出对立统一规律自身的内容。这个意见被萧前老师采纳，在他们主编的《辩证唯物主义原理》一书中，陈晏清受到委托按照这个意见修改了“对立统一规律”这一章，并得到了哲学界的普遍认可。他对“同一性”范畴的重新规定、重视同一性的作用以及斗争性和同一性的相互关系等问题也提出了一些见解，并且写进了教科书和《中国大百科全书》。这些见解的提示，都是从反思我国过去实际工作和理论思维的经验教训出发的，可以说是对于实践经验进行哲学思考的成果。

据介绍，陈晏清在批判林彪、“四人帮”反动哲学思想的斗争中，以只争朝夕的精神，每天工作 15 小时，于 1979 年 1 月撰写出版了《“四人帮”哲学批判》一书，这是我国第一部系统批判林彪、“四人帮”哲学思想的理论著作，受到了理论界的好评。1983 年，他又撰写出版了《论自觉的能动性》一书，这本书既是对“文化大革命”理论批判的继续，也是从思想上对我国社会主义建设历史经验的一种理论总结。该书获得天津市哲学社会科学优秀成果二等奖。出于对民族前途的深切关注，陈晏清教授还发表了

《民族的振兴亟须鼓舞理论探索精神》《理论应以理论的方式为改革服务》等文章，大力提倡理论探索精神，提出要以正确的态度和方式开展对改革实践的理论研究。

陈晏清在谈及工作时说，理论联系实际，哲学为现实实践服务，哲学家要关心民族和人类的命运。这是他的母校的传统学风，是母校培育的基本精神。它成了他治学思想的基本原则。现在，他仍坚持以这种治学思想规划他自己和他指导的博士的研究方向。他现在进行的研究工作主要有以下两个方面：其一，哲学观念和哲学体系改革的研究。他认为过去流行的哲学体系，已不能充分反映现时代的时代精神，从内容和理论形式上都难以适应时代发展的要求，必须改革。这项工作从两个方面进行。一是开展对马克思的“实践唯物主义”思想的研究，以把握马克思主义哲学的实质；二是开展对当代主要哲学思潮的研究，即系统地研究当代世界性的主要哲学思潮，特别是它在中国思想界的表现，以把握马克思主义哲学在当代发展的方向。其二，马克思主义社会哲学的研究。要实现马克思主义哲学同现实实践的结合，不仅要研究最一般的哲学原理，即哲学基础理论，而且要研究同现实实践更为接近的部门哲学，其中，社会哲学就是一个很重要的领域。

在谈话结束的时候，陈晏清教授又补充了几句，他说：“我感到高兴的是，我们有一个十分团结的教学科研群体，这里面有我的学生，也有我的学友，他们给了我很大的帮助。我作为一个教师，既重教书又重育人，而把育人放在首位；既做学生的老师又做学生的朋友，而把做朋友看得更重。同事关系、师生关系的融洽是我事业上能够取得一定成就的重要保证。这种民主团结的精神也是我的母校的传统作风。”

△我们民族的振兴需要有脚踏实地又富有创造精神的人，

需要有知识渊博又富有献身精神的人，需要既具有实践力量又具有理论力量的人。我希望自己成为这样的人。

△哲学应关心民族和人类的命运，哲学自身的命运亦取决于它能否满足民族和人类的历史需要。

——陈晏清

（原文发表于1988年）

邵汉青：拥有一颗年轻的心

◉ 唐亚明

邵汉青简历

邵汉青（1938— ），江苏苏州人。在无锡市计委工作四年后，于1959年被保送到中国人民大学计划系学习，1964年留校任教。1988年到深圳市工作，历任深圳市计划局副局长、市长助理、市政府副秘书长、市委常委、市委宣传部部长、市政协常务副主席。有《投入产出法入门》《现代国民经济计划方法与模型》《应用控制论观点研究国民经济》等学术成果，编著有《探索者之路》《邓小平理论与深圳实践》《迎接新的挑战——深圳市科技发展的回顾与展望》《迈向现代都市——深圳农村城市化进程中的精神文明建设》《资本市场融资与运作》《两个文明建设的理论与实践》等，曾与钟契夫合著《投入产出法概论》。中国人民大学兼职教授。

初春的深圳，绿意盎然，花团锦簇。

在市政协一间整洁明亮的办公室里，人大校友、深圳市政协原常务副主席邵汉青愉快地接受了记者的采访。

曾经想当一名纺织工程师

1938年，邵汉青出生在苏州。当她只有10岁时，父亲就去世了，母亲一个人拉扯着六个孩子，艰难度日。尽管家庭困难，但母亲对子女的教育却非常重视，孩子们也争气，学习成绩都很好。为了减轻家庭负担，除最小的弟弟外，兄弟姐妹几个都报考了学习、生活费用全包的中专，邵汉青则成了无锡工业学校（现无锡轻工学院）的第一批学生，学的是棉纺专业。

邵汉青说，当时无锡工业学校校长是位德高望重的老八路，管理非常严格。学校老师大多知识渊博、治教严谨，教学质量很高。在这种良好的氛围里，邵汉青和同学们如饥似渴地吸取各种新知识、新思想，打下了比较扎实的文化基础。在学校里，邵汉青还担任班长，参与学生工作，培养了较强的社会工作能力，并在毕业时光荣地加入了中国共产党。

在学校时，邵汉青看过一部苏联电影，电影里一位女纺织工程师的故事深深打动了她，她开始编织自己的纺织工程师梦。但是，毕业时邵汉青却被分配到无锡市计委工作。尽管纺织工程师的梦未能如愿以偿，但邵汉青还是愉快地全身心投入到工作中。“在无锡这几年，我有幸遇到了一批好老师、好领导，在他们的言传身教下，初步形成了正确的人生观，走上了一条正确的人生之路。”邵汉青说。

在无锡市计委工作四年后，经过考核，1959年，21岁的邵汉青被组织上保送到中国人民大学计划系学习。

在学术的殿堂里辛勤耕耘

上大学，曾是邵汉青多年来梦寐以求的梦想，只是受家庭条件限制，她把这个梦一直深埋在心底，如今，梦终于要圆了，而且上的还是全国著名的中国人民大学！邵汉青格外珍惜这一来之不易的机会。

谈起人大的师长、同学，谈起校园的一草一木，邵汉青显得异常兴奋。她说，人大学风严谨，老师全身心投入到教学科研工作上，学生们学习都非常刻苦，每天一早大家就到图书馆抢位子。人大的校园文化建设也搞得有声有色，学校文娱活动丰富多彩，邵汉青参加了学校篮球队、射击队、合唱队。1959 年国庆，学校合唱队还到人民大会堂演出，邵汉青至今还记得当时唱的是《人民公社大合唱》。

1964 年，邵汉青大学毕业后留校任教。她还来不及放手大干一场，“文化大革命”就开始了，邵汉青和人大其他老师一样被下放到江西“五七”干校锻炼。直到 1972 年，邵汉青才又回到人大，重点从事计划方法研究，组建了计划方法教研室。之所以选择这一研究方向，邵汉青有她的考虑：我国当时实行的虽然是计划经济，但在制定计划的过程中却往往缺少科学手段和方法，随意性大，容易造成决策失误。邵汉青研究的目的就是力图以量化形式，结合现代系统论、控制论理论，尽可能地使计划方法科学化、合理化。为了搞好研究，她自学了高等数学。除了教学研究，邵汉青还担任系里一些行政管理工作。她爱人是搞设计工作的，经常出差，家里家外都得靠邵汉青一个人张罗，有时在她炒菜时还想着研究上的问题。晚上要先把孩子安顿好了才能看书、写书，熬到夜里一两点是常事。功夫不负有心人，20 世纪 80 年代初，她

和钟契夫老师合著的《投入产出法概论》出版，并在山西等十多个省市陆续推广，产生巨大的经济效益和社会效益。她的《投入产出法入门》《现代国民经济计划方法与模型》《应用控制论观点研究国民经济》等学术成果，也都在经济学界产生较大影响。

在经济特区谱写新篇章

邵汉青在学术上所取得的成绩引人注目，但是，随着研究的不断深入，邵汉青却遇到了新的困惑：原想从计划方法上改变传统计划经济体制的一些“硬伤”，可是方法却没能改变计划经济体制本质的东西。她觉得这门课越来越难讲了。

1986 年，为了编写一本教材，邵汉青和辽宁大学、吉林大学、南京大学的几位教授到我国市场经济最为发达的深圳考察。当时，邵汉青绝对没想到这次考察会给她的人生带来一个新的转折。深圳灵活的市场机制和经济活力，给几位教授留下了深刻印象。邵汉青说：“计划经济向社会主义市场经济转变，是大势所趋，当时我就想，搞了这么多年计划经济教学与研究，我应该到深圳来感受、实践一下社会主义市场经济。”刚好，深圳当时正从北京招聘干部，几经努力，1988 年，邵汉青终于南下落户深圳，开始了新的奋斗历程。邵汉青笑着说：“我这一辈子的工作都是听组织上安排，唯有来深圳是我自己争取来的。”

到深圳后，已经年届五十的邵汉青仿佛又焕发了新的青春。在深圳，她先任市计划局副局长，分管社会方面的计划工作。邵汉青通过下基层搞调研、摸情况，掌握了开展工作的第一手资料，组织起草了深圳市发展高新技术产业的计划及扶持高新技术产业的优惠政策，为推动深圳高新技术产业的发展发挥了一定作用。此后，邵汉青又历任市长助理、市政府副秘书长、市委常委、市

委宣传部部长、市政协常务副主席等职，平均每三年换一个岗位。凭借扎实的工作作风，凭借好学，每到一个新岗位，她都能很快适应新的工作，并且做出突出成绩，得到了组织和干部群众的充分肯定。“在特区工作，每天都要面对许多新情况、新问题、新挑战，深圳市历届领导班子都能保持一种不断进取、奋力开拓的精神，给我们创造了一个很好的工作环境，在这里工作，尽管辛苦，但特别充实，特别愉快。”邵汉青说。

在深圳工作期间，尽管工作繁忙，但邵汉青还是难改学者的一些习惯。她结合工作从事经济管理和精神文明建设理论的研究，编著过《探索者之路》《邓小平理论与深圳实践》《迎接新的挑战——深圳市科技发展的回顾与展望》《迈向现代都市——深圳农村城市化进程中的精神文明建设》《资本市场融资与运作》《两个文明建设的理论与实践》等。她用自己的实际行动证明了她离开人大时对学校领导说的那句话：“我不会给人大丢脸!”

心态平和是关键

从基层干部、大学教授到再度从政，邵汉青走过了一条独特的人生之路。那么，回顾丰富多彩的人生，邵汉青又有些什么感悟呢?

“在我看来，不管你处于什么位置、处于什么境遇，最关键的一点还是要保持平和的心态，只有这样，才能冷静地对待挫折、荣誉或是权力。”邵汉青说。她进而认为，作为学者，就要甘于寂寞、苦心钻研，才能有所成就。作为一名干部，则一定要正确看待握有的权力，自觉抵御外界的诱惑。

如今，尽管邵汉青已经从一线工作岗位上退下来了，但她仍时刻关注经济社会发展和学术界的最新情况，并积极参与其中，

奉献余热。她的社会工作还非常繁忙，担任中国生产力学会副会长、深圳市生产力学会会长、深圳市家具行业协会名誉会长、国家经贸委企业研究中心专家委员会委员等。记者采访期间，不时地有人来电或来访，和她商量行业展览、课题研究等方面的问题。她还是中国人民大学兼职教授，培养国民经济管理方向的博士生。

邵汉青一般不太愿意跟人谈她的过去，她说："如果一个人沉湎于对过去的回味，那他也就停滞不前了。我希望自己的工作、生活不断有新的内容。"

的确，如果你拥有一颗年轻的心，那你就永远也不会老。

（原文发表于2002年）

奚广庆：铁肩担道义　妙手著文章

◉ 赵少钦

奚广庆简历

奚广庆（1938—　），满族，辽宁大连人，教授，中共党员。1960年毕业于中国人民大学马列主义研究班。曾任中国人民大学助教、讲师、副教授、教授，中国人民大学马列主义发展史研究所副所长、所长，国务院学位委员会办公室副主任，教育部社会科学司司长，中国社会学学会常务理事，中国科学社会主义学会理事，国家哲学社会科学规划项目马克思主义、科学社会主义学科评审组成员，全国大学生“挑战杯”科技作品竞赛评审委员会副主任。中国人民大学、山东大学科学社会主义与国际共产主义运动学科博士生指导教师。

1956年的一天，辽宁省锦州市政府的一个办公室里，阳光像往常一样暖暖地照着。一位十八九岁的小伙子正埋头工作，忽然，门外有人连蹦带跳地跑进来，欢快地叫道："嗨，小奚，人民大学招生办给你来信了！"小伙子几乎不相信自己的耳朵，当他看清了大信封内的录取通知书后，高兴得简直要蹦起来了。这个小伙子，就是本文的主人公——奚广庆。

一

兴致勃勃地踏进人民大学的校门，奚广庆便处处感受到了亲切和温暖。学校里住宿、伙食、体育、文化生活各方面，都安排得很好。今天回忆起来，奚广庆仍然十分留恋："那真是值得永远怀念的日子啊！"

奚广庆学的是马列主义基础专业。他想，能有这么好的学习机会真不容易，自己一定要努力学习，决不辜负党和人民的期望。在课堂上，他专心听讲，认真做好笔记，不懂之处就向老师提出来；课外，他的身影经常出现在图书馆、阅览室，查阅资料，细心分析，还常就一些问题与别的同学展开热烈的讨论。辩证唯物主义、政治经济学、中国历史、逻辑学、俄语……每一门课他都学得非常好，得到老师、同学们的一致赞扬。大家都说："广庆有股钻劲儿。"正凭着这股"钻劲儿"，他系统地"啃"完了一本又一本的马列著作：《共产党宣言》《反杜林论》《哥达纲领批判》《国家与革命》……在学马列原著的同时，他还结合当时我国社会主义建设的实际，学习毛主席的《论十大关系》《关于正确处理人民内部矛盾的问题》等著作。这样，奚广庆在掌握马列理论方面进步很快。另外，他还听过不少学校组织的报告：谭震林讲中国农业问题，何长工讲长征历史，黄华讲外交政策，范文澜讲古代

史分期问题……从中，奚广庆也受到了很深刻的教育，学到了不少知识，也学到了我们党的优良学风。

刚上大学不久，奚广庆和同学们一起参加了庆祝党的八大胜利召开的游行；1957 年春节，他参加了北京市委组织的“大学生联欢晚会”；当年的五四青年节，他和同学们一起参加了在中山公园举行的欢迎苏联伏罗希洛夫主席的晚会，和毛主席、周总理等中央领导人一起度过了一个难忘的夜晚；毕业时他又在人民大会堂聆听了陈毅做的报告。这些活动使奚广庆深深地感受到了党的关怀，思想上受到很大鼓舞。然而，最使他难忘的，是聆听刘少奇的一次谈话。那是 1957 年秋天，奚广庆和同学们一起到南苑机场欢迎外国客人。专程迎接外宾的刘少奇提前赶到了，便和人大学生聊起天来。同学们叽叽喳喳地说：我们是学马列的，都想到国外看看。少奇说：学好了马列，还要学好中国的实际哩！你们可了解中国的农村吗？你们了解中国的工人吗？中国社会的天地大着哩，你们可要好好学呀！后来，奚广庆常常想起这几句平易近人的话。从这朴素的言语间，他得到了很多启发。

是的，刘少奇说得很深刻，不仅要从书本上学，更要到实践中去学。1958 年 10 月起，奚广庆和同学们一起到河北遵化平安城公社马各庄村劳动了半年，他的体会更深了。在那里，大伙儿和老乡们一起下田种麦、割豆、锄地、沤肥，一起上山去炼铁，同吃同住同劳动，这才真正尝到了农村劳动的艰辛，对农民的感情也更深厚了。村里有个张大爷，膝下无子女，一个人挺孤单的。奚广庆他们就常常争着去帮老人挑水、劈柴、扫院子、洗衣服。而老人也总要煮黄豆、花生什么的给大家吃，同学们很受感动。

回忆这段时光，奚广庆说：“到工厂、农村去实践，虽然耽搁了一些学业，但所受的教育与锻炼是很大的。这对于一个青年知识分子的成长，是起长远作用的！”

党和学校的关怀，扎实的理论学习，加上到工厂、农村劳动

的体验，对奚广庆树立正确的世界观、人生观产生了很大的影响。他对党、对社会主义的信念更加坚定了。

二

大学毕业以来，经过30多年辛勤的教学与研究，奚广庆取得了累累硕果。

——与人合著的《马克思恩格斯思想史》《恩格斯和马克思主义》《科学社会主义史纲》《无产阶级政党学说简史》等书，在国内社会主义理论研究中都是第一次涉及该领域的著作，并在国内首次开出了“科学社会主义史”“无产阶级政党学说史”等课。

——主持或参与编写了《政治学概论》《马克思主义基本原理教程》《马克思主义与当代》等多种著作。作为常务副主编，正在编写大型文摘书《社会主义论库》，上卷达180多万字，已经出版，下卷也即将完稿。

——旗帜鲜明地坚持四项基本原则，反对资产阶级自由化，捍卫了马克思主义。1981年，在《北京日报》等报刊发表一系列文章，批判污蔑社会主义的论调，坚持马克思主义的基本原则。1984年，参与编辑了《关于人道主义和异化问题论文集》。1987年，发表了《浅议科学社会主义对社会主义建设改革开放的指导作用》等论文，有力地回击了方励之等人的攻击。1989年春夏之交的政治风波之后，发表了《评“主题转变论”》等多篇重要论文，批判资产阶级自由化思潮，揭露民主社会主义反马克思主义的真面目。

——多年来，还发表了《马克思主义关于无产阶级历史使命学说思想来源初探》《社会主义思想史研究方法论刍议》等不少具有重要价值的论文。

谈到之后的研究，奚广庆说："当前国际共产主义运动处于低潮，我们要研究国际形势与我国社会主义建设的新情况、新现象、新问题，做出科学的说明，驳倒西方那些反共反马克思主义的谰言。"

1991 年 7 月，奚广庆被任命为国务院学位委员会办公室副主任兼国家教委研究生工作办公室副主任，担负起组织大学文科研究生教育改革和人才培养工作的重任。何东昌指出，建立一个有中国特色的研究生教育制度，要先从文科着手，这是一个具有战略意义的大任务。根据这个要求，奚广庆参与制定了《关于哲学社会科学部分学科研究生教育改革的若干意见》，并按照教委领导同志的直接部署进行调查研究，认真贯彻上述意见，组织文科研究生教育系统改革的试点，总结经验，加以推广，以使我国文科研究生教育坚持理论结合实际的方针，造就一批批合格的社会主义事业的建设者和接班人。

主持这项新的工作后，奚广庆肩上的担子更重了。他就是这样，无论在理论研究还是实际工作中，都坚定不移、兢兢业业、毫不动摇地捍卫和实践马克思主义真理。"铁肩担道义，妙手著文章"，这不正是奚广庆的真实写照吗？

三

提及对母校同学的期望，奚广庆和我谈了很久。他的话语情真意切、语重心长，充满了对年轻人的爱。

他说，青年学生最重要的是要继承中国人民大学的优良传统。我们是为人民而学习的，将来是为人民服务。因此，要树立为祖国建设事业奉献自己的一切的思想，不要追名逐利。在学习上，要坚持马克思主义的指导，发扬理论联系实际的学风。要珍惜时

间，锲而不舍地打好理论功底；同时要了解中国、放眼世界，实事求是地思考问题，不断地改造自己的世界观，真正做一个忠于马克思主义的共产主义坚强战士。

结束采访时，我问及奚广庆的座右铭。他爽快地告诉了我："活到老，学到老，工作到老，改造到老。"是的，在奚广庆身上，我们不正是看到了这样一种求索不止、奋斗不息的精神吗？

（原文发表于约 1993 年）

蒋荫安：一蓑烟雨任平生

◉ 郭晋晖

蒋荫安简历

蒋荫安（1939—2007），江苏常州人。1961 年毕业于华东师范大学中文系，1964 年毕业于中国人民大学文艺理论研究班。1965 年 1 月到《人民日报》文艺部工作，历任《人民日报》文艺部评论组编辑、副组长，海外版文艺部主任、副总编辑，高级编辑。1986 年任《人民日报》海外版副总编辑。1982 年加入中国作家协会。1991 年被评为全国优秀新闻工作者，1992 年起享受政府特殊津贴，1993 年获“首届韬奋奖提名奖”，1995 年获首届“全国新闻百佳”称号。主编或参编《周扬序跋集》（合编）、《中国新文学大系·评论卷》等著作。

3月15日，北京春季难得的一个风和日丽的日子，我如约来到了《人民日报》海外版的编辑部，蒋荫安老师在楼下等我。蒋荫安比我想象中的要清瘦，但精神不错。我跟着他来到他的办公室，午后的阳光打在桌上的一大堆各式各样的文件上，他的忙碌由此可见一斑。说实话，在来之前我的心情是十分紧张的，让我这样一个未出茅庐的小字辈去采访这样一位老报人，真有点儿班门弄斧的感觉。但蒋老师慈眉善目的面容、风趣幽默的谈吐使我很快就放松下来了。大概是因为我们出身同一专业，我们的交流很快就进入了相谈甚欢的状态。

小荷才露尖尖角

人自从离开摇篮，始终都在学着走路。

人常说："一方水土养一方人。"蒋荫安虽然已经在北方生活了大半辈子，但南方人的一些特征在他身上还是很明显。除了未改的乡音，更重要的还有他那南国才子的气质。蒋荫安1939年出生于钟灵毓秀的江苏常州，像中国当时的千千万万个家庭一样，全家八口人只靠父亲微薄的工资生活，生计异常艰难，所以他和哥哥从小就肩负起了家庭的重担。虽然生活如此艰辛，但他对于读书还是满怀热情。中学毕业后他以优异的成绩考入了华东师范大学中文系。提起考师大的初衷，蒋荫安坦率地说："原因很简单，就是因为穷。当时我哥哥在师大念三年级，他对我说，师大师资力量很强，环境优美，更重要的是伙食很好还不要钱，这就可以解决大问题。"对于蒋荫安来说，大学的重要性在于这一时期他为自己的将来找到了方向，虽然那个时候他对此还没有理性的认识。这源于一次偶然的机缘，1959年暑假，蒋荫安在图书馆的

阅览室看到了发表在《电影文学》杂志上的电影剧本《五朵金花》。"当时我觉得写得特别美，一时冲动就写了七八千字的评论。可是我不知道往哪儿投，所以就照着杂志上的地址邮到了《电影文学》编辑部。没想到的是，这篇文章很快在第10期上发表了，而且我还收到了28元钱的稿费。第一发炮弹就命中，这对于我一生都是莫大的鼓舞。"这件事成了蒋荫安人生中的一个转折点，从此，他开始了自己的笔墨生涯。在后来的大学生活中，蒋荫安和别人就不一样了，用他自己的话来说是有点儿"不务正业"。每天晚上10点钟，宿舍同学都休息了，他就跑到路灯下面写稿。路灯非常昏黄，他就这样一晚接一晚地写，但是他的心中还有更深的一层顾虑：自己是个无名小卒，投的稿子编辑会不会看还是另外一码事。但皇天不负有心人，他那种对于文学创作的热爱和坚持不懈的精神还是获得了一定的回报。1959年，他有感于中国登山队攀登珠峰成功而写的文章《脚印》被《新民晚报》的副刊部点名评为好稿，当时20岁出头的蒋荫安被叫到了《新民晚报》，副刊部主任鼓励他多多投稿。这对于一个年轻的作者来说是一种很大的激励。此后，他的文章频频出现在《语文教学》《文汇报》《新民晚报》上。回忆起这段艰辛而快乐的时光，蒋荫安说："我在华东师大养成了这种写作的习惯，在写作中我获得了一种满足感，这不仅减轻了我的经济压力，而且对自己的写作提高很大。我什么都写，诗歌、散文，更多的是电影、戏剧的评论。"这为蒋荫安多年来从事的文艺理论工作奠定了坚实的基础。

四年的大学生活既给蒋老师留下了许多鲜活生动的回忆，也有不少遗憾。最大的遗憾莫过于受当时社会环境的影响，没能安静下来好好学习文化知识。但幸运的是，他在中国人民大学文学理论研究班的生活弥补了这点不足。人大文研班是1959年由中宣部、高教部、中国社科院文学所和人民大学语文系共同创办的。这在当时是文艺理论界的一件大事。直到今天，很多活跃在文艺理论界的学者都与文研班有剪不断的联系。1961 年，蒋荫安以专业课第一的成绩考入第三期文研班，从此与中国人民大学结下了一生的情缘。“我非常感谢文研班的这段生活，这三年来我基本上没有受什么干扰，读了很多书，对我的将来帮助很大。”当时整个社会的风气起了很大的变化，号召学生要好好学习专业知识。在文研班的三年半中，蒋荫安一方面受到了名师的言传身教，何其芳、宗白华、吴组缃、游国恩、余冠英、缪灵珠等著名学者都给文研班上过课，蒋荫安从他们身上学到了很多东西，学问、做人都颇受启发。另一方面，他又不囿于老师所传授的东西，注重自学，蒋荫安称自己是一个“杂家”，在研究生的学习中他涉猎很广，学的东西也比较散，为他后来进《人民日报》工作打下了较好的基础。从研究生二年级开始，蒋荫安按捺不住心头创作的冲动，又开始了他的投稿生涯。他的文章屡见于《体育报》《北京晚报》《电影文学》等报刊，用现在的话来说，当时的蒋荫安已经成为一个小有名气的“自由撰稿人”。人常说，“杂”是“专”的基础和前提，蒋荫安就是一个典型的例子。他的“杂”不仅没有妨碍他专业的学习，而且大大地促进了专业的提高。1964 年他以《文学创作中的抒情插笔》为题的毕业论文，获得指导老师很高的评价。蒋荫安对于文研班一直都怀有很深的感情，他的这篇论文的第一部分 30 年后发表在山西《火花》杂志上，笔名用的是闻岩(文研的谐音)。闻岩也成为蒋荫安常用的笔名之一，他以此来纪念文研班那段美好时光。

小车不倒只管推

即使我是一颗流星，也要在瞬间发出光芒。

蒋荫安在《人民日报》有好几个绰号，也许就是因为他的平易近人，报社的年轻人对他既尊敬又爱戴，当然有时也不免戏谑他一番。蒋荫安的绰号里有一个就是“老黄牛”，这可以说是对他在《人民日报》工作 38 年的形象概括。38 年来蒋荫安勤勤恳恳、任劳任怨，甘当无名英雄，为他人做嫁衣。谈到这些，他也只是一笑而过：“我这一生其实是平平淡淡的，我不过是在做好我的本职工作而已。如果和别人真有什么不同的话，那就是我比较执着，对自己坚持的信念能够一以贯之。我始终觉得人生是非常短暂的，几十年弹指一挥间，人总要给这个世界留下点贡献，哪怕个人的力量是非常微薄的，但集腋成裘，只要我们大家都努力，一切都会变得更美好些。”

1965 年 1 月 19 日，蒋荫安正式分配到《人民日报》文艺部文艺评论组工作，基本上还是从事文艺评论的本行。但由于职业的需要，他做过编辑，也做过记者，当然大部分时间是在做编辑，直到今天依然如此。虽然蒋荫安当记者的时间并不长，但是基本上每一次采写的都是大事。从第一次采写杨水才的长篇通讯《一不怕苦、二不怕死的共产主义战士——记共产党员杨水才的光辉事迹》，轰动全国，引起了全国范围内学习杨水才的高潮，到 1976 年采访唐山大地震和报道毛泽东逝世这两件大事，蒋荫安参加的都是条件最艰苦的采访。他的采访稿大多安排在《人民日报》的重要位置，每一篇都是呕心沥血之作。几次记者的经历成为对自己生命极限的挑战，所以他现在回想起来依然记忆犹新。“实在是太苦了，那时候我从唐山火速赶回来，就立即投入到报道毛主席逝世的系列采访中，完成前两篇后，我已经 40 多个小时没有合眼了，我觉得自己几乎处于崩溃的边缘。但我想一定要坚持住，等下一班人来接班我才能离开。”蒋荫安一直都不是一个身体健壮的人，但他就是靠自己的意志和永不服输的精神激发出自己内在的生命动力，在这种动力的支撑下，他每一次都做到了不辱使命，

也许这背后的辛酸只有他自己才能体会。

“以前有个电视剧叫《编辑部的故事》，那里面的故事实在是太不可信了。编辑哪有那么多时间整日插科打诨，我们的工作是非常辛苦的。”谈起编辑生活中的酸甜苦辣，真是一言难尽。蒋荫安笑称自己改稿是“臭名远扬”，因为他对稿子的严格要求在报社是出了名的。他将自己多年的工作总结为两句话：“删繁就简三秋树，标新立异二月花。”“我编辑稿子和别人是不一样的，一篇稿子我首先要看三遍，真正了解作者的意图后再对稿子进行手术。‘删繁就简三秋树’要求文字要简练干净，该删的一定要删掉，不能不删；‘标新立异二月花’则是要将作者提到却说得不透的地方生发开来，加大亮点的力度。这样整个文章就显得中心突出，亮点鲜明。对于那些没有光彩的文章，作为一个好的编辑就是要把它多余的东西去掉，将亮点加工琢磨出来。所以编辑不是简单的劳动，而是一种高级繁杂的劳动。”蒋荫安是一个自我要求特别严格的人，他一直都以一种极端认真的态度对待自己经手的每一篇稿子。在《人民日报》文艺部工作的20年中，经他编辑过的稿子绝大部分在部主任处已经不需要修改，就可以直接付印了。

在蒋荫安的记忆中，每年15天的休假他大多都在单位值班。真正算起来只休息过一次，而那一次休息时间似乎比平时更要忙碌。那是1984年的年假，蒋荫安利用这次难得的假期，抓紧时间做了三件事。一是文联出版公司《中国新文学大系·评论卷》的编辑和审稿工作。这本书稿约100万字，其中的一些篇幅还需要做很大的改动。他就这样夜以继日地苦干，终于用了一个多星期的时间将之完成。这对于一般人来说简直就是不可想象的。二是与同事缪俊杰合编《周扬序跋集》。周扬的大部分文章都发在《人民日报》上，出的专著很少，而当时周扬身体情况正在逐步恶化，所以这本书的编辑也就成为一个比较紧急的任务。缪俊杰、蒋荫

安用了一个星期的时间编完了这本书。直到今天此书仍被收藏于各个图书馆，成为周扬研究的重要参考资料。三是为朱苏进的一个中篇小说写评论，当时昆仑杂志社催得很急，蒋荫安不得不连夜赶工。就这样，一个假期在极其忙碌中过去了。可以说，在《人民日报》文艺部的整整20年中，蒋荫安一直都处于一种身心极度疲劳的状态。《人民日报》的评论曾把杨水才的事迹概括为“小车不倒只管推”，我想这句话用在蒋荫安的身上同样是再合适不过了。

蒋荫安常说：“我不迷信，但有的时候的确是觉得在冥冥之中是有一些东西在改变着自己的命运。比如说我一直都觉得自己应该是专职从事文艺评论的，但命运却把我推到了《人民日报》。既然来了，我就要站好这班岗。”可以说很长时间以来，蒋荫安一直都是在这两种角色之间徘徊，直到1985年《人民日报》海外版创刊。这件事成为蒋荫安人生的又一次重大转折。

在“做文”与“做官”之间

> 人能挺直走路，关键有根身体的脊梁在支撑。除此之外，人还要有一根精神的脊梁。如果你没有这根精神的脊梁，那就等于是软体动物。

随着改革开放的逐步深入，中国要走向世界，世界也要了解中国。1985年中央书记处决定创立《人民日报》海外版。筹备小组力邀蒋荫安加盟，但蒋荫安并不愿意去，一方面因为他丢不开正在负责的文艺评论组和文化生活版的工作；另一方面，蒋荫安放不下与文艺间那种难解的情缘。即使在工作那么辛苦的情况下，他还是要挤出时间来进行文学评论的写作，而且那时他正在探索

文艺评论特别是作家论写作的一条新路。首先在 1983 年第 1 期的《青年文学》上发表了《高加林悲剧的启示》一文，他以文艺批评家特有的敏感对年轻作家路遥的创作给予了一种理论上的回应。接着在 1984 年初的《文学评论》上刊发了一篇长文《柳暗花明又一村——读贾平凹的三个中篇》，对贾平凹的创作做了全面、客观、中肯的评价。蒋荫安在创作中一反当时文艺评论的学院化所导致的过分注重学理的风气，整篇文章倾注了他的激情，再加上他一贯的优美的抒情语言风格，使我们在阅读时不仅能对作家的创作有更为深刻的了解和领悟，而且文章本身就能提供一种美的享受。这样，作家和评论家就处于一种平等的位置，文艺评论也就可以作为两者之间的一种心灵的沟通和交流。文章发表后受到了文艺评论界的好评。此外，他还在《人民日报》《文论报》《光明日报》《北京文艺》等报刊发表了大量的评论文章。有了这些成绩的鼓舞，蒋荫安就想顺着这种思路写下去。但这时组织上要求他参与《人民日报》海外版的创建工作。“我当时明确地表示了不愿意过去，因为我觉得自己不想当什么官，只希望自己能在文艺评论的老本行有所成就。”然而上级下了死命令，1985 年 7 月蒋荫安调任海外版文艺部主任。回忆起这段往事，他幽默地说：“我们那个时候流行李准的一部小说叫《不能走那条路》，看来我也是命中注定不能走我想走的这条文艺批评之路吧。”

新官上任三把火，蒋荫安来到海外版后第一件事就是对副刊进行了大刀阔斧的改革。他凭借自己多年的工作经验和对文艺独特的敏感性，在广泛参考 30 年代的《晨报副刊》《大公报》等报纸的基础上，一改过去副刊杂文、散文、诗歌“老三篇”的传统模式，提出“大文化”的概念。这种“大文化”的理念不再局限于文艺，只要和文化沾边的东西都在副刊的范围之内，其中包括服饰文化、饮食文化、集邮文化等。蒋荫安为副刊的结构确立了一个“三角支撑”的方案：头条一定要精彩，二条也要有相当质

量，三条就是连载，而剩下的版面只强调一个字“杂”，读者爱看哪个方面可以进行自由选择。实践证明这一创举是成功的，海外版发行一年多以后，大受海外读者的欢迎，其中反响最好的就是蒋荫安主编的《神州副刊》。他回忆起当时的情形仍然觉得很欣慰：“我们当时有几个连载轰动一时，记得非常清楚的是舒乙写的关于老舍的两组文章——《老舍的爱好》和《老舍的“官”坎》，连我自己都没想到会那么受欢迎。有一封法国的来信让我特别感动，信上说他们家每天看了这期想着下一期，全家人都等着看，来了报纸以后大家都在抢。最后没有办法，只好决定派一个人来念。这对我是一个很大的鼓舞。”

就这样干了一年，1986 年 6 月，《人民日报》海外版筹备小组撤销，蒋荫安正式进入海外版的领导班子，担任副总编辑兼文艺部主任，主要分管二版（言论专访）和八版（文萃）。他肩上的担子更重了，每天工作 10 个小时以上成为家常便饭。在工作上蒋荫安一直都保持着一丝不苟和严谨的精神，对于送上来的稿子，他一定要从头到尾一字不落地看完，决不放过一点儿自己觉得还需推敲的地方。在蒋荫安的办公室里有一个很大的书柜，里面堆满了用于查阅的各式各样的书籍和资料。很多时候这些资料是不够用的，他常常为了别人看起来无关紧要的问题，要回到家里或到图书馆进行核实。这对于一个已在领导岗位多年的老编辑来说是难能可贵的。我也深深地明白了蒋荫安把编辑工作比作“绣花活儿”的原因。

作为一个好的编辑，不仅要有将文章“化腐朽为神奇”的功力，而且更重要的是要有牺牲和奉献的精神。这两点上，蒋荫安在《人民日报》可谓有口皆碑。38 年的编辑生涯，蒋荫安尝尽了编辑生活的甘苦，也受到了中央、报社、同事们的肯定和认可。1987 年报社第一次评高级职称，蒋荫安顺利通过，这让生性淡泊的他多少有点儿意外，当然更多的是感动。90 年代对蒋荫安来说

是喜事连连：1991 年被评为全国优秀新闻工作者，1992 年起享受政府特殊津贴，1993 年获“首届韬奋奖提名奖”，1995 年获首届“全国新闻百佳”称号。也许人们看到的只是这一项项闪闪发光的荣誉，我想只有蒋荫安自己才明白在这些荣誉的背后浸透着多少心血和汗水，以及它们所带来的督促和激励。所以在面对这一切的时候他显得特别平和。他在自己的一篇感想中写道：“我是个平平凡凡的人，我的一生是很平凡的一生，没有什么惊天动地的业绩。但是我想人的先天条件是不能改变的，唯一可以改变的就是你的勤奋、你的努力、你的脚踏实地，这样你走的才是真正实实在在的路，你的内心才是比较充实丰富的。所以我没什么爱好，不讲究吃穿玩，不修边幅。但是我总想起一个作家所说的，‘工作着是美丽的’。现在我有幸还没有倒下，我还在工作。能够工作我觉得就是一种美丽，一种乐趣。别人怎么说、怎么看，我不管。我只是在坚持自己的信念，我行我素坚定不渝。”

回首走过的这段路，蒋荫安一直都觉得自己是在“做文”与“做官”之间徘徊。他对于文学有一种难以割舍的情缘，但是工作实在是太忙了，根本抽不出时间来进行创作。他曾经有过一个雄心壮志，准备和他文研班时的同学连铗、周忠厚一起，以“闻岩”的笔名在《北京日报》发表文评和时评。但大家都没有时间，最后这个计划只坚持了三个月就不了了之。谈起这些，蒋荫安至今都觉得很遗憾：“我是师大毕业的，其实按照惯例，我本来就应该是在学校做一名教师的，而且我也很喜欢站在讲台上充满激情地给学生讲课。那样的话，我就可以在文艺批评方面有更多的探索和尝试。但是很多事情并非人所能左右，到了报社，尤其是扛起海外版这副担子以后，更是一天到晚忙，根本没有时间喘息，晚上累得都趴下了，再没有精力去写作。所以，很难比较学校和报社这两个单位哪一个更好一些，可以说是有得有失。”

莫道桑榆晚　微霞尚满天

宠辱不惊，看庭前花开花落；去留无意，望天上云卷云舒。

虽然蒋荫安没能在学校工作，但他终于实现了自己当老师的愿望。1996年中国社会科学院向蒋荫安颁发了证书，正式聘任他为学位评定委员会的委员。在此之前，从1984年开始，蒋荫安就开始带新闻学方向的研究生。蒋荫安对研究生的要求是特别严格的，不仅要求他们有名列前茅的成绩，更注重培养他们理论结合实践的精神。他将自己多年来积累的经验无私地传授给他们，那是比任何教科书都生动许多倍的教材，为他们将来参加工作奠定了深厚的基础。那些已毕业的学生都以能当蒋荫安的弟子为生平幸事，因为他们从蒋老师身上学到的不仅仅是知识，更是做人的原则和道理。他们中的很多人在多年以后仍然时时忆起蒋老师在毕业典礼上的谆谆教导："柳青有句名言，大家都耳熟能详：'人生的路看起来很长，其实关键的只有几步。在人生的路口上，你怎么进行选择，今后怎么走，都要做出冷静的思考。'今天毕业是件喜事。我想还是把这句话送给大家，请大家好好思考。因为有些听起来很简单的话，往往你需要用一生的时间才能真正地体会其中蕴含的意义。今后的路还很长，你们特别要珍惜现在的青春时光，青春的小鸟一去不返。青春就像一朵鲜花，开放是很短暂的，但是大家也不必为自己青春的很快消失而难过。生理的年轻是有限的，只要你们永远保持一颗年轻的心，就能处在年轻的状态。"

我想这也是蒋荫安对自己人生的一种体验和概括吧。也许就

是因为这种年轻的心态使得他在自己 60 岁的时候毅然承担起了另一副重担：《中国经济快讯》。对这本周刊，蒋荫安就像对待自己的孩子一样，他充分利用自己手中有限的人力，力争使它达到同类杂志中的最高水平。为了做到这一点，他一方面对杂志业务工作尽心尽责，从选题到审稿到编辑基本上都是事必躬亲，毫不懈怠；另一方面注意加强对人员素质的培养，他要求记者们每天都要抽出固定的一段时间来学习经济学的相关知识，不断给自己充电。他经常对杂志社的年轻人讲："现在全国各类经济杂志近 1 000 家，凭什么获得生的权利？我们就好比处在汪洋中的一条小船上，一个个的浪头朝小船打过来，我们只有发扬'团队精神'形成合力才能够抵御风险。只有亲身经历海上的凶险，才能明白同舟共济的含义。"在蒋荫安这种理念的指导下，《中国经济快讯》犹如一只乘风破浪的小艇，正在向着成功的彼岸奋力前行。

（原文发表于 2002 年）

舒慧明：人生无悔

◉ 郭慧明

舒慧明简历

舒慧明（1939— ），江西省于都县人，1961年毕业于中国人民大学法律系。曾任中共新疆维吾尔自治区党委组织部干事，新疆石油化工局政治处副处长，自治区高级人民法院研究室副主任、主任，自治区高级人民法院审判委员会委员、纪检组长，自治区人大常委会法工委副主任。1991年10月至1996年4月任海南省人民检察院副检察长兼反贪局局长、中共海南省纪律检查委员会委员，1996年4月至1998年9月任海南省高级人民法院副院长。后改任海南省高级人民法院巡视员。现已退休。

"我的一切都是党和人民给的，我把我的一生交给了哺育我的党和人民。"他由这句朴素而炽热的话语，开始追忆他的人生。几十年如一日，他对党、对人民充满着无限的忠诚和爱，在祖国最需要的地方默默耕耘着。

他从江西一个贫困、偏僻的山村，求学到万众向往的首都北京，成为一名人大学子，毕业后从祖国的心脏勇赴西北边疆，又从风沙满天的新疆来到四季常绿的海南岛，其间历任新疆维吾尔自治区党委组织部干事，克拉玛依市人民法院党支部副书记、市政府办公室副主任，新疆石油化工局政治处副处长，新疆高级人民法院党组成员、纪检组长，自治区人大常委会法制工作委员会副主任，海南省人民检察院副检察长兼反贪污贿赂局局长等职务。他不在乎环境的优劣、生活水平的高低，时刻铭记党和人民的需要，在任何职位上都勤勤恳恳、务实求新，用汗水与智慧谱写出一曲奉献者的歌。他就是海南省高级人民法院副院长舒慧明。

人大的教育让我受益终身

1939 年 6 月，舒慧明出生在赣南山区贡水河畔一个贫困的小山村，年幼时父亲病故，家境贫寒，六岁起开始放牛，备尝生活的艰辛。新中国成立后是党和人民给了他接受正规教育的机会，12 岁的舒慧明 1951 年春进入于都县城关小学学习，在之后六年多的时间里，他先后就读于于都县城关小学、于都县初级中学、江西省赣州第一中学。他发奋读书，成绩优秀，当了学生干部，并加入中国共产主义青年团。1957 年秋，他如愿以偿，考入中国人民大学法律系，舒慧明终于从一个农村娃成长为一名人大学子。

怀着对美好未来的憧憬，怀着学好本领报效党、报效祖国的决心，舒慧明走进了人大校园。四年间他系统地学习马列主义理论、法学基础理论和法律专业知识，他精心钻研，阅读大量书籍，汲取营养，积累知识，积蓄能量。校园的路上他脚步匆匆，教室和图书馆里他埋头苦读，各科老师都熟知这位江西籍小伙子，印象最深的是他学习成绩好，求知欲极强。

人大不但学风严谨，而且有着浓厚的政治学习氛围。通过对马列主义、毛泽东思想的学习，舒慧明把多年来对党和新中国的爱，升华为一种理性追求，他坚信共产主义，积极向党组织靠拢。1960 年 6 月，舒慧明光荣地加入了中国共产党。在舒慧明风华正茂的年龄，他的思想逐步成熟了，奉献——对人民、对党无私的奉献，成了他人生观的核心，其中饱含着他对祖国的深挚感情和坚定的共产主义信念。

在人大，学校经常组织同学们下基层锻炼，给莘莘学子以理论联系实际增长才干的机会。1958 年至 1960 年三个秋冬，舒慧明和同学们先后到昌平、平谷农村参加基层工作。他们与当地的农民吃住在一起，睡的是老乡家的土炕，吃的是黑窝头。最长的一次四个月没吃到蔬菜，没尝过油腥，这样的饭每天也只有两顿。由于营养不良，许多同学都浮肿了，舒慧明咬紧牙关挺了下来。就是在如此艰苦的条件下，他还要经常顶着凛冽的寒风，步行几十里山路到公社去办事。在那些日子里，舒慧明体验到农民生活的艰辛，深切地感受着他们对党的热爱和忠诚，为他们那种团结一致与困难做斗争的精神所打动。通过实践，他积累了基层群众工作经验，更重要的是形成了实事求是的工作作风。

回忆四年的大学时光，他说，青春的足迹留在了人大校园，带走的知识理论、理想信念却让我受益终身。

春去春回，经过大学生活的洗礼，舒慧明已成为国家的栋梁之材。风华正茂的他胸中充满着报效祖国的豪情。

到祖国人民最需要的地方去

1961 年共和国经济最困难的时候，舒慧明毕业了。日夜思念他的母亲让他回去，当时系里也有一个去江西的名额，顺理成章应属于他。回家还是去边疆？他扪心自问："你是一名共产党员，怎么能在祖国人民最需要你的时候却考虑个人感情呢?"于是他在志愿表上赫然写下了"到西藏去，到青海去，到新疆去!"后经组织上综合考虑，他被派往新疆。含泪告别慈母，舒慧明踏上了去新疆的列车，这一去就是 30 年，三十载风雨人生，他把最美好的年华都献给了那片土地。

到新疆后，他被分配到工作生活条件较好的自治区党委组织部。但舒慧明主动放弃优越的机关生活，多次要求到基层去，到群众中间去，到最艰苦的地方去，他提出去克拉玛依油田，"那里是祖国人民最需要我的地方"，组织上最终批准了他的申请。1962 年舒慧明来到克拉玛依市人民法院工作。

克拉玛依欢迎他的是什么？是艰苦的生活!

克拉玛依市位于准噶尔盆地的西边缘，到处沙漠戈壁，气候干燥，冬夏两季温差大，春季又狂风肆虐。有时深夜熟睡的人们突然从睡梦中惊醒，却发现门窗已被狂风吹得不知去向。比风沙更让人难以忍受的是严重的缺水，水要从 20 多公里以外的地方运来，口干舌燥成了家常便饭。在克拉玛依市，舒慧明先后任市人民法院党支部副书记、市人民委员会党组秘书、市政府办公室副主任。油田上，石油工人那战天斗地的豪情、那坦荡的胸怀、那务实的思想，深深地打动着他、感染着他、影响着他。舒慧明更加忘我地工作，多少个日日夜夜，窗前灯下都有他忙碌的身影，为群众办事可以跑上几十里路，在他身上能够看到一线工人的作

风、人民公仆的精神。在荒凉的克拉玛依，由舒慧明这样的不畏艰苦、乐于奉献的人组成了天地间最壮丽的风景线。

为了工作，从1961年到1969年，他八年未曾回家。每当拿起母亲的信，想起母亲望眼欲穿盼儿归，他的双眼都会湿润："妈妈，儿子对不起您!"为了工作，他牺牲了亲情。就是母亲去世时，舒慧明也未能见母亲最后一面。他把自己全部的爱、全部的情都献给了祖国母亲!

1975年舒慧明走上了领导岗位，走向事业的辉煌。他被调到新疆石油化工局任政治处副处长，1979年在自治区高级人民法院工作，先后任研究室副主任、主任及审判委员会委员，1986年任新疆高级人民法院党组成员、纪检组长（副院长级），1987年调任自治区人大常委会法制工作委员会副主任。对于事业上取得的成功，他谦虚地说："我仅仅做了我应该做的，谈不上什么成就，平凡得很。"他还补充说："理论知识、经验能力，这些固然重要，但对一个人更重要的是要有一种敬业奉献的精神，这种精神会使人的整体素质在工作中得以充分的发挥。"他的话在我心中为奉献又加了一层内涵——奉献不仅仅是付出，也是实现自我价值的一条佳径。

忠于法律忠于人民的利益是行为的准则

1988年海南岛迎来了她的春天。党中央决定大力开发海南，把她建成中国最大的经济特区。几年后，迅速发展的特区事业急需大批人才，1991年上级决定调舒慧明到海南工作。

转眼间，舒慧明已在新疆工作生活了30年。就要离开新疆，离开心爱的土地、亲密的战友、质朴的乡亲了。离别是痛苦的，他深情地望着这片土地，这里有他辛勤耕耘流淌的汗水，也有他

丰收的喜悦，把一切装进行囊，舒慧明又开始了新的征程。

踏上绿岛，舒慧明被任命为海南省人民检察院党组成员、副检察长兼反贪污贿赂局局长。在特区的大舞台上，他面临新的考验。海南的环境错综复杂，建省初期，各项制度还未完善，犯罪分子利用可乘之机频频作案，贪污贿赂案发案率明显上升，这种丑恶现象严重败坏了社会风气，阻碍着改革开放的顺利进行，损害了人民的利益，对此必须严惩不贷。他认真分析形势，清楚地意识到肩上的重任。任职期间，他始终战斗在反腐败的第一线，与同志们一起研究案情，亲自指挥案件侦查，遇到上级点办、催办的大案，50多岁的舒慧明几天几夜不合眼，吃不上一顿正常饭。累倒了，病榻上的他依然关注案情，审批案卷。他在新的岗位上又取得了令人瞩目的成绩。谈到感想时，他说："同腐败现象做斗争，自身要廉洁奉公，这样才能秉公执法，才有同腐败现象做斗争的勇气。在履行职责时，要坚决抵制金钱的诱惑，把忠实于法律、忠实于人民的利益视作行为的最高准则。"舒慧明以凛然正气保持着法律之剑的公正，捍卫了法律的尊严！

在法学研究的崎岖山路上他不知疲倦地攀登着

通过几十年的实践，舒慧明积累了丰富的工作经验。他含辛茹苦，孜孜以求，认真总结这些实践经验，撰写了数篇论文，发表在《法学家》等刊物上。在特区工作期间，主编《海南通志·检察志》一书，结合惩治经济犯罪实践主编《中国刑法惩治金融犯罪导论》一书。在法学研究的崎岖山路上，舒慧明不知疲倦地攀登着、进取着、求索着。谈起之后的打算，舒慧明说："堂堂正正做人，清清白白做官，是我的人生信条，立足岗位为人民奉献我毕生的精力。"

当我问及他对人大今后发展的希望时，他说，学校在抓教学质量、扩大学校规模的同时，一要重视对学生进行思想教育、人生观教育，教育他们要有以天下为己任的大志向，要把自己的命运同祖国的命运联系起来，为祖国、为民族的振兴而学习。二要注重理论联系实际。要让学生接触实践、了解社会、熟悉社会。理论与实践有机结合，增强学生服务社会的实际本领。

采访结束了，望着他那忙碌的身影，我想，人生是短暂的，奉献却是永恒的，他的人生在奉献中升华，在奉献中永恒！

学习他的思想，学习他的品德，我们的人生也定能画出美丽的彩虹！

（原文发表于 1997 年）

张万象：跨越高原的人

◉ 于家娣

张万象简历

张万象（1940— ），辽宁省庄河县人。1965 年毕业于中国人民大学新闻系，同年被分配到新华社北京分社当记者；1969 年 12 月至 1975 年 12 月，在新华社西藏分社先后任记者、采编主任；1976 年初至 1979 年 4 月，在新华社国内部从事文教新闻采编工作；1979 年春至 1982 年春，任新华社青海分社代社长、党组书记；1982 年 4 月调回新华社国内部。原新华社副总编辑、党组副书记。现已退休。

有人说，记者是为别人立传的。其实，记者在书写别人的同时也在书写着自己。1965 年毕业于中国人民大学的张万象，当记者、做编辑，30 多年的新闻生涯浓缩成一本日渐厚重的书。回忆里的故事，有苦有乐，有酸有甜。而他自己则说，“苦中有乐，乐在其中”。

高原上的记者之路

张万象喜欢称自己是“半个记者”，这也许是因为在记者和编辑两个岗位的穿梭中，编辑工作占去了他大多数时光。他说过：“终生工作在记者的岗位上，这是我最大的向往。”也许正是由于这份愿望没能实现，所以早年的记者生涯在他心中占有格外重的分量。事实上，“半个记者”的路他走得非同寻常，因为那足印是留在青藏高原上的。

1969 年冬，在新华社北京分社当记者的张万象奉命进藏，一去就是六年。1976 年初他调回北京，在总社国内部从事文教新闻采编工作。1979 年春天，他再赴青藏高原，担任新华社青海分社代社长、党组书记，在青海又工作了三年。在青藏高原工作的九年令他终生难忘。被很多人视为畏途的青藏高原，对于张万象却是取之不尽的“新闻宝库”，是记者自由驰骋的广阔天地。勤奋、刻苦、不畏艰险的记者特质在他身上得到了充分体现：他的足迹遍布青藏高原，拉萨、西宁、日喀则、格尔木、昌都、林芝、墨脱、察隅、那曲、玛多、结古、大柴旦、冷湖、芒崖、德令哈、江孜……他目睹过青藏高原上多数城镇的风采，从几十万人的城市到上千人的小镇。他曾多次奔波在闻名世界的青藏公路和川藏公路上，也曾穿行在喜马拉雅山的深山密林中。那坦荡无垠的藏北草原，那苍茫绝美的柴达木盆地，那莽莽昆仑、巍巍唐古拉，

那气势磅礴的青海湖、汹涌奔腾的雅鲁藏布江……“世界屋脊”的壮丽山川，藏族人民的美好心灵，还有高原上富有诗意的特殊生活，赋予了他作为一名新闻工作者的激情。在高原工作的岁月里，几乎每一篇稿件都打下了艰苦的烙印。

人生中有很多“第一次”是不能忘记的。张万象进藏后的第一次外出采访，就是访问风雪弥漫的青藏公路。那是春节前夕，高原最严寒的时节。他坐在载重汽车的驾驶舱里，日夜不停地奔波，时刻受着高原反应的折磨。在昆仑山口海拔 4 800 米的不冻泉运输站，他晕倒了。可是听说两名藏族职工冒着生命危险进昆仑山寻找羊群的事情后，他强忍着头痛恶心，现场采访了两位藏族青年，写出了进藏后的第一篇通讯。

在青藏高原采访，交通是最大障碍。坐车、骑马、走路，等车和赶路占去了他大量时间，常常是白天赶路，晚上忍着极度疲劳采访。1981 年夏天，他和分社的一位记者一起沿青藏公路南下采访。从格尔木到唐古拉 800 公里青藏线中段，多数地段在海拔 4 000 米以上，有的兵站海拔接近 5 000 米。一路上呼吸困难，头痛欲裂。张万象忍受着剧烈的高原反应紧张工作，一个月发稿 20 篇。在海拔 5 200 多米的唐古拉兵站，看到指战员们在永冻层上建起温室，种出了绿油油的青菜，他采写了通讯《辛勤换来雪山绿》。

在西藏、青海两个分社工作期间，张万象已经担任领导职务。虽然党政事务缠身，组织报道的任务也十分繁重，他却始终没有忘记自己是一名记者，尽可能挤时间出去采访。过年过节，他也常常奔波在采访的路途中。每年他的笔下总有 30 多篇稿件问世。

张万象认为，作为记者，只有多跑、多看、多问、多思、多写，才能成功。业务上，他总是力图把新闻写得简洁明了。他认为新闻的重要，不以文字多、篇幅长为标准。相反，在清楚明白的前提下，文章越短社会效果越好。

除了短，精和美同样是张万象的写作追求。哪怕是 300 字左右的短新闻，他也精心写作。许多稿件送到编辑部基本不改就播发。1981 年，他写的青海黄河上游龙羊峡抗洪的第一篇报道，通篇只有 400 多字，总社编辑部只改动两个字即全文发出。小通讯《长江源头 羊肉飘香》也仅有 400 多字，《人民日报》加按语向读者推荐，认为“文章的题和文生动形象，读后如临其境”。

青藏高原上，张万象走出了艰辛的记者之路，也走出了通往收获的记者之路。离开高原后，他与人合作，撰写出版了《祖国的聚宝盆柴达木》和《神秘的藏北无人区》两本书。书里融进了他在高原当记者九年里的见闻、感受、劳动和思考。

编辑部里的“辛勤园丁”

“无名英雄”“甘为他人作嫁衣”是对编辑们的赞誉。而谁又能量化出这些赞誉背后浸透了编辑多少心血和汗水，暗含着编辑多少牺牲的勇气和精神。张万象对这一点的感受是“当编辑就要有牺牲精神，否则当不了好编辑”。他把编辑比作“辛勤的园丁”。在他 30 多年的新闻工作中，大部分时间是做编辑工作。1991 年起，他又担任了新华社副总编辑一职，尝尽了编辑工作的甘苦。经他组织编辑的稿子究竟有多少，好稿有多少，现在连他自己也说不清楚。他的辛苦换来了一大批记者朋友。他经常为记者出题目、出点子。无论是分社还是总社记者的稿子，只要经过他的手，他都认真地编、改，有时甚至是重新改写。1985 年为组织教师节报道，他日夜忙碌，直到晕倒，稍稍休息以后，他又回到办公室。1986 年春节，和文教编辑室的一些年轻人一起采写通讯《今夜是除夕》，午夜，爆竹声响遍京城时，他正随消防队员的救火车奔往火灾现场，度过了一个不眠之夜，第二天上午他又继续工作，把

大家采访的稿子编成一篇通讯。编完稿，觉得篇幅长了些，他提笔果断删掉了自己采写的一段。直到正月初一下午发完稿他才离开办公室。这时的张万象虽然身在北京，但他在高原上锻炼出的拼搏精神却从未褪色。

张万象多次组织策划重大活动与重大人物典型的报道，包括赵雪芳、孔繁森等人物报道的策划、编辑工作。他先后九次参加并组织党代会以及“两会”的报道工作，还主持了全运会、东亚运动会、远南运动会、亚运会等大型体育赛事的报道。有不少稿子经过他重新改写后，记者主动要求署上他的名字，他坚决不肯。

即使在总社做编辑时，张万象也没忘记自己的记者角色。他在组织报道的同时也努力挤时间采写稿件。1982 年和别人合写的《怎样从 0 比 3 到连续 6 个 3 比 0》，1986 年关于作家丁玲逝世的一组报道等一批稿件被评为新华社社级好新闻。通讯《她属于人民》获 1996 年全国好新闻一等奖。

回头看看走过的路，张万象称自己为“半个记者、半个编辑”。对于这样一种复合身份，他的感受是复杂的：既有些遗憾，又感到庆幸。遗憾的是既做记者又做编辑，无法集中全部精力采访写作，也不能集中全部精力于编辑业务，此之谓“失”。但有失就有得，兼顾编辑记者工作，失掉了一部分时间，却得到了编辑与记者的相互理解、取长补短，可以体会两种工作的甘苦，设身处地为别人着想。做记者时，他常常想到编辑的苦衷——稿子多而长，有的写的粗糙草率，编辑工作不容易——于是就尽力把自己发往编辑部的稿子写得精美些。做编辑工作时，他拿起分社记者从全国各地发来的稿子，更能掂出其中的分量。记者的经历告诉他，编辑必须尊重记者的劳动，尤其那些在边远少数民族地区采访的记者，寻找一条好新闻，要付出多少艰苦的劳动啊！

严以律己，宽以待人，尊重记者的劳动，甘于默默奉献……张万象赢得了“难得的好编辑”“难得的好人”的赞誉。1995 年，

他获得了编辑最高奖——“韬奋新闻奖”。

关于《磨石》的回忆

在新闻这块沃土上勤奋耕耘的张万象，清楚记得他在母校迈出的第一步。1995年中国人民大学新闻学院成立四十周年之际，他写了一篇短文——《〈磨石〉的回忆》，追忆在母校的一段经历。

《磨石》诞生于1962年春天，是一份手抄报纸。主办者就是当时新闻系二年级三班学生张万象和杨树本。张万象这样描述《磨石》的诞生背景：“我们于1960年夏季入学，1965年夏天毕业离校。这期间，我国经历了经济困难时期，国家对经济政策进行了较大幅度的调整，迎来了国民经济的复苏。在总结了‘大跃进’时期的经验教训之后，人们的头脑逐步冷静下来，整个社会环境比较平静，社会风气也比较务实。表现在校园生活上，这也是一个相对平静的时期，同学们学习比较安心刻苦，生活比较艰苦朴素。当时，学校重视马列主义基本理论的学习，强调基本功训练。新闻系开展了练笔活动。”

张万象为《磨石》写了篇几百字的发刊词，现在他还能记得这么几句：“小小的磨石，毫不出奇，生于深山，默默无闻，很少引起注意。然而，古代的将士用它磨刀擦枪，以利杀敌；农民用它磨亮镰刀，收获丰硕的果实；而我们，未来的新闻工作者，借用它磨快我们的笔……”

当时新闻系二年三班的同学精心地把《磨石》办成一张报纸，从内容到编排，都按报纸的要求和格式办。当时没有印刷条件，就采用仿宋体或楷体手抄。班里的许多同学都是《磨石》的编辑和记者。张万象在其中负责组稿、编稿、安排版面，充当“总策划”，出版时也当誊写员。《磨石》的出现，在当时的新闻系产生

了影响，一些班级也效仿他们办起了报纸型的墙报，有的也取了类似的名字。

走出校门30多年了，《磨石》仍常常浮现在张万象的脑海。“小小的‘磨石’既是磨刀石，也是一块走向社会生活的铺路石。”每当忆起母校生活，他总是从心底里感谢《磨石》，感谢母校那段看来平淡而难忘的生活。

从校园手抄报纸的策划人，到青藏高原的记者，再到新华社的高级编辑，这看似不同的轨迹里潜藏着同一根脉络，那是一种跃动的精神，像磨石一样沉默而又坚韧的精神。

（原文发表于1997年）

徐心华：心香一瓣献中华

◉ 胡　斌

徐心华简历

徐心华（1940—　），1965年8月入党，1965年本科毕业于中国人民大学新闻系新闻学专业，后分配到新华社，负责国内政治报道。历任记者、编辑、国内部政治编辑室主任兼港台编辑室主任、国内部副主任，直至副总编辑。1990年调任中共中央宣传部新闻局副局长，后任局长。1996年3月任经济日报社社长。2001年3月任中华全国新闻工作者协会党组书记、副主席、书记处书记。2006年5月任中华全国新闻工作者协会副主席。现已退休。

岁月可以改变山河，有时却很难改变一个人的本色。

1960年，徐心华从江苏淮阴中学毕业，跨入了中国人民大学新闻系的大门，他大概不会想到，他会成为中国最大的经济类报纸——经济日报社社长。

位置变了，本色依然。徐心华给人留下的第一印象是坦率、随和，三言两语间，他竟把我的所有顾虑、担心打消得一干二净，采访也随之变成了朋友间无拘无束的聊天，经过岁月过滤的悠悠往事脉络也变得愈发分明起来。

人大的五年磨砺为他一生的事业奠基

正像一位作家所说，人的一生看似漫长，但关键的就那么两三步。对于徐心华来说，考入中国人民大学新闻系，是影响他人生走向的关键一步。难怪30多年后，他竟对当年拿到录取通知书的情景有着如此清晰的记忆。

那是1960年8月30日的晚上，大队书记拿着一张中国人民大学新闻系的录取通知书兴冲冲地扣开了他的家门，这张小小的通知书给他、给他的全家、给全村带来了巨大的喜悦。因为在此之前他们村还从来没有一个人考上过大学，更不用说是北京的名牌大学了。

但兴奋过后，一家人又陷入了愁闷之中，9月2日开学，准备些啥呢？一贫如洗的家境实在掏不出盘缠来送他上路。还是大队书记出面解了困："孩子考上了北京的名牌大学，这是全村人的光荣，有困难村里包了。"村里和公社给了些补助，给徐心华做了一床被子。就这样带着对新生活的美好憧憬，他登上了驶向北京的列车，跨入了人大的校门。

回忆起那五年的大学时光，徐心华仍暗自感到庆幸，那是多

么美好的五年啊！1957年的反右派斗争已经过去，“文化大革命”还没有开始，虽然也常有吃不饱肚子的时候，但毕竟有一个安静的校园，他尽情地在知识的海洋里畅游。从新闻到文学，从历史到理论，他涉猎了大量著作。五年下来，他绝大多数功课都是优秀。然而他坦言，在人大最大的收获还是理论上的收获，从政治经济学到科学社会主义，从中共党史到马克思主义哲学，这些课程帮他确立了正确的人生观和世界观，为他日后在新华社从事时政报道打下了理论根基。

“没有在人大新闻系的五年学习，就不会有今天的我。”徐心华至今对使他受益终身的老师怀有深深的感激之情。校长吴玉章、副校长郭影秋，系主任安岗、罗列，老师方汉奇、甘惜分、张隆栋、蒋荫恩、郑兴东、成美等，他们的音容笑貌他至今仍清晰地记得。他们不仅教给学生知识，还教给学生治学的方法、做人的道理。

五年的磨砺，磨硬了他奋飞的翅膀，他开始向新的目标冲刺。

他为历史留下了一份沉甸甸的纪录

有人说，记者是历史的书记官，往往站在第一排观察历史。

徐心华是幸运的，他不仅站在了第一排，而且站在了最好的位置上。

1965年，他大学一毕业就分配到中国最具权威的通讯社——新华社，而且是最重要的部门——国内政治组。在这以后的25年里，他有幸目击了一次次重大的历史事件，接触了一个个历史风云人物，写出了一篇篇在国内外产生重大反响的新闻作品。

“在您25年的新华社记者生涯中，您最难忘的采访是哪一次？”我问道。

“最难忘的采访太多了，太多了。比如，采访四届全国人大，我就终生难忘。那是1975年1月13日，四届全国人大开幕。当时正是‘四人帮’抢班夺权闹得最凶的时候。人们都很关注这一届的总理人选。当周恩来同志走上主席台做政府工作报告时，全场的掌声长达几分钟。周恩来同志几次示意停下都不能阻止，这是我第一次看到人们用这么长时间的热烈掌声来表达对自己总理的热爱。周恩来同志是带病参加会议的，当时他的身体状况已经很糟糕了，只念了政府工作报告的开头和结尾部分，其余由播音员代念，但他声音洪亮，充满了乐观主义精神，在报告的结尾，他临时加上毛泽东主席的一段话：‘我们要保持过去革命战争时期的那么一股劲，那么一股革命热情，那么一种拚命精神，把革命工作做到底。’时隔一年，他就与世长辞了。这一切都不可磨灭地烙在我的脑海里，使我感到人生的意义、价值全在于把自己的一切无私地奉献给人民，奉献给自己的祖国。”

从四届全国人大到八届全国人大，徐心华每一次都参加了会议的新闻报道工作。全国人大常委会办公厅还因此颁发给他一个证书，以作为对采访人代会时间最长的记者的一种鼓励和表彰。

25年的岁月留下了一份份历史的真实记录，留下了一篇篇精品佳作，其中的一部分汇成了一本书《名人名事录》。翻开这本书，周恩来、邓小平、陈云、叶剑英、帅孟奇等老一辈无产阶级革命家的音容笑貌宛在眼前，宋庆龄、胡厥文、胡子昂、周谷城、叶圣陶等人士的浩然风范历历在目。而《林彪反革命政变破产记》《女皇梦的终结》等篇章更是记录了一段让人永远不能忘记的历史。

从小养成的勤奋习惯使徐心华终身受益，而对新闻事业的热爱，使他随时随地都能处在工作状态，一些新闻名篇就是这样写就的。那是1981年4月27日，他应邀参加《中国青年报》纪念创刊30周年茶话会。本来这样的活动发一个消息就算完成任务，但

进入采访“阵地”之后，他就像战士一样，把全部精力都放在搜寻目标——新闻上。那一天，正值第36届世乒赛结束，中国乒乓球队囊括了全部七项冠军。当时，荣高棠也来参加茶话会，在一张圆桌前，坐在他身旁的邓力群要他谈谈我国乒乓球队历久不衰的原因，荣高棠随口讲了五条，站在一旁的徐心华立刻察觉出这是一条国内外都会感兴趣的新闻，于是抓住不放，写了一条《荣高棠同志谈我国乒乓球队历二十年不衰的五条经验》。这条消息发出后，全国各家报纸都在显著位置刊登，后来，还被评为全国优秀体育新闻。如果当时他也像别人一样围在圆桌前喝茶、吃水果、侃大山的话，这条“大鱼”无疑就会被漏掉了。

当记者最难的是要实事求是

“一个好的记者应当具备三条素质：一是有责任感，二是要实事求是，三是要勤奋。”徐心华如是说。

记者的笔是用来记录历史的，因此他的笔必须对历史负责，他写下的东西必须经得起历史的检验，而要做到这一点必须有实事求是的精神。

在政治生活很不正常、民主法制遭到破坏的年代里，要做到这一点尤其难能可贵，而这一点，徐心华做到了。

1972年，全国开展“批林整风”运动，新华社国内部认为一定要深入实际，调查研究，了解林彪反革命集团对实际工作究竟有哪些破坏和影响，于是就派徐心华和另外两个同志下去调查。整整两个月时间，他们跑了华东、中南七个省市，在工厂和农村召开了多次座谈会，直接听取基层干部、工人、农民的意见。通过调查，他们得出了这样的结论：林彪一伙儿对实际工作的破坏主要表现为极左。于是根据调查的结果发出了批“左”的报道，

这一下触怒了张春桥、姚文元，他们指责批“左”是不对的，要求批什么“右倾回潮”。徐心华没有唯上是从，一直把调查材料保存下来。粉碎“四人帮”后，他根据材料写了一篇稿子，题为《“四人帮”为什么不让批林彪的极左》，揭露了“四人帮”的反革命两面派的嘴脸，指出他们和林彪是一丘之貉。

后来，徐心华曾在一篇文章中写道：“‘不唯上，不唯书，只唯实’，这就需要勇气。因为‘上’代表着当时的领导，‘书’代表着为许多人所承认的权威。但是，实践是检验真理的唯一标准，如果上边讲的，书上讲的，经不起实践的检验，那我们就不能唯上是从，唯书是从。”

1976 年初，“批邓、反击右倾翻案风”甚嚣尘上，社领导为了应付“四人帮”，派徐心华到当时“反击右倾翻案风”的“先进”单位——中国科学院采访。既然是上级交代的任务，写一篇交差的文章并不难。但是他通过深入采访，发现许多科研人员都在抵制这场运动，当然也有少数“积极分子”在反。记者的良知使徐心华一直保持着缄默，如果不能说真话的话，那么宁肯沉默，也绝不说假话。半年多里，他没有写过一篇有关“反击右倾翻案风”的报道。

这种政治上的坚定源自理论上的清醒，而理论上的清醒和他在人民大学所受的理论熏陶是分不开的。多年之后，他仍然感念在人大打下的理论根基。

每一次转折都是重新学习的机会

1990 年，在新华社工作了 25 年之后，徐心华被调到中宣部工作，先后担任新闻局副局长、局长。

领导找他谈话时，他坦言：“按个人志趣，我更愿意当一个记

者，但我是一个共产党员，我服从组织的安排。”

几天之后，徐心华就到中宣部报到了。“开始一段很不适应，觉得似乎没什么事可干。但过了一段时间，就了解到中宣部的工作非常重要，特别是搞好新闻舆论引导工作和宏观管理工作，有许多事情要做。”

在新闻局工作的五年间，在中央的正确领导下，中宣部建立起了一系列新闻事业宏观管理制度：新闻通气会，新闻月评制度，新闻调研制度，表彰全国百佳新闻工作者，组织中央主要新闻单位好专栏评选，编辑出版新闻法规，每季度出一本《新闻报道精品选》等。徐心华都参与了其中的工作。

从当记者到当中宣部新闻局局长，对徐心华来说不仅意味着角色的转变，而且是一次重新学习的机会。他曾多次参与组织全国省级总编辑、省电台台长、省电视台台长、全国晚报总编辑、省会城市报纸总编辑研讨班，他向老总们学习，总结老总们的经验。在一次研讨班上他用 18 个字概括出什么是合格的总编辑：讲政治、懂理论、精业务、善策划、会管理、带队伍。

辛勤的工作得到了同行的认可和领导的好评，徐心华擢升经济日报社社长，也许是这种评价的最好注脚吧。

还有什么比事业更令人神往

1996 年 3 月，徐心华就任经济日报社社长。在就职大会上，他向报社同仁剖白心迹：“我们应当把生命融入事业当中去，这样，生命才有价值，才会永恒。”后来，在另外一次会议上，他再次表示：“我们不是来做官的，新闻单位的官有什么好做的？我觉得，就是来干事业的。干事业才能有动力，有永远不竭的动力。

为名、利、官，支撑不了多久。想干事业，就会有动力，就会有智慧，就会依靠群众。克服我们前进道路上的一切困难，就会达到我们的目标。”

当官不像官，没有官腔，不摆官架，把全部身心投入到报社发展的事业上去，这是报社内外了解徐心华的人对他的评价。

一年多里，徐心华在社长这个位置上，几乎没有按时下过班。在充分肯定前几任报社领导取得成就的基础上，他研究新情况，解决新问题，为报社发展规划新的蓝图。

徐心华到任后首先着手理顺报社领导体制，健全管理制度，制定了一系列规章制度，使报社的财务管理、资产管理和人员管理进一步规范，依章办事。他着手健全了编委会工作制度。编委会开会讨论什么问题，提前几天就把开会的议程和有关材料印发给大家，让大家酝酿，开会时充分发表意见，从而提高了会议质量，也实现了决策民主。

我注意到在两个多小时的采访过程中，只有三个人进来简短地汇报工作，电话只接了一个。徐心华笑着对我说："要是半年前，你绝不可能在这里安安稳稳坐上两个小时，那时，几乎每天都不断有人来找。现在管理体制理顺了，当领导也就可以集中精力考虑大事了。”

作为一社之长，徐心华考虑最多的还是把经济日报社以怎样的面貌带入 21 世纪。经过领导班子的充分酝酿，报社的长远发展规划渐渐明晰起来。要把经济日报社办成以主报为龙头，以三报三刊一个出版社为群体，以出版、发行、广告、信息、印刷为支柱产业的报业集团；要造就和培养一批在国内外有重大影响的名记者、名编辑、名评论员；要进一步提高报纸的权威性和影响力，不仅要在国内经济宣传中发挥舆论引导的作用，还要进一步走向海外市场……

谈到这些，徐心华脸上露出了笑容。“我们这一代人从小受的

教育就是要为人民服务。中央把我派到这里来，能为国家大局、报社发展做出一点贡献，是我最大的心愿。”

“要看到成绩，更要看到不足。”徐心华常用这句话提醒大家，也提醒自己。

（原文发表于1997年）

刘梦溪：如膜妄心应褪净　夜来无梦过邯郸

◉ 董晓彤

刘梦溪简历

刘梦溪（1941—　），原籍山东，生于辽宁。1966 年毕业于中国人民大学语言文学系中国文学专业。历任中国艺术研究院研究员，中国文化研究所所长，《中国文化》暨《世界汉学》杂志创办人、主编，北京大学比较文学与比较文化研究所兼职教授，南京师范大学文学院专聘教授、文艺学学科博士生导师，中国华夏文化研究会学术委员，中日韩东亚比较文化国际会议（常设）执行理事。2011 年被聘为中央文史研究馆馆员。2015 年 5 月被聘为中华文化促进会学术咨询委员。著有专著《论陈寅恪的学术创获和研究方法》《汉译佛典与中国的文体流变》《王国维与中国现代学术的奠立》《传统的误读》《中国现代学术要略》《红楼梦与百年中国》等。

“弈棋转烛事多端，饮水差知等暖寒。如膜妄心应褪净，夜来无梦过邯郸。”这是钱锺书先生在 1957 年往湖北探望其父钱基博时所作的一首诗《赴鄂道中》，刘梦溪先生的书斋名“无梦斋”，便是取其中“无梦”二字。刘梦溪解释说：“取此两字，倒并不在求取一夜安睡，而是希冀自己在学术研究中了无挂碍，恬然自适，无所羁绊。”蔼然敦厚、平易近人的刘梦溪正是如此在他的学术之路上淡然地前行着。

知识的渴求者：“虽愚必明，虽柔必强”

刘梦溪自幼就对书籍有着特殊的兴趣，也正是这份对于书籍的热爱，对于知识的渴求，为他日后潜心于中国文化的研究打下了深厚的学识基础。

童年时代，对刘梦溪影响最深的书籍是《三字经》、《论语》和侠义小说。《三字经》的语句短小精悍、朗朗上口，其中蕴含的深厚的中华传统美德在句句诵读声中印刻在了刘梦溪年幼的心底。幼时的刘梦溪也常常背诵《论语》《孟子》等经典。成年后的他不禁感慨“当时的《百》《三》《千》《语》《孟》的启蒙，对我日后进入中国传统文化研究，有着铺垫预热的作用”。

凡是与刘梦溪接触过的人，都会被他谦逊和善的态度中所透出的凛然正气所折服，这样的性格气质和他年轻时期与侠义小说的接触不无关系。小时候，刘梦溪的父亲便为其讲述《小五义》《大五义》《大八义》《小八义》《三侠剑》等故事，里面渗透着的打抱不平的英雄主义和正义精神，对他性格的形成产生了潜移默化的影响。而同时，侠义小说中的这些道义精神，也使得他对中华传统道德有了更加深刻、更加切近的体会。

升入初中之后的刘梦溪，更加显现出了对于传统文化，尤其

是古代诗词与散文的热爱。基于这份发自肺腑的真切喜爱，他发奋苦读，背诵了《唐诗三百首》《宋词三百首》《古文观止》等古代诗文。少年时代的刘梦溪尽情徜徉于中国诗词的优美韵律中，流连于古人文章的简洁典雅中，在这里，他收获了真正属于自己的文学的美丽。

随着年龄的增长，刘梦溪开始接触外国文学，19 世纪欧洲文学成了高中阶段的他的心灵家园。托尔斯泰、屠格涅夫、巴尔扎克、雨果、罗曼·罗兰、普希金、拜伦……他们的作品为他打开了另一扇关于文学的大门。

成名后的刘梦溪依旧对阅读有着深深的热爱，他常常会把某一本书重读多遍，以期可以对它有更好的理解，“学而时习之”在他身上得到了最好的体现。提起阅读，刘梦溪脸上便洋溢着满足与期待，他渴望的阅读是闲适的阅读，是不带功利心的阅读。这样的读书，获得的不仅是知识，而且是一种身心的放松与愉悦。

正如《中庸》所言，“人一能之己百之，人十能之己千之。果能此道矣，虽愚必明，虽柔必强”。刘梦溪之所以能在学术上取得如此深厚的成就，与其个人的天分密不可分，但更多是缘于一种对于知识孜孜以求的态度，一种对于学问刻苦钻研的精神。

正是凭着这份对于学术的认真与执着，刘梦溪在 1966 年从中国人民大学语言文学系中国文学专业毕业后，继续着对于文学、对于中国文化的研究。他由早前的红楼梦研究转向了聚焦近百年以来中国的思想学问、文化传统与历史人物，以独特的学术视角论说王国维、陈寅恪、马一浮等现代学术大师，并对费孝通“文化自觉”和“美美与共”思想进行了深度的诠释。

1996 年，刘梦溪主编的“中国现代学术经典丛书”由河北教育出版社出版，丛书选录清末民初以来中国现代学者著作，收录梁启超、王国维、陈寅恪等人共计 44 家 35 卷，蔚为当代出版史一大奇观。他以 6 万字篇幅的《中国现代学术要略》作为书前序言，

点明编纂丛书是为“祈望能够梳理出现代学术史上那些具有恒在意义的东西”，在中国文化界引发了学术波澜，其影响至今仍然深广。

“深研中国文化、阐扬传统专学、探究学术真知、重视人文关怀”是刘梦溪学术研究的宗旨，在当今学界日显浮躁的大环境下，他在学术研究中所秉持的坚守与独立，愈见难能可贵。

文化的弘扬者：“信仰不在彼岸，而是在此岸”

晚清以来的中国，文化传统出现了大面积的流失。而传统之所以有力量，就在于民众对其的信仰。缺少了信仰的传统，终究是脆弱的。为了重建这份对于中华传统的信仰，刘梦溪不懈地努力着。

经典文本的阅读在刘梦溪看来是十分重要的。国学作为中国的固有学术，有先秦诸子百家之学、汉代经学、魏晋玄学、隋唐佛学、宋明理学、明清朴学等等，要了解其博大精深的内涵，离不开对于经典的阅读。中华传统文化主轴的价值理念，主要在“六经”，其精神指向正是当下所缺乏的信仰。《师说》有言“师者，所以传道受业解惑也”，然而现代的教育已经很少涉及“传道”，民众空有知识，却找不到精神的家园，这正是回归经典阅读的关键原因。

“就个人修养而言，阅读经典本就是使阅读者经历一番文化濡化的过程，它在潜移默化之中改变着一个人的气质。当大多数的人都发生气质的变化，一个时代的社会风气也会随之发生变化。”刘梦溪坚信，“如此，信仰的回归，文化的重建，民族的复兴便指日可待。”

刘梦溪还强调文化典范的熏陶作用。中国是有着五千年文明

的泱泱大国，在漫长的岁月中，产生了无穷无尽的文化典范。除了经典的文本，古代村落、民居建筑、历史杰出人物都是文化典范，这些对于民众的熏陶也是文化传承的重要途径。

2007 年，刘梦溪编撰出版了《中国现代文明秩序的苍凉与自信：刘梦溪学术访谈录》，书中收录了他与余英时、史华慈、金耀基、杜维明、狄百瑞诸位学术大家的访谈。而将这些记录下来，是为了让更多的人去了解当代学者的思想，去接近中华文化的内核。

“天下同归而殊途，一致而百虑”，中国文化包容性强，自身也是多元融合的。面对多元文化的冲击，中华文化如何在世界文明之中既能保持自己的独立性，又能与其他文明和谐共处？刘梦溪相信史学大家陈寅恪先生“文化高于种族”之言，人类的“同”必远大于“异”。近些年，他积极参与国际学术交流会议，并应邀于美国哈佛大学等国际知名学府讲学，为中国文明与世界各国文明的和谐共生做出自己的努力。他还主张在中小学开设国学课程，主要以“六经”内容为主，因为中华文化最基本的价值理念都在“六经”，但“六经”的文本比较难读，简易方法是从《论语》《孟子》入手，化繁为简，循序渐进，以期于百年甚至几百年之后，使中华文化的源头经典“六经”，成为中华儿女的文化识别符号。

“我们的信仰不在彼岸，而是在此岸。我希望世界的中国，也能是中国的中国，不忘记自己的存在。最起码我们每个人都要对自己的传统有种敬意和温情。”

因为这一份“敬”的庄严，刘梦溪在当下纷杂的文化背景下，为大众找到了一条通向信仰的桥梁。

“我们今天为重建已流失的文化传统而竭诚竭力的时候，‘敬’之一字的提升、布化、推展、重构，最是不可或缺的前提条件。”刘梦溪以为，“敬”这个概念在中国文化里，特别是在儒家思想里具有核心的价值，“敬”之一字看似简单，实则意蕴无穷。他自身

则是“敬”的身体力行者，不仅对待学术始终坚持“诚”与“信”，为人处世上更是坚持“无诚则不敬”。“敬”这一道德伦理，在他身上体现出的不仅是对他人的尊敬，而且是一种人性的庄严。

青年的引导者：“博学于文，行己有耻”

《中庸》有云：“好学近乎知，力行近乎仁，知耻近乎勇。知斯三者，则知所以修身。”好学、力行、知耻，是刘梦溪对于青年的要求和期望，简言之就是“知行合一、行己有耻”。

刘梦溪认为，当代青年在接受现代知识的同时，更需要重视生命个体的修为。“修身明道”的首要就在于“博学于文，行己有耻”，只有“好学”才可“博学”，只有“博学”才可更好地去身体力行，而只有身体力行，才能真正地体会“知耻”的意涵，才能最终做到修身养性，明道弘德。

“成己成物，尽己之性，尽人之性，方是圣人之盛德大业”，潜心研究中国文化几十年的刘梦溪对于人生也有着深刻的体会。人之一生需“成己”，更需“成人”，要常存感激之心，常念珍惜之意。只有懂得感激，才有可能懂得珍惜，而感激和珍惜，是人生幸福的精神源泉。当一个人真正懂得了感激和珍惜，才能怀着一颗平和的心去对待人生旅途中不可思议的种种境况，才能怀揣“敬”意安稳地站立在人生这片广袤的土地之上。

“妄心尽褪，恬然自适的无梦之境离你是那样的接近。”

（原文发表于2012年）

陈锡添：历史转折瞬间的记录者

◉ 解 红 耿希继

陈锡添简历

陈锡添（1941— ），出生于上海，广东新会人。1966 年毕业于中国人民大学新闻系。1967 年起先后在《湖北日报》、第二汽车制造厂设备修造分厂、《二汽建设报》、广州外语学院马列主义教研室工作。1983 年起历任《深圳特区报》记者、部主任、副总编辑、总编辑。1999 年任《香港商报》副社长兼总编辑。发表通讯、评论、报告文学、人物传记、散文、杂文等各类作品 100 多万字，著有报告文学集《风采集》。1992 年采写长篇通讯《东方风来满眼春——邓小平同志在深圳纪实》。1994 年获广东新闻界首届“金枪奖”。2000 年获“韬奋新闻奖”。2012 年 5 月于《香港商报》总编辑一岗正式退休。

在中国人民大学新闻学院1966届毕业生的印象中，有一位同学被公认为兼具新闻记者与报告文学家的气质。1992年3月底，因为中国新闻史上的一个重大报道，这位同学的名字显著地出现在全国重要传媒和海外有影响力报刊的头版。

这位同学就是陈锡添，这篇重大报道就是《东方风来满眼春——邓小平同志在深圳纪实》。

奋笔撰写历史关头的雄文

2 000多年前，司马迁在《报任安书》中告诉朋友，泣血写作《史记》是为今后有一天能将此著作“藏之名山，传之其人”。司马迁道出了历朝历代知识分子的个人理想与追求，然而只有个人的追求真正与大时代的步调产生共鸣，才可能真正留下值得留下的字迹。

记者这个职业与史官相似，都需要秉笔直书，忠实记录社会发展中的重大事件和社会生活中的点滴事件。作为新闻工作者，陈锡添是幸运的，1992年邓小平视察南方时，他被深圳市指派为深圳市媒体唯一的文字记者。1992年3月26日，《深圳特区报》头版刊登了陈锡添执笔的11 000多字的通讯《东方风来满眼春——邓小平同志在深圳纪实》。此后几日，此文被各大媒体陆续在头版位置转发，在海内外引起轰动。为此，人们把这篇文章称为“历史关头的雄文”。

如果把1961年陈锡添考入中国人民大学新闻系算作他新闻事业的起点，1992年，正是他作为新闻人的而立之年。正是他三十年来在不同岗位上的经历和磨砺，才最终打造出这篇深具历史意义的文章。

近20年过去了，如今回想起来，陈锡添说：“那些情形我都

历历在目，印象难忘啊！”在邓小平视察南方的整个过程中，按规定是不报道、不接见、不题词。“越说不报道我就越觉得这个视察重要，在做记录的时候印象就很深刻，邓小平同志讲的针对性很强，高瞻远瞩，全是谈重要的事情，我觉得有机会一定要报道出去，如果不报道出去，那太遗憾了。”

1992年1月18日下午5点，陈锡添正式接到市委通知，采访邓小平在深圳的活动。为期五天的跟随采访，陈锡添“特别用心，想方设法全部记下来，所以，对整个材料都非常熟悉”，“在构思过程中，我费了点儿脑筋，过去写东西就是抓几个重要的情节，分几个小标题，但是小平同志视察南方，如果用几个小标题就会漏掉很多重要的东西，所以我干脆来个流水账，现场感很强。构思好以后，就想题目了，刚好那年我写的《深圳特区报》元旦社论用过李贺的一句诗——东方风来满眼春，感到这最恰当不过了，就把这个题目敲定了。题目敲定后，内容都是烂熟于心的，可以说是文思泉涌，写的时候手还有些发抖，赶不上思维呀，所以文章可以说是一气呵成的”。

经请示深圳市委，《东方风来满眼春》获准发表，邓小平关于进一步加快改革开放步伐的一系列重要谈话通过平实生动而又恢宏凝重的篇章向社会广泛传达。

四十年延续的新闻理想

1958年在广东新会县第三中学读高中一年级时，陈锡添就加入了中国共产党。他的学习成绩也一直在全校名列前茅，在同学中威信很高。

1961年，陈锡添考入中国人民大学新闻系后，在老校长吴玉章“人生在世，事业为重。一息尚存，绝不松劲。东风得势，时

代更新。趁此机会，奋勇前进”的鼓励下，下决心“铁肩担道义，妙手著文章”，做一名无愧于党和人民的新闻记者。在校期间，他就在北京的《支部生活》《中国青年报》等报刊上发表文章，大学二年级时还被选为系团总支副书记。

大学毕业后，陈锡添被分配到《湖北日报》工作。虽然是新手，但他很快就担起了写评论、社论和本报编辑部文章的重担，这得益于他在人民大学养成的新闻业务素质。一次，报社交给陈锡添一个陌生的任务——给著名油画《毛主席去安源》写一篇编辑部文章。此时，陈锡添才发现在学校学习过的书画鉴赏课派上了用场，他不由得为老师们的良苦用心而感动。文章顺利地完成了，后来，他成了报社各类艺术评论的专家。

1970年，因为家庭需要，陈锡添调入地处鄂西北深山的第二汽车制造厂设备修造分厂，1972年任办公室副主任，后又调入《二汽建设报》工作。当时，李岚清在二汽一个分厂担任党委书记，王兆国是总厂团委书记。陈锡添为大家艰苦奋斗发展中国汽车工业的精神所激励，深入基层采写了大量作品。

1978年，陈锡添回到广东，在广州外语学院马列主义教研室任教，主讲党史课程。虽然有十余年时间远离新闻一线，陈锡添的新闻梦想一直没有泯灭。他希望成为邵飘萍、邹韬奋、范长江那样的新闻记者，用如椽巨笔写出丰富的人生篇章。教学工作之余，他笔耕不辍，在各种报刊上发表了不少文章，理论水平与业务水平齐头并进。

1983年是陈锡添人生的转折年。虽然已经年逾不惑，但在前往深圳考察过后，他立刻对这座火热建设中的新兴城市产生了兴趣，他要立刻投入到特区建设中，回到新闻本行中。

在毛遂自荐后，《深圳特区报》向他伸出了橄榄枝。于是，在深圳的骄阳下，这位42岁的“新”记者奔走于大街小巷、村镇码头、企事业单位，积累数年的激情与灵感喷薄而出，他好像变得

与这座城市一样年轻。陈锡添的业务能力很快得到报社的认可，1988年5月，他成为《深圳特区报》副总编辑，1992年他评上正高职称，成为深圳当时仅有的三位高级记者之一。

正是因为从业以来不断锤炼自己，提高自己的理论修养和业务水平，陈锡添成了深圳新闻界有影响力的记者，得以接受多项重大采访任务，直至1992年春天，水到渠成地写出了独家新闻，迈向了事业的高峰。

“成就归功于母校”

日常工作之外，陈锡添还担任了中国人民大学深圳校友会会长。深圳是拥有人大校友最多的城市之一，担任会长期间，他带领校友会班子联络了上千名校友。之所以在百忙之中还愿意担任这样一个没有任何报酬的职务，正如陈锡添自己所说，还是因为有着解不开的“人大情结”。

“我高考那年，立志要考中国最好的学校。本来我打算填报北京大学，但是发现学校名单里排第一的是中国人民大学。这时校长就故意激将，问我敢不敢考这所一号学校，我一拍胸脯，怎么不敢?就填报了中国人民大学!”就这样，陈锡添以第一志愿进入新闻系。

20世纪60年代的人大生活令人激动而难忘。陈锡添和同学们全身心投入到学业中，每天课后都在宿舍或是图书馆里看书学习，以至于学校担心同学们的身体健康，每到下午4点，就要求学习委员把同学们从图书馆里“赶”出去，强迫他们进行体育锻炼。

人大教师也非常出色，陈锡添至今对学校独特的教学方法记忆犹新。当年新闻系能从新华社拿到新闻稿的底稿，作为样本让学生学习新闻写作。新闻系还开设了书画鉴赏课程，拿出一幅画作，让同学们观摩并写出评论文章。正是这门课程在陈锡添走上

工作岗位的时候发挥了重要的作用。

“小平同志视察南方过程中，对于随行记者，上级组织一再明确没有采访和报道任务，其他记者因此只用相机做了适当的记录。但我还是全神贯注尽可能详尽完整地记录小平同志的每一句话，因为怕分神，甚至没有拍过哪怕是一张照片。”回忆及此，陈锡添说，甘惜分老师讲过“新闻首先要把政治放到第一位”，“通讯要细节，细节是通讯的生命”。他深深感到，“是母校赋予我的政治敏感让我把握好了机会，是母校培养我的写作风格与技巧，使我从细节入手，使报道亲切、感人、有现场感”。

如今，陈锡添转战香江，再续传奇。1999 年，深圳报业集团加盟《香港商报》，陈锡添兼任《香港商报》总编辑。

作为香港为数不多的屹立于报林五十年的资深本土报章，同时也是香港历史上第一份由内地报业集团入主管理并取得长足发展的香港报章，《香港商报》做出了诸多的大胆探索，对海外华文传媒的生存与发展具有直观和多角度的借鉴价值。

《香港商报》以一报之力，恪尽言责，飞架沟通两地的桥梁，担当两地共创繁荣的纽带，反映工商界和市民大众的意见和呼声，为香港和内地发展建言献策。报纸在采编和经营两个方面都取得了长足的发展，报纸风格逐步形成并日趋鲜明，在香港和内地的影响力日见提高。其间，陈锡添不辞辛劳地带领记者赴中央和地方采访，采写了逾百篇消息和专访。

尽管工作繁忙，陈锡添依然时刻关注母校的发展。按他的说法，只要新闻报道里出现“中国人民大学”六个字，他就一定要去看，甚至人民大学每年在各省的高考招生录取分数线也是他必看的内容之一。“我无论知识、待人接物还是做人，都是在大学里培养所得。今天我的一切成就归功于中国人民大学!”

（原文发表于 2012 年）

陈祖武：胸怀四海筑金桥

◉ 林　晚

陈祖武简历

陈祖武（1942—　），出生于福建莆田。1963 年考入中国人民大学中共党史专业，1968 年 9 月毕业后参加工作。曾任福建生产建设兵团一师宣传科干事，龙岩红炭山煤矿工会主席。1975 年调福建省委办公厅任经济组秘书，后任福建省政府办公厅省长秘书，省政府办公厅外经侨务处副处长、处长，省政府办公厅副主任，福建省对外经贸委副主任、主任、党组书记，福建省对外贸易经济合作厅党组书记、厅长等职。

还是在大学二年级的时候，崭露头角的陈祖武就在《光明日报》《北京日报》等报刊发表文章，在同学中颇有影响。

时间过去了将近30年，有消息从八闽大地传到母校，当时任福建省对外经济贸易委员会主任的陈祖武，正在我国改革开放的第一线精心构筑对外经贸交流合作的“金桥”。

从一位学习研究马列理论和革命历史的大学毕业生，到对外经贸战线经验丰富成绩骄人的经济工作者，陈祖武走过了怎样的人生轨迹呢？

一

鲤鱼洲，一个陌生而又令人心驰神往的水乡。江西鄱阳湖边一个国营垦殖场以此冠名。1968年深秋，陈祖武按照毕业分配通知书上写明的地址，背着绑扎整齐的背包，匆匆赶去报到。

1963年，陈祖武从福建莆田一中考取中国人民大学中共党史专业，由于品学兼优，他在1965年9月就被吸收为中共党员。他没有辜负党的教育和培养，毕业时主动表示要到内蒙古、青海、黑龙江这些边远的地方去工作。负责毕业分配的“军宣队”却做了另一番安排。长江以南只有两个名额，其中一个给了陈祖武。

他到鲤鱼洲垦殖场报到之后，才知道这里已改为隶属于福州军区的江西生产建设兵团。同一个连队的200多人中，来自人大、北大、清华等十几所高校的大学毕业生占95%以上。陈祖武担任第四排的排长。35名大学生负责全连生产生活的保障工作。陈祖武从小就在家乡参加农田劳动，在军垦农场这块新天地里，他不怕吃苦，带头抢干重活，以良好的素质和朴实的作风很快受到兵团领导的重视。1970年春，他被分配到兵团政治部宣传处，编辑《生产建设报》，从此大量接触经济相关工作。江西生产建设兵团分布区域很广，南到赣州、北到九江都有下属单位。陈祖武充分利用编辑记者身份提供的有利条件，跑遍了兵团所属的汽车厂、化纤厂、铜铁煤矿、农场等企业，深入调研，虚心学习，增长了见识，开阔了眼界。由于工作和思想的出色表现，他被评为全兵团、全省学习毛主席著作积极分子，这在当时属于很高规格的荣誉。考虑到夫妻两地分居的客观情况，江西兵团由组织出面帮助他调到同属于福州军区的福建生产建设兵团一师任宣传干事。一师师部离陈祖武妻子所在的龙岩曹溪中学很近。陈祖武说："这是组织和领导上给予我最好的奖赏。"

福建兵团一师是以煤矿为主组成的工业师，"与工农群众相结合"的想法在脑海中深深扎根的陈祖武非常乐意与工人群众打成一片。一师所属全部煤矿他都走遍，在采煤面、掘进头，他和工人一起出大力流大汗，也曾经历过冒顶、工伤。陈祖武对当年的生活十分怀念："在井下干六个钟头，上来二十几个人一起泡在一个大池子里洗澡，然后把用煤炭从浙江换回的猪头肉盛在脸盆里，就着当地酿造的地瓜酒，大家一起改善生活，有时能喝到厦门产的丹凤高粱酒就是极大的享受。"1973 年冬，福建生产建设兵团撤销师一级建制，陈祖武留在第三团所在的龙岩红炭山煤矿，不久便被选为矿部工会主席。1974 年他调到南平福建生产建设兵团政治部组织处，参加筹建兵团系统工会。中央命令福建生产建设兵团成建制撤销。福建省委办公厅从兵团挑选七名地方干部，陈祖武就是人选之一。当时要求集中报到的时间很急，从个别谈话到上任新职，前后仅有一个星期。陈祖武迅速移交了工作和文件、图书资料，于 1975 年 1 月 5 日到省委办公厅报到。

陈祖武被分配到省委办公厅任经济组秘书、省经济工作领导小组秘书。工作很具体：收集情况，准备会议材料，编写简报，撰写会议纪要，统计钢铁、粮食、水产品、蔗糖等的生产进度，参加专题调查研究，起草文件和省领导的讲话稿。他很快进入角

色，并在工作中不断有所创新。1979年初，陈祖武正在参加学习贯彻党的十一届三中全会精神学习班，中央决定广东、福建两省率先实行对外开放，要求两省就对外开放问题提出调研报告。陈祖武被选派参加福建省调研组，到省内各地及广东省调查研究。在集体调查研究的基础上，省委提出了正式报告上报中央，不久中央批复广东、福建两省在对外开放中实行“特殊政策和灵活措施”。陈祖武说：“从此我与对外开放结下了不解之缘。”

1980年5月，陈祖武开始担任省长秘书，更多地接触了对外开放的工作。他花费了很多时间跑广东、跑北京，也有较多机会随省领导到深圳、香港和外国考察访问。抓住这些机会，陈祖武认真学习了解广东、港澳台及国外的有关做法，阅读了大量文件和资料。他说：“那时工作之余除了偶尔打打球就是看书学习，两年多的工作实践结合工余学习，等于重新上了一次大学。”

1982年开始，陈祖武改任省政府办公厅外经侨务处副处长，后任处长，1985年3月任省政府办公厅副主任。而他真正独立处理对外经贸工作，是介入澳门劳务合同协调工作后。

二

依据合同实行商业性劳务输出，福建省在全国起步较早，并首先在澳门取得突破。1984年，福建省组织1 600名劳务合同工，在办妥对外签约和申请批准手续之后，持有效证件成建制到澳门26家工厂做工。

当时，澳门厂商联合会与澳门工会方面围绕工资问题展开一场争论，对厂家从福建等地输入合同劳工尤为敏感。澳门厂商联合会认为澳门制造业尚处于初兴阶段，工源不足、劳动生产率较低，有组织有控制地输入一部分素质较高的内地劳工，有利于加

快澳门出口加工业的发展。

在这场工会与厂商会之间的争论中，初到澳门立足未稳的福建劳工是从澳门撤退，还是留在澳门履约？澳门有关方面对这个问题采取消极而又简单的做法：强制要求澳门各个厂家停止雇用福建以及其他内地省市的劳工，单方面中止劳务合同，迫使1 600名福建劳工全部停工。福建省政府高度重视这一情况，及时汇报和请示，并遵照指示精神，选派工作组于1月下旬奔赴澳门，在驻澳有关机构的指导下开展协调工作。陈祖武先后以第一副组长和组长身份主持工作组的工作，首次在境外牵头执行一项长达8个多月的艰难使命。

陈祖武回忆说：这项任务是协调解决福建省对外劳务合作的合同问题，属于对外经贸业务工作，但涉及内地与澳门的关系，涉及对外开放和对外经贸政策的正确贯彻执行问题，直接关系到福建省对外劳务合作的开局和起步。因此，陈祖武和工作组全体成员当时都认定一个目标："协调各方，恢复合同，稳住劳工，不辱使命。"在省政府和省内有关各方面支持之下，工作组紧紧抓住对劳工队伍加强思想教育和内部管理这个中心环节，充分做好克服各种困难和打"持久战"的思想准备，想方设法解决好劳工们因长时间停工所遇到的食宿、医疗等各方面的实际问题。在劳工队伍最困难的时候，澳门娱乐界、教会机构以及黑社会势力都趁机施加影响，以提供免费的食宿条件和丰厚的酬金等诱人手段，拉拢一些青年女工去歌舞厅、夜总会或其他不正当的服务场所。工作组及时采取措施，严格管理制度，坚决堵住这条路，并积极争取澳门福建同乡会等社团组织的支持和配合，进一步排除外界干扰，保证了劳工队伍的稳定和安全。与此同时，陈祖武带领工作组全体同志，广泛开展多方面多层次的沟通和协调工作，以锲而不舍的精神、热情诚恳的态度和有理有利有节的方式，逐步扭转了有关机构对福建劳工的偏激态度，消除了澳门工会组织对福

建劳工的对立情绪，增强了澳门厂家雇主对福建劳工的好感和信心，赢得了澳门多家新闻媒体对福建劳工的舆论支持。经过200多天的辛苦协调，工作组终于在两个方面取得了可喜的成果：一是促进了有关机构与厂商联合会、工会联合会达成了共识，即凡是有增加出口加工订单的厂家，可以在吸收安排一名澳门本地工人的同时，招收一名福建或内地其他省市的劳工。二是促进了澳门26家厂商全面继续履行与福建省原订的劳务合约，保住了在澳门福建劳工的合法权益，其中部分厂家还将劳务合同期限由原订的两年延长为三年至五年。

接着，陈祖武又代表福建省参加了与新加坡进行劳务合作的谈判。新加坡急需建筑工人，希望与中国进行劳务合作，议定由中国一个省的窗口公司与新加坡对口机构建立企业间的劳务合作关系。任务落实到福建省，6 000名福建省建筑工人很快就去了新加坡。后来，新加坡调整经济结构，建筑业遭遇滑坡，在新加坡的福建劳工必须寻求新的就业机会，得到妥善安置。陈祖武奔赴新加坡进行协调，经过三个星期的努力工作，部分建筑工人顺利转入加工工厂，从而扩宽了福建省与新加坡劳务合作的领域。

陈祖武告诉记者：“经过这两次政策性、业务性都很强的对外劳务合作谈判，我感到在对外经贸方面自己应该进一步投身到第一线去磨炼，去迎接新的挑战。”

三

1988年2月，福建省重新组建对外经济贸易委员会，综合管理全省进出口贸易、利用外资、对外承包工程和劳务合作以及其他涉外经济工作。已任省政府办公厅副主任的陈祖武主动请求到外经贸第一线工作，组织上决定让他到省外经贸委担任副主任、

党组成员，从分管利用外贸工作做起。

在调查研究的过程中，陈祖武发现，福建省对外经贸过去比较落后，主要是由整个经济的封闭型结构所致，不对整个经济结构进行调整、转型和改造，想求得对外经贸的大发展是不可能的。但是他认为，利用外资工作不应消极等待经济结构调整好了才开展，恰恰相反，应该抓住机遇、增创优势、敢于竞争、积极有效地扩大利用外资，以此来促进经济结构加快调整，带动经济建设加快发展。

陈祖武告诉记者，福建省利用外资存在一个短处：改革开放之前，这里长期处于海防斗争前哨，基础设施建设欠账甚多，由海防第一线变为对外开放第一线，投资环境明显薄弱。但也有一个突出的优势：由于历史的原因，祖籍福建的港、澳、台、侨胞为数众多。香港 600 万人口，祖籍福建者 80 万，台湾 2 000 多万居民，祖籍福建者占 80%，海外华侨、华人有 800 万人以上祖籍是福建。着眼于这个优势，福建省委、省政府确定了“港澳台侨外商都欢迎，大中小项目一齐上”这样一个实事求是的利用境外资金工作方针，积极欢迎他们到福建投资兴业，扩大经贸交流。这一方针扬长避短，在政策优势已不明显的情况下，发挥了港、澳、台、侨资优势，进而发挥区位优势和港口优势，使引进境外资金工作取得突破性进展。1990 年以后，尤其是在邓小平 1992 年视察南方重要谈话精神指引、推动和鼓舞下，全省利用外资工作一改往日的落后面貌，走在全国前列。到 1996 年底，福建全省已有外商投资企业 20 538 家，正式开业的 11 000 家；批准利用外资合同金额 450 亿美元，实际到位 178 亿美元，到位外资占全国实际利用外商投资总量的 1/10，居全国第 3 位；利用外资占全省社会固定资产投资总量的 40%以上。由于外资的有效投入，福建全省经济结构发生了很大变化，从封闭型转变为开放型和出口导向型，从内循环为主转变到逐步与国际经济接轨。20 世纪 90 年代，福建

省经济增长速度连续多年高于全国水平，人均国内生产总值已进入全国先进行列，这与积极有效地扩大利用外资有直接关系。

1995 年 10 月，陈祖武率团赴台湾考察，在大陆各省同行中首先登岛，先后访问了台北、台中、高雄等城市，参观了 12 家工厂、企业，拜会了 6 个工商社团，与台湾有关机构联合举办了两场研讨会，介绍福建省对外开放、经贸发展的设想，把扩大闽台经贸合作的项目推荐给台湾工商界、舆论界的朋友，引起了不小的轰动。同时，台湾经济发展状况，尤其是加快技术进步、调整产业结构与经营管理现代化的可借鉴经验，给陈祖武留下了深刻的印象。“在这些方面我们有明显差距。大陆并不是唯一理想的投资场所，但是台商为什么还积极来大陆投资?”陈祖武对这个问题做了认真思考。他感到，其中既有“利”，也有“义”。台湾工商界人士乐于把在台湾取得成功的经营管理办法与大陆劳动力资源雄厚、市场广大、社会稳定这样的优势条件相结合，有求得自身更快发展的考虑，也有“台湾大陆是一家、中华民族是一家、血浓于水、骨肉亲情、叶落归根”的意识，这说明大陆的发展潜力和两岸优势互补、共同加快发展的目标，对台湾工商界具有很强的吸引力。陈祖武说：“不能把来大陆投资的台胞都看成唯利是图的商人。我们有责任把吸引台资和扩大两岸经贸合作的工作做得更富有成效。”

在采访中，记者感到陈祖武有一种长远眼光和广阔胸怀。他说：“外来的独资企业从理论上可以看成是国际资本在福建省内的一种延伸。但其中大部分是华人、华侨投资，则应另当别论。旅居或定居国外的华侨、华人，在异域取得了经济上的成功，甚至能控制当地经济命脉，但是在政治上、安全上却得不到长久可靠的保障，他们对祖国有深厚的认同感。把他们的经济成就看作是中国经济在世界各地的拓展和延伸，把他们回祖国投资兴业看作是经济上的回归似乎更公道一些。社会主义初级阶段的根本任务

是解放和发展生产力，如果把有利于加快发展生产力的外来投资、特别是港澳台侨资弃之不用，那就从根本上背离了邓小平同志提出的‘三个有利于’的原则。”

四

1992年，陈祖武被推选为党的十四大代表。组织上的信任和重用，使他进一步增强了责任感，自觉地从战略高度全面抓好福建省对外经贸工作。陈祖武说，进入90年代以来，福建外经贸工作的着力点是实施大经贸发展战略，走大经贸发展的道路。这个大经贸发展战略，被陈祖武形象地比喻为“由独唱转变为交响乐大合唱，当然不是低水平的山歌对唱”。比如外贸出口工作，必须广泛调动省直属国有外贸企业、各地市县外贸企业、各行各业、多种经济成分等各个方面发展对外贸易的积极性，构建外贸经营主体多元化的格局，形成对外贸易的整体合力，使对外经贸高效率、高效益地发展。

陈祖武把我们党统一战线的法宝运用于经济工作之中。他说：“由于工作繁忙，兼职的很多顶帽子都被我辞谢掉了，但是省委统战部要求我担任的省工商联副会长、副主委的职务，却从1988年12月起保留至今。”陈祖武的思想很明确：通过参加这一人民团体的领导，在民营经济和其他多种经济成分的企业家、业主、个体经营者中广交朋友，从中领悟利用市场经济搞活国有外经贸企业的某些道理，团结联合非公有制经济为建设有中国特色的社会主义现代化所用。

大经贸战略和经济统一战线的实施，极大地拓展了全省对外经贸工作的空间。各地市县获得了外贸经营权之后，年出口额由几亿美元增加到几十亿美元。外商投资企业产品销路更多地面向

国际市场，两头在外企业占70%，其年出口额由十几亿美元增加到58亿美元。这两方面新发展的外向型经济主体，有效地构成了福建对外贸易的新增长点。还有许多集体经济和私营经济的企业，虽然不能直接出口其产品，但也间接地为外贸积蓄了发展后劲。福建省外贸出口的货源有1/3来自集体所有制企业和私营企业。投资者有深远海外关系的乡镇、集体和私营企业，也建立了产品出口导向为主的机制，尤其是分布在闽南泉州、石狮一带的家族式民营企业也成了福建省对外经贸的有生力量。外向型企业的发展，使得产品在国内市场占据份额不多的福建省，较少地受国内市场波动的影响，而在参与国际市场的竞争中日渐增强其生机和活力。1996年全省出口贸易额已突破100亿美元，在全国各省市中居第五位，成为后来居上的外贸大省之一。

陈祖武向记者介绍，福建省对外经济贸易面临许多新的课题。出口商品虽然已经从以农副产品为主转变为以工业制成品为主，但工业制成品多数是初加工、劳动密集型、低附加值产品，机电、成套设备、高技术含量商品出口比重很低，必须加快出口商品结构的调整步伐。对已形成大宗出口的商品，如蘑菇罐头、茶叶、鳗鱼、建材、电子、服装、鞋等，要理顺贸、工、农、技几方面的关系，形成一体化的格局，面向国际市场竞争，协调利益，共同发展，保住名牌，保住销售份额，创造好的效益。同时，结合发展福建省五个支柱产业，培育与国际市场适销对路、有较高的技术含量和附加值的新的出口商品，以此达到质与量的同步提高。

陈祖武特别向记者介绍了搞活国有外贸企业的思路。福建省的省属专业外贸公司，由于机制和管理方面的原因，近些年没能充分发挥应有的作用。在全省出口额七八亿美元时，这批外贸企业占六七亿美元，当全省出口额达到100亿美元时，这批外贸企业仍徘徊在10亿美元左右。“他们长老了，但没有长大。”国有外

贸企业由于资产少，规模小，经营中主要依靠银行贷款，资产负债率达到80%～90%，每年创利与付息大体相当，发展的内在动力小。对此，福建省决定加快组建外贸集团，推动企业资产重组、联合经营、集约发展，促使国有外贸企业走资产经营的路子。同时按现代企业制度的要求，建立比较规范化、科学化的管理制度。在这个基础上鼓励企业跨地区、跨行业兼并联合，参股控股，实现以外贸为龙头，贸工农技相结合、内贸外贸相结合、多种经济成分相结合。在管理上强调抓财务管理，抓资金、资产运营监督管理，“亏本买卖不能做，国有资产必须安全增值”。

陈祖武特别关注与台湾的经贸往来。他谈到，台湾年进出口额2 000多亿美元，其中进口近千亿美元。福建与台湾现有年贸易额约25亿美元，其中向台湾出口只有几亿美元。台湾进口商品结构中70%以上是原料及消费品，很多商品包括包装物料等都可以从大陆取得供应。开发向台湾出口适销的商品，积极拓展两岸互补性的贸易往来是福建应该做的一篇大文章。当然这需要排除人为的障碍，逐步创造两岸直接贸易所必需的经营环境和配套条件。

五

从离开学校至今，近30年间，陈祖武做事凭党性、凭良知，对工作全身心地投入，勤奋努力，扎扎实实，赢得了省领导和干部群众的信任。他腿勤、脑勤、笔勤，善于协调解决实际问题。在省外经贸委独当一面后，他自觉坚持党的基本理论、基本路线，坚持“三个有利于”的标准，积极贯彻省委、省政府的方针政策，努力学会两套本领、利用两种资源、驾驭两个市场，为福建省对外经贸工作的开展付出了辛勤的劳动。他认真做事、勤于思考，形成了自己独特的工作哲学与做人哲学。

全心全意为人民服务是他做事做人所遵循的准则。为人民、为群众、为基层服务的想法在他头脑中深深扎下了根。有一段时间，利用外资的审批权限集中在省里，无论大小项目，市县的同志要克服恶劣天气，在颠簸不平的路上跑几百公里，赶到福州报批。有时因为缺少一点儿材料就被省里办事人员打发回去，为了报批一个项目要往返好几次，耽搁一两个月，令基层人员叫苦不迭。陈祖武发现后，立即商量解决办法。他提出，审批把关要认真负责，但是要有服务意识。有问题要一次性提出来，如果所缺材料是一般性辅件。可以采取开欠条的办法，下次来时补齐。这个办法实行后大大方便了基层同志，提高了审批效率。陈祖武坚持要求，审批项目开绿灯时可以由有关处室决定，但亮红灯时必须经过他批准。

在长期的领导工作实践中，陈祖武有很多体会耐人寻味。他说："做对外经贸工作要出淤泥而不染，要广交朋友但心中有数。出访、考察我们能看到很多腐朽落后的东西，这些东西绝对不可取，我们一定要心中有数，但是我们出访考察的主要任务，不是去做批判家，而是以了解、学习、借鉴人家先进的东西为主，然后赶上并超过他们。"

陈祖武谈道，在工作中往往有各种可供选择的方案。最理想的方案往往是最难操作的方案，下等的方案不到万不得已不能采取，取中策不一定能达到最高效益，但容易调动最大多数人的积极性，容易为大多数人所接受，操作起来也比较简便，有了中等效益后就可以再往前推进。不能指望毕其功于一役，急于求成结果反而不理想。

陈祖武说，执行政策要灵活而有据，放宽而有度。政策要与实际情况相结合。要把政策看成是有弹性的东西，就如一条橡皮筋，不拉动它做不成事，拉得过度就断了，也做不成事。

他还说，你想把工作向前推进，但可能很多人不能理解你的

想法，应该用实际行动和效果影响和带动他们，使他们逐步跟上。对于思想认识上有差距、工作步伐一时跟不上的同志，不能像对待敌人那样对待他们。

陈祖武谈起工作，始终强调这样一个原则："在党中央对外开放英明决策的指引下，福建省党政领导、各级各方面领导，对于发展对外经贸工作是志在必得，领导的决心和采取的全套措施使全省对外经贸工作出现了今天这样兴旺的局面。这是统筹协调形成合力的结果，不是我个人有多大能耐。我选择了这个位置是一种幸运。"

（原文发表于1997年）

邵代富：艺术地题解事业和人生

◉ 袁仁庆

邵代富简历

邵代富（1942— ），出生于贵州遵义团溪。1959年中学毕业参军，在空军雷达兵4371部队先后任新兵班长、高教师资训练班学员、文化教员、雷达操纵员、图书广播员、放映员。1964年考入中国人民大学历史系中共党史专业。1968年毕业分配到建工部101工程指挥部三公司。1973年调任遵义医学院马列主义教研室教员，1983年任遵义医学院副院长，1998年8月任遵义医学院党委书记。曾任遵义市人大代表、政协委员，并长期兼任贵州省思想政治教育研究会常务理事、西南地区高校管理研究会常务理事。目前已退休。

命运的昭示

邵代富出身于农民家庭。他的家乡遵义，因红军长征途中一次重要的会议而闻名中外。他出生的时候中国共产党正在延安整风，毛泽东对“实事求是”的精辟讲解孕育了党内的第一次思想解放运动。于是，他一生的命运似乎由此受到昭示，注定与党的历史和教育结下了不解之缘。而首先予以印证的，便是 1964 年至 1968 年，他在中国人民大学求学时，学的恰好就是中共党史专业。

邵代富的履历平凡而丰富，与共和国这一代人的成长轨迹相似，映照着党的培养、时代的烙印，也有其独特的地方——属于他自己的历史。17 岁时，邵代富中学毕业参军，在空军雷达兵 4371 部队先后任新兵班长、高教师资训练班学员、文化教员、雷达操纵员、图书广播员、放映员。26 岁从中国人民大学毕业，正逢“文化大革命”，他分到建工部 101 工程指挥部三公司，干过瓦工、劳资员和宣传处干事。1973 年是他人生与事业的一个转折，他调到遵义医学院马列主义教研室任教员，在遵义医学院工作直到退休。

与邵代富的履历相关联的，还有他一以贯之的不懈努力和向上追求。中学时，他是学生会生活部长；当兵学习时，他数理化考试以平均 98 分的成绩名列前茅，连续四年被评为“五好战士”，并立三等功一次；大学时，他是班上团支部书记、班长；在遵义医学院任党委书记时，他是贵州高校正厅级干部中唯一的教授，也是历史文化名城、革命老区遵义的第一个德育教授。当然，他把这一切看得很淡。正是丰富多彩的人生经历和执着不渝的追求成就了他的今天，他始终以谦和、低调、微笑来看待生活的一切，不论是顺境还是逆境。在他心中，更眷念大学时的美好时光。一

个风华正茂的青年从军队这所大学校跨入令人羡慕憧憬的国家重点大学，是母校给他注入营养，奠定了他的理论素养和人生坐标。他坚定的信念、克己而宽以待人的修养，他百折不挠而润物无声的品格，既有党史中革命精神的熏陶，又有长征中先辈血液的浇灌。

15 年辛苦不寻常

在邵代富的人生经历中有一个令他和大家难忘的 15 年，即 1983 年至 1998 年 8 月，他在遵义医学院副院长、党委委员任上。那是他人生中的黄金年龄段，他赶上了党的十一届三中全会后，我们国家干部“四化”标准开始实施，领导干部新老交替的机遇和浪潮。遵义医学院是一所老校，1947 年诞生于风光秀丽的滨海城市大连，是党为解放战争培养军医而创办的。1969 年，为支援三线建设，经国务院批准而举院南迁至革命历史文化名城遵义，更名为遵义医学院。其时，遵医人才荟萃，云集了一批知名的专家和学者，在贵州开展巡回医疗活动和培育学生的过程中，声名远播西南数省甚至全国。它在历史与现实的融合锻炼中，形成了优良的传统和严谨求实的学风。在这样的学校任马列主义教研室的教员，而且正好对了自己所学的专业，邵代富自然感到荣幸和自豪。他以满腔的热情投入到教学和担任学生班主任、政治辅导员的工作中去，和学生谈心、交朋友，把我们党传统而富于优势的思想政治工作，做到了教室、宿舍和学生活动的场所。这一时期他最开心的是学生称他“邵老师”的那种亲切感。应该说，这一时期的工作，既为他在学校和学生中树立了良好的形象，又为他以后著书立学、为大学生释疑解难做了充实的准备。而组织上也顺理成章地给了他团委书记、组织部领导的用武之地。任副院

长后，他在一个新的台阶上探索新时期做学生和职工思想工作的路子。他分管过学生工作，也分管过后勤工作。20 世纪 80 年代正是改革开放之初，高校在经历了“文化大革命”之后，自由之风劲吹，各种思潮激荡，但需要以马列主义、毛泽东思想为指导，在实践中探索，在探索中实践。

在旁人看来，历史给了邵代富机遇，但历史也给了他吝啬和不公，甚至有人为他抱不平。因为年轻化、知识化、革命化、专业化而升任副院长的他，是当时最年轻的院级干部，却陪了三任正职换届，在副职岗位上整整干了 15 年。

而邵代富始终认为，生活没有薄待于他。花开花落、云卷云舒，他没有辜负这 15 年。他没有急躁，乐道于生活的馈赠，潜心于事业的钻研。这期间，他公开发表学术论文、案例、调研报告 40 多篇，参编了《社会主义思想教育讲座》，主编了《建设有中国特色社会主义理论学习纲要》《大学生疑难题解艺术》《形势认识要略》《大学生手册》《法律基础》等思想教育著作和教材，并在贵州省内较早提出“对学生实行一条龙系统管理原则”和“对学生‘两课’教育实行‘三点一线’的融合机制”，以及“一早促五早”（即早操促早睡、早起、早餐、早读、早课）的综合管理办法，而这些在遵义医学院付诸实践后，也立马被兄弟院校借鉴。值得一提的是他主编的《形势认识要略》和《大学生疑难题解艺术》。前者以严谨的论述，用辩证唯物主义和历史唯物主义的观点，深入浅出地指导学生如何认识和分析国内外形势，如何正确理解党的路线、纲领、方针和政策；后者以轻松活泼和学生谈心的方式，就建立社会主义市场经济体制中现代大学生在学习、生活、社交、爱情、择业等方面的疑难问题，进行了多层次、多角度、全方位的透视和形象、亲切而富于趣味的释疑解惑。综观两书，对当代大学生爱意拳拳、用情切切，体现了一个共产党员和学者的良知与责任感。当代知识青年心智成熟不可缺少的营养是

什么？当温情脉脉地回忆50年代的温馨美妙，或津津乐道于当今西方各种思潮之时，也许正是我们因感情和偏颇取代了辩证唯物主义的理智。因此，直面现实，对学生正面灌输之余，以诚、以信、以知、以娱而“顺”，最终为“引”的艺术是我们追求的境界之一。大学生深层次的思想问题（如社会主义好不好，共产主义灵不灵等），最终还是落脚到他们思想上深层次的即世界观、人生观、价值观问题上。在青年求知欲最旺盛的时期，没有足够的包括自然、社会、历史、人生各个方面的真知，如何谈得上形成科学的世界观？而帮助青年获取各类真知的途径、方法和形式，正是教育者研究工作的内容。

这，是邵代富为学生提供的释疑解惑艺术，也是他题解人生和事业的艺术。

珠海办校区

1998年8月，中共贵州省委任命邵代富为遵义医学院党委书记。遵医不在省会贵阳，而且贵州经济落后，三所医学本科院校同时争夺生源和就业市场，学校如何在这样的境况下发展？还有，作为贵州高校中培养硕士、博士最多的遵义医学院，留住人才却最为艰难。一个悖论，始终在他心头挥之不去：在世界多极化、经济全球化、文化多元化，科学技术突飞猛进，知识经济已见端倪的背景下，一所高校要发展，必须着力建设和培养高层次、高学历、高素质的教师队伍，这些年遵医花血本这样做了，可学成后的人才学校却难留住，不少被兄弟院校“挖”了去。原因就是人家在省城。另外，随着城市的迅速扩张，高校办学的空间日益受到挤压，加上持续的扩招，学校如何发展？1995年，国务院副总理李岚清视察遵义医学院，曾表扬遵医励精图治服务革命老区。

1997 年遵义医学院 50 周年校庆，李岚清副总理又题词予以鼓励："进一步提高教学质量，培养医德高尚、医术高超的优秀医务人才，为人民健康事业做贡献。"作为遵医的党委书记，怎样才能不辜负领导的厚望呢？邵代富和班子成员，曾在贵州省委开展的"西部大开发，贵州怎么办"的大讨论中，发动全院上下就学院的发展进行前所未有的讨论，筹办"遵义大学""遵义医科大学"等设想因是一厢情愿而作罢。2000 年，邵代富到美国考察，从美国不少名牌大学异地办分校中得到启示，他向班子成员提出了异地办校区的设想。虽然设想和现实相差很多，阻力很大，困难重重，但天道酬勤，在上级和珠海市政府的大力支持下，遵义医学院依山傍海的珠海校区终于在 2002 年开始招生了。这是一个双赢的举措。对遵医而言，在沿海开了窗口，拓展了生存的空间，还可吸引流失的人才，利用沿海的优势促进本部的发展。当然其间阻力、压力，诸多苦衷，只有邵代富最清楚。但他不因群疑而阻独见、不以己意而废人言、不私小惠而伤大体、不借公论以徇私情的气度和胸怀，最终赢得了大家的理解和支持。

人生小镜头

他，为人诚恳、忠厚、友善而严于律己。

他，用人恰当、合理严格而不苛求，善扬长避短，让人各尽其能，适得其所。

他兄弟姊妹六人，除一妹妹在小学任教外，其余三个弟弟一个妹妹均是农民，他没有用权力为亲人谋利。他为无数教职员工解决了两地分居的问题，却不同意女婿调进学校的请求。

在他的心中最满足的是，多次担任学生班主任、政治辅导员，他的学生走向社会后，师生感情至今厚笃。

他最得意的事：一是在他任党委书记后，主持决策建立了贵州省重点实验室——遵义医学院细胞生物工程实验室和设置在遵义医学院的贵州省医疗美容培训基地；二是团结党委一班人，统一思想办成了珠海校区。这些成绩随时间的推移益显其作用和意义。

他最喜爱读的书是中国历史小说，最奉行的是“勤”字，即勤思、勤俭、勤劳、勤动，最喜欢的是早起锻炼，不论是散步、跑步，还是太极拳、太极剑、八卦拳，都承乎于心，熟练于形。

他，虽花甲之年而充沛精力不减、虎背熊腰之躯仍健。他始终谦和地对人微笑，看不出教授的架子和派头。他衣着朴素、随意，似乎没有党委书记的“风度”，但他率真、自然，淡于名利和享受，是真潇洒。

（原文发表于 2002 年）

郭俊秀：求真务实写春秋

◉ 陈　菲

郭俊秀简历

郭俊秀（1942—2004），出生于山东省莱芜县（今莱芜市）郭家镇村。1963年9月至1968年8月在中国人民大学计划统计系国民经济计划专业学习。1966年4月加入中国共产党。1982年7月，任七七〇厂党委副书记，1984年任党委书记，先后被省、市授予“优秀企业管理者”和“长沙市劳动模范”称号，后被任命为长沙市委副书记。1993年1月，当选为长沙市人大常委会主任。1995年2月，被任命为省人大常委会党组成员，同年3月，当选为省人大常委会秘书长。1998年1月和2003年1月，在湖南省第九届、十届人民代表大会第一次会议上，连续当选为省人大常委会副主任。

又一个春天到了，湖南省人大常委会的花园在初春的雨后显得格外美丽，嫩黄的小苗、晶莹的露珠、含苞待放的花蕾，宛如一首无韵的诗。幼嫩的芽儿缀在枝条上，就像嵌在五线谱上的一个个优美的音符，谱写着春的乐章。就在这春意盎然的日子，我怀着崇敬之情，更带着几分忐忑，敲开了湖南省人大常委会副主任、中国人民大学1963级校友郭俊秀办公室的大门。

郭俊秀以充满感情的声音表明心迹："进入中国人民大学是我人生中一个新的起点，我为当年能成为人大人倍感自豪！"他的目光充满睿智与自信。

难忘人大时光

1963年9月至1968年8月，郭俊秀在中国人民大学计划统计系国民经济计划专业学习，担任外国留学生辅导员，任留学生楼团支部委员。提到与外国留学生相处的那一段经历，他一下子打开了话匣子："当时我们班有两位留学生，一位来自喀麦隆，另一位来自乌干达。为了让他们在中国更好地学习与生活，学校为他们配备了辅导员。我就是那名喀麦隆同学恩加库的辅导员，我们住在一起，学习在一起。老师为我们四个人单独授课。课余在起做作业，在一起参加文体活动。每到国庆节，吴玉章校长及学校的其他领导就来看望留学生，十分关心留学生的生活。国家教育部门和外事部门领导也曾多次亲切地接见过留学生。"说起这些，郭俊秀的脸上洋溢着回首往事的快乐。他饶有兴趣地向我描绘起20世纪60年代人大的校园图景："校园内有营房式的宿舍，一列一列的，十分整齐。现在的人大是越来越好了，我2001年去母校看了看，北五楼都拆了，一幢幢高耸的新楼建起来了。校园内的道路、绿化、整体规划等都有很大改观，当时真感到高兴。"

在采访中郭俊秀多次讲到，人大是一片知识的沃土，是培养和造就人才的摇篮。大学五年，他在人大不仅学习了专业知识，而且学习了党史、哲学、政治经济学、国际共运史等公共理论课，为后来的工作奠定了理论基础，丰富了自己的头脑，终身受益。

缅思峥嵘岁月

从人大毕业之后，郭俊秀被分配到第四机械工业部所属的一个大型工厂——七七〇厂（湖南长沙的一个军工厂，又名曙光电子管厂）。先是劳动锻炼，在工厂车间里，郭俊秀学习了基本的劳动技能，如军用电子管元器件的生产和装配等，同时利用自己的文化知识，向车间里的工人讲解毛泽东的文章，组织工人师傅学习《毛泽东选集》。实习期间，郭俊秀与工人们同甘共苦，建立了深厚的感情。如他所言："初到工厂时，我们这群大学生对工艺流程和技术操作都不太懂，但是，工人师傅们并没有因此而冷落我们。他们手把手教，不厌其烦地解答我们操作技术上的疑问。"

郭俊秀回忆说："老工人在工作中对我们严格要求，平日里就像待自己的孩子一样对我们。他们深知我们离家远，思乡情切，时常邀请我们去他们家里做客，聊家常。那时大家都不富裕，但每次得知我们要去，他们总会拿出平日积攒多时的供应券，起个大早去菜市场排队，买限量供应的猪肉、豆腐等。"

"很多年轻工人成了我的好朋友，他们的质朴令我永远难忘。记得有一次，我所在班组一台机器坏了，我本来打算自己修，但遇到了一个技术难题，只好去职工宿舍搬'救兵'。当天正好是周末，我向一位工人说明来意后，他二话没说，就同我走了。我俩干了一天，连午饭也没顾得上吃，终于把机器修好了。我真挚地向那位工人兄弟道谢，他却只是憨憨地一笑。"

郭俊秀不无感慨地说："那一段日子，我才算是真正了解了工人阶级。工厂加班赶工，他们任劳任怨；有脏活累活，他们抢着干；休息时间也不放弃学习，许多人忙着钻研新技术。"郭俊秀正是在这期间接受了工人阶级的再教育，学习了工人阶级艰苦奋斗的优良品质，为无产阶级世界观的树立奠定了基础，也为日后走上领导岗位打下了群众基础，锻炼了实践能力。

受命危难之际

在七七〇厂，郭俊秀历任车间生产班长、车间副指导员、党支部副书记。又在厂部组织组、宣传组、办公室工作，历任组织干事、副科长，厂部办公室副主任、主任。1982 年 7 月，郭俊秀被第四机械工业部任命为七七〇厂的党委副书记，参与工厂的领导工作。1984 年又被任命为党委书记，一直到 1990 年。

由于错过了发展机遇，当时工厂所生产的产品已逐渐跟不上世界的脚步，同时，作为一个军工厂，面临着"军品"转"民品"的问题。新产品还未完全跟上，旧产品又不能适应市场，加之当时市场疲软，工厂一度陷入困境，车间的工人"屈尊"给别的单位扛木头、糊火柴盒谋生。

"曙光厂怎么办？曙光厂往何处去?"时任党委书记的郭俊秀忧心忡忡，他曾在一篇回忆文章中写道："大学毕业后怀着一个年轻学子的梦想就来到了这个厂，我的每一个坚实的脚印都是从这里踩出来的。在这个危难之际，我必须为工厂做点儿什么!"他说："当时的目标只有一个，搞好技术改造，调整产品结构，把工厂建设好!"也正是为了实现这一目标，郭俊秀带领全厂职工做出了艰苦的努力。

1985 年，厂党委、厂部经过对当时的市场进行全面的调查论

证，决定建设黑白显像管生产线。为了节约资金，加快建设速度，郭俊秀与厂长率领厂部干部带头参加义务劳动，全厂职工大受鼓舞。在一无奖金、二无加班费的情况下，昼夜奋战，仅用几个月的时间这条生产线就建成了，当年上马，当年收益！不久，企业突破设计的生产能力，开始转亏为盈，工人们看到了希望，迎来了“曙光”。

深谋远虑的带头人

正当曙光厂生产的黑白显像管在市场上热销时，厂党委、厂部一致认为，要居安思危，企业的真正发展关键在下一步。郭俊秀领导全厂职工一方面抓好老产品的生产，另一方面加紧研制新产品，并认真进行国际国内市场的调查。1985 年厂里向上级明确提出请求，建设彩色显像管生产线。当时有不少职工找到郭俊秀，善意地提醒说：“书记，你处事谨慎，别在这儿摔跟头。”有些职工甚至说：“领导是在冒风险，太不知足了，嘴里吃一个，手里拿一个，心里想一个。”郭俊秀等领导们顶住层层压力，坚信这是曙光厂的一项“希望工程”。

为了这一项关系曙光发展的“希望工程”，郭俊秀和同事们开始了进京的“游说”。为了节省经费，大家就住在简陋的招待所里，天天挤公共汽车，八年坚持不懈的努力终于换来了国家有关部门的批文。而这时郭俊秀已履新职，任中共长沙市委副书记，工程建设初期，他还被长沙市委、市政府任命为曙光厂彩管工程建设指挥长。为了更好地促进产品的更新换代，以使曙光厂更快地发展壮大，厂里决定引进外国技术。

时至今日，谈起第一次赴韩国参与彩管招商工作洽谈时，郭俊秀仍很激动：“韩国是亚洲‘四小龙’之一，发展速度快，现代

化程度高，我们比较了日本、韩国的同类产品，发现韩国的产品较日本价格低，综合技术等因素不比日本差，我们对与韩国LG公司‘联姻’产生了兴趣。但是韩国LG公司对与来自中国内陆省份的代表团到底能不能合作好表示怀疑。我们住的宾馆，只供应中午和晚上的工作餐，早晨，我们吃自带的方便面和饼干。就是在这样的条件下，我们把合作的意向、打算、未来前景向韩国人讲清楚，坚定了他们的信心。当时白天开会、谈判，晚上起草文件，为了节约经费，也为了保密，我们不在外打印文件，同志们推荐我执笔写代表团的意向书，我和团长俞海潮副省长与同志们一道字斟句酌，一个字一个字工工整整地写下了我们和韩方合作的意向。这份手写的意向书，拉开了LG—曙光合资生产的序幕!”

郭俊秀是这段历史的见证者和参与者，为这次引进外资做出了贡献，对此郭俊秀只是淡淡地说：“人民培养了我，我也应该为人民做些事!”简简单单两句话却足以体现一个共产党员宽广的襟怀。

值得一提的是，彩色显像管投产后，第一年年产彩管54万支，到2000年年产360万支，产值40亿元，利润1.2亿元，为长沙市和湖南省的经济建设做出了较大的贡献。曙光厂也已发展为跨国大型公司。

勤政为民造福

工厂的经济效益逐年提高，工厂得到了全面的发展，被评为省、市、部级先进企业，几次进入全国同行业“百强”。郭俊秀也先后被省、市授予“优秀企业管理者”和“长沙市劳动模范”的光荣称号。

在工厂经济稳定增长的同时，郭俊秀也积极带领一班人，为

职工办了许多实事。1988年职工人均收入比1984年增长1.35倍；职工住房条件也逐步改善，新盖14栋宿舍；全厂1 600户职工用上液化气灶，80%的职工家庭看上了电视。为了搞好食堂，郭俊秀与其他的厂领导亲自到食堂蹲点劳动抓整顿，经过大家共同努力，保证中、晚餐有十几个菜供应，工厂食堂成为当时长沙市和湖南省先进的职工食堂；为了使职工安心工作，减少后顾之忧，办好了子弟学校、托儿所、幼儿园、职工医院。1989年9月，中共中央组织部授予郭俊秀“全国优秀党务工作者”称号，他光荣地出席了在京召开的表彰大会，受到江泽民、李鹏等党和国家领导人的亲切接见。

大写另类人生

1990年9月起，郭俊秀先后在长沙市委、长沙市人大常委会、湖南省人大常委会工作。

1990年9月，郭俊秀任长沙市委副书记，分管文教、卫生、宣传、政法工作。教育是百姓关心的热点问题，人们要求提高教育质量的呼声很高。他大力支持教育系统改革，多次强调“尊师重教”，身体力行，调动了广大教师的积极性。在文化工作中，他坚持一手抓繁荣，一手抓“扫黄”，促进了文化事业的健康发展。当时长沙市的社会秩序不尽如人意，他以对人民高度负责的态度狠抓社会治安，综合治理，保障了长沙市的社会稳定，为长沙市的经济建设和社会发展创造了一个良好的环境。

1993年1月，郭俊秀当选为长沙市人大常委会主任，并继续担任市委副书记，分管组织、人事、干部工作，且兼任LG—曙光集团工程指挥长。在工作中，他坚持按照党选拔干部的“四化”标准，任人唯贤，为选拔和培养德才兼备的干部做了大量工作。

在主持长沙市人大工作期间，他依照宪法和法律赋予的职责，加强了人大地方立法工作，加强了对“一府两院”的监督，为长沙市的民主法制建设做出了自己的努力。

1995 年 2 月，中共湖南省委任命郭俊秀为省人大常委会党组成员，同年 3 月，他当选为省人大常委会秘书长。1998 年 1 月，在湖南省第九届人民代表大会第一次会议上，郭俊秀当选为省人大常委会副主任。

人民代表大会是立法机关，作为省人大常委会副主任的郭俊秀表示：为了符合加入 WTO 后的要求，履行我国所做出的承诺，按照全国人大的规定，湖南省人大常委会正在逐步对地方法规实行直、改、废，以适应公开、平等、非歧视的入世原则。他自信执着的目光、坚定的话语，透露出共产党人与时俱进的品质。

郭俊秀还风趣地说道：“母校的法学院在全国是十分知名的，有一大批著名的教授、专家、学者，这是一笔十分宝贵的人才资源，现在我们省人大立法工作中还有不少问题，欢迎人民大学等高校的法律专家为我们出谋划策!”

“在现在的立法中，如何使统一性与地方特色相结合；如何借鉴外国的立法经验，建立有中国特色社会主义法律体系；如何正确处理法律与政策的关系；如何加强宪法宣传，增强人们的宪法意识；等等。这些问题都有赖于我们的法律专业人士研究与探讨。”从郭俊秀诚挚的言语中，我真真切切地体会到了人大人的实事求是和不断追求的作风。

殷殷寄语后学

采访临近结束时，郭俊秀满怀感慨地说：“书到用时方恨少，人大学子应该珍惜青春，发扬陕北公学的优良学风，认真刻苦地

学习，造就建设祖国的本领！李白有句名言，‘天生我材必有用’，我们人大人应该有这个自信，但也应保持清醒的认识，成为人才也是刻苦学习钻研，在实践中磨炼的结果。我衷心祝愿每一位人大学子都能有所建树，有所成就，有所贡献!”

走出郭俊秀的办公室，我感觉很受启迪，似乎懂得了校训“实事求是”的真正内涵，它就是中国人民大学的魂：人大为什么能风风雨雨走过65载且至今在全国享有盛誉？因为有一大批像郭俊秀这样的人大人，他们自信、执着、务实，活跃在祖国的各条战线，为祖国的建设做出了卓越贡献，为人民大学赢得了赞誉。而作为继往开来青年一代的人大人，我们还得加倍努力，培养乐观向上、自信进取的精神，以提高我们自身的综合素质，只有这样，才能真正无愧于祖国、社会赋予年青一代的神圣使命。

（原文发表于2002年）

叶澄海：是金子总会发光

◉ 杨柳纯

叶澄海简历

叶澄海（1943— ），出生于广东省五华县。1963年至1968年就读于中国人民大学国际政治系。1983年开始，担任广东省委常委、深圳市副市长，后兼任广东省对外经济工作委员会主任、党组书记，省经济特区办公室主任等职。1985年辞职“下海”，先后创立香港美洲国际集团、广州广海房地产有限公司、深圳信立泰药业有限公司等企业。现为深圳信立泰药业股份有限公司董事长。

3月的深圳，花团锦簇，春意盎然，记者沿着美丽的深南大道来到位于创展中心的深圳信立泰药业有限公司总部，采访刚刚从香港返回深圳的叶澄海。在此之前，记者曾几次约访过叶澄海，都因其远赴美国或香港地区从事商业活动而不能如愿。

记者走进董事长办公室，叶澄海放下手中的文件满面笑容地走上前来与记者握手，他显得慈祥、谦和、质朴，给人一种特别的亲切感。

“从哪儿说起呢?”遥想当年，他目光深邃。1968年从人民大学毕业到现在，34年的沧桑岁月，有平凡也有辉煌，有平坦也有曲折，工作换了很多次，到过部队农场，下过乡，从过政，经过商。记者问他，由从政转入经商后不后悔，他笑答：“一点儿也不后悔，因为我始终相信，如果是金子在哪里都会发光，我现在感觉很满足。”就这样，叶澄海打开了话匣子。

1943年出生在广东省五华县的叶澄海，从小聪慧机灵，1963年从广东梅县东山中学毕业后，考入中国人民大学国际政治系就读。叶澄海在人大尽情地吸收各类知识，从政治经济学到科学社会主义，从马列主义哲学到中共党史，这帮助他确立了科学的人生观和世界观，并为他日后从事的工作和实践打下了坚实的理论基础。他个性刚强、说话率直、敢于亮出自己的观点、从不计较个人得失的性格养成，得益于母校“实事求是”传统的熏陶。

大学毕业后，叶澄海到河南商丘一个部队农场锻炼一年多。在部队农场这块天地里，从战士当到班长，他不怕苦不怕累，带头抢着干重活，磨炼自己的意志，树立实事求是的作风。1970年，叶澄海被分配到广东省宝安县，从事农村文艺创作、理论教研等工作，他经常深入到农村去调查，去了解群众的疾苦。他负责《辅导员》杂志的采写、编辑和印刷全部流程作业：“那个年代的风气是不相信知识分子的，可是后来，由于工作出色，领导调我到县委宣传部门做宣传干事，并多次担任县委农村工作队队长。

四年多时间，我在基层摸爬滚打，学习到很多书本上学不到的知识。”由于在家乡就经常参加农田劳动，对农活驾轻就熟，从犁田到插秧，从施肥到收割，他练成了好把式。庄稼收割的季节，近200斤的一包谷子，他扛在肩上快步走去放在手扶拖拉机上，来回几趟竟大气不喘，没有人不佩服的。他如今回忆起来还颇感自豪："你不要小瞧当时我这个书生啊！当年，在农村当工作队队长时，有一个身强力壮的年轻人还专门向我挑战，叫着要与大学生比试农田基本建设运泥功夫。我坚持到最后不觉得太累，可那年轻人竟累倒在田埂上直喘粗气，连喊‘饶了我吧！’”叶澄海那时不仅锻炼出了副好筋骨，还学会了如何与基层劳动人民沟通，如何与他们打成一片。

20世纪70年代中期，叶澄海被提拔为宝安县委常委兼附城公社书记，后来又任县委副书记。当时，由于深圳河两岸的贫富差距悬殊，所以很多人从深圳河这边逃到香港去，做县委领导的叶澄海有一项重要任务就是“反私渡”，对外逃者严加阻拦。叶澄海说：“你根本无法想象当时农村的外逃情况多么严重。刚开始，只是男孩子私渡过去，带回来电器、食品、香烟和漂亮的衣服，让大家很羡慕，后来留在这边农村的女孩子找不到对象，也跟着跑出去，结果形成了恶性循环，有的村子青壮年举家外逃后只剩下几个老人留守家园。一般，在刮台风的季节，很多人利用民兵疏于防范的空隙大规模私渡，所以，台风来临前，我经常带人在深圳河边值守。”

然而，面对农村青年大部分私渡到深圳河彼岸的现实，叶澄海陷入了良久的沉思：深圳河两岸人民的生活水平为何有那么大的差距？为何河这边就发展不起来？叶澄海调查发现，他们私渡仅仅是为了解决最基本的物质生活要求。

“如果一个政府没有解决老百姓的温饱问题，就不可能使人们跟随你。毕竟枪炮征服不了人心，只有千方百计提高生产力，改

善群众生活状况，才能使民心归顺，祖国富强。”叶澄海陈词慷慨，还保留着当初在县委常委会议上发言时的激情。

1979年，深圳市成立，叶澄海担任市委常委兼罗湖区委书记，他以无比激动的心情等来改革开放的好消息，以十倍的激情投身到改革开放的大潮中去。虽然说是区委书记，叶澄海手中却没有一分财政收入可以支配，也没有一个新分配的大学生可供调遣，一切都是白手起家，从区委班子建设到经济建设，一切都需要从零起步。虽然改革开放了，但并不是每个人都能理解改革开放的重大意义，更别说如何进行改革开放。叶澄海举了一个简单的例子：当时，外商来深圳连像样的吃饭地方都找不到，怎么能吸引外资？叶澄海建议由区有关部门和香港商人合资开一个餐馆，满足外地来深者用餐的需要，但市委一些领导反对开这种合资餐厅。叶澄海坚决要开这家新兴餐厅，坚持说这种餐厅是为改革开放服务，为引进外资服务。首家合资餐厅就在争执中开张了。

改革的道路并不平坦。叶澄海以大无畏的精神顶住种种指责和非议，冲破重重障碍与困难，百折不挠地往前闯。他带着十几个干部，其中大部分是年轻人，从早上忙到天黑，听汇报、做调查、搞规划，有时忙起来连饭也忘了吃。

他认定改革开放的道路是富国强民之路，就一往无前地走下去。在叶澄海主持下，罗湖区对下属企业管理抛开了计划经济下国有企业死板僵化的管理模式，制定了《公司管理章程》和《工业管理条例》，采取多劳多得的分配方法，调动和鼓励工人的积极性，让企业焕发出前所未有的活力，经济效益不断提高。在农村，为增加农民收入、稳定边防，叶澄海鼓励农民过境耕作，只要农民愿意过河到对岸耕作者一般都给予办理过境耕作证。然而，鼓励过境耕作的做法马上引起争议，有人说农民手中有几千万元的外汇没有归入国家银行，诬陷叶澄海鼓励农民套汇。“当时，我的很多说法和做法被有的人指为离经叛道，我那时太年轻，满腔热

血，总想按照自己的想法去为老百姓做点什么，解决他们生活的实际困难。”叶澄海意味深长地说。

1982 年，作为主管工业的副市长，叶澄海根据市委规划，决定把上步和八卦岭的小山丘推平，建设成工业区。叶澄海走出办公室，望着前面杂草丛生的荒野，想到自己在参与一场前所未有的试验，心头不禁荡起开拓者的豪情。当年他曾经带领深圳镇居民和附城公社社员到那里种过万亩甘蔗，如今，又是他带领大家用上百台推土机推平了山丘，建起了现代化的工业园。从回忆中走出来，叶澄海笑着说：“深圳的变化太大了，我看着她一天天变得富裕起来，现代起来。令我倍感自豪和欣慰的是，自己曾在年轻力壮的时候参与了这座现代化城市的初期建设工作。”

1983 年，不满 40 岁的叶澄海出任广东省委常委兼省外经委主任，负责分管外经、外贸、国际经济技术合作、广东省信托等业务。在经贸领域他一如既往地提倡改革开放，然而他的言论总会遭到一些人的质疑和攻击。“有一次，广东省全省地市委书记开会，我准备提出八点有关更加开放的建议，刚讲到第二点，应当允许外资银行进入广东开设分行，立即就有省委领导反对的声音响起，说：‘这不是让外国资本控制了中国经济命脉吗？’好像我大逆不道，可是我始终坚信一条，就是一个真正热爱自己国家的人，就应当想方设法把境外的资金和好东西引进来，使国家富强、民族兴旺。”

1985 年，42 岁的叶澄海毅然选择了经商，去开辟另一片天地。“是金子，不论到哪里都会发光，怕只怕自身是块破铜烂铁。”这一信念支撑他一步一步走下去。他一无所有，可是他义无反顾地投身商海，“是的，一想到自己曾多么艰苦地奋斗过，尤其是白手起家的阶段，我总是夜不能寐”。

“其实，经历本身是一种财富，在农村、在基层工作那么多年，我什么苦都吃过，我曾披星戴月深入田间地头，跑遍每一个

村庄，连最偏远的大队也有我的农民朋友，后来我在商海中搏击，靠的同样是这种毅力和执着。”叶澄海去了美国、南美洲、中国香港等地，经商的领域涉及电子、丝绸、焦炭、房地产、钢铁、制药等各行各业。

1997年，他将海滨制药的股份转让，次年，将全部资金投入创立深圳信立泰药业有限公司。如今，“信立泰”已经成为以研究开发为主的综合性制药公司，拥有由高级技术人才组成的科研队伍和由医学药学专业人士组成的产品推广队伍，以及通过国家药品生产质量管理规范（GMP）认证的制药厂房，并与上海医药工业研究院、天津药物研究院和中国军事医学科学院等中国著名研究机构合作开发，先后取得了四个国家Ⅱ类新药生产批文、三个国家Ⅳ类新药生产批文、两个国家Ⅱ类新药临床批文，目前正在研制和报批一个Ⅰ类新药、两个Ⅱ类新药和两个Ⅳ类新药。该公司生产的拥有八年国内独家生产权的泰嘉硫酸氯吡格雷，经过临床验证，是一种疗效较强、安全性好的新型抗血小板聚集药物，属于高新技术项目，目前已成为国内200多家大医院里用于治疗冠状动脉粥样硬化、心肌梗死、脑血管疾病、脑中风等病的临床用药。

信立泰药业公司以新药和特效药作为主攻方向，以研究部门为核心部门，所以对高科技人才的管理成为叶澄海最关心的问题。他说：“现代制药企业需要复合型人才，需要一支专业化的队伍，仅在制药科研人才中就门类众多，有药物合成人才，有质量研究检测人才，有制剂专业人才，还有药理、临床等方面人才。为使他们安心钻研，应当建立一个良好的管理机制，这一机制不仅要使各个本来分散的个人和具有不同能力、不同个性的人组织成一个有共同目标的、相互协调的整体，而且要使每个人的才能不断发展和不断增强，只有这样企业才能发展和壮大。”

记者注意到在叶澄海办公室墙壁上挂有一幅字：“知人者智，

自知者明。”“可以说那是我的一句座右铭，我经常与员工谈心沟通。我的骨干就是我工作的臂膀，他们能独当一面。”叶澄海说完对人才的管理后，又强调诚信的重要性：“美好源于诚信，一个人没有诚信就会失去做人的价值，企业没有诚信也会失去立足之本。以诚待人，可以招贤纳士；以诚经商，能够经久不衰。所以，当别人来游说我将公司上市时，我却并不着急走这一步，因为只有等到企业真的有很好绩效之后上市也不迟，草率上市其实是对股民不负责任，我认为一个上市公司的诚信至关重要，企业应当抱着与股民一起发展的思想，而不是将股民的钱装进自己腰包。”

当叶澄海谈到人生道路的选择时，他很有感触地说：“实践证明我选择了一条非常正确的道路，经商能够带给我满足和快乐。我说的满足不仅是金钱一个方面，还包括很多。其实金钱并不是最重要的东西，企业的发展不仅带给我本人财富，还为社会创造了更多就业机会，还能给国家纳税。另外，研发新药特效药本身也是造福人类，每当公司成功研发出一种新药，所感觉到的快乐是金钱无法给我带来的。有时，我看见同事们同心协力去做一件事，众志成城去完成任务，那情景令我十分感动，我为企业敬业精神所表现出来的凝聚力感到自豪。有一个小伙子，刚来公司上班时，表现得吊儿郎当，可是两年下来，他竟脱胎换骨地变成另一个人了，积极向上，热爱本职工作。看见年轻人蓬勃向上，我由衷地感到高兴，比赚到钱还要高兴百倍，因为这也说明我们的企业文化具有很强的感染力，足以改造一个人，我能不开心吗?”从他那满足的笑容里，记者看到了一个成功的企业家，一个睿智的学长最动人的一面。

他告诉记者，自己是一个非常传统的人，在国外跑了一圈，最后还是选择在深圳扎根。他把赚到的钱捐赠给家乡的教育事业，捐出 100 多万元给家乡兴建小学，用 200 万元建好一幢教学大楼，完工后把钥匙交给他曾就读过的初中的校长。2002 年是中国人民

大学建校 65 周年，他表示也给人大准备了一份礼物。“学生永远也忘不了自己的老师，无论走到哪里都怀着对恩师和母校的感念之情。”

叶澄海果决地说：“我生活得非常踏实，我的工作有利于国家、有利于人民、有利于民族，我会把毕生精力投入到制药产业，相信我的事业会有更好的发展。”

深圳是一个能创造奇迹的地方，叶澄海曾经在这块土地上摸爬滚打了 30 多年，从一个初出茅庐的大学生成长为成熟的企业家，走过了多少坎坷的路！17 载为民办事，仗义执言，从公社书记到省委常委，参与决策，运筹帷幄；又 17 载搏击商海，白手起家，“信立泰”从无到有，从弱到强，在困境中成长，在拼搏中壮大。其中，他曾度过多少不眠之夜，顶着风雨一路走来，走到今天，他却丝毫不觉疲惫，意气风发，正阔步迈向更加辉煌的明天！

（原文发表于 2002 年）

任兆文：无悔人生献事业　甘当奠基铺路人

◉ 劳　里

任兆文简历

任兆文（1943—　），山西灵石人。1963年考入中国人民大学语言文学系。毕业后曾在山西省雁北地区文化局工作。1979年调入山西人民出版社文化教育编辑室，从事文教类图书的编辑工作，先后任文教编辑室副主任、主任。1990年5月，山西教育出版社成立，任总编辑，1992年7月任社长、党支部书记。

1990年，山西教育出版社挂牌独立，从山西人民出版社分离出来，以原文教编辑室为基础组建的一个地方小出版社，是名副其实的一个呱呱坠地的婴儿。那时，这个名不见经传的小出版社，因为好书太少，在几次订货会上，费了九牛二虎之力，才订回来100多万码洋的图书；因为新书太少，更没有叫得响的名牌书、受读者欢迎的品牌书，来自沿海经济发达省市的订单寥寥无几。上海的书店更是明确地说：我们从不订山西的书，就像你们山西的糕点那样，我们也从来不买来吃的。谁会想到，仅过了五六年，这个在山西省独立建社最晚的小社已一跃成为全省的先进出版社，各项指标年年夺冠，社会效益、经济效益双丰收。1993年被劳动人事部、新闻出版署联合授予"全国新闻出版先进单位"。1995年起，连续三次被授予"全国良好出版社"称号。出版的图书获国家级的优秀图书大奖：1996年，《中国戏剧服装图集》获中国图书奖；1997年，《地球家园》获全国"五个一工程"优秀图书奖；1998年，《中国863》获中国图书奖，《德育美学观》获国家图书奖提名奖；1999年，《教育哲学通论》获国家图书奖，《中国863》获全国"五个一工程"优秀图书奖，《联合国宪章诠释》获国家图书奖提名奖；2000年，《地球传》获中国图书奖；2001年，《中国戏曲发展史》获"五个一工程"优秀图书奖，《钱学森手稿》获国家图书奖荣誉奖，《泛教育论》获国家图书奖提名奖。

如今，这个原本只在本省著名的地方出版社"墙里墙外一齐香"，名声已经传遍全国，被誉为全国"文教新六家"之一。全社在竞争激烈的市场经济中，以作文、阅读、解题"三大系列"为标志的文教图书取得突破性进展，奠定了这一领域的优势地位。在全国510家出版社经营教辅读物，157家出版社年出教辅读物100种以上的竞争市场中，在品牌图书的带动下，这个社脱颖而出，涌现出发行1万册的图书169种，文教类图书排行榜列全国第九位。考试图书排名第三，作文图书排名第四，图书零售销售量

列全国教育出版社第二位，并且创造了一本单本的文教图书三个月内发行 38 万册的纪录。2002 年 2 月，又创造了单本图书发行量一次印发 53 万册的最新纪录。

人们都赞誉这个出版社的带头人、奠基人、铺路人——1943 年出生、1968 年毕业于中国人民大学语言文学系的人大人，全国百佳出版工作者、山西省优秀专家、山西教育出版社社长任兆文。

多编书，编好书，做一个优秀的编辑

20 世纪 80 年代是任兆文当普通编辑的 10 年。旧的体制下干多干少无差别，干不干出成绩也没关系。但就在那个 10 年中，他想的是，出版事业是党和人民重要的宣传阵地，要以百倍的精力待之。他埋头苦干不计报酬，积极奉献，决心当一个合格的、优秀的编辑。他以惊人的毅力和拼搏的干劲，编下了 2 500 万字的图书。2 500 万字是个什么概念？一个编辑每年的工作量是 60 万字，这就是说，10 年中他完成了 42 年的工作量。是什么动力让他做出这样的成绩？这还得从头说起。

在人生道路上，他本可以有别的选择。第一次是 1963 年，高考前夕，19 岁的任兆文已通过了飞行员的身体检测，只要再往前迈一步，他就将是蓝天中自由翱翔的一员。但从小就热爱古典文学的他，对吴玉章先生任校长的中国人民大学情有独钟，最终以高分考进了中国人民大学语言文学系。在校五年间他刻苦学习，即使在“文化大革命”的停课时期，他也没有无所事事，而是用一年多的时间完成了自己立下的选题：《马、恩、列、斯、毛论文艺》。这也许是他后来成为出版工作者的一次重要的预习。第二次是 1978 年，在山西省雁北地区文化局工作的任兆文，正钻研中国

文明之果——中国寓言。他用大量的时间搜藏书、记卡片、补注释、写评语，夜以继日地进行整理。正当这时，一封中国人民大学复校后的首次招研通知书，让他陷入两难。对图书特有的感情和热爱，使他又一次放弃了机遇。就在当年，他背着一摞《中国历代寓言》书稿进入省城唯一的一家出版社时，时任总编辑的李平慧眼识人才，从这本有价值的书稿中认识到这位携书稿到来的青年有潜质在未来成为一名优秀的编辑。第二年的年初，他由作者变为编辑，从此走上了他的出版之路。

在10年的编辑生涯中，他跑全国、做调查、抓选题、觅作者。他担任责任编辑的100多本图书，多是有价值，能给读者带来有益知识的好书：《石头记探佚》《〈红楼梦〉诗词联语评注》《中国文学古籍简介》《唐宋绝句选注析》《唐宋词百首详解》《唐宋八大家选译注》《军事成语》《群众语汇选编》《山西名人》《语文趣题百例》……这些书一版再版，平均每种印数为22万册。最高的是《对联集锦》，印数为120.3万册。他责编的图书有28种获43项省级以上奖励，15种图书获畅销书奖，获全国性奖的有7项，有4种图书在港台地区用繁体字出版。

筑起“三个意识”的长城，把好出书的每道关

20世纪90年代，任兆文走上出版领导岗位。这是改革开放深入，走向市场的10年。他在担任两年多总编辑后，挑起了社长的重任。

在出版工作的社会、经济两个效益中，他更注重强调社会效益。他语重心长地向全社职工说：“出书是给人看的，使人看了受益。好的图书是让人们从中吸取营养丰富、精美的精神食粮。出的书如果无益，就等于浪费人的生命。如果有害，那是教唆犯，

是对人民的犯罪。”有个不法书商要用数十万元买下一套丛书的书号，他坚决回绝：我们不卖书号。并且在社委会讨论后，严格规定了“四不准”：不准与书商，特别是不法书商打交道；不准在异地印刷；不准以任何方式卖书号；不准职工揽私活。

任兆文还再三强调：“编辑不能只是一个加工的文字匠，而是责任重大的出版工作者。我们守卫在党和人民交予的宣传阵地上，一定要树立起坚定的导向意识、阵地意识、把关意识，这是我们守卫的长城。”在筑起“三个意识”的长城的基础上，全社职工明确认识到一个出版社不出坏书只是最起码的要求，不出一本不健康的、格调不高的书也是十分低下的标准，他们的目标是抓精品、创名牌，从而争效益，在市场经济中走出一条崭新的自立之路。

任兆文坚定地认为，出版社要出精品书一是要策划好选题。一社之长就是总策划，他同时也要让全社员工，特别是编辑参与策划。抓好选题的关键在于调查研究。二是组织好作者队伍。三是制定行之有效的选题论证制度、三审制度和监督保证制度。重点选题他都要亲自策划，还要亲自终审、把关。这样，使全社人人都树立了精品意识，人人都知道要出精品、创名牌。

山西教育出版社的图书在全国读者中的影响逐步扩大。本着“从以规模数量为主转向以优质高效为主”的精神，任兆文提出了“以‘五个一工程’为龙头，全面实施精品工程，推动晋教版图书的整体质量的提高，逐渐形成自己的出版思路和图书特色”的工作思路。他认为，有一套严格的管理制度，就可以阻止坏书的出版，但这还远远不够，更重要的是要创造一种更有效的机制，把激励和竞争引入到出好书、出精品的工作中来。书稿的编辑、装帧设计、排版、校对、印装、发行等环节也是密切相关的，只有协调进行，才能发挥各个环节的良好作用，才能保证图书的质量。

任兆文的领导能力在山西出版界有口皆碑：山西教育出版社能有今天的稳定繁荣，是和任兆文的组织领导、经营管理能力紧

密相关的，是和他沉着稳健、认真务实的工作作风，锐意改革、从严治社的经营思路分不开的。单看那本长达100页的全社规章制度汇编，你便能明白“没有规矩，不成方圆”的道理。许多单位仿效后，工作均有起色。这本汇编，正是11年改革成果的标志。

要实施精品战略，多出精品书，任兆文认为机制是关键，管理必须到位。大家都凭本领上岗，凭本事得报酬，真正做到优胜劣汰，奖优罚劣。早在1992年，他就发表了《把竞争机制引入编辑工作》并付诸实施，在可以量化计算的考核中，先在编辑中实行计分制，第一次出现了编辑的最高收入和最低收入相差四倍的情况，在山西出版界引起震动。之后，他又逐步深化了人事、劳动、分配三项改革。在管理上他执行了从社到各部、室层层负责，编辑、出版、发行、结算等各个环节都建立了比较完善的一条龙管理和规章制度，并制定了严格的出版纪律，规范出版行为。对各编辑室和经营管理科室，都实行了目标责任制，对每个岗位的职责、目标任务、考核标准、奖惩办法都做了明确规定。对中层干部实行了以质量为中心的14项计分考核办法，对全社职工的岗位津贴实行考核浮动，建立了质量效益型的利益导向机制，调动了全社职工“出好书、创精品、争效益”的劳动积极性。山西教育出版社每年都超额完成局里下达的七项指标，全省年终考核山西教育出版社连年获一等奖。

实行社、报、刊、店、厂一条龙的整体经营管理，实行以图书出版为主业，走内涵发展及外延向相关产业扩张的道路，是现代出版业发展的必然趋势。10年前，任兆文就意识到了这一点，并将之纳入出版社的整体发展战略。1992年以来，山西教育出版社逐步予以实施，相继创立了太原三晋学生书店、学源学生书店、山西全达科教发展公司、光明彩印部、《学习报》和《新作文》期刊等不同所有制形式的经济实体，大多以股份制的现代企业制度

运作，引进现代高科技手段，使图书在排校、设计、制作、印刷、发行、供给等方面得到了切实的保障和加强，为精品书的印制提供了必要条件，对晋教版图书走向市场起了推动作用。同时通过资本的联合运营，减少了图书生产环节间的消耗系数，降低了成本，提高了效益，增加了职工的经济收入，增强了企业的凝聚力。发行全国的《学习报》，不断充实力量，调整版面，拓展市场，现总发行量已达 70 万份，创利 230 万元。2000 年创办的《新作文》由任兆文兼任主编，采取新机制、新办法，在刊物的质量和营销上搞创新、出奇招，创刊号就订到 3 万份，几个月后订数就上升到 7 万份。

人才——精品、名牌、效益之源

人才是事业成败的关键。10 年前任兆文提出的要求“出精品、创名牌、争效益”无一不是与人才相关。没有相应的人才，没有发现和使用人才的本领，一切都无从谈起。

任兆文善于发现人才、引进人才、培育人才。早在建社初，他已注意从作者群体中发现和选拔优秀人才。一位在全国享有盛誉的语文报社编辑，是个生长在黄河边穷乡僻壤的山里娃，多年供职于民办学校，直到恢复高考第一年，他发奋考入师范大学。他在编写《中小学生作文小百科》等多种图书中展示的能力引起了任兆文的关注。任兆文在担任这几套书的责编期间与这位编辑的交往中，决心引进这个难得的人才，一如当年李平编辑对他的提携。果不其然，这位编辑经过七八年的实践与锤炼，在领导岗位上显示了优秀的领导素质。这位编辑负责的报刊销量大涨，他分管的教育图书也屡获好评和相关大奖。2001 年秋任兆文退居二线时，这位当年《语文报》的编辑、出版社的作者，众望所归地

担负起新一任的山西教育出版社社长兼总编辑的职务。他再推荐引进的好几个人才，也得到任兆文的认可，几年来经过实践的检验，证明他们同样是优秀的编辑，可以委以重任。他们都已成为社内的骨干，其中三位已分别担任出版社副总编辑、报社总编和刊物的主编。

知人善任，用人所长，是领导才能的体现。20世纪80年代，任兆文担任文教编辑室副主任时，大力推荐和引进的几个人才，都曾先后在编辑和发行部经理的岗位上锤炼过。他们现在也已出任兄弟社的社长、副总编辑。90年代任兆文引进的一位学哲学的、研究思维科学的编辑，在社内一度有争议。但这位编辑，善于去发现、组织被人们忽略的选题。1998年，这位编辑提出把科学家钱学森的手稿编辑出版，三次在选题会上遭到质疑，任兆文果断地支持了这位编辑，不但把这本书稿引到本社，而且用三年时间出版了这本书。这就是在全国广为流传的《钱学森手稿》。这本书引起了极大反响。中科院原常务副院长张劲夫主动写书评，引起了江泽民的重视。一位工程院院士说，50年以后，它仍然是一本有极大价值的好书。2002年在全国科技图书奖颁奖大会上，山西教育出版社领取了这本书的国家奖。与会者无不叹服这个内陆小社出精品、出人才的高瞻远瞩的战略眼光。

山西教育出版社的党支部多年来是山西出版系统和省直工委的优秀党支部。一个不到70人的小事业单位有29名党员，其中有10名是建社以来陆续发展的。老党员和新党员团结奋斗，在社内起到了模范带头作用。党支部书记任兆文知人善任。10年来，一位在初中时就已入党的老党员、老编辑（一位优秀的省级党务工作者）长期担任党支部组织委员，任兆文对她委以重任，发挥她培养发展党员、加强组织生活、提高党员的战斗力、在党内开展批评与自我批评等组织工作的特长。广大党员也在群众中树立了良好的形象。许多人积极要求入党，已经有16位同志提交了入党

申请书。党支部的战斗堡垒作用形成了全社讲贡献、讲安定、讲团结、邪气无处藏身的工作环境和氛围。自觉性强了，不论编辑、印制、财会、发行等部门，只要工作需要，无须命令，职工们不讲报酬，挑灯夜战，节假日放弃休息已成为常事。2000 年、2001 年连续两年，出版社被评为全省的文明单位，成为全省出版界的佼佼者。

特色铸就，成绩斐然

没有特色就没有生命。建社 11 年来，任兆文注重抓全社图书结构的调整和选题策划工作，确立了“以中小学教学读物为主体，以艺术教育为特色，以各类文化史、学科史为重点”的晋教版图书体系。人才突出的山西教育出版社，11 年来，620 多种有特色有价值的图书获省级以上各类优秀图书奖。在他的支持策划下，多名有特色的编辑组织了一批“八五”“九五”“十五”规划和大型重点图书：李凌、王琦主编的“美育丛书”（35 册），龚书铎主编的《中国社会通史》（8 卷），任继愈主编的《中国文化大典》（4 卷），路甬祥主编的《中国古代工程技术史大系》（22 卷），季羡林主编的《中国佛教史》（12 卷），甘师俊、陈久金主编的“科学与文明丛书”（30 册），李水城主编的《中国美术史》（千禧版）（30 卷），等等，都是历时数年乃至十数年完成的重大精品工程。

在迈入新世纪的时刻，任兆文又明确提出了“十五”期间要实现“五大战略”：人才战略、教材战略、名牌战略、社办报刊战略、创新战略。以全面实施“五大战略”，来迎接新的挑战，创造新的辉煌。

11 年来，他领导一个地方的小出版社，从无到有，从小到大，从平凡到做出显著的成绩。

建社初，出书品种为262种，2001年增加到700多种；

建社初，销售码洋为1 800万元，2001年增加到2亿元；

建社初，上缴国税为67万元，2001年增加到1 000万元；

建社初，利润为192万元，2001年增加到3 400万元；

建社初，为国家创收人均为5万元，2001年增加到50万元；

建社初，全社固定资产为50万元，2001年增加到7 400万元。

长江后浪推前浪，一浪更比一浪高。事物是永远在发展的，无止境的。他的后任者都清楚，任兆文是这个事业的奠基者、铺路人，这个事业将会继续前进，兴旺发达。

闯过生死关　更上一层楼

10年的编辑生涯，完成了42年的工作量，出版社改革创新前进的每一步，都凝聚了任兆文的心血！当年他那通过飞行员体检的身体，从90年代初起一天天衰弱下来。1997年，心脏的衰弱，使他上楼梯几步就要喘一口气，休息一下。几年前他遵循的中医保守疗法，已难以为继。在生命的延长直接关系到事业前进的关键时刻，他果断地选择了一条与病魔正面搏斗的道路——上手术台，动大手术，更换心脏二尖瓣。1998年初，他在北京做大手术的事牵动了全社人员的心。人们祝愿这位带头人、奠基人、铺路人手术的成功。幸运的是他战胜了病魔，重新焕发出活力，开始了新的战略策划。

1999年，任兆文总结自己多年经营管理的经验，又发表了题为《关于出版社转换经营机制的思考》的论文，提出了图书项目责任制：面向市场，逆向操作，先立项，后上岗，实行项目优先、项目中心，围绕项目配置资源，优化组合，动态运营。他还制定了相应的详细实施方案，得到了省新闻出版局的高度重视。两年

多的实践证明，项目责任制已经显示了巨大的原动力，编辑们的积极性、聪明才智有了更大的用武之地。这大大推动了全社经营机制的转换，促进了市场化的步伐，使山西教育出版社基本上摆脱了靠计划性教辅立脚的局面。2000 年市场图书销售码洋首次超过了计划教辅销售码洋，一套"中国学生作文大全"在一年多时间内销售 300 多万册，4 300 万码洋；"四大品牌"被媒体向全国中小学生推荐；以三个项目组为主开发的"三大全"（作文、阅读、解题方法）系列百本优秀图书，以强大的阵营、恢宏的气势，在全国文教读物市场异军突起，独领风骚，一直保持热销势头。特别是其中的一个项目组——白马工作室，以全新的姿态，以人文关怀的精神，贴近读者，与读者沟通。2001 年他们出版的《政治中考一本全》，三个月内连续印了 16 版，共计 38 万册。2002 年初，各地书店指定只要晋教版的"一本全"，翘首等待着新书早点出版。大批订单源源而来，开创了这本书第一次开印总数为 53 万册、总码洋 700 万元的最新最高纪录。现在白马工作室每天接到读者来信几十封。从 2001 年到 2002 年初，读者来信总数已近 8 000 封！在全国减负的大形势下，山西教育出版社快速走向市场，创造出建社以来的最好效益。

任兆文把自己的全部心血，献给了出版事业。他无悔于自己的选择，更不会停止前进的脚步。

1998 年，山西省党刊《领导者》的两位记者在采访他后写下了这样的结束语："回顾自己走过的路，心血洒了一路，一路成绩无数。然而在这一路中，任兆文同志自己在古典文学和寓言方面的研究却无疑做出了牺牲。谈到这个问题时，任社长笑着说：'这没有遗憾的，什么工作都需要人做，只要对大家有益的事，我都愿意做！'"

1999 年 11 月 7 日，香港《大公报》在头版头条发表专文《成功之后的思索》，刊登了采访任兆文后生发的议论："任兆文先生

无可挑剔的仪表、典型的当代知识分子气质与他办公室的敞亮、整洁相得益彰。他机敏又有修养，沉着且善于思考，是那种即使功成业就也不会骄奢的人。目前，他正在努力寻找的是晋教社的不足，并为自己和全社提出发扬特色，营造优势，扩大市场和积极参与国际版权交易及营销、培养和引进人才、改善环境、提高职工福利和工作效率等各个方面的新目标。作为一个老出版工作者，任兆文先生也对我国出版业，尤其对山西省出版业的前景流露出发自内心的关怀……这足以表明他锐意改革的决心和气魄，他甚至连许多细节都有了充分的估计和周密的考虑。……这就是一个成功者在成功之后的思考。”

（原文发表于2002年）

李淳：忠直做参谋　敢为天下先

◉ 李之杰

李淳简历

李淳（1943— ），出生于山西代县。1964年进入中国人民大学新闻系学习。曾在部队、工厂、农村锻炼，并在山西天镇县委宣传部从事调查研究、公文写作及新闻舆论工作。1973年初调入山西省委，先后在省委省政府政工办公室、省委办公厅、省委政策研究室工作。历任科长、处长、省委政研室主任，兼省委常务副秘书长，为山西省第六、七、八届省委委员。技术职称为社科类研究员。曾撰写多篇在全国有一定影响的调查报告和理论、政论文章。著有《李淳自选集》。退休后笔耕不辍，致力于弘扬中华传统文化和山西文史研究，著有《工合今夕》《代州冯氏群贤谱》。

世上有不少业绩，或者可以用数字来说明，或者可以用创造多少财富来验证；但一项精神产品，能简单地拿数字和财富来衡量吗？而精神产品，恰恰是推动社会前进不可估量的巨大力量，是社会思想行动的指路明灯，也是能转化为物质财富、让千百万人过上幸福生活的重要保证。

本文介绍的就是这样一位曾经亲聆吴玉章老校长教诲的中国人民大学培养出来的毕业生。他，从中国人民大学新闻系毕业后，长期从事参谋调研和决策服务工作，在创造精神产品的特殊岗位上工作了 30 多年，做出了显著的成绩。他的名字叫李淳。

精益求精，让每一项精神产品经得起历史的检验

1973 年初，李淳从山西北部偏僻的天镇县委宣传部直接调入山西省委。先后在省委省政府政工办公室、省委办公厅、省委政策研究室工作，一干就是 30 年。他先后在七任省委书记（谢振华、王谦、霍士廉、李立功、王茂林、胡富国、田成平）手下工作，尽心尽力，获得一致的评价是：李淳是一心一意干工作的人！其中一位省委书记曾对几位省级新老干部说：“李淳同志是一个非常好的同志，他在省委工作 30 年，前后服务七位省委书记，兢兢业业、勤勤恳恳，不为名、不为利，出色地完成了历届省委交付的任务。”这是对他大半生为人、为事、为文的中肯评价。

30 年里，他起草的文件多不胜数，包括第五届、六届、七届、八届省党代会的报告，重大的决议、决定、调查报告、领导的讲话等。此外，他利用业余时间写署名文章，在一些重要的研讨会、论证会上发言。这些文稿底稿总字数在 1 000 万字以上。

正确的决策离不开参谋工作者。山西历来是煤炭、冶金、电力的生产基地，由于长期以来计划经济对山西的生产力布局的定

位，加上山西地理位置的闭塞，人们思想观念较为陈旧，常高估甚至夸大自然资源的作用，过度依赖矿产资源的初级开发，而忽视开拓新的生产领域。在市场经济不断发展中，山西经济结构不合理、成本高、效益差、周期长的短板日益突显。其实，20多年前，李淳就已全面思考了山西经济结构调整这一重大问题。他主持的结构调整课题组提出了山西调整经济结构的方案，受到省领导和社会各界的好评，还获评国家“五个一工程”奖。2000年5月，他以特约评论员名义发表的《山西经济结构调整的几个重要问题》，以整版篇幅刊登在《山西发展导报》上。文章从如何认识结构调整的重大意义和紧迫性，如何正确看待调整和发展的关系，如何处理政府与企业、市场的关系，如何发挥科技对调整的重大推动作用，如何调整国有经济布局和所有制结构，如何激活结构调整和发展的主体，如何切实地把调整思想落到实处等七个方面进行了充分的阐述。接着，他又以此为基本论点，起草了许多重头文章，分别登载在《求是》《人民日报》等全国报刊上。后来山西开始改变观念，全力推进高新科技企业的发展，并以高新技术改造传统产业，逐步走出了资源大省富不起来，甚至同兄弟省市差距日益拉大的局面，在地区生产总值、人均收入等方面，山西开始走出低谷。全省经济结构的调整从煤炭和冶金工业着手，例如，把原煤转化为洁净燃料，制成水煤浆，扩大洗精煤生产、型煤生产，试验煤的地下气化，搞“煤变油”的成功试验，发展机焦、加长煤的后续加工链，积极开发煤化工等。冶金工业中制造出为社会需用的特种钢，使太原钢铁厂成为亚洲最大的特种钢生产基地。在发展铝工业、发展纳米材料和生物医药、发展旅游等新兴产业上，山西也开始有了明显进步。人们充满信心地认为，顺着这条思路发展下去，山西的面貌会有一个大的改变。

1993年，江泽民在安排新一轮反腐败斗争前，曾向各省的省委政策研究室的主任们提出要求，希望他们提出建议。李淳当年7

月写出《关于开展反腐败斗争的10条建议》。中央有关部门肯定了此文的价值，即印发呈送给中央领导，新华社的《国内动态清样（附页）》也专门编发送中央领导参阅。1994年的11月，他又写了《论从严治“吏”》的专文。以古鉴今，从现实出发，响亮地提出：自古以来，“民之治乱在于吏，国之安危在于政”，“有不能治民之吏，而无不可治之民”，“悠悠万事，育吏为大”。从根本上解决腐败的问题关键在于加强“吏治”；不能用那些“口言善，身行恶”的干部，也不能“无功而厚赏，无劳而高爵”。在任人唯贤和公开民主选任干部的基础上，要真正做到如孟子所说的“国人皆曰贤，然后察之，见贤焉，然后用之”。要做到正确反映民意，激浊扬清，端正用人导向和干部价值导向。提倡官德，共产党的干部要都能做到像古人所说的“文官不爱钱，武官不惜死”。这篇原刊载于《求是》杂志的内部文稿，之后被全国10多家刊物竞相转载。专家和广大读者认为此文有着十分现实的指导意义。

随着改革开放不断深入，李淳的研究涉及各个领域的主要问题，并对这些问题进行全面的分析和阐述。从改革领导体制、理顺党政关系，到党政机构改革、政府职能转变和机关人员的分流；从解决贫富差距、实现共同富裕、进一步深化农场改革、发展县域经济、加快扶贫攻坚步伐，到正确理解和完善村委会的组织法，在干部中积极开展和搞好“讲政治、讲学习、讲正气”；从坚决从严治吏、国有企业改革、财政体制改革，到科技人才队伍建设、关于党政领导干部选任制度改革中若干主要问题；等等。

每个时期的重大问题，每个阶段重点的战略和改革问题，他几乎都有专门的论述，或见之于文件，或载之于报刊，或发表于公开的论坛。这些专题，他曾分别在中央党校、高等院校、全国和本省的专门会议上向厅级、处级干部，高级知识分子讲述过，

他还应邀在广播电台的热点讲座中多次宣讲，在数百篇政论和杂文中加以表述。

李淳30年笔耕的成就有目共睹，有口皆碑。他的论点科学、鲜明、准确，论述鞭辟入里、入木三分，提出的解决方案可行，为读者接受，为媒体传扬，理所当然地为决策者吸纳。他不但在本省被誉为“三晋第一笔”，就连在中央专门从事参谋咨询工作的行家，也都称赞他的文章。这大概就是他的论述和专文转载率高、知名度高的根本原因。

李淳的工作是得到历届省委领导的充分肯定的。作为领导决策的有力助手，他连续13年担任政研室主任，连续三届被选为省委委员。他曾在中央党校的高级干部学员班和全国政治学会上讲“政治体制改革”和“领导体制改革”等热点问题，听者全神贯注，反响很大。他还给组织部门的干部（包括部级新老领导）讲过党的干部工作问题，部里的老领导都说，做了一辈子的组织工作，也讲不出李淳的这些正确而新颖的观点和思路。

无私无畏讲奉献，立身处事德为先。
尧天舜日曾经过，世态崎岖要整磨。
不肯昏庸同草木，愿输血汗改山河。

这是李淳在一篇杂文中引用的麻城烈士纪念碑镌刻的一位烈士写下的诗句。这诗句深深地植根在李淳的思想中，成为他的座右铭。无私，是他做人的原则；无畏，是他处事的准绳；立言立德，是他人生的追求。

李淳认为，领导机关的参谋人员是决策者的助手，责任非同小可。决策的好坏，直接关系到事业的成败、国家的兴亡和人民群众的切身利益。参谋人员的首要一条，必须有优秀的品质，要像古代优秀谏官那样直言利害得失，像古代优秀史学家那样秉笔实录。唐代的刘知几（《史通》的作者）认为史学家应该才、学、

识兼有，李淳认为还应加个德字，要做到德、识、才、学齐备。“壁立千仞，无欲则刚。”给领导帮正忙而不帮倒忙的关键在于立党为公。不能随着权力增，野心跟着官位长，并因此丧失诚信，欺上瞒下。恩格斯说过，野心是“一切虚伪和谎话的根源”。只有无私，才能独立思考，才能说真话，才能不看领导脸色办事，才能不揣摩逢迎。对领导正确的批示必须坚决照办，但决不能唯唯诺诺，睁着眼说瞎话，只报喜不报忧，或者做“请旨、奉旨、宣旨”的“三旨相公”。在几年前的企业改革中，李淳带领一个调查组深入基层，发现有的领导连租赁和出售都分不清，却盲目地以搞政治运动的方式搞国企改革，甚至仿效香港回归，搞“倒计时”卖掉所有的国有企业，而实际是名卖实送或半卖半送，造成国有资产的严重流失。李淳在省委的有关会议上直接地、毫不隐讳地提出自己的意见，建议要坚决刹住这股风，制止国有资产的严重流失。按这个发言整理的文章，被中央几家内刊在显著位置登载，引起中央有关方面的重视，几个月后中央几位领导都突出强调要坚决反对在国有企业改革中出现这类严重的问题。

李淳坚持立身处世“以德为先”，坚持无私、无畏地为党的事业奉献，不怕丢掉“乌纱帽”，不唯上，不唯书，坚持真理，服从真理，真正做到了有胆有识，敢为天下先，从而赢得了人们的赞扬和领导的信任。

李淳认为“以德为先”就必须具有对党和人民高度负责的严肃态度。任何决策意见必须在深入调研的基础上反复思考和论证。要真正拿准、吃透，要实事求是地进行客观全面的论证。重大的决策，既要看到正面效应，也要预计到负面效应。因此，反复修改、斟酌再三，是他多年养成的习惯。在起草关于实现农村的共同富裕、缩小贫富差距的调研报告时，他曾先后修改了15次。其中有一天是星期天，他为了修改这个文件，从早上7点进了办公室，不知不觉到了下午三四点钟，他才想起午饭还没有

吃。这篇由他牵头撰写的报告，有八位部长级干部向国务院领导推荐。经国务院领导同志批示，以国务院“参阅文件”的形式转发全国。

李淳还给自己定下了严格的要求：凡自己起草和把关的决策文件，必须经得起时间的、历史的考验。他起草的许多重要文件、讲话，不仅对指导现实有意义，有不少还有超前的设想和分析。今天回过头去看，还没有一件失准和失误的。

30年的实践使他深刻体会到，正确的决策来源于一切从实际出发。唯一的途径是深入调查研究。每年他除了随省委主要领导下去调研以外，还要自己抽出时间下去（包括双休日、节假日），一年累计至少四个月以上。远的不说，仅近两年中，他陪同省委主要领导走遍了全省绝大多数县，行程四万多公里。此外，他常常抽空扎到基层，深入调查研究。比如为解决农民的脱贫致富问题，他多次跑到那些偏远的山庄窝铺了解实情；有时他事先不和基层领导打招呼，直接把车停在村外，步行进村，以一个过路人的身份去和农民聊天闲谈。一次，他到静乐县一个很偏远的小村子，走进村里与老乡们交谈，亲眼看到最穷的一户农民家徒四壁，坑上只有一床破被子，其他几乎什么也没有。他仔细了解村子贫困的原因，与群众一道商量解决问题的办法。之后他在大量深入调研的基础上，写出了关于扶贫攻坚的调查与对策，引起了省委和国家有关部门的重视。

李淳认为，调研的目的是要了解实情。这就要真正地做到了解上情，了解下情，还要了解外情。这里说的外情，即省外的情况、国外的情况。“他山之石，可以攻玉。”2000年他随省考察团赴浙江，写了一篇综合报道和九个考察观感；2001年他应邀随太原市考察团赴江、浙、沪三省市，又写出了七篇专题考察报告。这些文章思路清晰，观点明确，论述精辟，发人深省，在全省引起较大反响。这几年，各级领导干部出国的不少，不少人是看新

鲜，是为玩和逛，把出国当成当官的额外待遇。其中有多少人是有心者，要学以致用呢？李淳把出国考察作为了解国外情况、掌握第一手资料的极好机遇。他十分珍惜这样的机会，在先后随省领导或受派组团出访美、加、韩、日、俄等国时，处处留心，认真考察，总结借鉴国外的经验，提出学习的思路。他每次出国考察都有长篇考察报告问世，刊载在各类刊物上。1997 年，他写下了《美国、加拿大访问记》。充实的内容、简练的笔触、独到的眼光，既写出了美国先进的一面，也写出了它的颓废和消极的一面。美国的各种纪念性和知识性的碑、馆、堂、宫、文物古迹，以及开放的办公地，凡政府办的都是免费开放，还发放必要的资料。他认为“这是有远见的、会宣传的表现。比起我们国内有些人把市场经济变成市侩经济、收费经济的短视做法，确实要高明些”。他还考察了解到美国对历史人物特别是领袖、政治家们，允许人们批评他们，即使骂了也不追究罪名，但这些人死后则立碑、雕像、画像以纪念，还以他们的名字命名地市、街道等，他认为：“这也是政治上聪明的表现。”他就此议论开来：“制度虽不同，道理一样：一个国家，一个民族，不能否定自己的历史，尤其不能否定历史上代表性的人物，否定历史就是否定了现在，否定了历史上的杰出人物也就是否定了政治家们自己。如果都否定了，一片空白甚至一团漆黑，你的国家和民族还能有自信心、凝聚力和进取精神吗？真正对历史、对祖国、对人民负责的政治家，尤其要注意‘承前启后，继往开来’。”在《韩国访问记》中，他记述了韩国 20 世纪 60 年代创业的那一代人发狂地工作，每天工作十五六个小时，以苦为乐，以苦为荣。他认为：“韩国民族的这种自强自立精神，应当借鉴。我省要甩掉落后的帽子，赶超先进，就必须苦干实干，豁出命来干，只有干出样子，把经济搞上去，才能被人看得起，外国、外省才会跟我们合作。”

锲而不舍，刻苦学习伴终生

李淳是人大新闻系的高才生，他感谢母校对他的精心培育，学习期间他曾与和蔼可亲的吴玉章校长交谈并合影。吴老“一辈子做好事”的高风亮节，深深地铭刻在他的心田。他虽毕业于全日制的名牌大学，但始终认为自己是一个终生自学者。

“书山有路勤为径，学海无涯苦作舟。”李淳生长在晋北的一个穷村子里，那个小村才几百口人。有幸的是还有清朝遗留下来的五六位秀才，他们成了文化传播者，成了开办私塾的师资。他的父亲就是靠这样的私塾，靠本家的关系，识字、读书，之后还当了10来年的小学教员。只是因为家里没有劳力，祖父去世后，父亲不得已回家务农。李淳从小就在父亲的指导下边学习边劳动，养成了既劳动又读书学习的习惯。没有书就到处借，先是父亲帮着借，稍长后就自己出去借。八九岁时已开始读《聊斋志异》《三国演义》《今古奇观》，以及《论语》《孟子》等书籍，再后来，他把村内能借到的线装书全看了。诸凡理论、哲学、诗歌、散文、游记、小说、古典名著等，他都有涉猎。少年时代的李淳，不光看书，而且更重视朗读、背诵，在不断地读诵中加深理解。这使他对古典文学分外热爱，烂熟于心。他至今还能背出四五百首古诗词和上百篇古文。

李淳小学读了一个来月，但只是为了取得小学毕业证书。上初、高中时，他在班上成绩常是第一，还是学校优秀学生、优秀班干部。考入中国人民大学新闻系后他仍是品学兼优的学生。即使在“文化大革命”期间，学校停课了，他也不放过任何读书的机会。他从西郊校区搬到铁狮子胡同城内分校附近的宿舍，经常借学校图书馆的书，大量阅读、记笔记、思考，经常彻夜不眠。

他回忆起这些往事，觉得“文化大革命”时尽管混乱，却并没有影响他的学习，反倒给了他主动积极的学习机会。

参加工作后，怎样坚持一边工作，一边读书学习？三国时魏国的董遇说：“冬者岁之余，夜者日之余，阴雨者时之余也。”30多年来，李淳把自幼坚持的以“三余”时间读书学习的精神体现在日日夜夜的实际行动上，坚持每晚入睡前读书两三个小时。他很少看电视，节假日也都在读书，平时干完工作就学习。年复一年，这成了他的习惯。

30年中他写就的上千万字的各种公文、论文、调研报告及杂文等，内容丰富，风格鲜明。他的论文、杂文广征博引，而且往往是信手拈来，不用查对原文，一般也没有差错。并非他有惊人的强记本领，用他的话说，他只是“笨鸟先飞”“以勤补拙”。不光是读书，他还勤记笔记、写心得。几十年来他记笔记用的笔记本，足可装满几麻袋。这里凝聚着他多少辛勤的劳动、缜密的思考！他真正做到了“心之官则思”，用心看、用心读、用心记。难怪他的文章四处传播，他的报告吸引听众，他的杂文切中要害，他看问题能高瞻远瞩，他的不少参谋意见能进入决策。

（原文发表于2002年）

翟培基：创出审计新天地

◉ 钟文峰

翟培基简历

翟培基（1943— ），出生于山东省汶上县白石村。1962年至1967年在中国人民大学国民经济计划专业学习。1991年8月前，在沈阳飞机制造厂、山东省烟台市工作，先后任烟台市计委综合科科长，市对外经济技术贸易公司副总经理，市体改委副主任、主任，市经济发展研究中心副主任、主任。1991年8月至1998年5月在海南省计划厅工作，任副厅长。1998年5月起任海南省审计厅厅长。2003年1月任海南省人大常委会秘书长。

1998年5月29日，翟培基由海南省计划厅副厅长调任海南省审计厅厅长。3年里，他带领全厅干部职工认真贯彻省委、省政府和审计署关于审计工作的重要指示，带头勤政廉政，从严治理审计队伍，不仅开创了审计工作的新局面，而且创出了一条富有海南特色的审计之路，使海南审计工作每年上一个台阶。有些工作走在了全国的前列，充分地发挥了审计监督职能对当地经济发展的促进作用。据统计，省审计厅在他上任后的前三年累计受到省委、省政府和审计署的各种表彰共31项，超过了历史上的总和。此外，厅机关的精神文明建设也取得了显著的成效，连续两年在全省精神文明建设工作会议上做了经验介绍；法制建设工作被中宣部、司法部评为全国法制宣传教育先进单位。这些成绩的取得，无不凝聚着翟培基的心血和智慧，处处反映出他心系审计，呕心沥血，奉献审计事业的一片丹心。

推动审计工作开创新局面

翟培基从事经济工作30多年，但却从未接触过审计工作。到审计厅后，他认为作为一个单位的一把手，最重要的是要把握正确的政治方向，从全局上提出符合本单位本行业实际的工作思路，并一以贯之地抓好落实。几年来，他凭着自己多年坚持不懈学习的理论基础，凭着对新事业不断探求的执着，结合审计工作的实际，每年都提出明确的工作方针或开展一项中心活动，作为审计工作和党风廉政建设的目标和载体，收到了很好的效果。

1998年上任不久，他明确提出了“履行审计监督职能，争做公正廉洁模范”的审计工作总体思路和基本方针，要求广大审计干部时刻牢记审计工作“监督是根本，法规和政策是生命，廉洁是保证”，进而要求全省各级审计机关务必树立政治观念、法制观

念、市场观念、创新观念、服务观念、政策观念等六个观念，处理好宏观和微观、手段和目的、重点和一般、质量与风险、监督与廉洁、国家审计与内部审计、社会审计等八种关系。

2000年初，他结合全国审计工作会议精神和海南的实际，对审计工作又提出了24字方针，即“依法审计，突出重点，提高质量，强化处理，求实创新，促进发展”。

2002年，他进一步提出了将“三个代表”重要思想贯穿审计工作的全过程，审计工作要努力促进先进生产力的发展，要为先进文化的发展服务，要符合广大人民群众的根本利益。

实践证明，这些工作方针和思路反映了审计工作实际，使多年来困扰审计工作的诸多矛盾得到明确的回答和解决，不仅使大家更新了观念，开阔了思路，而且解决了审计工作中带有根本性和方向性的问题，成为审计工作上水平、上台阶的坚实基础。上述观点形成的理论文章，分别被《中华英才》《海南日报》《中国审计报》等报刊登载，产生了很好的反响。审计署、省委、省政府都给出了高度评价。2000年1月李金华审计长在一份材料上批示：“培基同志的这份总结完全符合全国审计工作会议的精神，特别是讲到审计工作处理好的八种关系，班子建设中的一些认识和总结都很好，今后要注意了解和总结这方面的经验，采取一定的方式加以宣传、推广。”省委书记、省长看了翟培基的一份工作总结后也都分别做了批示。杜青林书记批示：“培基同志的总结很好，工作很有成绩。”上任三年中，在翟培基的带领下，海南省审计机关共审计1 576个项目，查出违规行为资金147.45亿元，应上缴财政5.95亿元，已上缴财政5.28亿元，为国家增收节支11.3亿元；移送司法机关处理案件37件，34人受到党纪、政纪处分。审计工作在促进全省经济和社会健康发展，促进企事业单位加强管理，提高经济效益，推动廉政建设等方面，都发挥了重要作用。汪啸风省长在2002年2月的全省审计工作会上也充分肯

定了审计部门的工作，他说，“审计部门进行了出色的工作”“审计的范围大大扩大了，审计的工作量大大增加了，审计的成果大大增加了，审计工作的主动性和原则性大大增强了，审计队伍的素质大大提高了”。

塑造良好的审计形象

翟培基曾说，搞好审计工作，就要有一个好的审计形象，必须切实抓好审计机关精神文明建设。在他的倡导下，海南省审计机关连续三年在精神文明建设方面走了三大步：1998 年开展了“履行审计监督职能，争做公正廉洁模范”的活动，1999 年在全省审计系统开展了“弘扬崇高审计精神，塑造良好的审计形象”活动，2000 年开展了“外树形象，内抓管理”活动。三年中，以领导班子建设、队伍建设和内部管理制度建设为重点，努力树立“爱岗敬业，乐于奉献”的公仆形象，“依法审计，客观公正”的执法形象，“严于律己，廉洁奉公”的廉政形象，“学习进取，求实创新”的文明形象。这些活动强调抓系统、系统抓，每年都召开全省审计机关经验交流会，总结交流经验，不断推动活动的深入开展。翟培基认为，这些活动是审计工作与精神文明建设工作的统一，也是审计工作与党风廉政建设的统一。在抓精神文明建设中，他紧紧抓住廉政建设这条主线，在落实上狠下功夫，并坚持凡事都从我做起，要求同志们做到的，自己首先努力做到，要求同志们不能做的，自己坚决不做。用他自己的话说，只有这样才能更好地“不令则从，不禁而止”。这些活动的开展，使全省审计系统的面貌为之一新，审计工作和精神文明建设，一年上一个台阶，受到省委、省政府的肯定。

创出审计精品

审计工作覆盖社会生活的方方面面，面广量大，任务十分繁重，为此，翟培基在工作中坚持“全面审计，突出重点”的方针，重点部署，精心组织重点审计项目的实施。为了搞好1998年财政预算执行情况审计，他提出“摸清家底，提出问题，促进规范，提高效益”的指导思想，并深入审计现场指导工作，要求审计人员就财政部门存在的突出问题进行重点审计。在这一思想指导下，当年省级财政预算执行审计取得突破性进展，查清了财政部门在预算管理中存在的根本问题，促使省委、省政府调整了财政部门的领导班子，在以后的审计中，无论是粮食挂账审计，还是工商银行系统的审计，或是重点建设项目的审计，等等，翟培基都坚持审计必须突出重点，审则要审深审透，审计要出精品。几年来，他就是恪守“锄一害而众苗成，刑一恶而万民悦”的信条，带领审计人员认真履行“经济卫士”的职责，秉公执法，敢于碰硬，对违法违纪的人和事从不姑息迁就，维护了国家和人民群众的根本利益。

2001年，他带领审计人员对某上市公司总经理进行离任审计。发现该总经理任职三年，企业亏损3亿多元，而总经理持有外国护照，随时可能出逃。面对这种情况，他及时向省委、省政府主要领导和省反腐败领导小组汇报，多次找公安厅请求协助配合。其间，他顶着各种说情，也多次接到恐吓电话、恐吓信。在恐吓面前，他毫不畏惧，以高度的责任心和凛然正气，在省领导的高度重视和大力支持下，在公安部门的大力配合下，带领审计人员最终将犯罪嫌疑人涉嫌骗取信用证291万美元，逃汇、套汇4 734万元的犯罪线索彻底查清，并及时移送公安部门处理。这只是他秉公执法的一个实例，类似这样的情况还有很多很多。

在工作中他总是严格执法，公正无私，在具体问题处理上又非常注意方式方法。海南省有一家形象较好的大企业，在一次年底审计中被发现财务制度有不够规范之处，如贸然披露，势必损害这家企业形象，影响企业发展。对此，他要求审计人员采取“审、帮、促”并用的办法，帮助企业建立健全财务制度，纠正违规错误，最终收到了国家、企业双赢的效果，受到政府和企业的好评。

以势作则，廉洁自律

翟培基作为审计厅的一把手，在单位处于核心地位，起着关键作用，肩负着全面责任，每年处理审计事项数百起，涉及金额数十亿，可谓责任重大，稍有不慎就可能给国家带来重大损失。多年来，他始终严格自律，摆正“官”念，正确处理权力与责任的关系，堂堂正正做人，清清白白为官，成为干部职工心中的榜样和楷模。工作中，他从我做起，从小事做起，注重“慎独”“慎微”，自觉抵制不正之风。他认为，一把手不仅要在公开场合当好廉洁自律的表率，而且在一人独处、无人监督时，更要表里如一，“自重、自省、自警、自励”。他在计划厅任副厅长期间，为省里争取了不少项目和资金。曾有一单位趁过年送了他两袋水果，内装 10 万元现金；还有一次，有人给他家送去一包鲨鱼肚，里面放有 4 万元现金。这都是一些项目单位用来答谢他的“礼物”，而且事情发生在无第三者知晓的情况下。对此，他没有默然收下，而是凭着一个共产党员的良知和党性，在发现后都迅速退回。为防止到家里送礼这类事情的发生，他和妻子订了两条铁的规矩：一是不在家谈工作，二是带礼品的来客东西放在门外才能进来。这两条规矩一直沿用至今。

一些单位知道去家里送礼无法进门后，又以汇报工作为由设

法去他的办公室送礼。为此，翟培基又规定，凡是外单位来厅里谈工作，一律先到厅办公室登记，从而有效地杜绝了到办公室送礼的现象。几年来，他多次拒收有关单位送的礼品礼金，保持了清廉无私的本色。

翟培基还注意在每件小事上严格要求自己，防微杜渐，把好廉政关口。1999 年 7 月，厅宿舍大楼维修，办公室考虑到他所住的宿舍墙壁表面有些脱落，便提出顺便整修一下。整修期间，他要求办公室逐项登记，最后自己付了 5 900 多元的维修费用。他工作之余办私事，也一般不用公车，偶尔用公车接待从内地来海南旅游的亲朋好友都照例付钱，仅 2002 年元旦和春节，他就为亲戚用车付了 500 元车费。两个女儿结婚，为防止朋友、熟人、部下借机送礼，他做通女儿工作，旅行结婚或在女婿家举行婚礼。他常说，“千里之堤，溃于蚁穴”，只有从一点一滴做起，防止贪欲增长，才能甘守清贫，洁身自好。

在八小时以外的日常生活中，翟培基时刻提醒自己，不仅在“工作圈”严格要求自己，在八小时以外的“生活圈”“社交圈”中也要严格要求自己。他不嗜烟酒、不打麻将、不跳舞，在海南工作以来，从未去过歌舞厅。

社会上有些人对他的做法感到不理解，甚至说他“不近人情”“固执”等。其实，作为一个正常人，谁没有七情六欲。但是，翟培基深知，作为一名领导干部，作为一个审计工作者，“己不正，焉能正人?”只有廉洁自律，才能赢得广大干部和人民群众的信任和支持。

关心干部，心系群众

翟培基在工作中常要求审计干部不能吃请和谋私利，但是也

不是让审计干部当“苦行僧”。在提高干部福利待遇、解决住房、家属就业、子女入学等方面，他总是千方百计、不辞辛苦地按有关政策予以解决。几年来，他共帮助五位同志解决了家属和子女就业问题，消除了干部的后顾之忧。在对待离退休老干部上，他能认真地落实老干部的各项政治、生活待遇，帮助他们解决存在的实际困难。对那些重病住院、生活困难的离退休干部，他还上门慰问并给他们发放生活困难补助。对待新进入审计厅工作的同志，他是一位慈祥的长者，关心着大家的日常生活和工作情况，在百忙之中还抽空和大家谈心，使得新来的同志沐浴着大家庭的温暖。审计干部的生活环境也时刻牵动着他的心，他不仅对厅审计培训科进行了改造，完善了培训功能，为审计干部的业务培训创造了条件，同时还对办公室和新区住宅楼进行了改造和维修，为大家创造了一个良好的生活环境和工作环境。他还多方筹集资金，完成了全省审计系统的信息化建设。

在审计厅不管钱、财、物的情况下，翟培基多方求援，两年里帮助扶贫点——文昌市湖山乡解决了 250 多万元扶贫资金。为该乡改善道路、桥梁、水井、供电等基础设施，改变落后面貌，做出了较大贡献。2001 年 10 月，海南发生了百年不遇的大水灾，在北京出差的他得知消息后，非常焦急，他多次打电话询问灾情，安排救灾工作。他从北京返琼后就马不停蹄地赶往灾区，给灾民送去慰问金和衣物，使灾区人民深受感动。

翟培基就是这样带领全省审计干部，用汗水、用心血、用智慧，出色地完成了各项审计任务，在海南树立了“廉洁从审，秉公执法，勇于开拓，乐于奉献”的审计新形象，受到了社会各界的一致好评。他本人一身正气，两袖清风，以骄人的工作业绩、过硬的思想和工作作风赢得了领导和群众的赞誉，受到有关方面的多项表彰。他自 1995 年以来，连续六年公务员考核为优秀，2000 年在全省落实党风廉政建设责任制考核中，在厅级干部中又

被评为优秀。2002年，他作为全省厅级干部的唯一代表，参加了全省勤政廉政先进个人事迹报告团，在省内做了11场巡回报告，听众达1万多人次。同时，他被评为全省优秀共产党员。2002年5月，他在省人大常委会上所做的述职报告，受到人大代表们的一致好评，代表们对他评议的满意率达100%。人大的同志们说，这么高的满意率在厅级领导干部中是第一个。

（原文发表于2003年）

何东君：透明的人生

◉ 浦树柔

何东君简历

何东君（1944— ），浙江江山人。1963 年考入中国人民大学新闻系。1968 年毕业后，先后在甘肃古浪县委，甘肃省团委，新华社甘肃分社、内蒙古分社、四川分社工作，曾任新华社四川分社社长、党组书记，新华社总社副秘书长兼办公厅主任，新华社副社长等职，第十届全国政协委员。主要作品有《河西走廊行》等。主持新闻通讯集《内蒙古掠影》编辑工作。负责兴办《资料卡片》《蜀报》等报刊。自幼酷爱书画，尤喜草书，无师承，自学碑帖，涉猎较广。

人说“少年不识愁滋味”，因为他们大多单纯明朗，忧愁自古就被认定为成年人的“专利”。而采访何东君，记者却惊讶地发现，这位新华社的副社长，年近花甲却仍然有着少年人一样明朗的心境。他说：“迄今为止没有消沉过，也从没浮躁过——不管生活把我抛向哪个角落，我都能从那里汲取营养。”

“有时累了，就点上一支香烟，看着袅袅上升的烟圈，任由心绪随之飘荡，直到心灵完全宁静下来，静如一潭秋水，完全忘了自己……”

他有着近乎透明的人生。这并不是说他没有遭遇过苦难，而是他坦然地接受苦难的洗礼，并把这种洗礼看成生活给予自己的特别馈赠，是对人格的雕琢。而今天，坐在他的办公室里，应记者的要求，何东君回忆往昔，心中满是感慨。

大学毕业时，团委书记在临别赠言中，希望他“不做绵羊，做雄狮”——也许是因为那时他的性格太多江南秀才的文弱。事实上，随着了解加深，会发现何东君的性格中既有绵羊的温和，又有雄狮的刚勇，刚柔相济的性格，奠定了他的人生道路之通达。

玉不琢不成器

何东君的家乡在秀丽的富春江上游，他在浙江江山县度过童年，后来在宁波和建德上完了高小和初高中。上小学时，老师就惊讶于他对文学的兴趣，对他母亲说：“这孩子居然把四大古典名著都读完了。”直到今天，《红楼梦》仍是他的最爱之一，百看不厌。

大学期间，何东君与同学们两次参加“四清”运动，第一次是在北京郊区的房山县黑古台，他与方汉奇同住一张炕，白天劳动，晚上与村民一起学习中央文件，写革命村史，还要干农活。

时值寒冬，地上铺着白茫茫的大雪，为了省鞋子，何东君就光着脚去挑水。第二次是在海淀区四季青公社，每天骑车外出搞调查。何东君说，这些社会活动为他打开了一扇观察和了解农村的窗口，也培养了他吃苦耐劳的精神。

“文化大革命”期间，父亲被打成“反动学术权威”，从此家庭陷入了长久的黑暗，何东君也失去了生活来源，靠同学们东拼西凑的帮助维持到大学毕业，“他们就是去外面买冰棍，也要给我带回来一支”。

时隔近40年，在北京深秋的夜晚，何东君谈起这些往事，眼睛里泛着些许泪光。就在那样完全灰暗的岁月里，他却培养出阳光般灿烂的同窗之谊。

当年全班25名同学，无论岁月怎样变迁，那种纯真的感情仍联络着他们。

因为父亲，何东君的身份也成了问题，同学们都参与到“革命洪流”中，他只能在学校养病，但心绪并未因此消沉。大学毕业时，同学们大多被分配到黄河以北，考虑到何东君的身体状况比较差，学校分配他去安徽。然而，何东君并未因此坦然接受“照顾”，他和另外一名同学——现任新华社云南分社社长的何懋绩主动要求分配到西北的艰苦地区去，学校很高兴地接受了他们的申请，把他们分配到中国人民解放军甘肃8039部队57支队的一个农场锻炼一年。1968年12月17日，他们登上西去的列车，开始了真正的人生之旅。在农场挖渠种地、盖房养猪、睡地铺，“汗水冲刷旧思想，一颗红心忠于党”。

农场的艰苦自不必说，又背着“出身问题”，母亲和弟妹从建德被遣回老家江山，生活没有着落，父亲也含冤而逝，年轻的他收入微薄，对处于愁云惨雾中的家人爱莫能助。但何东君对自己要求很严，从不让灰心、失望、气馁等情绪控制自己。多年后，何东君每每想起这段时光，对“磨难”二字充满了感谢，正是逆

境中的磨难，逼着自己思考人生、思考社会，年轻的心渐渐才成熟起来。他把这些经历看作生活给予自己的历练。

一年后，何东君被分配到甘肃古浪县委宣传部报道组。古浪县位于河西走廊东端、祁连山下，山顶终年积雪，境内有沙漠、戈壁，是甘肃省最干旱贫困的地区之一。何东君跑遍了古浪县所有的公社和山村，就连腾格里沙漠深处的小村庄也留下了他的足迹，在那里他与朴实的人民结下了深厚的情谊。直到今天，那里的人们仍把他当作古浪人。在古浪，人们生产和生活的焦点就是挖井、掏泉、修渠、截引。因此，报道组围绕这些问题写了大量稿件，经常被省报和省电台选用。不久何东君被新华社甘肃分社"发现"，两年后被借调到那里。在这个更大的舞台上，何东君跟着当时甘肃分社的老社长夏公然、林田走访了许多地方，写了大量内参，反映农民生活的艰难，并针对实际情况从政策建议的角度来探讨如何开发甘肃，不少内参得到周恩来的批示。1973 年，分社请求正式把他调过来，但又因"出身问题"，总社没有批准。惜才的夏公然帮助何东君调到了甘肃省团委，在那里，何东君与同事们一起创办了《甘肃青年》，这是继《辽宁青年》之后，全国第二本省级团委机关主办的杂志。

1978 年 5 月，总社终于批准何东君调到甘肃分社。此后不久，父亲平反昭雪，何东君得以彻底摆脱政治阴影，以一颗轻快的心完全投入到工作中，他全年 365 天大部分时间在农村采访，写了许多公开报道。其中一些有分量的稿件引起了党中央的重视，比如《一个祸国殃民的假典型》，就是他与同事邓全施合作完成的，发这篇内参在当时的背景下是有一定政治风险的——因为一篇名为《我们也有两只手　不在城里吃闲饭》的报道，全国掀起了学习王秀兰的热潮，效仿知识青年下乡的行动，许多城市居民被卷入下乡洪流。但何东君他们在调查中发现，城里人下乡并非那么心甘情愿，这些人在农村的工作和生活都遇到了许多困难，还引

起了农村社会的混乱。经过一个多月的深入采访，他们接触了大量下乡居民，写成这篇内参，忐忑不安地等待了许多日子，传来消息说，中央非常重视这篇稿件，他们心里的一块石头悄然落地。此后不久中央出台有关政策，停止了让城市居民下乡的做法，很多居民回到了城里。

80年代的熔炉

20世纪80年代初，何东君写成了《定西地区大盖楼堂馆所》，直接点名批评定西地委在贫困地区铺张浪费，先发内参，后转成公开稿件，在当地引起了轩然大波。一时间，指责何东君的大字报铺天盖地向他涌来，使他感觉仿佛回到了“文化大革命”中。但他却很淡定，因为他知道自己写的每一个事实都是经得起调查、确凿有据的。

在此后的几个月里，国家计委、财政部等部门组成联合调查组来到定西调查，结束时，调查组成员找到何东君，对他说，“你的内参完全属实，他们的攻击完全是错的”，并对当时的省委书记宋平说，“我们掌握的情况比他写的内参还严重”。

在拨乱反正、改革之风开始吹拂神州大地的80年代，何东君和同事们一起经历了那个时代特有的悲与喜。这是他记者生涯中亮丽的一段。“铁肩担道义，妙手著文章。”他每每看到自己所写的报道能对人们有所帮助，作为新华社记者的自豪感就油然而生。也正是火热的年代，使他充分地汲取了新华社记者的优良传统：坚决依靠党组织，吃透党和国家的方针政策，深入基层，抓最鲜活的东西，与人民群众同呼吸、共命运。

1985年，何东君调任内蒙古分社采编主任，两年后升任副社长并主持工作。六年中，他跑遍了内蒙古的12个盟市，呼伦贝

尔、锡林郭勒、科尔沁……在几乎所有的大草原留下了他的足迹。如果说他血脉中曾经或多或少有江南秀才的文弱，那么经过20多年从西北到东北的风霜雨雪的雕琢，何东君已成了一个十足的北方人。他属于北方，豪放而不失细腻，睿智而不失激情。

此时的何东君不可能常下基层采访、写稿子，更多的是坐镇指挥，他常常开“题铺子”，出选题，随身总带着个本子，一有灵感就记下来。他倾心于在分社经营一种热烈、平和的业务交流氛围，让每个记者、编辑都参与进来。闲暇时就组织员工到呼市郊区分社的农场种菜种粮、放牛放羊，去体验陶渊明笔下那种“采菊东篱下，悠然见南山”的意味。劳作之间，何东君吟诗若干，其中有一首《浣溪沙·塞北屯垦》是这样的：“日日楼前景色妍，壮怀未减喜开边，走乡串户议屯田。浩特城边新柳绿，百灵声里雨如烟，葵涛麦浪竞连天。”

1991年，何东君调任新华社四川分社社长兼党组书记，他把全部精力投入到调研当中，很快摸清了分社以及四川的情况，同时狠抓业务报道，使报道的量和质都有了很大提高，许多稿子上了《人民日报》头条。在人事问题上他却采取“保守疗法”，原有分工一概不动，不像人们想象的那样“大动干戈”换上与自己亲近的人。这些扎扎实实的措施为他赢得了人心。

众所周知，新华社在全国各省区市都有分社，负责采集、整理、发布当地的新闻。分社社长是一个极为重要的职务，不仅需要具备优秀的政治和政策修养，也需要敏锐的新闻嗅觉及新闻业务能力，应该是一个新闻的“全才”，这些素养的集中体现，就是“把关能力”。

一次，分社接到消息说，仁寿县某乡发生了“农民暴动”，当地农民把乡政府占领了，干群关系急剧恶化，情势已如箭在弦，省委准备动用武力去解决事端。何东君得知这一信息，立即派记者深入已经被封锁的现场采访，与农民恳谈，了解到“暴动”的

真相：负担过重引起农民的不满。而这一缘由，省委并不知情。何东君火速赶往省委约见当时的四川省委书记杨汝岱，详细讲述了事情的真相。杨汝岱听完，沉默良久，在房间里来回踱步，转身对何东君说，感谢分社及时送来了真实情况，避免了一场错误。

一场危机就此化解。后来，省里专门派工作组到乡里调查，妥善处理了问题，化解了干群矛盾。工作组走时，农民们放鞭炮欢送。何东君深有感触地说，“我们是人民的记者，在人大新闻系的教育中非常强调这一点，这使我一生受益”。在他的记者生涯中，做党和人民的“耳目喉舌”，从来都不是一句空话，而是体现在每一天的工作中。他说，“西方记者要是碰到这样的消息，早就兴奋地‘捅’出去了，而无产阶级记者与资产阶级记者最大的区别之一就是我们不看‘热闹’，记者既要做好文章，又要帮助各级党委政府做工作，与党和人民同呼吸共命运。尤其是分社社长，更不能道听途说，哄了上头，害了下头”。

何东君在四川分社工作的三年，充分显示了他在管理上的才能。当他离开四川时，人们的评价是：老何是历任社长中最与人为善的一个。事实上，何东君的“与人为善”在新华社是出了名的。若是问他周围的同事：老何是个怎样的人？人们大多会说，平易近人，与大家相处得很好。

经营新华社

2000 年 8 月，何东君升任新华社副社长，主管行政、后勤、经营等除了人事和报道之外的几乎所有事务，责任之重大、工作之繁杂，可想而知。但何东君仍然乐此不疲。在传媒市场竞争日趋激烈的今天，新华社无疑面临着严峻挑战。如何经营新华社成了摆在这位主管副社长面前的最大课题。

深厚的学养和丰富的工作经验，使何东君总是能很快地“进入角色”。如今的角色要求他站在国内国际新闻两大市场来把握新华社的经营。他清醒地认识到，当前传媒业呈现出市场化、集团化、跨行业经营的发展趋势，新闻信息传播主体的多元化、传播方式的现代化、经营方式的市场化、服务方式和受众消费趋向的个性化，对新华社提出了挑战。与此同时，新华社的事业发展也面临良好机遇——社会不断增长的新闻信息需求，不断扩大的国内新闻信息市场——凭借不可替代的国家通讯社地位及其遍布全球的网络优势和新闻信息资源优势，新华社的经营完全可以做大做强。

何东君提出，新华社事业发展要以“好、快、大、强”为目标。好，就是要求新华社的新闻、信息、音像、网络等产品都必须是高质量的，是国内乃至世界一流的；快，就是要求采集、加工新闻要快，传输速度要快，适应市场的需求要快；大，就是经营规模要大，新华社要成为中国最大、世界主要的多媒体新闻信息集团；强，就是综合实力要强，综合实力包括经济实力、影响力、权威性和对社会进步、经济发展的推动作用。

何东君说，新华社的优势之一在于拥有庞大的新闻信息采集和营销网络，但由于体制和机制的缺陷，尚未形成一个能适应市场竞争、高效灵活、反应快速的运转系统。因此，必须加快新华社经营管理体制的改革，进一步整合全社资源；科学配置、合理利用资源，把有效资源和支柱产业结合起来，和市场前景看好的优势产业结合起来；加强协调通稿的生产和营销，对信息、报刊、网络、音像实行一体化经营、一体化管理，尽快建立新华社多媒体新闻信息集团化经营模式；切实发挥国内分社的采集和营销平台作用，构建以总社为龙头、分社为基础、全社统一的采集和营销网络；积极论证在国外分社建立营销平台的可行性，使新华社新闻信息产品进一步打入西方主流社会。

读万卷书或将百万兵，人生一雄也

掐指算来，自从何东君调到新华社总社任副秘书长兼办公厅主任以来，他从新闻工作的台前退到幕后，为新华社几千职工服务已近10年。当被问及这种转变对当时他的心理产生了怎样的影响时，何东君说，从中学到今天，手不释卷的阅读习惯培养了他广泛的兴趣，因此无论做什么，他都饶有兴趣。他尤其喜欢读毛泽东的文章和诗词，那博大精深的学问，明白晓畅、辛辣犀利的文风以及磅礴的气势，对他有一种天然的吸引力。“主席的文章可以训练我的思维方式，他的《矛盾论》使我获益匪浅。尤其是做管理工作，常常是在与矛盾打交道，要善于化解矛盾，主席的《矛盾论》就是最好的老师。”何东君还喜欢读《论语》，从中他汲取了做人做事的智慧；喜欢读《鲁迅全集》，因它不仅是观照当时社会、政治的一面明镜，更蕴含了艺术、美学、书法、出版……知识面很宽阔；喜欢读《道德经》；喜欢读三李（李白、李贺、李商隐）的诗词；喜欢读《红楼梦》。

闲时他还喜欢把自己放在诗画当中，并以此做“养心术”，也听听《二泉映月》《梁祝》等音乐……不过，对于公务缠身的他来说，这两样爱好恐怕要常常特别“经营”才能享受得到了。

爱好如此丰富，难怪何东君“从未消沉过”。他常以为，读万卷书或将百万兵，人生一雄也。自以为“豪放派”的他有时会觉得，生命中没能在军营体验一下是件憾事，好在万卷书是可读的。在西北工作时，他常常赞叹黄土高原雄浑大气的美，登上高山，极目远眺，看滚滚而来的山峦，脑海中常常会有历史上战将如云、驰骋疆场、金戈铁马、纵横奔突的场景。也正是在这片广袤的土地，才可以欣赏到“大漠孤烟直，长河落日圆”的奇景，天地之

雄阔，潜移默化之间人的心胸也变得开阔了，因此何东君更喜欢北方的山。而南方山水的娟秀则似乎带给他压力，有一次独自在西湖边漫步闲游，垂柳飘拂，烟波浩渺，显得格外沉静幽雅，何东君忽然想起诸多往事，不免有些感伤，他立刻抽身离开杭州，怕那种太小家碧玉的景致消磨了自己的斗志。

深冬北京的风，凌厉如刀，每当听见外面风声呼啸而过，就想起何东君的诗“长风万里过北京”，细细琢磨他所说的“不管生活把我抛向哪个角落，我都能从那里汲取营养”，似有无穷滋味，尤其值得学习。

（原文发表于 2002 年）

张国志：广阔天地　奋斗不止

◉ 陈炳旺　赵文平　金建国

张国志简历

张国志（1944—　），河南省宝丰县人，1966年1月加入中国共产党。1963年9月至1968年12月，在中国人民大学经济系学习。1969年1月至1970年1月，在陕西省留坝县马道公社沙坝大队当农民，接受再教育；1973年11月，在国有第六三二厂工作，曾任厂长、党委副书记、人武部第一部长。1989年5月，被评为高级经济师。

人类历史是一条河，一条生命的河。人人都在这条河里流淌。有些似乎是涓涓细流，悄然无声，但汇入巨川大海的志向寄寓了它对前程的高瞻远瞩和对幸福的美好憧憬。虽然希望还在遥远的大海边闪烁，流淌中数不尽的障碍如影随形，但敏锐地发现使它晓得怎样穿透岩缝，渗出地面，重见天日；执着强硬的力量使它懂得可以水滴石穿，石破天惊；勤劳智慧的才能使它明白在幽深的谷底可以重新集聚，重整旗鼓，再现澎湃：只要不停息，就可以冲破一切大自然和社会屏障，不管千回百转，总能奔向大海。我们的校友张国志就像是清澈见底的涓涓细流。他的生命之水从人大校园流出之后，无论是流在高山峻岭之间，还是流在城市工厂里，都竭尽全力、义无反顾地汇入民族振兴、社会进步的历史长河里，朝着共产主义理想奔流不息。

广阔天地的劳动者

1969年元月，张国志被分配到陕西汉中地区留坝县马道公社沙坝大队当农民，接受再教育。留坝县位于秦岭山区，沙坝大队130多户社员分散居住在20多里长的山沟里。这里山高天小，地少人穷，条件非常艰苦。张国志长期生活在平原地区，生活在城市里，现在开门见山，出门爬山，劳动上山，山里来、山里去，他非常不习惯，爬一个坡就累得汗流浃背，稍微背一点东西就气喘吁吁。他到沙坝时，适逢大队大搞农田水利建设。社员们一双草鞋踏霜雪，早披星，晚戴月，埋头苦干，要把一块荒芜了上百年的乱石滩改造成高产田。刚开始时，张国志肩不能挑，手不能提，背不能背。每天劳动回来，腰酸腿疼，手脚发麻，浑身瘫软，肩膀压得红肿，鲜红的血渗出来，又辣又疼。有一天下午，北风怒吼，雪花飞舞，风裹着雪，雪乘着风，越刮越大，越下越猛，

风雪打在脸上像刀割一样，手脚冻得不听使唤，张国志撬石头时不小心把左手食指压住了，整个手指乌黑发青，指甲也掉了，疼得很。但是望着满身霜雪、满脸汗水的社员像钢打铁铸的一样战斗在严寒飞雪中，张国志决心向社员群众学习，努力锻炼自己。他咬紧牙关，坚持下去，每天早早到工地上，天天抬大石头，一直抬了两个多月，慢慢地，手掌和肩上起了厚茧子，他也逐渐适应了农田水利建设的强体力劳动。他跟着社员们上高山，下深沟，穿林丛，越荆棘。春天和社员趟着冰冷刺骨的水在田里撒粪、插秧；夏天冒着炎热酷暑收割小麦、油菜；秋天汗流浃背地抢收抢种；冬天顶风冒雪兴修水利。他虚心地向社员们学习农业技术，学习他们吃苦耐劳的高尚品质；每天劳动完以后，汗水、泥水、粪水弄得满身都是，但他不觉苦、不怕累；他买了理发推子，带到田间地头，利用休息时间，为社员开展理发服务；在群众缺粮时，他把工资拿出来，为社员买来生活急需品；农闲时，他积极组织社员学习农技知识。张国志的所作所为，受到社员们的称赞。他被推选为1969年公社、县和汉中地区的积代会代表，并被汉中地区树为上山下乡人员的学习榜样。《陕西日报》1969年12月22日发表了他写的《一辈子当贫下中农的小学生》的文章，《汉中日报》1970年1月14日发表了他写的《努力攀登思想革命化的高峰》的文章。

1970年2月，张国志被抽调到中共留坝县委办公室政策研究组工作。留坝县地处秦岭地区，交通十分不便。当时全县没有一辆汽车，从县里到下面去，翻山越岭，全靠步行。经过长时间的锻炼，张国志的脚板硬实了，一天能走100多里。在三年多的时间里，他走遍了全县15个公社、103个大队，同乡村干部和社员群众同吃同住同劳动，进行调查研究，写了30多万字的调研报告，其中绝大部分被《留坝情况》《汉中日报》以及地、县的各种会议采用。他采访了许多模范人物，广为宣传他们的事迹，为各

行各业树立了典型，如六年内送三个儿子参军的模范军属郭春悔，毫不利己、专门利人的女民兵班长蒋桂兰，一心为公的模范饲养员何秀珍等。也总结了许多单位的先进经验，如科学种田夺高产、三年跨了三大步的东沟公社，实行劳武结合、坚强团结、朝气蓬勃的磨坪大队民兵连，大力开展文体活动、努力培养学生成为体魄健壮、遵纪守法的好学生的城关小学。有许多材料被当时的《汉中日报》采用。

在农村劳动和工作的四年多时间，使张国志对农村、农业和农民问题有了深刻的认识，受益匪浅，既锻炼出了强壮的身体，增长了见识，又学习了许多先进单位的经验和模范人物的先进事迹，对他人生观、世界观和价值观的形成起了很大的作用。

国有企业的建设者

1973 年 11 月，张国志调到四机部国有第六三二厂工作。这个厂是在当时的国际国内形势下，由中央军委批准抢建的三线建设项目。他到厂时，工厂刚开始建设。他和全厂职工一起全身心地投入建厂劳动。他们在山沟里安营扎寨，到离工地 30 多公里的火车站卸车装车，抢运工地急需的各种建筑材料。在工地上挖基础、砌墙体、架电线、铺水管、安装设备、调试机器，男女老少不分工种一起干，哪里需要哪里去。从春到冬，风吹尘扑面，雨洒水洗腮，热天一身汗，冷天身披雪，年复一年，辛勤劳动，经过八年建设，终于将一个大型军事电子通信企业在豫西山区建成了。

我们看到了国有第六三二厂 1988 年 11 月 2 日《关于张国志同志申报高级经济师职务的考核报告》，这个报告客观地反映了张国志作为国有企业建设者的情况。

政治素质：能积极学习政治理论，认真贯彻执行十一届三中全会以来的方针政策，坚持四项基本原则，政治上、思想上和党中央保持一致，严格要求自己，顾全大局，忠于职守，作风正派，有很强的事业心，工作中能不断研究新情况，解决新问题，具有开拓创新精神，为加强我厂的经营管理做出了显著成绩。

学识水平：该同志具有坚实的经济专业理论知识和丰富的现代化经济工作实践经验，能提出有价值的政策性意见，能撰写较高水平的学术论文，知识面广，外语基础扎实……

业务能力：该同志长期从事企业的经营管理工作，业务能力强，工作实践经验丰富……

工作成就：该同志在加强经济管理和提高经济效益、社会效益方面贡献显著。

1979年由于国民经济计划调整，六三二厂被列为120项大中型企业停缓建项目，上级只给少量的维护费，企业一下子陷入了困境。在这严峻的形势下，张国志向工厂提出建议，以“全厂动员，同心同德，全力以赴，争时间、抢速度、创条件，搞好生产试制，尽快拿出样机，做好批量生产设备，扭转企业长期坐吃国家的被动局面”为工厂经营方针，并对厂内各部门具体指导。此建议被采纳后，全厂各单位以搞好产品试制为中心开展工作。经过全厂职工一年的努力，打通了生产线，强化了指挥系统，工厂在基建未完成的情况下，迈出了试生产的第一步。

1980年，张国志在为工厂起草《生产计划大纲》时，明确提出了工厂的任务是：“狠抓产品试制，搞好批量生产，广开生产门路，疏通产销渠道，自力更生，繁荣经济，做好验收投产的准备工作。”并为此制定了具体的措施，对厂属各单位提出了具体的要求。该生产大纲实施后，全厂在继续停缓建的情况下，不是消极

等、靠、要，而是积极组织生产，脚踏实地地干，为企业自立和发展奠定了基础。

1981年，张国志在组织生产中实行局部改革，如实行不同形式的奖励制度，开展立功评先活动，加强计划调度工作，狠抓定额管理，严格考勤制度，积极开展职工在职教育等，对搞活企业，提高企业素质，调动职工群众的生产积极性，提高生产效率，促进生产发展起了很大作用。事实证明效果很好。

1982年，张国志针对全厂任务不饱满的状况，主要组织制定和实施了对外协作、来料加工和生产小商品的奖励办法。厂属各单位在保证完成生产任务的情况下，利用空闲设备、富余劳力、边角余料、积压物资，大力开展外协加工。

1983年，张国志在为工厂起草的《生产计划安排》中提出主要应抓好提高企业素质，增强企业应变能力，提高企业经济效益的工作。这一年，张国志主要抓了生产计划科的自身建设，建立了生产调度会、上岗会、科务会制度，建立了调度会议纪要落实制度。制度的落实，保证了良好的生产秩序和工作秩序，保证了生产计划的完成。生产计划科当年被评为先进集体。

1984年，张国志在为工厂起草的《1984年打算》中提出了“以提高经济效益为中心，提高产品质量为重点，消化吸收引进技术，使企业进一步走向正规化，增强企业应变能力”的经营目标，并提出了企业要实现指导思想、经营方式、管理方式、生产手段的四个转变和全员培训。这一年由于指导思想对头，经营目标明确，生产有了很大进步，经济效益有了明显提高。这些成绩的取得，与张国志经营决策有方和生产计划的周密安排是分不开的。他为此而付出的艰苦劳动和做出的贡献，受到了全厂职工的好评。

1986年，张国志协助厂长负责全面行政工作。这一年1至9月，由于种种原因，生产销售情况不好，到9月底，销售收入只完成606万元，情况非常严峻。为此，张国志提出了“生产、销

售、售后服务一条龙承包方案”，这一方案经厂务会研究同意后，从10月起在全厂实行，由于方案目标明确、奖惩分明、执行严格，调动了职工的积极性。第四季度，完成生产销售任务600万元，张国志为圆满完成全年生产销售任务立下了汗马功劳。

此外，他还具体组织实施了医疗保健处的经济承包，改革了医疗费用报销的有关规定。结果使大多数职工得到了实惠。控制了药品浪费，提高了出勤率，医院对社会开放，收入也增加。同时还对厂劳动服务公司推行了租赁承包，提高了营业额，扩大了就业面，也给公司本身带来了活力。

1988年，张国志除协助厂长进行全面行政管理工作外，还负责劳动人事、职工教育、保卫、老干部、总务、医疗保健、计划生育、子弟学校、劳动服务公司等工作。为适应改革需要，搞好基础管理，组织以上部门制定或修订了一系列的规章制度和实施办法，特别是在优化劳动组合，提高企业素质方面做出了显著成绩。

为了改善企业的经营环境，增强企业活力，张国志先后主持解决了三线企业军转民，工程技术人员缺乏，职工生活困难、住房难、子弟上学难等问题，稳定了职工队伍。

由于张国志政治素质好，具有坚实的经济专业理论知识和丰富的企业管理工作实践经验，能解决企业经营活动中的实际问题，提高企业经济效益成绩突出，1979年至1981年，他连续三年都被评为工厂的先进工作者，1987年还被洛阳市总工会授予“职工之友”称号。

国企改革的探索者

三线军工企业分散在深山沟里，远离城市，交通不便，信息

闭塞，形成了一个封闭的小社会，不仅缺乏现代工业生产所需的供、产、销外部条件，而且职工及家属衣食住行都存在许多困难，这些都需要通过改革来解决。张国志经历了国企改革的放权让利、利改税、承包责任制、转换经营机制、制度创新的各个阶段。在这个过程中，他积极探索，勇于实践，认真总结，写了数十篇论文，为建立现代企业制度尽了力。

1987年5月，他在《河南省三线企业论坛》第六期上发表了《沿海发展战略与三线企业的对策初探》，提出了三线企业发展的三条对策。一是拾遗补阙：生产人无我有，人有我优的产品，生产国内市场紧缺的产品，在市场空隙、边际产品上做文章。二是三点一线：以工厂为基地，外地城市开窗口，海外设销售点，把工厂和国内外市场联系起来，开展三点一线的外向型经营。三是一厂两制：吸引外商在厂内办合资企业或搞来料加工，在一个工厂里形成两种管理模式的对峙，形成自我开放的局面。按此策略，六三二厂取得了显著的经济效益。

1987年11月，他在河南省三线工业经济研讨会上做了《当前军工企业调整改造之浅见》的发言，提出：引虎出山，搞好企业的布局调整；军民结合，搞好产品的结构调整；统一规划，搞好产业结构和技术结构的调整。并提出了调整改造的对策和方法。

为了实现六三二厂的调整改造，从1985年至1988年三年多的时间，张国志北上南下，东奔西走，积极地向国务院三线办、电子工业部、河南省政府、洛阳市政府反映六三二厂的实际情况，陈述调整搬迁之必要，终于得到了上述单位的同意，六三二厂整体从深山区搬出，迁到洛阳市高新技术开发区。

1989年10月21日，张国志在《光明日报》上发表了《落实国家产业政策的思考》一文，提出“国家必须加强宏观调控，解决经济建设中乱上项目、盲目发展、分散布点、重复建设的现象，实现国家有限资源的合理配置和资金的有效利用”，建议国家尽快

出台各种法规，瞻前顾后，统筹兼顾，加强宏观调控，以制止有限资源和资金的浪费。之后的事实证明，他的思考是超前的。

1990 年 1 月 19 日，他在《中国电子报》上发表了《我国移动通信发展的喜与忧》一文，提出国家信息产业统一管理的建议。文中指出："为了切实搞好电子产品结构的调整，下大力发展计算机、通信等投资类产品，建议设立国家通信委员会，负责国家通信产业的发展。"之后，信息产业部的成立为他的忧虑画了一个句号。

1994 年 2 月 28 日，张国志又在《中国电子报》上发表了《为移动通信的发展鼓与呼》一文，提出加强我国信息产业发展的四条建议：一是加强宏观管理，统一规划，打破部门的界限，实行行业管理；二是统一国家通信网的各类技术体制，强化技术规划和统一技术标准，组织研究产品的标准化、系列化生产，保证国家通信网的持续协调发展；三是选择若干个大中型企业形成科研开发基地，国家在投资、信贷方面给予支持；四是实行生产许可证和销售许可证制度，不得人为地分割市场，以保证我国通信事业的发展。

1996 年 5 月 20 日，张国志在《洛阳经济报》上发表《重新设计企业》一文，提出了实现国有企业资产增量扩张和存量增效的意见。他对国企改革的这些想法，在党的十五大形成的文件中得到了肯定。

在国企改革的实践中，张国志深深地认识到，发展需要改革，改革需要创新，创新推动改革，改革促进发展。因此，他 1992 年担任厂长、党委副书记后，按照邓小平南方谈话的精神，对企业进行了大胆的改革。作为厂党委副书记，他动员全厂职工"解放思想，转变观念，创造环境，走向市场"；作为厂长，他提出"市场导向，外引内联，以外促内，全面发展"的经营方针，重组资本，塑造企业新机制、新产业、新机构。为解决人浮于事的问题，

大力精简机构，剥离富余人员，下岗分流。一部分人重新培训、竞争上岗；另一部分人创办第三产业，走向市场。剥离非经营性资产，让后勤医疗部门对外经营。规范质量保证体系，调整企业产品结构，大力开发新产品，降低产品成本。为解决企业沉重的债务负担，除厂企业内部千方百计使存量资产变现投入流通外，为从根本上解决问题，他向上级主管部门建议，企业的银行贷款应作为国家资本投入进行股份制改造。经河南省审计厅审计，张国志任厂长期间，由于全厂职工的努力，企业固定资产增加 2 800 万元，销售收入逐年增加，已恢复到企业调整搬迁前的水平，企业开发新产品 10 种，当时居国内领先水平的有新型无线对讲机、电子秤收发信机、无线寻呼发射机、小型调频广播发射机、铁路专用列车电台、农用及人用机动三轮车。1993 年六三二厂获得了河南省高新技术企业称号，还被评为洛阳市涧西区社会治安达标先进单位、三优活动先进单位。

张国志认为，在历史长河中，个人的作为只是亿万个为实现崇高理想而奋斗的人中一朵小小的浪花，后浪推前浪，一浪高过一浪。回首往事，奋然前行的历史责任感和挑战新生活的信心，一直伴他前行。虽然所作所为都并非惊天动地的大事，但没有虚度年华，没有苟且偷生，坚定地走自己的路，无悔来世一遭，他也就心满意足了。

（原文发表于 2002 年）

陈兆民：跃身特区改革的大潮中

◉ 融　融

陈兆民简历

陈兆民（1944—　），出生于广东省紫金县农村，中共党员，高级经济师。1970 年 7 月毕业于中国人民大学财政系。毕业后的两年在中国人民解放军武字 158 部队锻炼。1972 年至 1984 年在河南省信阳地区财政局工作，1981 年起，任局办公室副主任。1984 年至 1987 年，在广东省深圳市财政局工作，其间历任局财政研究室负责人、局办公室副主任。1987 年至 1989 年任深圳市投资管理公司副总经理。1989 年至 1991 年任深圳市财政局副局长。1991 年至 1998 年任深圳市财政局副局长、党组成员。1998 年任深圳发展银行党委书记。1999 年任深圳发展银行第四届董事会董事、董事长。

1987年7月，走在全国改革开放前列的深圳又爆出了一条新闻：全国第一家市属国有资产的管理机构——深圳市投资管理公司成立，并首次公开向社会招聘经理人员。一时间，各路英才云集鹏城，展开激烈的角逐。最后一位来自深圳市财政局的中层干部斩关夺隘，摘取了桂冠，成为新闻人物。他就是中国人民大学财政系1970届本科毕业生陈兆民。

陈兆民出身于山村农家，在艰苦的环境中长大。读中学时，他是靠自己砍柴卖钱交学费完成学业的。当他以优异的成绩考取人民大学后，是亲戚们凑钱他才得以进京上学，完成学业。然而，这段艰苦的人生经历，却为他日后的成长打下了基础，激励他在人生的道路上自强不息，顽强拼搏。大学毕业后，他到河南省信阳地区财政局工作。先后当过办事员，办公室副主任。1984年调入深圳后，先后在财政局研究室与办公室工作。不安现状的他一直想在事业上有所作为，当他听到深圳市投资管理公司向社会公开招聘经理人员的消息后立即报考，主动加入竞争的行列，凭自己的本事，在强手如林的考试中力挫群雄，脱颖而出，成为深圳市投资管理公司第一任主持工作的副总经理。

然而，当他就任后，面对的是改革路途多坎坷。国有资产管理体制的改革在当时是一个前所未有的课题。他上任后，大胆地提出国有资产管理要走政企分离的路子，这样可以淡化政企之间的依附关系，企业的市场关系逐渐取代对政府的依赖关系。改革的思路一经形成，陈兆民便带领大家在实践中摸索。这一改革思路和实践探索，为后来深圳市政府确立的“市国有资产管理委员会—市级国有资产经营公司—企业”这样三个层次的国有资产管理体制框架，做了前期思想准备和组织准备。深圳市的这种体制在上层实现了政府的社会管理职能与资产所有者职能的分离，在中层实现了国有资产管理职能与国有资产经营职能的分离，在下层实现了国家终级所有权与企业法人所有权的分离，明确了企业法人财产权，理顺

了政府与企业的关系，真正体现了社会主义市场经济条件下政府管好所有权、放开经营权、行使宏观调控权的改革要求，为建立现代企业制度创造了必要的条件。当内地的企业无法适应市场经济的大潮而纷纷破产时，深圳的企业正按照市场经济的规律进行良性循环。陈兆民所投身的这场关于国有资产的改革为我国的国有资产管理摸索出了行之有效的经验。此后，国家借鉴深圳的经验成立了国有资产管理局，专司国有资产管理。

与此同时，陈兆民还积极探索企业管理制度的改革，挖掘深圳资本市场的潜力。在实践中，陈兆民认识到国有企业的运行始终存在着职责不明的弊病。要打破“铁饭碗”的弊端，就要引进竞争机制，搞活企业。锐意改革的陈兆民大胆参与深圳企业股份制试验。这在当时确实需要不凡的勇气，许多人顾虑重重：实行股份制之后国有企业公有制性质会不会蜕变，股票上市后，会发生什么样的后果，会不会引起一系列的震荡，会不会产生一个新的寄生阶层……所有这一切，都是当时无法预料的。然而，改革，就是一件前无古人的创举，就是摸着石头过河，就要敢冒风险。陈兆民多年形成的拼搏精神激励着他投入这一场改革。他以“敢为天下先”的精神，冲破来自各方面的压力与阻力，选择深圳发展银行作为股份制的试验田。发展银行的前身是信用合作社，在吸收新股东后，形成了股份制银行。投资管理公司是这家银行的第一大股东。按照股份制的要求，陈兆民担任了副董事长。至此，改革开放的中国有了第一家股份制的银行。1988 年 4 月，深圳发展银行的股票第一次挂牌买卖。股票刚上市时，对于在计划经济条件下生活惯了的人来说，它就像第一只摆在人们面前的螃蟹，无人敢下箸。就连当时投资管理公司内部也只有两人敢买发展银行的股票，其中之一还是为发动群众而做表率的陈兆民。首期发行一千万元股票的任务没有完成。面对挫折，陈兆民毫不气馁，继续进行股份制的改革试验。1988 年 8 月，在深圳市政府的领导

下，由投资管理公司等部门组成了深圳市资本市场领导小组，陈兆民作为小组成员，与香港新鸿基公司的代表共同磋商，探讨如何在社会主义制度下推动资本市场发展的问题，有领导、有计划地推动了深圳证券市场的发展。

陈兆民带领投资管理公司推行的股份制改革，以其积极稳妥的步伐，逐步取得了显著的成效，深圳的证券市场已趋成熟。企业推行股份制的积极性高涨，从而为深圳的经济体制改革，探索建设有中国特色的社会主义模式提供了经验，打下了坚实的基础。

正当陈兆民在投资管理公司的事业如日中天之时，由于工作需要，组织上调他到市财政局任副局长。重回财政局的陈兆民，与市财政局的一班人一起对财政局的现状进行了大胆改革。

当时社会上存在着严重的“乱收费、乱罚款、乱摊派”的现象。有的单位截留罚没款，私设小金库，助长了腐败现象的蔓延，群众意见很大。陈兆民上任后，首先针对乱罚款现象从制度上进行根治。他与地方收入处一起研究，提出罚没款收入与行政性收费实行收支两条线，即执法单位收到的罚没款和行政性收费的收入要全部上缴财政，然后由财政局根据这些单位情况给予拨款，行政性收费款直接入到财政局在银行开设的账户上，由银行代收。此举开了行政性收费委托银行代收款的先河，受到省财政厅的肯定，并在全省范围内得到了推广。财政部对这项改革非常重视，各省市财政部门纷纷到深圳市财政局取经。专家学者们对这一做法也很感兴趣，给予高度评价。

社会对改革措施的支持，极大地激发了陈兆民继续开拓的勇气。他又开始思考如何对财政周转金的使用现状进行改革。诚然，财政周转金的使用对促进特区的经济发展起了很大的作用，但也存在着不少的问题，有的钱放出去却收不回来。陈兆民认识到要改变周转金的使用状况，就要改变过去的审批办法。过去，由用款单位提出申请，财政局业务处提出意见，分管局长审批，缺乏

必要的监督。如今成立了专门的周转资金审批小组，财政局局长任组长，陈兆民任副组长，其他副局长和有关业务处的负责人作为小组的成员，定期对局里发放的周转金进行集体审批，由个人审批变为集体审批，提高了周转金作用的透明度，也加强了决策的科学性与准确性。同时还针对周转金使用上存在的其他问题，有的放矢地进行了改革，如委托银行代理放款业务等，取得了较好的成效，一方面使深圳市周转金的利用率明显提高，另一方面也有效地防止了腐败现象的产生。

为了提高深圳市财政会计人员的业务水平，陈兆民在担任财政局副局长以后，肩负起培训全市财会管理人员的重任。他针对原来局培训中心工作中存在的问题，对领导班子进行了调整，并组织大家认真研究培训方案，加强与财政局有关处室的业务联系，经过大家的共同努力与锐意改革，培训中心的工作很快有了改观，由过去一个亏损的单位变成了一个经济效益与社会效益都呈上升趋势的单位，成为深圳市的一级培训基地。

陈兆民在他分管的财政工作中，始终不忘将扶贫工作列入议事日程。他们先后选择龙华镇民治村等四个行政村作为市财政局的扶贫点。同时，每年从可支配财力中拨出一部分钱设立“经济合作发展基金”，即扶贫基金，在广东省的五华、大埔、丰顺、紫金四个县开展扶贫工作。为了使扶贫成为工作的一项基本内容，陈兆民与他的伙伴还把视线越出广东，放眼省外，老革命根据地井冈山地区、延安地区，还有贵州、长江三峡库区等都得到过深圳市的无私援助与大力支持。

在扶贫的过程中，他们还十分注重扶贫方法的改革。陈兆民与他的同事们在深入调查研究的过程中，不断总结扶贫工作的经验，摸索扶贫工作的新路子。20 世纪 50 年代至 70 年代，扶贫的办法偏重救济型，群众一旦缺吃少穿，往往单纯依赖国家救济。陈兆民认为，90 年代的扶贫应该具有不同于以前的新思路，应该

大力帮助农民发展经济，使其从根本上脱贫致富。基于这种思路，“经济合作发展基金”的使用原则上是有偿低息，期限较长，其目的是推动、鼓励农村经济的发展。同时也有少量的无偿拨款。这种新型扶贫方式受到中央领导同志的肯定，日益发挥出它的效用，受益的贫困村发生了根本变化，逐步走上了致富之路。

回顾自己来到深圳后的工作与成长道路，陈兆民充满了感慨。他说，自己所取得的一切，来自特区的改革开放政策。在深圳这块充满生机的热土上，自小养成刻苦勤奋精神的陈兆民游刃有余，大显身手。他深感深圳这块充满阳光的土地更适合有志之士驰骋。谈到特区的财政工作成就，他说，特区建立之前，深圳的财政收入一年只有 1 700 万元，到 1996 年，深圳的财政收入已达到 131 亿元。

“海阔凭鱼跃，天高任鸟飞”，财政体制和国有资产管理体制改革在特区的经济发展中具有举足轻重的作用，也具有很大的风险性，它为陈兆民这样的时代弄潮儿提供了广阔的天地。陈兆民以他的成功实践，塑造了一位特区开拓者的形象，将人民大学的优良校风融入了特区建设者的风采之中。

（原文发表于 1997 年）

黄庆来：实事求是　坚定不移

◉ 刘　愫

黄庆来简历

黄庆来（1944—　），江西省兴国县人，中共党员。1964 年考入中国人民大学历史系中共党史专业学习。1970 年 7 月参加工作。1982 年 9 月，入中央党校理论部宣教干部培训班学习。毕业后任江西省教育厅教材研究室政史地组组长，中共江西省委宣传部教育处副处长、处长，江西省委宣传部副部长，江西日报社总编辑、副社长、社长，江西省人大常委会环境资源委员会副主任。高级编辑。1995 年入中央党校地厅级干部进修班学习。1995 年 8 月，在中共江西省第十次代表大会上当选为省纪律检查委员会委员。此后任江西日报社社长，现已退休。

初春的洪都，乍暖还寒，空气中弥漫着大街上爆竹的火药味儿和家家厨房里飘出的菜香味儿混合而成的“年味儿”；而就在除夕的午后，披着第一场春雨，我们走访了人大校友、时任中共江西省委宣传部副部长的黄庆来。

其实，寒假一回家便想约个时间和这位早我整整 30 年入校的老校友聊聊，却因为他工作繁忙而一拖再拖。没有想到的是会在除夕这天和他见面，于是也就更让我们为占用他宝贵的休息时间而深感不安。但他平易、生动的讲述很快让我们忘记了一切，沉浸于他那绵绵的回忆中……

少年艰辛　坚持求学

少年时代，对于黄庆来而言是极其难忘的。1944 年出生于江西省兴国县的他，3 岁就被卖到另一户人家，换来的是替父亲交纳壮丁费的 100 块大洋。两年后养父去世，留下了一对孤儿寡母，无依无靠。从此，他和养母相依为命，过起了极为清贫的生活。也许是应了“穷人的孩子早当家”这句话吧，他很小便开始帮养母干活、砍柴贴补家用。最难得的是，即使在家里环境最恶劣时，他也从来不曾放弃求学的信念。1952 年，他入初小后，成绩一直名列前茅。毕业时养母说，“农村娃，只要认识两个字，会认秤杆子就行了”，不让他继续读书。可是他不肯，执拗地要读下去。在老师的帮助下他终于又上了高小、初中，并进入县高中——兴国一中学习。学校与家里相隔 40 多里路，他每星期用扁担挑米、挑柴、带菜，靠双腿走一个来回。冬天没有御寒衣服，他想到了一个取暖的办法：上完两节课便到操场上跑几圈，再回教室上一堂课。三年困难时期，当时一个年级四个班的学生失学了一半，他却在学校老师的帮扶下坚持下来了。就这样，他凭着自己坚强的

毅力，完成了少年时代的学业，虽然吃穿不如别人，但他的学习却一直走在前头。1964 年他从兴国一中毕业，成为当年县里唯一一个走入首都北京的学生。

勤奋钻研　师恩难忘

“实在难以形容我拿到人大党史系录取通知书那一刻的心情。我还清楚地记得那是 8 月 15 日，而 5 天后我便急不可待地动身了，尽管还有些放心不下老母亲，她从知道我考上大学时便一直哭着不让走，可好男儿志在四方呀！”

或许正是凭着这股子“志在四方”的劲儿，19 岁的黄庆来一个人揣着 35 元钱路费，一根扁担挑着简单的行李，经过四天四夜的辗转周折，终于来到了他魂牵梦萦的地方——首都北京。他记得那是在永定门车站，他第一次踏上了这块土地；他记得一位好心的三轮车老工人拉着他，路过天安门时他真的哭了；他记得自己是第一个报到的学生，那时迎新大会还没有开，而他却已经圆了一个梦。

“现在回想起来，在人民大学的日子可能是我一生中最幸福的日子。从进校那一刻起我便感到了天堂般的温暖：系领导和老师知道我家里穷，给我送来了生活上需要的一切，床上盖的、身上穿的，学校提供给了我们最好的学习环境，自来水哗哗地流，房间里灯光明亮。食堂的伙食不知比家里强多少，一年后我的身高一下子从 169 厘米蹿到了 178 厘米。在人大的几年，我充分感受到了党的培养和关怀、老师的关心和栽培、同学之间的互助互爱，所有这一切都是我永志难忘的。”

“人大给我的第二印象便是它的一种风气，一种继承了优秀革命传统的风气，当时的校党委书记郭影秋在我们的迎新大会上说

的一番话，我至今仍然难以忘怀。他说，‘我们人大的学生基本都是工农子弟，家里不富裕，衣服穿得破，大家不必介意，有补丁也不要紧，只要干净整齐就可以了……’可见，对贫困学生不歧视，而是无微不至地关怀，这并非一句空口号，它已经成为人大人切实的行动，成为一种风气。师生间如父母子女，同学间如兄弟姊妹。这种风气很难得，而且是应该发扬光大的。”

“再有一点，便是人大理论联系实际，培养全面发展的人才的教育体制。我们从一入校便有学前教育，学习期间安排有各种劳动、军训和实践活动，可以让我们广泛接触社会各阶层群众，把所学、所见、所用结合起来，使学生得到了最大的发展。最重要的是人大从来不疏忽德育和人的全面发展。在我心中，上大学的的确确是为了人民，因为是人民给了我所有的一切，实事求是的校训更是让我铭记一生。所以不论当时还是现在，对人民大学和我的师长，感谢之情，我是难以言表的。”

这便是一位学子对母校最简单却是最动情的回忆。在人大的6年，虽然并不漫长而且还夹杂着“洗礼”，但对黄庆来的人生观和价值观的形成却起着至关重要的作用。

做人做官　实事求是

作为1964级的学生，本该在1969年就参加毕业分配的，但那场浩劫耽误了他们整整一年，而黄庆来和他的同学们得到的是“一刀切，一个也不留在北京，全部四个面向”的分配结果。告别了北京，黄庆来并未放弃对自己未来的追求。那时，他最现实的想法便是做一名教师。对这个职业他是怀着极其崇敬的心情的，可惜他的落脚点并非讲台，而是江西省军区“五七”农场，黄庆来在这里接受了一年半的再教育。艰苦的生活、繁重的体力劳动、

严格的军事化管理使他得到了又一次磨炼。他从普通小兵到团小组长，再到连队文书，还实现了他在大学里一个未圆之梦：加入了中国共产党。1971 年底，黄庆来被分配到江西共产主义劳动大学总校（也就是现在的江西农业大学）。他开始在宣传部工作，次年主动要求到马列主义教研室当了一名教员，一干就是几年。1978 年初，黄庆来被调到江西省高校、中专招生办公室担任招生工作，接着，又在省教研室从事教育研究工作。这段时间的各项工作都为他以后担任领导职务积累了一定的经验和知识。1983 年底，黄庆来被调到省委宣传部工作，1991 年初，任省委宣传部副部长。

在谈到他的工作体会时，黄庆来不无感慨地说："工作近 30 年，职务、心绪可能都在变化，但实事求是这种态度是贯穿始终的，而且也是我自己坚信永远不会改变的。一个人呀，对人、对事、对自己，都应该实事求是。在大学里，我就抱定这种处世态度。无论做人、做官都应该做到这一点。其实要做个好官，首先要做个好人。做官一时，做人一世；做官是一阵子，做人则是一辈子。不能实事求是、洁身自好，便不是一个好官，做人也不合格。你们年轻人更应该从现在就培养这种治学、做人的态度。"

"要说还有什么别的体会，一是怎么都觉得书读得不够，二是做事一定要有一份责任感、事业心。干宣传工作这一行并不轻松，我必须尽可能了解各种政策法规，多看各方面书籍，否则，只有个空架子，这工作是没法做的。而责任感对一个领导而言就更加重要了，在其位，要谋其政。我既然处在这么个位置上，就要把工作尽量做好，才不辜负党和人民的信任。"

工作第一　力争上游

黄庆来的确没有辜负党和人民的信任，在宣传教育战线，他

不断做出贡献，取得了令人瞩目的成绩。

在政治上他坚定敏锐，坚持正确的政治方向，坚持以马列主义、毛泽东思想、邓小平理论和党的基本路线指导自己的工作。担任省委宣传部教育处处长时，他的重要工作是稳定高校局势。当时资产阶级自由化思潮时隐时现，日趋泛滥，旗帜鲜明地坚持四项基本原则，做好稳定高校局势的工作难度很大。他联系实际学习邓小平的有关论述，认为对资产阶级自由化思潮不能退让，必须展开针锋相对的斗争。因此，对清除精神污染、制止风波，立场坚定、旗帜鲜明、态度积极。他还在《江西日报》以“本报评论员”名义发表了《坚持社会主义办学方向，培养“四有”新人》的文章；并组织力量编辑、出版了《掌握两个基本点，走健康成长之路》和《社会主义初级阶段理论和党的基本路线教育讲话》两本书，供大中专学生学习。政治风波中，黄庆来从一开始就处在工作第一线。为制止风波、减少损失、稳定局势、恢复高校正常秩序，夜以继日奋战了几个月，得到了领导和高校的好评。十三届四中全会后，他在思想上、政治上、行动上同以江泽民同志为核心的党中央保持一致，坚决贯彻党的路线、方针、政策。从 1990 年起，黄庆来连续参加了五次全国高校党建工作会议，协调组织召开了六次全省高校党建工作会议，建立了 100 多万元的高校德育基金，扎扎实实地推进高校党建工作，促进了高校的改革、发展和稳定。1996 年暑假，省委宣传部会同省教委在井冈山举办了高校领导干部研讨班，集中研讨高校如何落实讲政治的要求。黄庆来在会上做了发言，其中第一部分还以《高校领导干部必须讲政治》为题刊在 1996 年 9 月 27 日的《中国教育报》上。宣传思想工作政治性、政策性强，不能把政治性工作当作具体业务工作来做。他认为，宣传思想工作者，必须增强政治意识，在政治上保持坚定性、敏锐性。

黄庆来在工作中力求以“认真”“负责”四个字要求自己，做

好自己面对的每一项工作，即使自己并不喜爱的工作也要全身心投入，尽力把它做好，当作对自己的考验和锻炼。同时，不怕吃苦受累，敢于挑重担、打硬仗。恢复全国高校招生制度以后，他连续三年搞大中专招生工作，每年都具体组织中专命题、大中专招生试卷的印制分发工作。这是很苦很累责任很重的工作。因为工作要求高，不能出任何差错；要绝对保密，不得有任何泄密现象；时间性强，环环相扣，不得延误。参加这项工作的教师、干部、工人当然都是经过挑选的，而且进行全封闭管理，直到考试结束。尽管如此，他仍然唯恐工作中有失误、疏漏，特别是印制分发试卷时神经高度紧张，不敢有任何懈怠，三年都圆满完成了任务，得到领导的好评。

他工作标准高，敢于争先进。1992 年初，他分管出版工作。从这年起，江西省申报全国“五个一工程”的图书开始获奖，实现了四连冠，而且还首次获得了“国家图书奖”。六种获奖图书，从选题的提出确定，到编写、审稿、组织宣传评介等，他都直接参与，倾注了不少心血。有的图书选题，如《中华传统美德图说》就是他直接提出的；有的书稿，他多次审读，一丝不苟，字斟句酌，对思想观点、体系结构，乃至文字、标点、画面都提出过修改意见。他每年审读的重要书稿都在 10 部以上。1996 年，中宣部、新闻出版署举办了“中国出版成就展”“中国少儿读物出版成就展”，这是全国性的比赛。黄庆来和出版局的领导精心组织参展工作，两次均获“最佳组织奖”“最佳设计制作奖”，使不少人对江西出版事业刮目相看。

黄庆来长期分管过的高教战线，现在分管的新闻出版、文化市场，都是比较敏感的领域。对高等学校，他会同有关部门从抓管理入手，连续多年抓校风建设，抓基层组织建设，抓政工队伍和学生骨干队伍建设，抓“两课”教学改革和建设，抓为人师表、教书育人活动等，局势越来越稳定，各项工作井然有序。新闻出

版、文化市场的宏观调控管理也逐步得到加强。现在已建立健全了新闻宣传制度、文化出版例会制度、协调会制度、情况通报会制度、谈话制度等。对书报刊、广播、电视，组织审读、审听、审看和评议，成立了新闻协调小组、文化市场管理协调小组。同时，还通过加强职业道德建设，禁止“有偿新闻”，禁止买卖书号、刊号、版号，通过开展“创文明单位、树行业新风”活动，评选“十佳编辑记者”“十佳出版工作者”，组织岗位培训技能比赛等形式，进一步提高了新闻出版、文化市场管理队伍的素质。

在新形势下做宣传思想工作，必须有进取意识、创新意识。在工作上、思想上，既要统筹兼顾全面，又要突出重点、抓住关键。既要完成上级规定的“统一动作”，又要有“自选动作”，创造性地开展工作。这就要动脑筋想办法，使工作能吸引群众广泛参与，激发他们的热情。尤其是思想政治教育要入耳入脑，在方式方法上必须推陈出新。黄庆来从 1992 年起，连续五年组织全省青少年开展读书活动。为了加强青少年社会主义思想教育，他协调组织了有关部门，开展读《我爱社会主义》一书的教育活动，举行了读书征文比赛、演讲比赛、夏令营、读书知识电视大赛等，全省青少年的积极性都被调动起来了，图书发行了 330 多万册，参加人数达 600 多万人。把图书出版和读书活动结合起来，把课堂教学和课外活动结合起来，既加强了学校德育工作，又推动了出版事业的发展。这项活动受到广泛好评。此外，他每年都协调组织围绕一个思想教育主题，开展读一两本主题书的活动：1993 年读《中国有个毛泽东》，1994 年读《走向辉煌》，1995 年读《中国母亲》《筑成我们新的长城》，1996 年读《迎接香港回归祖国》《中华正气歌》。五年累计参加读书的青少年突破了 3 000 万人，发行图书 1 200 多万册，社会效益、经济效益都很可观。中央新闻单位多次报道江西省的读书活动，中宣部和新闻出版署的领导也给予充分肯定，江西省获“五个一工程”奖的图书中有三本就是读

书活动的主题书。

走上工作岗位后，黄庆来一直没有放松学习，特别是两度进中央党校共有一年半的时间，更是难得的学习机会，他补充了不少知识。他认为，读书是学习，使用更是学习。要提高工作能力水平，必须读书，同时还要注意在实践中学，不断开动脑筋，总结工作经验，探索规律性的东西。要紧密结合工作实际，动笔写东西。黄庆来在省教研室从事历史教学研究时，发表了《范仲淹不树园圃》（《人物》，1982 年第 3 期）、《朱熹和白鹿洞书院》（《江西社会科学》，1982 年 3 月，收入《庐山史论文集》）、《中学的历史教学必须加强》（《江西教育》，1982 年 11 月）、《唐摭言》（《文史知识》，1983 年第 1 期）、《欧阳修政治活动述评》（《争鸣》，1984 年 2 月）、《欧阳修与庆历新政》（《上饶师专学报》，1984 年第 1 期）等一批小文章。到省委宣传部工作后，写新闻报道和文章则更为经常，很多文章不署名，而以本刊或本报评论员或是特约评论员名义发表。他还结合工作，撰写动态分析、问题研究的文字，供领导参阅，有的被新华社采用，有的得到省领导的重视。1988 年 4 月，他写了一篇题为《学生轻生自杀引起的思考》的文章在内部刊物上刊出，省长吴官正看后即批示："分析得很中肯，确应引起重视，采取措施，加强疏导，防止学生轻生。社会、学校、家庭和政府各部门应支持和帮助学生，把实际问题解决一下。"这篇文章对实际工作起了一定促进作用。他还根据工作需要，主持编辑出版了一套供小学生、初中生、高中生和职业学校学生使用的法制教育课本和职业道德教育课本；主持编辑出版了关于《经济体制改革的几个问题——高中学生时事学习材料》、《学习十三届四中全会文件问答》、《小学生日常行为规范配图读本》（此书获"全国优秀少儿读物"三等奖）；主持编辑出版了《塑造美好的心灵》（第一、二集）和《探索与创新——江西教育工作者谈改革》等反映教育战线先进人物事迹和教育成就的书籍。

此外，他还组织编辑出版了《风范·楷模》，注释、出版了两本小册子《菜根谭》和《幽梦影》。担任副部长以后，可供自己支配的时间少了，但他仍然坚持挤时间读书、写东西，节假日、双休日基本上是在办公室度过的。他在实践中体会到，宣传思想工作覆盖面宽，难度大、要求高，新情况、新问题层出不穷，如果不勤奋刻苦学习，没有比较坚实的理论根底，没有比较宽的知识面，没有一定的文字能力和组织管理能力，是很难胜任工作的。而且，作为一个共产党员、领导干部来说，在建立社会主义市场经济体制和改革开放的历史条件下，要保持政治上的坚定性和思想道德上的纯洁性，也必须努力学习，不断吸取精神营养。只有讲学习，才能做到讲政治、讲正气，树立正确的世界观、人生观、价值观，“拒腐蚀，永不沾”。为此，他经常告诫自己，一定要勤奋学习，不断充实自己，完善自己，争取为党为人民多做点工作。

面对所有这些成就，听着他一席肺腑之言，回顾周围除了书之外没有任何多余装饰品的办公室，看着他那干练而凝重的脸庞，我们只想说，因为有他这样的校友，因为曾为人大人，我们自豪！

不知不觉，已近黄昏。临别前，我们请他给当代青年几句忠告，并为人大未来建设提些建议。他笑着说：“我很羡慕你们能有这么好的一个环境读书。应该趁着年轻多读些书、勤奋学习。大学教育从某种程度上说只是给你们未来工作打下了一个好的基础。你们要好好把握这个机会，培养一种责任感，对自己、对国家都要负责，从进入社会那一刻起便不能偷懒。现在有些大学毕业生过于浮躁，缺乏脚踏实地的精神，心高气傲却并无什么真本事，大事干不来，小事却又不愿干。我很不欣赏这一点，希望人大的毕业生不会如此。”

“人民大学是一个有着革命传统的学校，在目前这种日新月异的大环境下，应该不断调整专业设置，经受住社会革新的挑战。一是要适应建立社会主义市场经济体制的需要，二是要适应加强

精神文明建设和民主法制建设的需要。坚持实事求是、坚持理论联系实际。让学生全面接触社会、了解社会。我相信未来人大会有更好的发展前景!”

走出这位老校友的办公室，外面依旧阴雨霏霏，但在我们心里却透着一缕阳光，灿烂而温暖……

人哪，无论碰到什么挫折、苦难，都应该以一种积极的态度对待它，把它当作人生的必修课……

——黄庆来

（原文发表于1997年）

于庆田：行者无疆

◉ 丁小炜

于庆田简历

于庆田（1945— ），出生于河北省无极县一个农民家庭。1964 年进入中国人民大学新闻系学习，1965 年加入中国共产党。1969 年作为优秀毕业生加入中国人民解放军。1970 年被分配到酒泉卫星发射中心工作。曾下连当兵，当过宣传干事、发射中队指导员，参加过几次运载火箭和导弹的发射。曾任中国科技新闻学会理事。1997 年离京调酒泉卫星发射中心担任领导职务。1999 年被授予少将军衔。2001 年调任石家庄解放军军械工程学院正军职政治委员，2005 年 12 月退休。

他是将军，也是文人。他儒雅，也执着。他毕业于新闻系，没去当记者，却走过30载无悔的漫漫军旅。他出生在燕赵大地，求学于首都北京，却把宝贵的青春年华奉献给了祖国的大西北，成为我国国防现代化的建设者和军事高科技发展的见证人。

他就是解放军军械工程学院政治委员于庆田。他说，是中国人民大学——这所中国共产党创建的第一所新型大学培养了他，因此，几十年来，不管是在内地还是在边疆，不管是做官还是为人，他都一直恪守母校的校风，做人民的公仆，无止无尽，做奋力跋涉的前行者，无涯无疆。

平生读书为谁事

1964年，于庆田从河北农村来到繁华的北京上学，高考时因为作文写得好，他幸运地被人大新闻系录取。进大学后，他发现周围的同学几乎个个都博览群书、见多识广，可他这个农村孩子以前连一般的课外书也不曾见到过，更别说名著了。步入人民大学这座知识的殿堂后，他便一头扎进书本的海洋，孜孜不倦地汲取知识。当时国家刚刚度过最困难的时期，又面临着国外的封锁，为了民族的振兴，为了国家的强盛，莘莘学子你追我赶、如饥似渴地学习。老师和同学们对他这个出身普通、衣着土气的农村娃在各方面给予了关心和照顾。那时，形势报告很多，有时还能听到陈毅、彭真、刘宁一等领导同志的报告。正是在那种朝气蓬勃、奋发向上的校风熏陶下，在那些良师益友的帮助下，他开始形成自己的世界观、人生观、价值观，开始注重政治思想修养，注重从人民大学的精神内涵中去思考问题，理解人生。第二年，他成了班里第一个入党的学生，还被选为团支部书记。

于庆田一直非常怀念他们的老校长吴玉章，他被老校长的人格魅力深深倾倒，至今还清晰地记得一些吴老的事情。第一件事发生在于庆田勤工俭学参加劳动的时候。那时，人大师生正在齐心协力动手修建游泳池。一天，大家正干得热火朝天，吴老赶来看望大家，与满手泥污的师生们握手，还高兴地与大家合影留念。吴老鼓励大家说："我们不但要自己动手修游泳池，而且每个人都要学会游泳，大家要向毛主席学习，去畅游长江，畅游大海，到大风大浪里去经受锻炼。"同学们至今还保存着那张珍贵的照片，"保存"着吴老平易近人的形象。第二件事是校友高玉宝对于庆田讲的。毕业前夕，于庆田奉命去大连邀请新闻系毕业生高玉宝回校讲课，高玉宝见母校来人请他，心情非常激动，对于庆田说老校长吴玉章是他们全家的"恩人"。原来，高玉宝出版纪实小说出名后，曾和妻子姜宝娥一起到人民大学读书，但因文化程度太低"跟不上班"。吴玉章十分关心此事，把他们夫妻放到人大附中先学几年文化，再到新闻系读本科。家庭有困难，吴老特批他们带着孩子上大学。外语考不好，吴老派人给他们补习。毕业时，干脆为这对模范夫妻免试外语。第三件事发生在"文化大革命"中。80 多岁高龄的吴玉章在人大文化广场看到大字报上那些攻击人大党委书记郭影秋的不实言辞，大发雷霆，用拐杖戳着地，生气地说："郭影秋是个好同志，周总理本来想把他从南京调到国务院任副秘书长，是我从总理那里把他要过来的。要找他的后台，我就是他的后台，反对郭影秋，就是反对我！"惧于吴老的威望，在场的造反派们都哑口无言，不敢还嘴。吴老的这次发飙在人大一直传为佳话，他这种疾恶如仇、敢于抵制错误的耿介性格，在于庆田的内心留下了深刻印记，几十年来，他一直把老校长作为人生楷模，指引自己的前进之路。

铁马冰河入梦来

大学毕业了，作为优秀毕业生，于庆田被特批参军入伍，分配到了中国人民解放军国防科学技术委员会。当他到国防科委报到时，才知自己已被分到了甘肃酒泉的某部队。酒泉，那不是霍去病与将士分享御酒的地方吗？那不是自己在史书中一次次游历过的地方吗？长城驿站、阳关古道、胡笳羌笛……这一切，如同远古的梦幻，向他涌来。后来，他才知道要去的地方是我国的卫星发射基地。其时，那座航天城还披着神秘的面纱——属军事秘密。

出秦岭，过兰州，渡弱水，大漠辽远，一路风沙。三天两宿的火车，腰坐酸了，腿坐肿了，眼也困了，身也累了，终于到了一个叫清水的小站，以为就是目的地，一打听，人家说，还远着呢。再走，沿着300多公里专用铁路，穿过荒无人烟的巴丹吉林沙漠腹地，马不停蹄地赶过去。就过样，于庆田带着满心激情和满身疲惫来到了部队。当然，迎接他的还有那里的艰苦和荒凉。戈壁滩上的臭虫第一夜就给他来了个下马威，他躺在床上根本无法入眠，索性睡到地上，臭虫们又穷追不舍到地上，赠给他浑身白疙瘩、红疙瘩。谁会想到，这里就是我们中国人把卫星送上天的地方呢？

“天上无飞鸟，地上不长草，长年不下雨，风吹石头跑。”战士们编的这四句顺口溜绝对是酒泉卫星发射中心的真实写照：苦。但于庆田却想，都是农村出来的娃，苦算个啥，既然来了，就要干出个样子。当然，人大毕业生这块牌子还得先收起来。他被分到基地警卫团机炮连接受锻炼，当一名25岁的新兵。这是一支从朝鲜战场上归来的部队，战士们个个都特别能吃苦，特别能战斗，

昂扬着冲天的乐观主义精神。把行李往屋子里一放，他就和大家滚在了一起。几个月下来，他已经同其他战士一样，皮晒脱了好几层，脸黑黝黝的。背炮弹，几十斤压在身上，照样一路飞跑；挖炮盘坑，三锹下去就是一个，毫不逊色于别的战士；干农副业活，甩开膀子也是一把好手。戈壁滩上盛产甘草，挖出来出口到国外，能为国家换取外汇。几个馒头一壶水，于庆田半天能挖90多斤，在连里都是数一数二。战士们经常打趣说：老于呀，你这个“飞鸽”牌的兵比我们这些“永久”牌的还要过得硬哟。那些日子里，也有很多趣事。第一次挤牛奶时，因为没有技巧，把牛的奶头揪疼了，差点让牛踢伤；第一次下湖打鱼，险些掉到水里；第一次去戈壁滩打柴，迷失方向，差点儿走不回来。刚当兵的这段短暂的连队生活成了他永生难忘的经历。

后来，他在基地担任宣传干事。他不满足于坐办公室，总想到基层连队去同战士们摸爬滚打。趁部队编制调整的机会，他给基地司令员写了一封信，要求到最艰苦的岗位上去。司令员高兴地答应了他的请求，一纸命令，他就到了环境艰苦的发射中队担任指导员。在短短两年间，他们中队就成功地完成了多种新型导弹的发射任务。这期间，每逢新导弹试射，作为中队党支部书记的他，都抢先站在关键的位置上。给火箭加注液态燃料是最危险的工作，若稍有不慎发生泄漏，就有生命危险。他戴上防毒面具跟操作手站在一起，共同完成几十吨燃料的加注。战士们说，只要指导员在身边一站，他们心里就特踏实，手也不抖了。于庆田深知自己肩上的担子，“万人一杆枪”，每一枚火箭和导弹最终都通过他们发射中队的手点火起飞。这些都是中国最尖端的武器，是最娇贵的宝贝啊，不知凝聚了多少人的智慧和心血，必须保证万无一失。当然，那种试验成功后的自豪感和高兴劲儿就甭提了。

一晃，八年过去了。最青春的八年。河西风沙、戈壁骄阳、祁连雨雪砥砺了一个真正的西部军人；甘州民风、肃州厚土、凉

州文苑、居延古韵也赋予了他割舍不去的西部情结。

八千里路云和月

由于工作需要，1978 年于庆田调到了北京国防科委机关。虽然离开了酒泉，但他的目光始终注视着西部这片神秘的土地，这里不仅有华夏文明的辉煌，还有当代航天城高科技的璀璨成果。他深深地爱着这粗犷憨直的黑河流域，即使这里是贫瘠的。

接下来整整 20 年，从宣传科长、宣传处长、记者站长，一直到副秘书长、秘书长，他有幸亲历了更多武器装备的大型试验，见证了我国战略武器和航天事业由小到大、由弱到强的发展历程。这 20 年，他为宣传我国高科技发展，鼓舞全国人民的信心做出了贡献。其间，新闻系科班出身的他，用自己敏锐而深情的笔触写下了大量厚重有力、振奋人心的报道。那些多少年来一直默默无闻的导弹专家、核试验专家的事迹，不少就是他采写的。《获“小罗克韦尔奖章”的钱学森》《核试验专家程开甲》《航天老总任新民》《航空老总——顾诵芬》《逐鹿天际任遨游——记长征三号火箭总设计师谢光选》等一篇篇通讯传遍神州大地、让世人瞩目。他觉得自己有责任让历史和人民记住这些“两弹一星”的功勋人物。

这些年，于庆田目睹了我国很多“撒手锏”武器的试验，如火箭腾飞、银鹰试航、导弹打靶，而且很多试验都是我国的“第一”：第一颗洲际导弹、第一颗通信卫星、第一枚“一箭三星”火箭、第一枚潜地导弹、第一架歼-8Ⅱ飞机、第一艘宇宙飞船……

1980 年 5 月，我国“远望号”航天测量船编队共 18 艘舰船首航南太平洋，对某新型洲际导弹的发射进行跟踪测量。受组织派遣，于庆田随舰队出航，参与本次试验的思想政治工作和新闻工

作。一个多月时间里，舰队跨过赤道，在风高浪急的茫茫大洋上纵横驰骋了上万里。远航虽然辛苦，但能有幸参加这样的试验，到辽阔的南太平洋去展示我们中国的雄风，又是多么激动啊。很快，国内外媒体相继报道：中国在南太平洋进行洲际导弹发射试验获得圆满成功。于庆田至今仍津津乐道这次试验中的一段“花絮”：我国“远望号”航天测量船编队进入公海后，有几个国家的间谍船一直跟在后面，想获取情报。由于在公海，我方也无权干涉。但如何在人家的眼皮底下顺利完成试验呢？最后，足智多谋的中国军人想出了一招“暗度陈仓”的妙计。这一边，征得对方同意，我方决定去对方的船上联欢，并用直升机运过去不少茅台酒和青岛啤酒。中国的美酒一下子让外国船员兴奋不已，个个开怀畅饮。另一边，我方的试验按计划有条不紊地进行。等那些外国船员从美酒中醒过神来时，我们的洲际导弹已经成功发射，测量人员也早已乘直升机将最宝贵的数据舱打捞到手，圆满完成了跟踪测量任务，准备返航了。这时，醉眼惺忪的外国船员只有无可奈何地用旗语向我方船队发出这样的信号：祝贺你们发射成功，祝平安返航。

1987 年 7 月，邓小平在北戴河亲切接见包括核武器专家胡仁宇、卫星专家闵桂荣、测控专家巫致中在内的全国 14 位有突出贡献的科学家，于庆田作为组织工作人员，有幸参加了这次会见，并同科学家们一起参加了中央领导的宴请。每每回想起邓小平和科学家们谈笑风生的情景，再联想到邓小平“科学技术是第一生产力”的光辉论断，于庆田就倍感国防科技这个战线的重要。科学家是我们国防科技事业最宝贵的财富，但于庆田觉得他们身上那种为祖国为人民无私奉献、甘为无名英雄的品质更珍贵。通过与这些伟大科学家的接触，他不断悟出点点滴滴，来陶冶自己的情操。

1997 年，于庆田又被调回酒泉工作。他被任命为酒泉卫星发

射中心政治部主任，两年后被授予少将军衔，又升任为副政委。从士兵到将军，酒泉圆了他一个梦。是军旅岁月，是执着追求，是母校赋予的永远做人民公仆的优良校风，给他的人生旅途增添了一抹值得回味的色彩。

凌云健笔意纵横

20 世纪 60 年代，人们曾送给新闻系学生几句风趣的打油诗："相机胸前挂，足迹遍天下。今日名记者，来日大作家。"虽然于庆田没有去当记者，但几十年来，"读万卷书，行万里路"，其足迹早已遍及天下。多年来于庆田一直笔耕不辍，著述颇丰，是军内小有名气的将军文人、将军作家。

工作之余，于庆田最大的喜好就是读书、写作、旅游、考古。在时间允许的情况下，他会从清寂的案头和诗书典籍中走出来，到大自然中去领略山水之美，到名胜古迹中去访古探幽，到各类历史文物中去寻找乐趣。

读于庆田的文章，你会一下被他广博的文史知识所吸引，被他深厚的国学根底所折服。他的作品总氤氲着一丝浓郁的古典气息，透射出一缕华夏文明的苍凉底蕴。他亲身考察了西部众多的古遗址、古战场，写下了大量的游记和散文。他那篇饱蘸激情挥就的《黑河弱水入居延》，洋洋两万余言，把黑河流域的古老文化、名胜古迹、农业垦殖，以及这片土地在历史长河中饱经战乱、受尽掠夺的痛苦记忆，还有生态恶化、愚昧无知带给这里的累累伤痕，进行了一个纵横古今的全景式叙述。考证确凿，用典精当，再加之他对这片土地长期酝酿的感情积淀，可谓真正的大情感、大手笔。他写道："我对这个地方情有独钟。也许是因为我在这里工作过若干年，踏遍了它的山山水水、草原、戈壁……真正最能

打动我的心的还是这个流域的人，这个流域的文化，这个流域的历史和发生在这个流域的故事。”

也许谁也想不到，一个长期忙于军务的将军，竟对奇石、化石、陶器、青铜器、古代岩画、汉简、魏晋墓砖画等产生浓厚的兴趣并写出了不少很有价值的研究文章。通常，人们认为那是专业人士才去研究的课题。于庆田写过一篇《我的汉简情结》，道出了自己对汉简的痴迷，并且呼吁全社会都来重视汉简、保护汉简，同时娓娓道来关于汉简和简牍学的知识，通俗易懂，不经意间就能引领普通读者进入汉简的世界，并令读者为之着迷。一个偶然的机会，于庆田接触到了魏晋墓砖画，从此一发不可收拾，凡有这方面的资料，他都要千方百计去搜集，拿来研究。说到魏晋墓砖画，有一件事很值得一提。20 世纪 70 年代，魏晋墓砖画的发现在世界上引起强烈反响，对于它的最早发现者，各类出版物却只说是两个牧羊人，到底姓甚名谁，一直是个谜。于庆田决定亲自解开这个谜，在大量查阅各类资料的基础上，2000 年 5 月 1 日，他驱车几百里，辗转寻访数十人，终于在嘉峪关市新城乡寻访到了这两位当年的牧羊人——牧民夫妇张树信和杨兰英。是他们，在牧羊时偶然“一棍子”打开了一座地下画廊，使魏晋墓砖画成为中国文明史上的一个重大发现。于庆田随即在《人民日报》撰义，向世人首次公布了这“两个牧羊人”以及他们发现魏晋墓砖画的经过，梳理了考古史上的这一桩发现。

他又是一位充满激情的浪漫主义诗人。

> 祁连雪，弱水浪/化作彩云飞天上/捎个口信给织女/送个手机给牛郎/如今家乡变化大/酒泉建成发射场/赠颗火箭作贺礼/再不发愁回故乡。（引自于庆田诗作《酒泉·飞天》。据说河西走廊一带是传说中的牛郎织女的故乡。——笔者）

这样充满豪情的诗句，讴歌了戍边军人对西部的无比热爱，吟出

了中国航天人的潇洒气魄。

对于西部的环境恶化和人为造成的破坏，于庆田又是那么痛心疾首：

> 西部雪线在上升/西部冰川在消融/西部草原在退化/西部荒漠在加剧/西部森林在乱伐乱砍/西部的植被在遭受前所未有的蹂躏。（引自于庆田诗作《一个西部哨兵的呐喊》）

这呐喊，是唤醒人们的警言，更是基于文化良知的一种痛切。

2001 年 5 月，于庆田调任解放军军械工程学院政委，从一个科研单位转到了院校的领导岗位上。对他来说，这是一个全新的岗位，他的眼前又浮现出人大老校长吴玉章的影子。他的愿望是要像吴老那样，用人格魅力去做教育工作，不求成为名垂青史的教育家，只求身体力行，用热血和心灵去培育新一代合格的军事人才，为我国军事教育事业贡献自己的力量。他说，他需要学习的领域还很多，要向教授专家学习，要向学员和战士学习，追求的道路永远没有尽头。只要热爱，就会有发现；只要耕耘，就会有收获。

（原文发表于 2001 年）

朱述新：人民大学塑造了我

◉ 余敬中

朱述新简历

朱述新（1945—2011），山东滕县人，中共党员，中国作家协会会员。1964 年就读中国人民大学新闻系。曾任中共北京市委委员，北京市政协委员，北京日报社党组书记、社长，北京日报报业集团社务委员会主任委员。历任《张家口日报》记者、《长城》杂志主编、新华社北京分社记者、北京出版社副总编辑。50 年代开始发表作品。著有诗集《火红的山丹》（合集），长诗《三个小羊倌》《我们的团长》《巴山翠竹》《格玛》《走马川》等。

一

熟知朱述新的人都说他有文才。把他视作知交的著名作家刘绍棠曾著文称他“文风老成”“文字老练”。早在人大新闻系就读时，许多老师和同学都叫他“秀才”。朱述新工于旧体诗词，乐于搜集民间歌谣，写过不少民歌体长诗，还出版过多部诗集；他的散文清纯、质朴、感人，自成风格；他的儿童文学作品在海峡两岸都有较大影响；他的杂文“辣味儿”十足。18 年的记者生涯中，他写过不少有分量的报道。在他的带领下，北京出版社已经跻身全国最有实力的大型出版社的行列。

应该说，事业上，朱述新是一名成功者。然而，在他身上很难发现一丝一毫的得意和骄气。相反，他始终是那么谦虚和朴实。

第一次和他通话，说到采访他的意向，他说：“人民大学出去的能干的人太多了，我算不上给母校争光的人，我很普通，很平凡，恐怕没有什么可写的。”在我的再三解释与恳求下，他稍微做了让步，但仍然说，“给我两天考虑考虑，一为母校负责，二为自己负责”。他的语气非常认真和诚恳，并不包含拒绝的意思。两天以后，他告诉我：“我非常乐意和你聊天、谈心、交朋友，并不希望你写我。”语气依然是那么诚恳和认真。

就这样以谈天交友的名义，我走进了北京出版社的大楼。在五楼，正当我徘徊于众多房门之间寻找“社长室”三个字眼的时候，忽听得背后一声“小余，你来了”。我一回头，只见一位儒雅宽厚的中年男人微笑着伸出双手快步向我走来。我连忙上前。我知道，他就是我的采访对象，或者说，已有两次通话交情的新朋友——朱述新。

在他那间备有一张简陋的床铺的办公室里，我们开始了交谈。

朱述新很健谈。从学生时代、记者生涯谈到出版社的工作经历，从人民大学对他的栽培和影响，到他对母校的眷恋以及与母校老师的情谊。说到动情处不免感叹，声音也微颤起来。

然而，对工作和业余创作中辉煌的一面，他总是避而不谈。我几次追问他，他也笑而不答，甚至一个劲儿地嘱咐我："不要，不要写这些。"他希望我能实实在在地写出他普通的一面，而不是"拔高"他。他的话总是那么厚实、诚恳，让人不容置疑。

二

人民大学有着光荣的革命传统，又是中国共产党创办的第一所新型正规大学。这一点深深地吸引了朱述新，可以说他对人大是情有独钟。在贵州读中学时，他就立志报考人民大学。不料，那时候人民大学不对贵州省招生。这对少年朱述新来说，是一个不小的阻碍。然而，他并不罢休。高二那年，他不顾父母的反对和老师的劝阻，毅然决然地从贵阳一中转学到山东济宁第一中学。在那里，他更加发奋读书，终于以优异成绩考入中国人民大学新闻系，圆了他的"人大梦"。

那是 1964 年，他 19 岁。

能选择自己喜爱的大学读书，朱述新感到由衷的高兴。最让他难以忘怀的是，入学伊始，每位新生领到一个小马扎。拿到小马扎后，朱述新才感觉到自己是一名真正的人大人了。那时候，凡是集体活动，不管是开会还是看电影，同学们个个背着小马扎，排着队，高唱着《我们走在大路上》奔赴会场。30 多年前的那个场景，现在想来，他仍感到历历在目，心潮澎湃。

在人大的生活尽管非常艰苦、朴素，但过得充实。那时的风气是以苦为乐，以苦为荣。老师们言传身教，和学生同甘共苦。

在刻苦扎实的学习中，知识、学业都在进步，使他树立了“做党的奋发有为的新闻工作者”的志向，并为他后来从事新闻工作打下了较为坚实的基础。不仅如此，在五年的人大生活中，他在政治上、思想上、作风上也受到了全面的教育，初步形成了正确的人生观和世界观。回顾这段经历，朱述新感慨万千：“如果说毕业后的 20 多年我取得了一点儿成绩的话，那是因为母校的教育和栽培。母校给了我这样一种精神，那就是对国家、对人民、对事业有着深深的责任感。这种责任感使我朴朴实实地做人，扎扎实实地做事。可以说，是母校——人民大学塑造了我。”

三

1970 年，就在大部分同学受“文革”影响被分配到全国各地、各行各业接受劳动锻炼时，朱述新幸运地被分到河北张家口日报社工作。在当时，居然能从事心爱的新闻事业，他感到特别兴奋。

刚上班，报社就给他来了个下马威——分配他写社论：《论安全生产》。这对于刚出校门的朱述新来说，确实是一个严峻的考验。朱述新二话没说便接受了这个对他来说陌生而困难的任务。接下来，他到工厂、到地区革委会生产指挥部深入采访，同时钻研有关安全生产的文件政策，获得了很多的材料。社论发表后，他得到了报社上下的一致好评。

在报社，他满怀热情又充满信心地工作着，而且一干就是五年。这五年，他能采会编，各种形式的报道、文章都写过，要闻版、国际版及各种专版、副刊都编辑过。这五年，他在新闻业务上全面成长起来，掌握了新闻工作的“十八般武艺”。每逢过年过节，他甚至让编辑们全回家和亲人团聚，独自支撑起编辑部的全部工作。

这五年，朱述新热衷于下基层采访。无论多远的路程，多苦的地方，他都不在乎。骑不了自行车，就坐牛车或者马车，要不干脆步行。就这样，他跑遍了也跑熟了张家口地区的十几个县。

坐在农家土炕头上，与农民朋友聊天或听他们唱歌，是朱述新最大的乐事。他把这看作对自己心灵的一种净化。那时候，他的口袋里总是装着两个本：一个采访本，一个采风本。与人聊天时，随手记下有价值的新闻线索或材料；听到好的民歌民谣时，也随时记录下来。在张家口，到处都有民歌。在山区和草原，流传着一种比陕北信天游更豪壮、更悠长的爬山调。朱述新访问了许许多多的爬山调歌手，搜集了大量的歌词。后来，他用这种民歌形式创作了系列长诗，出版了《三个小羊倌》《格玛》《走马川》等。在草原，牧羊人的情歌特别动听。有一回，他走在路上，远远地听到一个牧羊小伙子在高歌："晴空朗朗的天上飘着一疙瘩云，想着我的妹妹呀，真真想死人！"听了让人动心、动情。朱述新认为，热爱民歌是热爱人民的一种方式。

中国的农民也实在是可敬可爱。那时候，他在基层劳动，吃派饭，一家家地转。到了哪家，哪家总是拿出最好的东西招待他。哪怕只有一块窝窝头了，农民自己不吃也省着给他。每次朱述新给他们钱和粮票，他们总是不收，逼得朱述新只好偷偷地将它们塞到褥子下或床板里。农民的这种纯朴、无私和赤诚，曾感动得他直落眼泪。

直到现在，朱述新仍忘不了那一次挑沙子压肿了肩膀，房东大娘用草药为他敷伤口的情景，那份体贴入微的关怀和疼爱让他想起慈爱的奶奶。朱述新也忘不了那年冬天在坝上草原的寒冷又温暖的月夜。那一次，他搭乘一架牛车，在草原上迷路了。冬天的有月光的草原，到处是白蒙蒙的一片，辨不清东南西北。他们漫无目标地赶着牛车。夜越来越深了，天越来越冷，人和牛都困极了，然而一直没有碰到村庄。那种焦急和无奈的感受，朱述新

说仿佛林冲夜奔，或者伍子胥过昭关一样。后来，也不知走了多久，他们终于看见一个小屋子。敲开门，主人连忙把他们让进屋，披上皮衣，递上热奶茶，就好像是迎来了久别的亲人。那一夜，朱述新激动得一直未能睡着。那轮苍白的冷月和那位热心肠的牧民一起留在了他记忆的深处。

回顾在张家口的五年时光，朱述新觉得他不仅在业务上得到了很好的锻炼和收获，而且和人民群众之间建立了深厚的感情。这使得他在思想意识上更加自觉地站在人民群众的立场上，替他们着想，为他们说话。

四

1975 年，朱述新调到新华社北京分社后，给自己提出了更高的要求：一定要当好党和人民的忠诚的、合格的、有作为的新闻工作者。在工作和学习上，他给自己制订了硬性规定：一周发稿不少于四篇，一天读理论书籍不少于四万字。为此他立下了“一天睡觉不超过四个小时”的规矩，并且一直坚持到现在。朱述新是个工作狂，读书迷。他珍爱时间，以至于不愿意把太多的时光花在睡觉上。有篇报道因此称他是“追逐太阳的人”。

新华社为朱述新提供了更为广阔的施展抱负和才能的天地。在这里，他开始自觉有效地履行一个奋发有为的记者的职责。

1976 年“四五”运动期间，朱述新一直奉命在天安门进行采访。他目睹了成千上万的群众自发地在天安门以抄诗、传诗、诵诗的方式悼念周总理并表达对“四人帮”痛恨的情景。当时，朱述新强烈地感受到人民群众对于“四人帮”的不满和仇恨像地火一样在热烈地燃烧着。他的心和人民群众共鸣着。但是，那时“四人帮”还很猖獗，“天安门事件”又被定性为“反革命暴乱性

质”事件。朱述新的任务是写内参。他当然不能直接写出群众的心声，只能够如实又巧妙地记录当时事态的变化过程，以显示这个伟大运动的真相轨迹，这也是很有风险的。那段时间，他住在天安门派出所里。这是在周总理的指示下设立的一个不挂牌子的派出所。干警们都曾受到总理的关怀，对总理有着深厚的感情。白天，他们在外执勤，夜里便和朱述新一起谈心，一起痛骂“四人帮”。在那急剧波动的政治风浪里，朱述新和他们结下了深厚的友谊。

“四人帮”粉碎以后，朱述新满怀激情地写下了轰动一时的长篇通讯《在光明与黑暗的决战中》。用大量的材料揭露了“四人帮”的罪行，并明确表达“四五”运动是革命的。朱述新的报道大胆地说出了人民的心声，产生了巨大的影响。

后来，朱述新采访了许多在“文革”中遭到迫害的老革命、老艺术家，乐于为他们鼓呼。老舍夫人胡絜青和她的一家都对朱述新怀有家人般的感情。吴晗的妹妹吴浦月、吴浦星都把他看作亲人。作家秦兆阳热诚地给他写了一张条幅：“老牛性格，龙马精神。”作家杨沫不止一次在日记中写下了称赞这个年轻记者的话语……

对记者而言，最可贵的品质是有社会责任感。然而，这不是抽象的或者挂在口头上的东西，它需要记者用他的笔和行动去证明。

1976年7月的唐山大地震波及北京。28日凌晨，朱述新刚入梦不久便被震醒。他赶紧起床，驱车在北京的主要干道上查看震情，并赶写了内参送到新华社总社。天亮后，他又奔赴顺义、平谷，寻找震源。他得知密云水库大坝滑坡的消息后大吃一惊。储水量达30亿立方米的密云水库高高立在北京城的头上，如果大坝被震毁，整个京津地区将被淹没，情况十万火急。他连忙又驱车前往密云水库。

密云水库大坝被震裂滑坡的是大坝临水的水泥护层。当时，两个师的工兵被调往水库紧急抢险。担任现场抢险总指挥的是副市长王宪。那时候，地面余震不断，天上雷雨交加。朱述新和王宪裹着雨衣并肩巡行在大坝上，指挥着抢险的战斗。大坝随时都有塌方的危险，他们完全进入了忘我的境界。一次强烈的余震发生了，脚下的大坝在颤动，老市长用力将朱述新朝后一推，大声喊："你年轻，你走!"朱述新也将王宪向后推，也喊着："你是总指挥，你走!"在那个千钧一发的时刻，这一老一小早已将个人安危置之度外，上演着一场真正的"生死豪情"。

在新华社的14年里，朱述新从青年步入了中年，在政治上和业务上也成熟起来。他的同事曾称他是一个上乘的记者，而他自己却不以为然。他只承认这14年他没有碌碌无为，确实在苦学苦干。

五

朱述新热爱新闻事业，他从来也没有想到有一天会离开它。1989年底，一纸调令将他带到了北京出版社。朱述新是党员，服从党的分配是他毫不动摇的信念。到了出版社，他埋头于出版业务之中，一点一滴地从头学起。他对自己的要求是：谦虚谨慎、埋头苦干、奋发有为。

经过一段时间的磨合，朱述新对出版业务、对出版界的现状有了比较深刻的理解。此后他开始了一系列大刀阔斧的改革。

确立了北京出版社的战略发展目标：立足北京，覆盖全国，走向世界，建设成为中国第一流的大型综合性出版社。目标有了，出版社也就有了明确的定位。一切改革措施都向着这个目标，改革有了方向和动力。

树立精品意识、质量意识和名牌意识。朱述新确信：好书是有市场的，因为人民需要好书；各牌出版社是大有前途的，因为时代在呼唤名牌。在目前图书市场不健全，图书业陷入困境的形势下，北京出版社靠推行“优化选题”战略、“点线面体”战略和完善三审制等措施，以质量求生存，走上了一条健康有序、持续发展的道路。

所谓“优化选题”战略，首先由编辑个人申报选题，约请作者；其次由各编辑室（包括各专业出版社）把关，对该选题的可靠性、可行性，作者的水平，与同类书的比较以及市场潜力等做出具体的评估；最后由总编办公会加以研究、审定。北京出版社每年出书 1 700 多种，其中新书 800 余种，每一个选题都是这样经过三重程序得以确定的。优化选题，严格把关，确保质量，多出精品。北京出版社的图书重版率连续三年达到 50%以上，由此可见一斑。

所谓“点线面体”的选题建设战略，即重点—系列—方面—整体战略。具体地说，指的是出版社有重点书，有拳头产品，各个编辑室也有自己的重点书；以重点图书为龙头，开发系列图书、丛书和套书，形成一条线；每个编辑室在自身的领域有几条线，构成一个面；就这个含六个专业社和十几个编辑部的综合出版社整体而言，即构成一个五光十色、琳琅满目的多面体。这个“点线面体”战略充分体现了一个大型综合性出版社的特色。

当出版社步入良性运转之时，作为社长的朱述新把工作重点转移到队伍建设上。首先吸纳了大批有才识的中高级知识分子，壮大队伍；其次是发现和培养人才。他注意全面培养、重点培养和因材培养相结合，打破常规，大胆任免和提拔。

朱述新把出版事业看作党和国家的重要意识形态阵地，坚决反对出版商业化的做法，甚至对“出版商”的提法也不予苟同。他说：“我宁可做一名出版家。”

北京出版社已与100多个国家和地区的出版社机构建立了业务联系，每年都要选送优秀图书参加国外的大型书展。可以说，出版社已经初步实现了“走向世界”的目标。但是，事业的发展是没有止境的。把北京出版社建设成为世界第一流的出版社，还需要朱述新和他的同事们一如既往地苦干。参加工作20多年来，朱述新一直保持着人大人的本色。“朴朴实实为人，扎扎实实做事”是他的人生态度，“奋发有为”是他执着的追求。

（原文发表于1997年）

李德顺：对“价值”的追求无休无止

◉ 裘　梧

李德顺简历

李德顺（1945—　），出生于黑龙江省齐齐哈尔市。1964 年考入中国人民大学哲学系。1969 年分配到东方红炼油厂当工人，后任宣传科副科长。1978 年考回母校并成为复校后的第一届研究生。毕业后留校任教，1987 年获博士学位，后成为哲学系教授、博士生导师。1998 年任中国社会科学院研究员，哲学所副所长。中国政法大学终身教授，人文学院名誉院长，法治文化专业博士生导师、博士后合作导师。

“一切的理论都是解读，而被我们解读的最终文本则是人的实践。”当李德顺满怀深情地说出这句话的时候，他的神情似乎变得凝重起来，好像这数十年的沧桑都在这个时候呈现在面前。然而他却举重若轻，用这样一句简短而深刻的格言概括了他这数十年间实践、为学的体会。一种哲人特有的深刻而睿智的气质，在不经意中深深地感染了我。

一

春树吐绿，春花烂漫，2002 年 3 月 30 日，我走访了母校知名的校友——中国社会科学院哲学所副所长李德顺。上午 9 点，我在李德顺简朴的寓所里，见到了这位在国内外哲学界久负盛名的学者。由于他有很多学术活动，出差频繁，因而采访的时间一推再推。在此之前，李德顺刚刚结束在吉林大学的讲学，风尘仆仆地赶回北京，紧接着又要到全国思想政治工作政工干部培训会做报告。趁他两次出差的间隙，我终于得到了采访他的机会。由于他 11 点必须赶到首都机场，所以采访时间很紧张。

李德顺虽然在中国学术界堪称权威，但他一点儿都没有权威的架子。相反，那种谦和可敬的长者风度、随和的笑容、对晚辈后学的提携和爱护，使采访变得轻松起来。回忆起在中国人民大学求学的日子，他的话匣子就打开了。1964 年，李德顺以优异的成绩考到中国人民大学，成为一名哲学系的学生。

“那个时代正是社会主义建设热火朝天的时代，”李德顺说，“在那个火红的年代，高校响应毛主席的号召，展开了教育改革，在教授科学文化知识的同时，着重培养学生的实践能力，在实践中求真知，在改造客观世界的过程中改造主观世界。”

在这样的背景下，李德顺所在的年级开始了一边上课读书一

边劳动工作的学生生活。1964 年秋到 1966 年春天，李德顺度过了本科阶段的学习，随即"文化大革命"开始了。

1969 年，李德顺从人民大学毕业，随即被分配到东方红炼油厂，当了三年炼油工人。他用三个月学会了通常需要半年到一年才能掌握的操作技巧，又过了两个月，车间就安排他带徒弟了。"我应该算是一个不错的炼油工人。"说到这里，李德顺露出自豪的神情。

1978 年，李德顺考回了阔别 10 年的母校，成为人大复校后的第一届研究生中的一员。在研究生阶段他师从我国著名的哲学家萧前教授。1981 年研究生毕业以后，李德顺留校工作，成为哲学系的一名教员。1983 年起开始读在职博士。后成为哲学系教授、博士生导师。1996 年 1 月，李德顺离开人大，来到了中国社会科学院哲学研究所。

二

作为一名学者，李德顺最津津乐道的还是他的学术研究。

1987 年，李德顺的博士论文《价值论》出版了。这本书在当时引起了不小的轰动。学界认为这部著作开拓了价值论这一崭新领域，是一门新的学科的奠基性的代表之作。论文比较完整地描述了价值论这一问题域，比较深入地探讨了这个问题的各个层面和内在结构。当时这部著作获得了中国图书奖，出版前就被选入了"中国人民大学丛书"。该丛书是专门收录人大知名专家学者的学术著作的文库，而李德顺当时还是"后生晚辈"，能够被破格选入，既是给他的极高的荣誉，也显示了编委会的眼光与胆识。直到今天，李德顺提起这件事时仍然感怀不已。

事实上，李德顺的价值论并不是短期内研究出来的，而是他

在数十年工作学习生活中认真思考得出的。李德顺详细介绍了他的价值论理论的形成过程。早在本科时期，他就注意到“好坏”这个问题。

“怎么想都想不清楚，觉得衡量好坏的标准很难确定，因此到底什么是‘好’什么是‘坏’怎么想都难以下定论。在与老师的探讨中我发现，这个问题原来老师也说不清楚。”

毕业后参加了工作，李德顺脑海里的这个问题在工作实践中更加经常地出现，激励着他思考。10 年的“文化大革命”使他对“好”与“坏”充满了困惑。而 1975 年“批邓”运动中对邓小平“不管黑猫白猫，捉到老鼠就是好猫”这一论断的错误批判，更引起了他的疑惑。他发现原有的哲学不包括“好坏”这个问题，既没有论及，更没有回答。但在现实生活中，尤其是在他这个年代，这个问题非常尖锐、非常普遍，亟待解决。因此，考上研究生以后，他带着这个问题开始了学习。在阅读了一些资料，并对学界的观点进行研究之后，他知道了这个问题是一个价值论问题。哲学领域的一片新天地就在他的面前打开了。

李德顺认为，在资料缺乏的环境下，价值论的理论体系仍能建立，并能就这个问题与国际学术界对话，是因为这个理论的原创性比较强，而这原创性则来源于平时积累起来的丰富的社会实践。李教授说：“无论是本科时代的半工半读，还是毕业后的工作生活，都是我探讨这个理论的丰富资源。”

李德顺欣慰地看到价值问题成为一个越来越热的话题。的确，在社会转型时期，对于价值观的反思和建设是十分重要的。他说：“我在出版《价值论》的时候，曾认为这本书将会被冷落 10 年。”然而社会反响却出乎他的意料。这也使他感觉到了肩上的责任，因此他再接再厉地把关于价值的讨论扩展到了关于社会价值观念的探讨，并撰写一大批著述，使价值论的研究和应用不断推进。社会对李德顺这一理论的反响是热烈的。无论是学界的北京大学、

清华大学、北京师范大学等著名学府，或是政界的高层，还是教育界从普通高校乃至中小学校，都对李德顺的研究成果表示出了浓厚的兴趣，纷纷邀请李德顺去讲演、报告、考察、合作研究。

价值论的提出对原来的哲学体系冲击很大。李德顺说："以前看马克思主义没有从这个角度出发，现在透过这一个角度再看马克思主义，觉得眼前出现了一片新天地。"由此看来，马克思主义哲学原理体系的改革也是势在必行的。李德顺调到中国社会科学院工作的一个重要原因，就是社科院的领导觉得有必要建立一个有中国特色的马克思主义原理体系，取代原来僵化的斯大林式的马克思主义原理体系。李德顺认为，过去的一套所谓马克思主义体系其实是"前马克思主义"的，他说："唯物论是费尔巴哈的，辩证法三大规律是黑格尔的，而真正属于马克思的理论如唯物史观，并没有得到很好的贯彻。虽然讲了一些，但是讲得很不透，导致了思想僵化，不面向实践、不面向世界、不面向国际的学术交流，心胸狭窄，关起门来自说自话，学理创新很难深入，很难展开。"

体系的重建的确是非常急迫的要求。然而李德顺并不是要马上建立一个非常完整的体系。他说："我们必须首先研究问题，要研究一点儿各方面的问题，哲学原理体系的建立本来就是为了解决人类在改造世界实践中遇到的各种问题。因此现在研究问题，尤其是研究科学技术的问题、全球化的问题是相当必要的。"李德顺还认为："在原理体系建构的过程中，必须吃透两头，即吃透马克思经典著作与吃透当代人类实践相结合，在此基础上能搞成什么样就搞成什么样，不做过多的预想为好。"

在几十年的学术生涯里，李德顺学术著作颇丰。他写出了《价值论》《价值新论》《立言录——李德顺哲学文选》《话语的圈套——李德顺杂文短论集》《选择的自我——一位哲学家眼中的人生》《家园——文化建设论纲》《公民道德读本》等书，主编了

"价值论译丛"、"人生价值丛书"、《价值学大辞典》等。这些成果成了中国学术界的亮点，其中的一些获得了中国图书奖、"五个一工程"等奖项。

三

谈论起为学的经验，李德顺说："搞哲学就要站得高一点儿，看得远一点儿，不要为流俗所左右。""人无远虑，必有近忧。"其实人生的经验亦何尝不是如此。

如今李德顺虽然离开了人大，但对母校的学生仍然十分关爱。他勉励人大的学子说："人大学生都是一流的学生，人大也有很多一流的老师。在求学中，要积极投入实践，在实践中求真知，要谨记'实事求是'的校训，要有远虑。"

虽然采访只进行了短短一个多小时，但李德顺的平实还是让我深有感触。我觉得他是一位可敬的学者，更是一位可敬的老师。走出李德顺的寓所，我想起了《诗经·卫风·淇奥》中的句子："瞻彼淇澳，绿竹猗猗。有匪君子，如切如磋，如琢如磨。瑟兮僩兮，赫兮咺兮。有匪君子，终不可谖兮。"李德顺的国士风范，给我的印象是深刻的。

（原文发表于 2002 年）

林建初：肩负起振兴“华夏”的责任

◉ 尉 玮 窦亚平 张 驰

林建初简历

林建初（1945— ），出生于福建。1967 年毕业于北京大学哲学系，毕业后被分配到广西南丹。1979 年至 1982 年于中国人民大学哲学系伦理学专业攻读硕士研究生。毕业后，先后到中央财政金融学院、中共中央农村政策研究室、北京市委党校、华夏出版社工作。曾任华夏出版社党委书记、华夏出版社副总编辑。

说起林建初，也许有人会觉得陌生，但如果说起华夏出版社，无论是莘莘学子还是学术名流，都会忍不住竖起大拇指。在短短的10年内，华夏出版社在林建初的带领下，迅速发展起来，一跃成为我国的一流出版社，成绩令人刮目相看。然而谁又想象得出，这惊人的成功背后，包含着他怎样的心血和努力。

10年沉浮　重返校园

林建初于1967年毕业于北京大学哲学系。离开生活学习了6年的校园，怀着远大理想的他，被分配到广西壮族自治区南丹县，这一去便是10年。然而艰苦的生活并没有使他放弃对学术和理想的追求，反而铸就了他的坚韧和顽强，也使他继续求学的希望更加炽热了。

高考恢复了！这句简短却令人激动无比的话一次次回荡在林建初的耳畔，在他心里激起层层涟漪，久久不能平复。怀着对学术的追求，林建初1979年报考了中国人民大学哲学系伦理学专业的研究生。凭借良好的基础和勤奋的努力，林建初于报考的80多人中脱颖而出，成为被录取的4人之一，投师于罗国杰教授的门下。罗国杰教授对伦理学相当有建树，对新中国伦理学事业的发展做出了重大贡献，在学术界享有很高的声誉，也正是他多方筹措，亲手组建了全国第一个伦理学教研室，促进了我国伦理学事业的蓬勃发展。

由于刚刚复校，百废待兴，人大校园满目疮痍，在这种艰苦的条件下，林建初并未灰心，而是咬牙坚持下来了。当时，校内还未兴建新的教学楼，没有几间像样的教室。大家打完饭后，只能蹲在路边吃，就着风沙进餐是常有的事。教学环境也面临着重大的问题。“文化大革命”期间教师被遣散，下放到各地，校内书

报资料大量流失，教学活动全部废止。复校后，教师们从各地匆忙返回学校。教学已荒废多时，手头积累的多种资料也都已散失。面临种种困难和挑战，人大的师生并没有退却，而是携手共同克服眼前的重重困难。林建初也更积极主动地把握这来之不易的学习机会。在各门学科中，林建初觉得最困难的就数外语了，要知道，他在本科时学习的是俄语，此时，他已是30多岁的人了，面临着学习英语这一挑战，最终他凭借不懈的努力，顺利地过了关。

当时，林建初的课程主要有：伦理学原理、伦理学思想史和马克思主义伦理思想，以及《资本论》等马克思主义的经典著作导读课。林建初本科时理论基础较好，谈及在人大学习的最主要收获，他说是对伦理学、中西方伦理思想史，以及现实社会伦理道德问题都有了比较深刻、客观的了解。在校期间，罗国杰教授很重视基础理论与中国社会现实的结合，鼓励学生多参与实践，发表文章参与讨论。林建初在罗老师的影响和鼓励下，写了许多普及哲学、伦理学的小册子，以自己的专业为切入点积极参与社会讨论。这培养了他敏锐的时事触觉和独到的观察角度。20世纪80年代初期的“潘晓讨论”在社会上引起了一场关于人生意义与理想、价值的大讨论。林建初也积极参与其中。他与中国社会科学院一位研究生在《中国青年》上发表了《西方历史上三次大论战》一文，并被《青年报》《北京青年报》转载。林建初力求用马克思主义集中地分析和批判所谓“人性自私”的观点，向世人介绍真正的马克思主义人生观。林建初的题目为《论道德的阶级性和群体性》的论文在上海《新闻月刊》上发表，并被《新华文摘》转载。研究生学习的三年中，林建初也比较高产，学习与写文章二者兼顾，学业上取得很大的成就。

在人大学习的三年里，哲学系的同学关系非常融洽，大家在一起经常互相交流、互补余缺，全系的学习气氛非常浓，在此期间，林建初与同专业的三个同学合写了一本关于西方哲学家萨特

的存在主义的书，被贵州人民出版社出版。学习期间，哲学系里的师生关系也很融洽。老师们非常关心同学们的生活，同学有生活上的困难，也向老师寻求帮助。林建初也得到罗国杰教授的很大帮助，师生关系亲密无间。林建初在人民大学度过了紧张、充实、硕果累累的三年。

10年辗转　人生砥砺

人大三年的学习带给林建初的并不仅仅是学术上的深造，而且使他的思想饱满起来，获得了敏锐的观察能力和较高的理论水平，使他对现实和未来都看得更加透彻。林建初为自己定下的发展目标是成为一名学者，然而生活对这个饱经历练的人似乎特别严格，又一个转折摆在了他的面前。

1982年毕业之后，林建初由于家庭原因没能留校，在中央财政金融学院工作了半年后，林建初被推荐至中共中央农村政策研究室工作。在农村政策研究室的三年中，林建初的工作主要是下乡搞调查，收集材料，编辑内部简报，为中央制定农村政策提供参考资料。也许正是这一段工作，为他以后成为出色的编辑打下了坚实的基础。短短的三年，林建初不仅很快适应了全新的工作，还由于自己的勤奋努力，得到了广泛的认可，职务也升到了正处级。但生活并没有完全地安定下来，林建初和爱人仍处于两地分居状态。他的爱人是北京人，想返回北京，在福建出生的林建初却更想到深圳去闯一下，而当时广州、杭州都邀请林建初过去工作。正当林建初面临着抉择的时候，北京市委党校校长向他发出了邀请。

虽然同样是学校，但林建初面临的却是和大学教学截然不同的党校教学环境。这里以培养干部为主，与大学教研有很大的不

同，课程大多讲授与政治形势有关的专题，涵盖伦理学、哲学原理、经济管理、逻辑学等学科，主要培养干部的分析问题与解决问题的能力，并在训练中提高理论水平。林建初在党校的教学工作中如鱼得水。在北京市委党校的六年，也是林建初的学术成果高产的阶段。他编写了多部教材，陆续出版了五六本书，发表了几十篇文章，取得了丰硕的成果。20 世纪 90 年代初，林建初离开了市委党校，走进了华夏出版社，这是一片全新的充满了希望与挑战的园地。

文商相辅　振兴“华夏”

林建初以副总编辑的身份走进华夏出版社，面对着又一个陌生的环境，林建初既感到欣慰，又感到忐忑不安。欣慰的是他所从事的仍是文化事业，仍能一展所长。忐忑不安的是，出版社这块文化阵地已融入激烈的市场竞争。图书既是文化载体又是商品，融文化性与经济性于一身，这独特的双重特点给未谙商场险恶的林建初提出了能否撑起出版社这面大旗的严峻挑战。

然而林建初并没有退却，独特的形势反而激起了他迎接挑战的热情，抱着要做就做到最好的决心，林建初展开了对“华夏”未来蓝图的描绘。华夏出版社隶属于中国残联，主要为残疾人出书，因此，其出版范围有很强的局限性，读者范围非常窄。自负盈亏的出版社面临着出一本赔一本的惨痛事实。找到症结所在的林建初提出要把“华夏”建设成为综合性出版社。对“华夏”在市场上的准确定位，使得它最终成为能经得起市场的冲击，既有社会效益，又有经济效益的全国一流出版社。

回想起自己的工作，林建初笑言，所谓编辑出版，其实就是把学术和商场相结合，把智慧献给作者和读者。一句话，就是

"为他人作嫁衣裳"。而说起"华夏"的发展，林建初有自己的看法。"出版社要想得到读者的认可，最重要的是树立形象。首先要给自己准确地定位，扬长避短，确定自己的出版方向；其次要有精品意识，引进世界著名的学术著作；最后，要把握市场脉搏，根据市场的需求出版读物。"正是因为有着如此清晰的市场策略，才有了今日的华夏出版社。

再谈哲学　智慧火把

林建初在人大哲学系攻读研究生的三年时间虽然不长，但却是他人生观和事业观的一大转折期。对社会的思考和对人生的反思，使他有了一个明确的定位，最终成了他生活的支点。

"社会是何其浮躁，而能指导人们度过一生的智慧火把就是哲学。"林建初如是说。

谈起哲学，林建初一往情深，说起哲学的益处，更是如数家珍。"哲学是基础学科，学了哲学以后，要学其他学科，就很容易了。因为它教给你的更多的是思维方法和逻辑思维能力，它让你看问题更加全面、客观、理性，也让你的生活态度更加中庸和平和。"而当谈到现在社会上人们不愿学习哲学，哲学成为冷学科的现象，林建初摇了摇头："说哲学没用的人是目光短浅的，这样的人恰恰是不懂哲学，被社会浮躁的表面所迷惑了。"就此，林建初还给现在的青年人提出了几点忠告："人生苦短，应努力选择自己愿意做的事，而最重要的就是要给自己早点儿定位，进而要有持之以恒的决心，要知道，水滴石穿……"

（原文发表于 2002 年）

胡家燕：翱翔天山一家燕

◉ 解　红　孟繁颖

胡家燕简历

胡家燕（1945—　），辽宁辽中人，中共党员。1964年进入中国人民大学计划统计系学习。1991年调任新疆维吾尔自治区对外经济贸易委员会副主任、党组成员。1995年任中共新疆维吾尔自治区昌吉回族自治州州委书记。1996年任中共新疆维吾尔自治区党委常委、纪委书记。2001年10月任中共新疆维吾尔自治区党委副书记、纪委书记。在中共第十五次、十六次全国代表大会上当选为中央纪律检查委员会委员。2005年11月至2009年2月任国家体育总局副局长、党组副书记，中央纪委驻国家体育总局纪检组组长。政协第十一届全国委员会常务委员、教科文卫体委员会副主任。中共十七大代表。

“这是新疆特产哈密瓜、马奶葡萄和库尔勒香梨，你们今天的任务就是吃水果……”刚一进房门还没落座，我们就受到了这般热情的款待。眼前的胡家燕与我们想象的有一些不同。生活中的胡家燕，更多的是一个平常女人的打扮：一副江南女子的娇小身材，一身得体的便装，再配之以精心修剪的短发……素面朝天的装扮中隐约可见简约、干练与豁达。

“我很愿意和你们座谈，但不要做什么采访，只要在校友名录里留下个名字，说有胡家燕这么一个人就行了。”

“我的母校情结比较浓，人家一介绍我的时候就说：胡家燕，人民大学的！能将自己的名字和母校的名字连在一起，我感到非常自豪。五六十年代的人民大学，是名牌，如雷贯耳。当时就有领导说：你们是天之骄子，党之骄子！”

这一席开场白是这么自然与温暖，也正道出了我们一直以来为之努力的真谛。人大的优秀校友成千上万，我们如何能在茫茫人海中找到他们，在他们毕业离开学校步入社会的若干年后，再次走近他们，聆听他们奋斗的故事，追寻他们成功的足迹……也许，他们也正如眼前这位和蔼端庄的女性一样，都在彼此寻找着某种牵系，共同为母校的名字而振奋和激动。

> 一所学校，一种教育，人大的正统教育根深蒂固。厚实的理论功底，坚定的世界观是人大给予我的最珍贵的财富。
>
> ——胡家燕

1964年，胡家燕圆梦大学，考入中国人民大学计划统计系，修习国民经济计划专业。从中学到大学，从辽中到首都，入住人大东风三楼，胡家燕开始了那段难忘的求学生涯。

“60年代，我接受正统的社会主义教育，拥有良好的学习环境，那独特的校园氛围是我品行养成的重要沃土。”实际上，无论文理，当时所学大同小异：“前两年专业还未深涉，与学工的一

样，政治经济学和毛泽东思想理论必不可少。”使胡家燕获益良多的是当时过硬的素质训练和扎实的理论教学，“马克思主义是解决问题的理论基础，有助于拓展思路，明白从何入手。”

她还记得同窗苦读，讨论热烈。“马克思主义基本理论课讲到一分为二，课堂辩论异常精彩，尤其是针对毛泽东思想讨论时，有趣的是反把任课老师吓坏了。”

至今，胡家燕还颇有感言：“人大和其他学校有显著区别，正统教育始终根深蒂固。二三十年后与同学再相聚，我发现大家的世界观、人生观、人的品格等方面都没有发生很大变化，可以说这是人民大学正统教育给予我们最宝贵的财富。当然，当时和现在的大学教育有所区别，但重要的是在人民大学期间，学校给我们奠定了厚实的理论功底，坚定的世界观和人生观。”

“人民大学毕业的人，脑子里有一套东西：哲学，尤其是科学社会主义。人生就是一种积累，在工作中主要是平时的一种积淀在起作用，包括思想的积淀、人生的积累。我的踽踽西部之行，没有任何的背景可资利用，唯独人民大学这块牌子可用，因为她是我的学识以及人生观、世界观养成的重要地方。”

> 没有吃不了的苦，没有受不了的累。没有当时的苦难，也就没有我的今天。从离开学校到现在，是水到渠成的结果，不是对女性的特殊照顾。顺其自然是我的一种心态。
>
> ——胡家燕

1964 年入学的大学生是“老五届”之一，五年大学生活结束时，根据当时的分配原则，他们奔赴祖国的各个地方。“我们那个年代，工作讲的是对口，北京钢铁学院毕业去烧锅炉，北京轻纺工业学院毕业的去纺布。人民大学在当时来说如雷贯耳，主管文教的领导就把我分到了最锻炼人的新疆阿克苏地区的学校。”

30 多年前的新疆，并不是今天的旅游热门之地，可以说是很

荒凉的。从乌鲁木齐到阿克苏，胡家燕整整坐了五昼夜汽车。“当时没有路，更不要说是路灯。”然而，抵达六厂子学校后的胡家燕颇感惊讶：人大强势专业——国民经济计划专业竟然无法对口分配！而后，当领导得知她是“人民大学高才生”时，她才勉强被接纳。除了音乐、绘画和体育外，所有的课程——历史、地理、语文、政治都由她一个人任课。

当时的生活也十分艰苦，“从打土坯砌墙到把房子盖起来，都得自己完成。当时有个电视剧叫作《戈壁滩上的特殊医院》，讲的是死刑犯的故事，犯人一天打300块土砖，拿着麻袋运泥土，人不像人，鬼不像鬼。”而现实生活中的胡家燕白天去玉米地除草，夜晚在南疆皎洁的月光下抱着孩子坐在戈壁滩上，在清冽的月影中看着爱人打土坯，一天打500块。可惜的是，清晨起床的时候发现，狼把土坯踩得乱七八糟。没有吃不了的苦，没有受不了的累。这就是一种人生、一种经历，年轻气盛的胡家燕并没有觉得很苦，顺利地走过了这一关。“我觉得这是一笔财富，没有当时的吃苦，也就没有我的今天。”

水到渠自成，从阿克苏地区子弟学校教员，到地区计划委员会干部，胡家燕成为第一个在少数民族地区当上常务副专员的汉族女性。之后，从外贸厅厅长一直到地委书记，胡家燕又成为历史上第一个从阿克苏地区走出来的汉族女性书记。

胡家燕作为中国陆地面积最大的边疆大省的领导干部，经历了无数大漠风雨，而依旧坚持着自己的本色，打磨着自己的坚毅。她那种本色的平易亲善和若谷的宽容豁达，那种与人民零距离的作风，令人钦佩，更令人感动。

虽然身处边疆，但我坚持学习，做事不卑不亢，思想毫不保守。重视学习、善于学习是提高自身素质的重要途径。

——胡家燕

蛰伏基层，对她来说艰苦的工作不仅仅是一种磨砺，而且能享受到特有的体验和乐趣。即使是当一个中学教员，胡家燕也严于律己，一丝不苟。走向领导岗位后，胡家燕还提倡："领导要一级做给一级看，一级带着一级干。"对下属，工作上要求要严格，在她看来："小事反映出工作态度。"

1995年5月，孜孜以求的胡家燕成为地区一把手——昌吉回族自治州州委书记。一步一个脚印，次年12月，胡家燕升任新疆维吾尔自治区党委常委、纪委书记，并于2001年10月起任新疆维吾尔自治区党委副书记，主管组织和纪检。

权力意味着职责，职责则成为学习的动力。主管组织工作的胡家燕在一次培训大会上明确提出树立"终身学习"的观念。胡家燕清醒地意识到，自己那一代人是"本科牌子，专科底子，学校所学有限"。在瞬息万变的信息社会，更重要的是一种自身素质，更讲究的是一种学习能力。

"我们一直有一种光荣感和厚重感，当然不是躺在成绩簿上睡觉，也不是故步自封。要活到老学到老。"或许，对胡家燕而言，学习成了一种生活方式，一种持续的心境。她能放弃高高在上的优越感，持续学习，关注细节，展现出人大校友与时俱进、不断进步的本色。

（原文发表于2007年）

侯建良：务本求实　自强不息

◉ 樊殿华

侯建良简历

侯建良（1945—　），出生于山东章丘。1979年至1982年于中国人民大学档案系攻读硕士研究生。曾任山东省沾化县二中教师，县教育局干部；劳动人事部人才资源研究所、行政管理科学研究所干部、研究室副主任；人事部政策法规司处长、副司长、司长，人才流动开发司司长。2000年11月出任人事部副部长，2006年3月卸任，后又担任中国人才交流协会会长、名誉会长等职。

北京的春天，阳光明媚。走进位于人事部大楼六层的侯建良副部长的办公室，只听见带着浓重山东口音的洪亮的声音从里屋传出。出现在眼前的侯建良中等个头，身材匀称，身后是两排满满地摆着各种书籍的落地书柜。

在人民大学读书造就了人生的两次转折

1964 年，19 岁的侯建良从老家山东章丘来到了首都北京，进入人民大学档案系就读。从小由母亲拉扯大的侯建良靠着学校最高助学金每月 18.5 元钱，省吃俭用地完成了大学本科的学业。

1968 年底，侯建良走出人民大学的校门，前往济南军区农药厂接受部队锻炼。一年之后，侯建良被分配到山东省沾化县，在县城中学当老师。沾化县是山东“北三区”有名的贫困县，大片的盐碱地寸草不生。侯建良回忆说：“我当时最不适应的是喝的水又涩又咸。不喝水，渴；喝，越喝越渴。”生活的艰苦，对经受过磨炼的侯建良和他爱人来说并不可怕；可怕的是，突如其来的病魔打乱了他们一家的正常生活。刚刚工作一年的侯建良患上了头疼病，县医院的医生对他的剧烈头疼却束手无策。辗转求医八个月之后，终于在北京宣武医院得到确诊，他患了蝶窦囊肿。血管造影显示，蝶窦区的蜂窝状组织已全部被破坏，骨质钙化。当时他的左眼视神经已经受囊肿压迫而萎缩。

经过一场大手术，侯建良不得不离开原来的工作岗位。一段时间的休息后，他被调到沾化县教育局做文书工作。就这样，他在这个贫困县工作了十年，其间还到农村蹲点帮助工作一年。与周围很多人不一样的是，即使身居低位，又受过一场大病的打击，侯建良也从未气馁与消沉，他认真地对待工作，一有空就读书学

习。读书似乎是他一生中的头等爱好，这不仅扩大了他的视野，更为他日后重返人大校园奠定了坚实的基础。

人大复校的第二年，档案系开始招收硕士研究生。得知这个消息的侯建良，重又找出了虽经多次搬运但从未丢弃的大学教科书。久已荒疏的俄语无疑成了参加考试的最大障碍，于是烧饭、吃饭、睡觉的地方都能看见他贴上去的写着俄语单词的纸条。“背不过的贴在墙上，抬头就看见”，这是侯建良攻破俄语单词的秘诀。

功夫不负有心人。时隔十一年，侯建良又一次走进人民大学的校门。这一次，他依旧选择了档案系，他的专业是中国政治制度史。两年更深层次的研究学习，使他广泛涉猎了自己专业内各类书籍和相关档案资料。侯建良至今还清晰地记得他硕士研究生毕业论文的选题——《试论八股取士对清代科学文化的影响》。侯建良读研究生前半期的指导教师是韦庆远，后因韦教授赴美讲学，指导老师换成了戴逸教授。除这两位知名教授外，还有一位指导教师是治学严谨而不事张扬的吴奇衍。这三位教授的学问与治学态度对侯建良产生了极大影响。

1982年，研究生毕业的侯建良遇上了劳动人事部成立这一难得的机会。机遇总是垂青有准备的人，侯建良递交上自己几篇有关古代人事制度的论文，于是他被顺利录用。由于20世纪80年代初研究生数量十分有限，加上十年的基层工作经验，侯建良顺理成章地成为劳动人事部的骨干力量，从此算是找到了自己的用武之地。

侯建良回忆起这段并不平坦的人生经历时说：“可以说，在人大读书造就了我人生的两次重大转折。第一次来人大为我从农村子弟转为国家工作人员打下了基础，而第二次则为我从基层政府机关进入中央政府机关铺平了道路。”

人大最独特的地方在于作风朴实、思想端正

一件小事，对人的影响可能是深远的。43 年前的一件小事在侯建良的脑海里留下了深刻的烙印。

1964 年的人大分东、西校区，档案系同新闻系、语文系一道位于东校区铁狮子胡同一号。从北京站走出，并不了解情况的侯建良跟着几位一块儿出站的人大学生到了西郊人大本部。由于时近傍晚，侯建良被一位国际政治系的高年级同学领去自己宿舍借宿。进了人大校园，侯建良多少感到有些局促不安，不仅因为初来乍到对周围充满了陌生感，他更担心的是自己破旧的粗布衣衫会不会遭人笑话。然而当侯建良走进男生宿舍，他看见一名穿着破旧背心的男生正在一针一线地缝短裤。那名男生一边热情地向新同学打招呼，一边主动解释疑惑："吴老（校长吴玉章）教导我们要艰苦朴素。所以艰苦朴素是人大的校风。"听了这话，侯建良顿时感觉到了校园的温暖，一直悬着的心终于落了地。

"人大的朴实无华，我感触很深，这以后同别的学校的学生交往，我越发地有这种体会。"侯建良意味深长地说，"朴实的作风影响是多方面的，反映在生活上就是艰苦朴素，不追求享受；反映在工作上就是求真务实，不搞花架子；反映在廉政建设上就是严格要求，自警自励。"侯建良将自己日后一直保持朴实的生活作风归功于人民大学对他的培养。

工作之后的侯建良，一直保持谦虚谨慎的态度，按他自己的话来说就是"保持低调"。到地方去调研的时候，他总是抱着商量和探讨的口吻，对基层同志很尊重，饭桌上又滴酒不沾，应酬上也略显笨拙，因此很多人说他"不像官员"，倒像个传统型的"学者"。

1998年机构改革时，侯建良由政策法规司司长调任人才流动开发司司长。该司是人事部的“窗口”单位，负责审批高级人才进京、夫妻分居调配、大学生落户等具体事宜，在外界看来具有一定实权，所以人事部对于这个司的司长任命一直很重视。上任前，主管部长找侯建良谈话，强调要加强司内廉政建设，维护人事部的良好形象。上任后，侯建良结合实际与司内同志集体谈心，提出了“常戒备、慎交友、不越线”九个字与大家共勉。之后，这九个字便作为一种共识成了该司的“座右铭”。

“一般的高校都能做到尊重人才、尊重知识，而人大最独特的地方在于作风朴实、思想端正。我有深刻的体会。”侯建良说，从陕北公学沿袭下来的与中央保持一致的校风让他受益匪浅。他认为，要想做一个对国家、对人民有用的人，要在事业上有所成就，必须要思想端正，不犯政治错误。政治方向错了，有才华也没用。侯建良一脸凝重地说：“过去说人大思想正统，‘正统’不好听，容易被当成封建来理解，但‘正统’应该是中性词。用现在的话说，人大的风气是能跟中央保持一致。有的学校不大注意风气问题，心浮气躁、追求新奇、崇尚逆反。有些教师不注意做扎扎实实的学问，急功近利，讲课时总爱批评国家政策这不对那不对，以在学生面前显示自己高明。其实他自己并没有真正弄明白，仅是一知半解（当然，对国家政策进行认真研究并提出建议，那是另一回事）。这种校风对学生毒害很大。大学生正是思想不稳定、求知欲很强的时候，应该用中央提倡的主流思想打基础。真理没有绝对的，主流思想也还会丰富、发展。以后学生阅历丰富了，研究深入了，自然会有自己的判断和想法，但做学生时的基础不能打歪了。大学生的知识基础，不患不足，而患不正。若老师将逆反思维过多地灌输给学生，那是误人子弟，会给学生今后的工作带来当初想不到的负面影响。”

中国的公务员制度是民主程度最高的

1986年，根据邓小平的要求，中央成立了政治体制改革研讨小组，下设若干专题研讨组。侯建良参加了其中的干部人事制度改革专题组。1987年，专题组提出了建立公务员制度的研究方案，党的十三大宣布建立公务员制度。经过几年试点论证，1993年国务院颁布《国家公务员暂行条例》。2001年，根据中央领导同志的批示要求，公务员法开始起草。中组部、人事部成立公务员法起草领导小组，侯建良任副组长。2005年4月，《公务员法（草案）》通过人大审议正式颁布施行。从公务员制度的研究提出到《公务员法》最后颁布施行的18年间，侯建良是全国唯一一位全程参与的人。他对国内外公务员制度进行了大量研究，参加过反复的调研论证。因此，他对中国公务员制度的来龙去脉和立法思想，拥有更多的发言权，“我国公务员制度既借鉴吸收了国外的先进经验，又坚持了中国特色。就算跟外国人讲，我也能说服他们”。

一次，侯建良赴号称西方最早实行公务员制度的英国考察，英国公务员管理部门接待了他们。宴席期间，侯建良开始介绍中国的公务员制度。中国公务员考核中的民主测评制度、晋升中的民主推荐、竞争上岗、公开选拔等制度，都是英国人闻所未闻的，其体现的民主精神也是其他国家公务员制度所望尘莫及的。国外的公务员考核、晋升均为非公开进行的，全由领导说了算。英国的一个干部听着听着居然顾不上吃饭，站起来开始记录。

听了侯建良的介绍，英国人变得谦虚起来，有位官员走到侯建良面前“套起了近乎”，他说：“全世界培训正部长的只有中国和英国。”侯建良一边点头一边在心里说：我们对正部长的培训从

新中国一成立就开始了，而你们才开始一两年。“我们的公务员制度一点儿不落后，民主管理精神最强，管理环节最健全。这一点儿不含糊。”他自豪地说。

对于公务员制度建立过程中出现的各种疑问，侯建良有建立在广泛调研之上的合理解释。新颁布的《公务员法》坚持党管干部原则，规定党的机关干部也在公务员范围之列，这在国外是不可能的，好多人不理解。侯建良有他自己的解释：“判断哪些人是公务员，国际上通行三个标准：从事国家公职，使用国家编制，由国家财政支付工资。按照这三个标准，各国由于情况不同，公务员的实际范围也就不同。在美国，无论是民主党，还是共和党，首先是他们不属于国家公职，他们的主要任务是搞竞选拉票，其次是他们不占国家编制，再次是他们拿的是党派的钱，自然不是公务员。而中国共产党和各民主党派的机关工作人员符合三个标准，因此他们是公务员。各国国情不一样，当然不能千篇一律。”

已过耳顺之年的侯建良常怀一颗感恩的心。他说，他这一生之所以能从一个农村子弟成长为一名国家高级干部，要感谢的人很多。他感谢母亲含辛茹苦的养育，感谢妻子的一贯理解和同甘共苦的支持，感谢人民大学的知识传授和作风影响，感谢人事部领导和同事的关心、信任和帮助。“最应该感谢的是党和国家的培养！”侯建良动情地说，“这不是虚话、套话。不说别的，就说我过去的家庭条件，上初中时父亲就去世了，家里只有一个老母亲，如果没有助学金，我又怎能从初中读到大学毕业？更不用说以后几十年来组织上对我思想上和工作能力上的培养了。”没有丝毫的矫揉造作，发自肺腑的语言总是能深深地打动人。侯建良送给母校的学子们八个字：务本求实，自强不息。这八个字正是眼前这位朴实无华的老校友一生的真实写照。

（原文发表于 2007 年）

徐国保：勇于开拓新局面

◉ 梁敬芝

徐国保简历

徐国保（1945— ），生于江苏太仓。1964 年考入中国人民大学历史系中共党史专业。1972 年返回家乡太仓工作，曾任中学教师、县委办公室秘书、县团委副书记、党校校长。后调任苏州市委党校副校长，苏州行政学院院长。1996 年 9 月任苏州日报社社长，现已退休。

他站在斥资8 000多万元新建的功能完备、灵秀精致的苏州日报社新闻大楼前，自豪与欣慰之情溢于言表。这栋大楼是他和同事们心血的结晶。1996年他到报社上任的时候，报业经营总收入是3 000多万元的规模。经过五年的奋斗，2001年突破了一个亿。经济的迅速增长推动报社采编出版条件的改善。在堪与天堂媲美的姑苏城内，集风格园林化、办公智能化、设施现代化于一体的苏州日报社大楼可以算得上是一道独具品位的风景。

这位年龄虽长、但一谈起工作就充满激情的苏州日报社社长正是我校1964级历史系中共党史专业毕业生徐国保。

几个小时采访下来，笔者深深感到，徐国保是一个善于打开工作局面的人。来苏州日报社之前，大大小小的工作岗位他走了七八个，每到一处，都不辱使命，把工作搞得有声有色。

1994年他获江苏省有突出贡献中青年专家称号。1995年9月获得江苏省党校系统优秀教师称号。1996年获苏州市人民政府记二等功奖励。1997年享受国务院政府特殊津贴。

职位不能选择，事业可以自主

徐国保的工作履历表上，经历过的岗位有长长的一大串。每一个工作过的地方，都留下他奋斗的足迹。他用心血和汗水，浇灌着事业的花朵。徐国保说，职位不能选择，事业可以自主。干一行，专一行，要靠勤奋把工作抓起来，把业务搞上去。

徐国保大学毕业后第一份工作是到太仓县档案馆整理混乱的档案。作为档案馆里唯一的大学生，他十分珍惜费尽周折才得到的这份工作，分类、登记、造册、装订、贴签，他什么都干。老同志夸他档案分类入门快，对归档问题思考深。当时苏州地区档案馆负责人还以为他是档案专业毕业的。

1972年8月，他回母校太仓县中学当老师，管理全校最乱的一个初中班。接手这个班，徐国保并不急于去整治那些“捣蛋鬼”。他先和孩子们“打成一片”，留意观察他们中间的“群众领袖”，思考着引导的办法。机会终于来了。全校搞象征性长跑比赛，他把调皮大王带在身边一起早锻炼，这下子，小淘气们全都成了积极分子。这次比赛，他带的班拿了个第一名。集体荣誉感有了，班风正了，半年下来，这个班一跃成为全校先进班级。很快，他担任了校团总支书记、团县委常委，不久又入了党。

1975年8月，太仓县委组织部调徐国保到县委办公室任农业秘书，先下乡蹲点一年。在之后的五年时间里，徐国保跟过五位书记，风里来，雨里去，没有周末，也很少有节假日，几乎跑遍了太仓的乡村角落。他买了一大摞农技书，一有空就钻研稻、麦、棉、油（菜）四大作物。开始时，书记讲，他听、他记。后来，书记也让他发表意见。因为，他能看得出作物是什么型号，讲得出它们的生长特性，以及什么阶段施什么肥、用什么药，接近成熟期，还测得出产量。难怪不少乡村干部都把他当成农业院校的科班生。当时，一位专管农业的县委副书记这样对他说，你最好到第一线再“滚”上几年。

1980年2月，已经35岁的徐国保怎么也没想到还会回到团的工作岗位。太仓县委调他到县团委任副书记，参加筹备新一届团代会。在那里，他是名副其实的老大哥。此后的大部分时间，由他主持工作。经常只有一名管组织的常委跟着他。他把工作重心放到了基层团委和团支部，鼓励他们发挥主动性，围绕党委中心工作，以活动为载体，把青年吸引过来，组织起来；他通过总结典型经验、现场观摩交流、沟通党团关系等来推开面上工作。他根据农村优秀青年进厂做工、向城镇集中的特点，在党委的支持下，调整团的结构，建立起城镇的市镇团总支，扎口管理城镇各条线的团支部，开展适合青年特点的活动，找到了一条组织引导

城镇青年、带动乡村青年工作的路子，受到了团中央的重视。省里开团代会，太仓县团委做了交流发言。

毕竟过于年长，1983 年 2 月，徐国保被安排到太仓县委党校工作。他抓住正规化培训青年干部的契机，把太仓党校员工的注意力集中到教学、办班上来，推动了党校的内部建设。后在苏州市委党校主持工作期间，又充分利用苏州的优势，在确保完成苏州市各类培训任务的基础上，与中西部地区挂钩，实施智力扶贫工程。同时，改善办学条件，广开办学渠道。从而稳定了教工队伍，拓宽了党校发展的路子。

随着年龄增长、党校工作局面的打开，徐国保开始考虑个人科研计划。但他怎么也没有想到，苏州市委让他转岗到新闻单位。1996 年 9 月，他接过了苏州日报社社长这副沉甸甸的担子。徐国保到任后，根据市委领导的要求，借贯彻中央全会精神的东风，分批轮训采编、行政人员，熟悉人头，摸清思想，统一认识。他本着先易后难的原则，找出最需解决而有可能解决的问题，取得领导层共识，分步付诸实施，务求取得实效。他深知“无事最易生非”，他和一班人制定出小目标，让大家忙起来，把报纸先办好。然后，腾出精力把经营搞活，把制度健全，使管理上轨道。

他珍视并放手起用年轻人。刚到报社时，领导班子里没有一个年轻人，连值夜班都成问题。他充分注意把老同志作用发挥好，同时把青年骨干调配好。五年下来，苏州日报社已有四名 30 多岁、三名 40 多岁的骨干进入领导层，激活了班子的战斗力。

众志成城。报社的发展离不开全报社人的齐心协力。而要调动大家的积极性，利益杠杆必须把握好。但是东方文化加计划体制形成的平均主义思想根深蒂固，不仅惩难，连奖也不易。徐国保和领导班子成员统一口径，大会小会宣传激励主张，采取“迈小步、不停步”的策略，奖励那些表现好、贡献大的个人和部门，

让大家逐步接受分配改革。然后，不失时机地制定激励政策，适当拉开差距。如今，苏州日报社少数贡献突出的骨干获得了比较丰厚的利益回报，而大多数员工的收入也逐年有了提高，从而确保了新闻宣传的正常秩序和报业发展的快速推进。

科技是第一生产力。徐国保很重视提高报社的出版能力。报社计划购置德国海德堡彩色胶印机，投入太大，当时众说纷纭，一时难以定夺。徐国保让专门工作小组先把利弊议透：一是当前现有设备超负荷运转，不可能持久；二是报业竞争日趋激烈，没有先进的技术投入，今后难免被动；三是以报社现有的实力，背点儿债，没什么风险；四是海德堡公司欲打开地市级报纸印刷市场，价格谈判上对报社有利。经过反复的讨论和求证，这个项目很快决策上马。最后以 2 000 万元人民币的价格谈了下来。事实证明这个决策对报社是有利的，设备投入使用后，不仅适时满足了报社自身三报的印刷需要，而且还拓展了外埠报的代印业务，为下一步筹建具有市场竞争力的印刷中心打下了基础。

徐国保到报社工作的几年正是大事多、热点多、竞争开始加剧的几年。仅举一例，1997 年邓小平逝世，为确保舆论导向万无一失，他连续七个昼夜值班。天亮，日报付印，他靠安眠药睡上三四个小时，上午 9 时又坐到了办公室，处理行政事务，到晚报把关。待下午晚报付印，他又开始为第二天日报的版面筹划。责任、压力导致失眠，加上节奏紧张，徐国保付出了“三高”（高血压、高血脂、高胆固醇）的代价。在一班人的带领下，全社员工团结奋斗，报业发展迈开了大步：1996 年报社广告收入 2 100 万元，到 2001 年突破 6 000 万元；总资产突破两个亿。日报从对开 4 版出到对开 12 版，发行突破 10 万份；晚报从四开 4 版出到四开 24 版，发行也突破 10 万份。2001 年苏州日报社新子报《城市商报》顺利创刊，后来形成“三报二刊”的发展格局。

情有独钟领导学

徐国保名片上的头衔，除了苏州日报社的职务外，还有江苏省领导学研究会副会长等社会兼职。

可能是出于研究党史的兴趣，徐国保对毛泽东等老一辈革命家丰富多彩的战争指导艺术既熟悉又钦佩。年轻时他担任多年的县委秘书，耳濡目染，深感领导学是一门博大精深的学问，与一个地区、单位部门的工作，与老百姓切身利益关系极大。从 1985 年开始，他在党校培训基层干部的课上，讲授领导学，并始终钟情于对这门学科的研究。

走过大大小小的领导岗位，徐国保结合自己的亲身实践，谈到研究领导学的几点体会：第一，欲打开局面，先要了解局面，掌握局面；不同的单位会有不同的工作突破口，但都必须以事业发展为中心，靠制度建立起工作秩序，着力营造好内外部环境。第二，领导者应虚心听意见，长于出主意，精于抓落实；行政处事稳健、果断、较真；对竞争和挑战平时多留意，思考要超前，遇事先征询，决策看利弊。第三，站在全局想问题，把握过程找关键；全局的重点亲自抓，部门的重点指导抓，专项的重点定人抓；掌握工作节奏，注意协调平衡，维护正常秩序，从容谋划发展。第四，作为一名领导干部，要诚心待人，大度容人，善于发挥骨干的长处，使各得其所；从事业出发，从爱护出发，该要求的严格要求，该批评的直言批评，该肯定的真心肯定，该任用的热忱任用；不搞亲疏，不拉山头，奖惩分明，敢于担当，这样才能出正气、出效率、出人才。这四条是他多年积累的总结，也正是他带领一班人打开单位工作局面的经验之谈。

生活中的徐国保是个性情中人，待人平易，不绕弯子，言必

信行必果，以身作则。他谈到当领导，要说特殊，仅是多了一份社会责任，一旦卸任，还不和大家一样？况且自己是专业技术人员，有什么官不官的？他最讨厌官腔、官调、官架、官样。在他心目中，第一是事业，第二是专业，其他虚辞饰言，不说或少说。所以，他平时很少开会，要开会就是研究问题，讨论对策。即使一年一度的单位总结表彰大会，他也不愿多言，拣要点列个提纲讲讲，整个大会过程也就两个小时，包括总结工作、宣布表彰名单、市委领导提要求。在对待个人报酬上，他说，除了大家有的工资、补贴自己也有，大家没有的要慎有。比如对骨干的奖励，他坚持在前任的基础上做微调，根据考核结果由领导集体确定档次；他坚持不在领导层中拿最高额；他坚持不到奖金包干的下属部门去列支。他还说，“我可以在政策框架之内给有贡献的人签字发奖金，但我不能给自己额外发一分钱，虽然我付出的可能比他们还要多”。

长期以来，徐国保都是在事业单位工作，双肩挑，担负行政领导，不离业务岗位。这样做很艰苦，意味着要付出双倍以上的劳动。但是这样做也有效，因为事业单位的领导专业性强，专业好有发言权，抓起工作来有威信。

智慧在文字中闪烁

在竞争激烈的年代，徐国保担负行政职责，一方面要处理日常事务，一方面又要考虑发展前景，时间真是不够用，但他还是忙里偷闲，笔耕不辍，把对国家发展、社会进步的探索和对领导学的潜心研究成果凝诸笔端。到 2001 年，不包括主编统稿的文字，他撰写的文章达 60 多万字。

多年来他从事党的基本理论、领导理论、现代化理论的教学

研究。他理论研究的重点，一是党的领导思想，包括毛泽东的领导观、政策策略观等；二是党的现代化思想，包括邓小平的发展观、现代化价值认同、苏州区域发展和苏南城镇化战略选择、现代中小企业管理思维等。他在1988年初最早提出了外向经济领导的概念，对提升干部综合素质、适应开放型经济发展提供了帮助；1994年他最早提出了苏州社会发展中的中心镇概念，得到了广泛认同并被采用为政府的区域发展政策。1987年以来，他在省级以上报刊发表《毛泽东关于党的领导的几个辩证观》《苏南实施小城镇战略的几点思考》《推进政治现代化的战略选择》等论文23篇，计12万余字；主编著作七部，撰写30余万字，其中《外向经济领导》1990年10月获全国领导科学优秀著作荣誉奖、1991年1月获江苏省政府社科三等奖，《走向现代化的苏州》1996年11月获江苏省精神文明建设“五个一工程”入选作品奖、1997年7月获江苏省政府社科一等奖。

1995年12月，由徐国保主编的《走向现代化的苏州》出版，得到当时中央党校副校长杨春贵的高度评价。这本书是一本从较高层次上论述苏州现代化实践经验的理论专著。作者力图站在现代化的高度，以历史的眼光审视这一重大过程。该书从思维观念和精神文明、经济增长和方式转变、乡村发展和城镇建设、人才工程和机制创新以及党的建设和政治保证等多层面对苏州到20世纪末实现基本现代化的伟大实践做了高瞻远瞩的分析，具有较强的指导作用和现实意义。1997年初，徐国保经江苏省委党校教师高级职称评审委员会评审、江苏省专业技术人员职称工作领导小组办公室批准、江苏省人事厅行文获教授职称。

他的新闻作品获得的奖励也是步步升高。新闻观察《苏州旅游呼唤大手笔》获1998年度江苏省报纸优秀作品二等奖。评论文章《空子与空间》获1999年江苏理论宣传优秀作品一等奖。新闻观察《学习型城市——一个深具潜质的目标》获2000年度江苏省

报纸优秀作品一等奖，并获得江苏省最高新闻奖——江苏新闻奖。“建设学习型城市”还被写入中共苏州市委的第九次党代会的报告，成为苏州发展的一个重要目标。

我的童年　我的大学

1947年春夏之交，在江苏省靖江县的靖西江边，有一位年仅24岁的革命战士英勇牺牲。他就是因叛徒出卖被敌围捕、虽屡遭酷刑仍坚贞不屈的原新四军战士徐震。后来他的名字刻在家乡的烈士墓碑上。他留下了幼小的儿子，这个孩子就是徐国保。

徐国保的童年饱经沧桑。他七八岁时，母亲领着妹妹离开了家。徐国保永远也忘不了那揪心的一幕：黑沉的田野，月光洒着冷辉，在地里劳作了一天的母亲没有回家，却跪倒在父亲的坟前，大哭了一场。这场撕心裂肺的哭诉，把徐国保和母亲永远分开了，他再也不能依偎在母亲的怀抱了。被人欺侮，再也没有人来疼他了，他只能咬牙忍着。长大后，他没有怨恨过她。他明白，一个不识字的农村妇女，在徐家先是担惊受怕，后是吃苦守寡，还能要求她怎样呢?

母亲走了，带着可怜的妹妹走了，徐国保只能与祖母相依为命。农忙了，他小小年纪就跟着帮工的大人干体力活：割麦、打连枷，翻田、插秧……有一次麦茬扎伤了他的小脚，至今脚掌上还留有一个伤疤。有一次打场，他竟晕倒在麦场上。该上学了，因为没有钱，第一次他连名也没报上。写字要买一点儿纸，得跟祖母磨上几天，要等母鸡生了蛋、祖母上街换了钱才能买。没办法，家里的土墙、破橱上都涂满了毛笔字。徐国保从小爱看书，没钱买，就把家翻个底朝天，家里能看的看完了，就向同学借，向老师借。在农村的一年中，他最盼稻子将熟的季节。因为祖母

会上街买回两只白馒头，到田间祭祀。等他随祖母叩完头，这两只香香甜甜的馒头就归他了。他不舍得狼吞虎咽，总是先慢慢地剥着皮，然后一口一口慢慢吃到晚上。到了1956年底，情况才有所好转。那时，姑姑在太仓进了工厂，把徐国保和他的祖母一同接到了家中。可没多久，三年困难时期，加上姑姑家有四个孩子，生活又紧了起来。徐国保想买支钢笔，祖母手头钱不够。小伙伴们玩“摔菱角”，徐国保也只有在边上看的份。空下来，放假了，他也去姑父厂里打工、切酱菜。他向大人要几分钱，就去买小人书、到书摊上租小人书。一直到升初三，徐国保才改掉在音乐课等副课上偷看课外书的毛病。

儿时的磨炼造就了徐国保倔强和爱打抱不平的性格。他为人仗义，最看不惯仗势欺人。他比较本色，怕受束缚，讨厌形式，不会作假。这使他学习、做事比一般孩子认真。1961年7月，在初中毕业前他加入了共青团组织，考上了太仓县中后，曾是校学生会宣传部部长，1963年被评为学雷锋先进分子，受到太仓团县委的表彰，在太仓全县中小学毛笔字比赛中获得大楷第二名，小楷第三名。徐国保在高中时就积极要求加入中国共产党，高中毕业会考的成绩全部优秀。1964年9月，徐国保实现了他的高考第一志愿，考进了中国人民大学历史系中共党史专业。

步入大学的殿堂，徐国保倍加珍惜。自修时间和大部分课余时间他都到图书馆、资料室看材料。他在一年级时就超前自学了党史，还联系历史背景对《毛泽东选集》进行了系统的研究，以学《毛泽东选集》带动学党史，以学党史推动学《毛泽东选集》。徐国保在大学的几年，连八达岭都没去玩过，也很少上街。他节省有限的助学金买书，还给祖母、给家人买生活用品。一位家庭困难的同学无力返家，他拿出了自己省下的积蓄。他虽然不是班干部，但是带头出墙报。他还为人大校刊写稿。学校组织学工、下连当兵、学农，他都积极投身其间，自觉磨炼意志。

1970年8月至1971年，徐国保在安徽省军区部队农场劳动锻炼，当过连队理发员、炊事员。正式分配时，部队照顾他回江苏。可当时苏州地区革委会政工组管组织的人却将他拒之门外。他又不得不返回阜阳，几经周折，才于1972年初正式走上工作岗位。

回顾当年在人大的学习生活，想起关心自己的恩师和情同手足的校友，徐国保社长流露出深切的怀念。他默默地说："童年的坎坷和大学的荣辱都已融入血管里那流淌着的鲜血，这大半辈子，我努力了，今后还会继续努力。"

（原文发表于2002年）

陶兴文：大跨度人生　多领域奉献

◉ 林　晚

陶兴文简历

陶兴文（1945—　），云南省澄江县人，中共党员，经济学硕士。1969 年毕业于中国人民大学财政贸易系会计学专业。1970 年分配到国家建委三局工作，1978 年到中南财经大学工业经济系读研究生，1981 年毕业后留校任教，任基本建设经济教研室主任。1984 年创办湖北经济管理大学，任副校长。1985 年调云南经济管理干部学院，任工业经济系系主任、副院长。1986 年创办云南经济自修大学，任副校长、校长。1989 年调深圳特区华侨城建设指挥部，先后任培训中心主任、文化教育卫生办公室主任、文教卫生处处长，深圳特区华侨城工会主席。

一个失去双亲的孤儿，在党和政府及乡亲的关怀下，依靠自己的艰苦努力，从祖国西南边陲考入全国青年心向往之的中国人民大学。又像一颗插上翅膀的智慧良种，从中国人民大学放飞，飘翔于大半个中国，落到哪里就在哪里营造一片绿荫。在半个世纪沧海桑田的历史巨变中，蹉跎岁月，大跨度人生，不平凡的开拓经历，在他的心中会掀动怎样的感情波澜，支撑他心灵和躯体的又是怎样执着的追求啊！

当记者在华侨城总部、在中国民俗文化村、在海景酒店，倾听他娓娓叙述生活感受时，眼前似乎展现了一条崎岖不平但前景光明的道路。

他名为陶兴文，中国人民大学校友、深圳特区华侨城工会主席。华侨城工会，是陶兴文人生之旅的一个驿站。对他来说，这样的驿站不止一两个。在这一个个驿站中，陶兴文亲手营造了木屋石室、广厦高阁，为过路人布施了福音。

陶兴文在自己的履历表上这样写下了他的年龄和籍贯：1945 年 5 月 18 日出生于云南省澄江县龙街镇万海办事处大河梗村。“这里距离昆明并不很远，我的家就在一个风光秀美的湖边。过去这里穷得叮当响，现在这里又富得响当当。”陶兴文深情简练地勾勒出曾经养育自己的故乡。在谈到自己的身世时，陶兴文不禁黯然神伤。

从他记事时，就已经失去了父亲，母亲含辛茹苦把他拉扯到 12 岁时也撒手而去。当哭声渐渐嘶哑，泪水慢慢干涸的时候，从失去慈母的巨大悲恸中清醒过来的陶兴文，感到那样孤苦伶仃。衣食住行、求学上进瞬间都成了难题，坎坷的经历促成了这位性格倔强少年的早熟。乡村党组织和父老乡亲走近了他，给孑然一身的陶兴文以特别的呵护。大家在生产队安排他做会计，收草记账，每天能赚四个工分，假期和大人一起在田里劳作。靠这点儿微薄的收入，他在收获季节分到的粮食居然能够养活自己。考上

初中，学校每月给他 6 元人民助学金，仅够交每月的伙食费，每年补助他一件衣服。他上山采药材，下湖捞鱼摸虾，换来了学习费用。上高中时，他享受的助学金是全校最高的，每月 7 元。这不多的几元钱重似千金，越是到后来，陶兴文就越感到它分量的沉重。须知这是国家遭受天灾人祸、遇到严重困难的时期，也是他人生道路上最关键的时期啊！靠着这每月的 7 元钱，他要交 6.9 元的伙食费、5 分钱的团费，剩下的 5 分钱买墨水粉。没有钢笔就拣人家扔了的笔尖，绑在竹片上写字，没有纸就到学校油印室帮忙，拣油印坏了的纸装订笔记本、作业本。冬天没有衣服穿，冻得浑身起鸡皮疙瘩……

处于艰难困苦中的孩子往往更加珍惜光阴，更勤奋刻苦。1964 年，他以云南省文科第一名的成绩考取了中国人民大学财政贸易系会计学专业。从边疆到首都，从乡亲身边走到大学校园，陶兴文满身乡亲关心，细心的同学认真地数了数，陶兴文唯一一条裤子缝缀了 54 个补丁。就是披着这样沉重的“衣甲”，陶兴文阔步走进知识殿堂，向科学高峰攀登。他如饥似渴地学习马克思主义理论，阅读毛泽东的四卷雄文，吸吮知识的乳汁，一天天成长起来。大学二年级，在拥有八九百名学生的大系，他被选为系学生会主席。回忆起难忘的大学岁月，他用最简洁的语言浓缩了自己的深切感受：“中国人民大学光荣传统与良好校风的熏陶，扎实的理论基础、专业基础和道德基础，使我终身受益。”

风狂雨骤之际，他苦闷过、彷徨过，他期盼过平静的书桌，憧憬过恢复学业，但在当时这仅仅是一种奢望和梦想。不甘沉沦的陶兴文选择了另一种学习方式：走向社会。“在最令人窒息的日子，我下煤矿学采煤，到丰台铁路机务段学开火车，到工厂当翻砂工，到建筑工地当钢筋工、电焊工、抹灰工、瓦工、混凝土工，到海淀老虎洞商店去当售货员。这不是消极避世，而是主动去熟悉社会，接近工农。”凭着从小饱经磨难而造就的坚毅性格，又有

这段不寻常的时光垫底，陶兴文日后走南闯北，逢山开路，遇水搭桥，在诸多的艰难险阻中一直坚挺着脊梁。

1970年7月，陶兴文毕业离校，被分配到建工部工作。根据本人的请求，陶兴文去基层锻炼，来到建工部第三工程局贵州安顺001基地。第三工程局负责我国西南地区国防工业建设施工队伍的管理。陶兴文的具体工作就是负责这支拥有5万人的队伍的经营费、施工费拨款工作。第三工程局由贵州搬到了武汉，陶兴文也随我国基本建设战线这个"吉卜赛"部落从山沟沟来到大都会武汉市。1975年，他到国家建委"五七"干校当理论教员，干校解散后，他放弃了到北京工作的机会，仍然留在武汉。而此时席卷神州大地的伟大变革已经风起云涌了。

八年的工作实践使陶兴文得到了锻炼，也使他痛感知识的不足。1978年，他再一次遨游学海，考取了中南财经大学工业经济系研究生，毕业后成为新中国第一批共163名经济学硕士之中的佼佼者。

1981年，陶兴文毕业后留在中南财经大学基本建设经济系任教，不久即担任教研室主任职务。他着手同全室教师一起系统进行学科建设，理顺了课程体系，重新编写教材，紧抓科研管理，适应改革开放的新形势，把本学科领域的教学改革大大向前推进了一步。在主持教研室工作期间，陶兴文加强教师队伍建设，特别是加强对青年教师的培养提高，通过压担子、严要求，开展教学方法的研习活动，以老带新，使青年教师迅速健康地成长起来，改变了教学力量薄弱的状况，在学生大幅度增加的情况下，教学质量却有明显上升。他领导下的教研室，一批青年教师茁壮成长，担起了教学和行政管理的重担。当年的青年教师陈柏东，后来成了该校投资系的系主任。

在这些日子里，陶兴文的能量处于喷发状态，他既要组织教学、筹划教学改革，还要登台讲课，开展科学研究。他开了基本

建设经济学、投资理论、会计学原理、工业财务管理、计划经济学、财政与信贷、工业经济管理学、工业企业管理学等课程。他开足马力搞科研，每个星期都在省级以上报刊发表一篇文章。自那时以来，他自己撰写、合著、主编的教材或辞书有27册之多，发表论文200余篇，公开出版物共300多万字，多篇著作获省部级奖励。

“正如有人说的那样，我是最适合当教师的人。我最成功的事业是培养人、教育人。”陶兴文自豪地对记者这样说。他的话实实在在具有深刻的丰富的内涵。记者了解到，陶兴文涉足几乎所有教育层次，从研究生教育、普通高校本科教育、成人高等教育，到中小学、幼儿教育，从职工干部培训到开办在职研究生班，几乎在每个层次陶兴文都有一番探索，都有一番作为。

1984年8月，陶兴文积极争取湖北省委、省政府的支持，特别是多次给省委书记关广富同志写信，并在关书记的直接过问下，主持创办了民办大学湖北经济管理大学。陶兴文说：“多年的经历和研究，使我感到我国经济落后、文化落后，关键是人员素质低。看到许多孩子在高考中考分很高却落了榜，看到家长希望让孩子继续求学深造的迫切心情，感到应该担负起一种责任，于是我决心投入这项事业。”他一面完成中南财经大学担负的教学和行政任务，一面主持湖北经济管理大学的创办和管理，一天工作十几个小时。

以湖北省社会科学联合会的名义主办的这所湖北经济管理大学，当时是借用武汉锅炉厂的大礼堂、武汉军区和物资部驻湖北03单位的房屋。03单位有一个很大的院落，一些储备物资的仓库和办公用房长期闲置。陶兴文亲自登门拜访请求支援，“这些房子闲着不用很可惜，用来支持办教育是件功德无量的事情”。03单位的领导很认真，也很开明：“租用要部里批准，可以借用给你们，你们每年负责维修。”于是，每年只出9万元的维修费用，就解决

了 4 万多平方米的办学用房，可以容纳学生 2 000 多人。1984 年，学校招生 3 260 人，此后数年，每年招生人数都在 2 000 人以上。

湖北经济管理大学的办学模式也很有特色，学校的性质定位于“高等教学自学考试助学单位”。学生入学无需入学考试，经过辅导助学后参加湖北省高等教育自学考试委员会组织的统一自学考试，合格者方能获得大学毕业证书。学校起初设立工业经济、商业经济和会计三个专业，后来陆续增设统计学、建筑设计、装潢、广告等专业，培养社会急需的人才。学校成立后立即得到社会各界的支持和欢迎，招收的学生中，相当一些人是经历过上山下乡已成为各条战线骨干的青年人。一些贫困家庭卖掉准备过年宰杀的肥猪、卖掉建房用的木材，跋山涉水送子女前来报名。谈到这些，陶兴文十分感动，他为学校立下了一个规矩，不在这些孩子身上赚钱。学校全日制学生每人每学期收费 300 元，夜大每学期收费 150 元，维持最低限度的开支，主要精力投放到不断提高教学质量方面。陶兴文亲自给学生上课辅导，他带的班，学生 100%成绩合格。鉴于这所学校有固定的校舍、有稳定的教师队伍、有较高的教学质量，湖北省自学考试委员会把 6 门课程的考试交给学校自己组织。办学 13 年，已经有来自 24 个省市的 1.8 万余名学生拿到了自学高考毕业证书。在湖北省直机关、武汉市直机关、各地市党政机关工作人员及大中型企业厂长经理中，许多人都是湖北经济管理大学的学生。在办学过程中，学校开始几年未要国家一分钱投资，略有盈余就想方设法争取一些土地，使学校的办学条件逐步改善，办学规模不断扩大。善于运筹的陶兴文，和主持学校工作的计建中副校长一起研究，用 18 万元买下了位于武汉闹市区的一家工厂旧址，面积 3.4 亩，又花 8 万元购得武汉街道口 2.2 亩的一块空地，用于建设学生宿舍。近年来学校又购得了 60 亩基地，盖起了教学楼、图书馆楼和学生宿舍楼，逐步走向了正规。1996 年，湖北经济管理大学由省教委直接管理，移交给

国有资产管理局的资产价值为一亿三千多万元。陶兴文调离武汉后，一直兼任该校副校长，每年都花许多时间和精力，与学校领导研究办学方向、教学改革等重大问题。

湖北经济管理大学越办越红火，产生了强烈的辐射效应。云南省委领导发现陶兴文是云南人，几次派人动员他回云南工作，撩拨起陶兴文这个游子的乡思，很快他就归心似箭了。湖北方面百般挽留，但陶兴文的想法是有道理的。云南是边疆省份，改变那里的面貌更需要人才，何况湖北经济管理大学经过几年的建设已经进入了良性运行，但直到陶兴文把全家户口迁到云南半年后，湖北方面才“亮了绿灯”。

1985 年，陶兴文到云南经济管理干部学院挑起了工业经济系系主任和副院长的担子。这家学院刚刚建立不久，是全省唯一的一个经济管理干部学院，承担着对在职人员进行大专培训及对各地主管工业的党政领导、大型企业厂长经理进行考前培训等任务。当时学院规模不大，有教职工 57 人，教师只有 30 多人，仅有一个专业，学生 104 人。陶兴文带去了在湖北的办学经验，在省委、省政府的支持下，首先抓基础设施建设。他们充分利用学校原有的 27 亩土地，又购地 32 亩，扩建了 2.6 万平方米校舍，使学校在校生人数由 104 人增加到 1 800 人，专业从 1 个发展到 7 个。当时云南全省每年有高中毕业生 2.5 万人，能考进普通高校的只有三四千人，为使更多的孩子能接受高等教育，培养更多的人才，改变本省经济欠发达的状况，1986 年 8 月，陶兴文以云南经济管理干部学院为依托创办了云南经济自修大学。云南经济自修大学采取自学考试模式和宽进严出办法，当年招生 1 200 人。云南经济自修大学以不断提高教学质量和不断降低收费标准在全省具有重要影响。这里每人每学期收费 180 元，后来降至每人每学期收费 150 元。主管教育的陈立英副省长打来电话询问：“为什么一再降低收费标准?”陶兴文回答：“这些学生大部分家庭生活困难。我们不

愿赚他们的钱。”由于陶兴文精打细算，积极提高经费使用效率，经费仍然略有节余，为学校安装煤气管道、封装阳台、建公用电视天线、发放教师教学补贴等做了小小的补贴。

陶兴文喜欢用这样的话概括这一时期的工作：“湖北经济管理大学培养两万人，云南经济管理干部学院培养五千人，云南经济自修大学培养五千人，我的工作为社会培养了三万名人才。”

勇于开创的陶兴文没有满足于以往的成绩，他以破釜沉舟的精神迎接新的挑战。1989 年底，在全国经受一次政治风波的震动之后，陶兴文到我国改革开放的前沿深圳工作。一个不容回避的问题是，陶兴文必须面对新的体制、新的机制、新的工作方式。根据这里的规定，从内地调到深圳的人员，个人以往的级别、工作成就不作为安排使用的依据，以往的待遇也不再保留，只是根据工作需要安排需要的岗位。陶兴文由副厅级改为处级，他说：“一切都从零开始。”然而，越是这样就越激发起陶兴文的昂扬斗志。

在深圳，陶兴文首先担任华侨城培训中心主任的工作，主管全城区领导干部的培训。1991 年，华侨城成立了文化教育卫生办公室，他出任这个办公室的主任。除了干部培训外，还压上了华侨城医院、中小学、幼儿园的担子。熟悉普通高等教育、成人高等教育的陶兴文，面临着办好普教、幼教的新课题，而配给他的助手只有一名司机。陶兴文说：“当时没有选择的余地。只有重新学习自己并不熟悉的东西。”他拜访名家，虚心求教，逐渐摸索，开始了新的创业。

华侨城小学原是农场办的子弟小学，只有一栋简陋的石头房子，幼儿园设在工业厂房里。千头万绪，陶兴文先抓基础，他积极斡旋，取得华侨城建设指挥部的支持。筹措资金，累计投入 8 000 多万元，用于兴建中学、小学、幼儿园校舍，教学设施和设备全部达到国家一级一类标准。他说：“我们瞄准世界先进水平，

搞出来的东西几十年后都不会落后。”接下来的事情很多，需要大刀阔斧地整顿领导班子，整顿教师队伍，聘请有名望的校长、聘请优秀教师。经过几年的努力，华侨城中学、小学、幼儿园，完成了从农村型向城市型的转变，完成了从传统向现代教学方式的转变。华侨城建设指挥部重视教育，把教育作为华侨城投资环境的重要组成部分，被评为南粤尊师重教先进单位。华侨城中学原来高考“剃光头”，到 1995 年升学率达 90%，高考平均分数由深圳全市第 24 名上升至第 5 名，1996 年升学率达 100%，大专上线率达 88%。华侨城小学成为第一批广东省一级一类小学。华侨城幼儿园 1993 年一次通过全市评估成为一级一类幼儿园。在他支持下建立的深圳市第一家国际幼教中心，也因聘请了一流幼教专家、配备了优秀教师和足够的保育人员，而蜚声内外。深圳市乃至外地的家长都愿意把孩子送到这里养育并接受初步的外语、文化知识训练。陶兴文全身心地投入，探索普教幼教规律，积累了成功的经验，也享受着新的成功的喜悦，兴趣越来越浓厚。

不料，因为工作需要，他的工作岗位又有新的变化。1995 年 10 月，华侨城领导决定陶兴文任华侨城总工会主席，恢复其副厅级待遇。工会工作对于陶兴文来说是全新的领域，特区工会与内地工会又有诸多的不同，如何在特区环境中把企业工会办出特色成为陶兴文的新追求。

经济特区合资、合作企业多，私人老板多，职工的权益往往得不到保证，需要有人维护。而维护职工合法权益一方面要靠政府，另一方面要依靠工会。陶兴文紧紧抓住维护职工权益这个关键环节，把华侨城工会办成了职工之家。他提出的指导思想是“维护职工权益，壮大工会实力”。华侨城职工人人都晓得：“有困难，找工会。”

在工作实践中陶兴文受到了这样的启发：“工会的活力在于积极参与企业的经济建设和精神文明建设。”为此，陶兴文在动员各

级工会支持企业发展的同时，把华侨城职工业余文化体育生活搞得有声有色、丰富多彩。他说：“华侨的职工文化体育活动，一是有水平、有规模、高档次，二是舍得投入。”列举华侨城职工文化体育活动的盛况，陶兴文如数家珍。在世界之窗举办六千人规模的华侨城运动会闭幕式威武雄壮、精彩纷呈，充分展示企业形象和职工精神风貌；在华侨城杯健美操比赛中华侨城代表队击败广东省浪奇等省队，囊括团体和单项冠军；组织 27 支代表队参加的华侨城龙舟比赛；举行 350 多名选手参加的职工文艺大赛，有效地提高了职工文化生活水平；等等。

陶兴文坦言：“举办一次运动会，一人发一套服装，一人发一双鞋子。打一场篮球，每人发一套服装，吃一顿饭。这么高的投入要有经济实力才行。工会只是伸手要钱就什么事情也干不成。”懂经营善管理的陶兴文为工会兴办了一批企业。他转让了原来工会办的一些小商店、照相部、小书店等，着手创办了有规模、有档次的公司，如体育中心有限公司、广告公司、生物科技公司等。体育中心有限公司设有网球场、游泳池等体育设施，还在增加其他的项目，为职工提供了一流的体育活动场所，虽然这些场所档次高、收费也高，但职工们却愿意来此消费，而且吸引了不少深圳市其他单位的人员。他们与北京中亚广告公司合办的广告公司，客户很多，生意做不过来。生物科技有限公司，主要是引进国内外优质水果、名贵花卉、珍禽异兽，在当地饲养繁殖，进行深度加工，批量销售。他们还设想，将这个公司的种苗扩展到各地的贫困地区，扶持当地的经济发展，以优惠价向扶贫对象出售种苗，让对方利用土地资源和人力资源优势，通过劳动脱贫致富。

陶兴文依靠自己的艰苦奋斗，熟悉了深圳经济特区的环境，开辟了工作的新天地，做成了一番事业，比起刚到深圳的时候，个人收入增加了，生活条件也改善了许多。但是他没有醉心追求金钱，也没有沉湎于物质享受，而是进一步把自己融入社会，在

党和人民安排的岗位上，努力做好工作。他说："我长期从事理论研究，长时间做高校教师，具有一定的知识优势。我要发挥这个优势，在工作之余多研究问题、多发表作品，通过精神产品，继续对社会产生积极影响。"在最近这些年，他几乎没有休过节假日，有了空余时间就坐在办公室的电脑前，著书立说、勤奋写作。记者访问他时，他正在从事两部书的写作，一部是《云南人》，一部是《喧闹的深圳湾》。前者通过分析云南特殊的地理位置对云南人的思维方式、行为方式、生活方式的影响，以及由此而形成的优势、劣势，既表达了对父老乡亲的深厚情谊，也意在引起父老乡亲的深刻思考，从转变观念、提高素质做起，改变云南经济欠发达的落后面貌。后者旨在系统而生动地描述深圳经济特区先进的观念意识、开拓创新的经验，反映特区艰苦创业的辉煌成就，激励人们奋发向上。

陶兴文在深圳这块土地上如鱼得水。正如他自我评价所说："自找压力，多做奉献。"不难看出，这位豪情满怀的人大校友的心胸中有着一个无穷的世界，一番无限的事业。

（原文发表于1997年）

蒋含宇：一帧珍贵的合影　一生信念的支撑

◉ 陈骊骊　王柏霞

蒋含宇简历

蒋含宇（1945—　），湖南韶山人。1963年考入中国人民大学国际政治系。1968年毕业后到辽宁省凌源县插队劳动锻炼。1974年4月调入江汉油田参加石油会战，后在石油管理局荆门炼油厂教育部门工作。1980年底调入江西九江炼油厂工作，历任该厂职教科副科长、教育中心主任，后任中国石化九江石化总厂党委宣传部部长、统战部部长、党委委员兼组织部部长。科技哲学专业研究生学历。2000年调任中国石化江西石油分公司党委副书记、纪委书记，教授级高级政工师。2005年正式退休。

1959年6月，毛主席回到离别32年的故乡韶山，脖子上系着一条红领巾，和少先队员一起拍了一张照片。这张被诗人臧克家称为“笑的风要把人身撼动，纸面上仿佛听出声音”的照片，曾刊登在《人民日报》上，后被选入小学课本。在毛主席逝世之际，全国各地，随处可见。但谁也不会想到，这张照片，这次偶然，却造就了一个人的一生。照片中站在毛主席身边的少先队员，就是蒋含宇。而同样站在主席身边、给毛主席敬献鲜花的女同学彭淑清，就是蒋含宇后来的人生伴侣。是主席的到来改变了他们的一生。

幸运会面　巨大鼓舞

那是1959年6月25日下午，韶山学校少先队辅导员把14岁的大队长蒋含宇、大队委员彭淑清叫到大队部，告诉两人：“有个重要的中央首长要来咱们韶山学校，学校准备让你们两个代表韶山少年儿童给首长献花。”当时蒋含宇兼任学校迎宾团团长，给首长赠送红领巾的荣誉自然就落在他的肩上。

“这位重要首长会是谁呢?”蒋含宇、彭淑清两人心中不禁猜测。看着辅导员喜不自胜的表情，他们想：这儿是毛主席的故乡，又是毛主席、杨开慧曾经创办农民夜校的地方，肯定是毛主席要来韶山学校了！想到这里，两人兴奋不已。但是要怎样才能把这件事情办好、顺利完成任务呢？两人都犯了难。蒋含宇一面不断地琢磨着怎样熟练地反手给主席戴红领巾，一面又担心着自己个子这么小，如何能顺利给身材高大的毛主席戴上红领巾呢？他特意换了一条鲜艳的大型号红绸领巾，一遍遍地练习着。彭淑清则绕着学校找遍了每一个花圃，一遍遍地想着哪里的花最鲜艳，怎样做才能让主席及时见到最鲜艳的花。她怕花蔫了，一直没摘，

一天之内几次过去给花浇水剪枝，就是为了能给主席献上最娇美的鲜花。

神圣的一天终于到来了。

26日清早，毛主席沿着他的旧居附近的一条小土路向着韶山学校方向缓缓走来。韶山学校师生听说了，全都拥到校门口，夹道欢迎主席。彭淑清当时正在吃早饭，听说主席来了，她放下饭碗就跑到校园中采来夹竹桃、红月季和松枝，熟练地扎成两束。而蒋含宇当时还正在大队活动室练习那几个早已熟记在心的动作，闻讯也是飞奔而来。

当主席即将走上通往学校的儿童桥时，蒋含宇、彭淑清像两只雀跃的小鸟飞到主席面前，把两束带着露珠、满含韶山人民热情的鲜花献给了主席。接过花，闻着故乡的芬芳，主席微笑着问他们：“几岁了？学习成绩好不好？”他们告诉老人家：“14岁了，成绩还好。”主席微笑着说：“要努力学习，争取做个好学生。”主席一左一右亲切地拥着两个孩子，沿坡而上，一一与学校的师生握手，进了校园，人们簇拥着主席走到小学至初中的斜坡路上：主席要与全校师生在此合影。蒋含宇从容地解下自己鲜红的红领巾，敬献给主席，熟练地帮他佩戴在胸前。主席问：“你这红领巾还要不要？”蒋含宇爽快地说：“送给您老人家了！”主席开怀大笑：“那我就把这红领巾戴到北京去，我戴上红领巾了，又成了少先队员，我现在变年轻了！”掌声雷动，全校师生开心地笑出声来。毛主席的摄影秘书、我国著名摄影家侯波，捕捉到这幸福的瞬间，轻按快门，“命运”就这样被注定了。当后来得知这张照片是毛主席最喜欢的一百张经典照片之一时，蒋含宇激动地说：“我们是历史的幸运儿。”

在主席走后，中国少年报社来采访，蒋含宇他们就写了一篇文章《把鲜花献给毛主席》。虽感到万分荣幸，但他从未张扬，更未想过以此为资本来谋取私利。可是“不给毛主席丢脸”的信念

却永驻蒋含宇心中，像一股巨大而无形的动力，伴随他一直向前，向前。

不畏艰辛　苦亦是乐

1963 年，蒋含宇考入中国人民大学国际政治系，彭淑清考入北京石油学院机械系攻读炼油机械专业。大四时，这对年轻人确立了恋爱关系，蒋含宇幽默地说：我们是沾了毛主席的光，毛主席是真正的媒人。

“不给毛主席丢脸”的信念驱使着蒋含宇在上学期间始终刻苦学习，努力做社会实践工作，让自己五年的大学生活充实而有意义。1968 年，蒋含宇、彭淑清均以优异成绩顺利毕业，两人都被分配到辽宁省工作。蒋含宇响应毛主席“知识青年到农村去，接受贫下中农再教育，很有必要”的号召来到凌源县农村，睡土炕，吃高粱米，和农民在一起劳动。环境的不适应、条件的艰苦并没有使蒋含宇止步不前，他上山砍柴、下地挑大粪，挑红砖一次能挑 24 块，做得一点儿都不比当地农民差，人们都说“蒋含宇一点儿也不像个大学生”，其实，支撑他的仍然是那个“不给毛主席丢脸”的信念。

由于不怕苦不怕累，工作做得好，3 个月后蒋含宇被抽调到县里工作。但他并没有随着生活和工作条件的改善而“善待自己”，而是一如既往。他背着挎包，用双脚把整个县里 30 多个公社的 100 多个知青安置点一一走遍，被评为“活学活用毛泽东思想的积极分子”，后来还被正式分到县里教研室当教研员。当时，彭淑清是锦西石油五厂的一名技术新兵。虽然同在辽宁省，可两人工作地点相距 200 多公里，从毕业到结婚共两年半的时间，他们才见了 3 次面。结婚时，除了一个柳条包和几箱书外，唯一陪伴他们

的就是那张和毛主席合影的照片，但蒋含宇笑着说："我们从来没感觉到这有什么辛苦。"

1971年9月，湖北省江汉油田筹建，需要从全国各地抽调技术力量。彭淑清不顾几个月的身孕，毅然报名，蒋含宇也理解妻子，表示赞成。他认为自己是搞宣传教育的，到哪里都可以，可以跟着妻子调过去。但他们一致认为，党培养自己上大学五年，"事业的需要就是我们的志愿"。就这样，彭淑清先去了湖北。途中，他们的大儿子早产了，孩子刚满40天时，彭淑清就去报到了。第二年4月，蒋含宇才调了过去，在那里，他们度过了最艰苦的八年时光。很长一段时间都只能住在干打垒房子里，这种临时房上面盖着芦席棚，稍不留意，一把火就可以把它烧得片瓦无存，所以他们每天下班回来看到"房子"还健在，都要庆幸。那时不仅住得艰苦，就是买米买菜都要爬山，到很远的地方去买，道路坑坑洼洼，每次回来靴子上都是沾满黄泥，走路很是费劲。小女儿出生时，蒋含宇工作脱不开身，又没能在妻子身边陪伴。但蒋含宇却说："那时虽然很辛苦，但很幸福，一心一意工作，努力提升工作业绩为国家做贡献，心里踏实。"

1980年，他们一家的生活境况才有所好转，住进了砖房，添置了一台小小的电视机。此时，江西石油建设急需技术骨干，蒋含宇夫妇放弃刚刚稳定的生活，双双奔赴九江参加筹建新厂。他们扎根老区建设，夫妻二人都取得了骄人成就。蒋含宇担任过教育中心主任、宣传部部长、统战部部长、组织部部长，2000年又被推荐到江西石油总公司任党委副书记、纪委书记，2005年退休。彭淑清的工作成绩也不逊于丈夫，作为石化总场设计院的高级工程师，她多年来潜心钻研，除完成该厂设备设计、改造等大量工作外，还担任几位大学毕业生的导师，被评为"导师带头先进个人"，为培养青年科技人员尽职尽责。

"这些年来，我们转战南北，始终以一种平常心生活、工作

着，”蒋含宇说道，“不给主席丢脸的信念一直支撑着我，听主席的话，哪里艰苦、哪里需要就去哪里，努力学习，踏实工作，在学习和实际中不断提升自己。正确对待人生选择，以一种积极向上的精神面对工作和生活中的一切。”

矢志不渝　回馈社会

2007 年是中国人民大学国际政治系 1963 级毕业生毕业 40 周年，初夏时节，蒋含宇和老同学们回到了阔别多年的母校。感叹母校翻天覆地变化的同时，他还给青年学子们讲述了自己因为一张照片而与毛主席密切相连的传奇一生，勉励大家努力学习，以青春和知识回报祖国。

退休后，蒋含宇学习老一辈革命家关心少年儿童的精神，还担任着一些社会职务。蒋含宇夫妇被特聘为韶山学校的终身校外辅导员，他们常为学校捐书捐款，去学校给孩子们进行爱国主义教育；他们多次去学校和企业基层为青少年做韶山精神和长征精神的报告；他们坚持给全国青少年写信、寄纪念卡片，对青少年进行理想信念和革命传统教育。

收藏以毛主席为主题的藏品是蒋含宇工作之余的重要活动，几十年来从未停歇。几千本关于毛主席的著作：最早的《毛泽东选集》,《论新阶段》《论持久战》《新民主主义论》等单行本珍本，几十套《毛泽东自传》，几十种文字的“毛主席语录”、一百多本“毛泽东诗词”；38 个国家和地区发行的毛主席专题邮票，300 多幅老将军、老领导、毛主席亲人等全国各地朋友赠送的字画，5 000 多枚关于毛泽东的磁卡……这些都具有非常重要的历史文献价值和研究价值。蒋含宇说：“收藏既是拥有，也是责任，我要把拥有和展示结合起来。”近几年来，他在南昌、长沙、韶山、福州

四个地方办了展览，并筹划着于2008年在北京举办一次大型展览会。除此以外，他笔耕不辍，对收藏的东西做了精细考证，有十多篇收藏论文在报纸杂志上发表。

曾有人专程登门高价求购他的专题藏品，但蒋含宇从未有偿出让过。他坚定地表示，等藏品更丰厚时，将会把主题藏品全部捐献给国家。对其他一些专题性的藏品将有针对性地捐献给老区留作纪念。长征七十周年时，他结合自己收集的关于长征的藏品，撰写了研究专文。他准备在适当的时候把这些藏品捐给长征纪念馆。他感慨地说道："学习革命老前辈，受益无穷，'不给毛主席丢脸'的信念伴随我一生，我要把自己的全部力量献给祖国和人民。"

只因那一帧泛黄的照片，只因永存心中的信念，造就了蒋含宇一生对工作的执着追求，对艰难困苦的坦然面对，对身外之物的豁然大度。感叹之余，不得不说，蒋含宇实现了他的人生价值、社会价值，同时也给我们做出了光辉榜样。人生中的偶然，冥冥之中的注定，这位曾经平凡的少年所经历的不平凡的一生，岂是我们两语三言所能道尽？

（原文发表于2007年）

朱佳木：咬定青山不放松

◉ 李菀瑾

朱佳木简历

朱佳木（1946— ），出生于黑龙江省佳木斯市，籍贯江苏南通。1965年考取中国人民大学历史系中共党史专业。毕业后先后在保定农业研究所、解放军部队锻炼和工作。1975年调入国务院政治研究室。1977年任中国社会科学院胡乔木院长秘书，后调陈云办公室任秘书并担任办公室负责人。1985年任天津港务局副局长。1987年底调入中国社会科学院研究生院工作。1990年进入中共中央文献研究室，先后任综合组组长、室务委员兼秘书长、室务委员兼第四编研部主任。1999年调任中共中央党史研究室任副主任，2000年兼任中共党史出版社社长。2000年任中国社会科学院副院长兼当代中国研究所所长。目前已退休。

一

朱佳木给我的第一印象是清瘦、干练。他询问清楚我的来意后，便从容地从母校谈了起来。

首先问起的自然是他当年为什么会选择人大中共党史专业。朱佳木说："打从有理想的年纪开始，就想过长大后当个公安人员，之后又特别想当外交家。再往后，对文史哲尤其是历史产生了兴趣。高三临毕业，父亲和我谈了一次话，说个人爱好不等于职业，他建议我今后选择记者或教师这样的职业。我虽然对职业是怎么回事还不太懂，但相信他的话总不会有错。那时只有人民大学设有新闻系，所以在填写高考志愿时，第一志愿报了人大新闻系，第二志愿则按照自己的爱好，报了人大历史系，结果被历史系录取。当时历史系只招收党史专业的学生，所以对内也称党史系。"

"直到现在，我还记得开学第一天的情景。那天是高年级同学接的我们，帮我们往宿舍拿行李。校园里锣鼓喧天，彩旗招展，使我感到既新鲜陌生，又亲切温暖。"说到这儿，朱佳木停顿了一会儿，仿佛仍沉浸在回忆之中。接着，朱佳木向我说明，他虽然进入了大学的校门，但真正意义上的大学教育，他其实只接受了一年，而且就是这一年，还有半年时间是在半工半读中度过的。但他至今认为，尽管只是一年，却对他一生起了决定性的作用。他说，这一年里有两个印象最深。

第一个印象是图书馆。他记得那个图书馆非常大，阅览室座位很多，但特别安静，这是高中绝对没有的环境。他如饥似渴，常去那里看书，其中包括《资本论》，虽然看不大懂，但却体验到了大学的氛围，受到了大学的熏陶。

第二个印象是老师。就在这一年，他遇到了三位对他影响很大的老师。一位是教哲学的沙莲香老师，一位是教语文的成复旺老师，还有一位是教近代史的刘美珍老师。当时，他是班里的学习班长，沙老师很器重他，让他在班上讲学哲学、用哲学的体会，还带他到炊事班讲课，使他从此培养出对哲学的浓厚兴趣。成老师的语文功底特别厚实，对文章解剖得非常清楚，朱佳木说自己今天在写作上有一定能力，与这位老师的教诲是分不开的。刘美珍老师在讲清末政治时，反复讲帝党和后党两派斗争对政治走向的影响，使他有茅塞顿开之感，可以说是他认识历史的启蒙。他说："现在想想，如果没有这一年，可能不会有今天的自己。"

朱佳木的话引起了我心中的共鸣，因为也就是在同一所学校里，我也遇到了几位对我非常有启发的老师。

"那一年后呢?"我禁不住问道。

"第二年夏天，'文化大革命'就开始了。"朱佳木说，在"文化大革命"的最初两年，由于他的家庭和他本人都受到冲击，加之学校里两派武斗，所以他大部分时间躲在家里看书。那时，主要读的是马列方面的书，如《共产党宣言》《反杜林论》《社会主义从空想到科学》《费尔巴哈与德国古典哲学的终结》。另外，还读了诸如艾思奇的《辩证唯物主义与历史唯物主义》等哲学方面的书，范文澜、郭沫若的《中国通史》《中国史稿》等历史方面的书，《三国演义》《红楼梦》《牛虻》《怎么办》《钢铁是怎样炼成的》《红岩》和唐诗宋词、鲁迅杂文等文学方面的书。后来还和几位要好的同学，利用他家里的《列宁全集》，编了一本《列宁语录》，可惜，由于没钱，终于未能出版。在回忆这段往事时，朱佳木说，他在人生旅途中，曾有过四次时间相对长些、精力相对集中的读书，这可以算作第一次。但他说，这次最大的遗憾是没有找个老师指点，所以，读书虽然不少，但从做学问的角度看，收效不是很大。

1968年，工宣队、军宣队进校，朱佳木与其他“逍遥派”一样，被叫了回去。从那时到毕业的两年里，他感到最值得庆幸的事是，他和同学们在“斗、批、改”中被当作“沙子”，搀到了清史所老师们的所谓“黏土”之中，与他们一起开会，一起干活，有一段时间还到京郊沙石厂同吃同住同劳动。结果，不是“沙子”改造了“黏土”，而是“黏土”改造了“沙子”。他和著名清史学家戴逸教授的友谊，就是在那时建立起来的。朱佳木说，那时最大的乐趣便是听这些清史专家讲清朝故事了。

二

1970年，他们这批1965级的学生作为“文化大革命”前的“末代大学生”，被批准“毕业”了，24岁的朱佳木来到了保定农业研究所，每月工资46元。这是拥有上千亩土地的试验农场，他被分配到一个有十几位农业工人的生产小队，和他们同吃同住同劳动。那时，正赶上“三秋”大忙，北方农村的几大累活儿，诸如割玉米、割小麦、打农药、起猪圈、拔棉花秆、扛麻袋（一袋200斤），他都干遍了。由于腰不好，割小麦比有的女同学都慢，他就在别人休息时接着割；腰直不起来了，他就跪着割。生活虽然苦，活儿虽然累，但他和农业工人们相处得很好，从他们身上看到了劳动人民的许多优秀品质。使他感到别扭的只是，农研所的军代表仍然把他们这批大学生当成“臭老九”，采取歧视甚至是敌视的态度。

那年冬天，部队到北京征招能写新闻报道、打篮球、搞文艺表演的兵，一位老同志推荐了朱佳木。当时说好，去后按干部待遇，但到了部队，人家说他不是分配来的，只能从战士当起，每月津贴费6元。有几个类似这种情况的人一听便不辞而别了，但

朱佳木却留了下来。他先是进新兵营，天天出操，晚上睡在稻草上。不到半个月，他被抽出来，参加大部队的野营拉练，每天要走三四十公里。他从来没走过这么多路，脚上打了好多泡，有的还是“重泡”。部队领导让他坐摩托车，他不坐。摩托车在旁边跟着他走，他硬是不上，他说：“战士们每人都背着武器弹药，而我只有一个背包，如果上车，太说不过去了。”后来听到战士们反映，说这个眼镜兵还不错。拉练结束后，他被分配到高炮营，安排在一个班里当三炮手。他说，这段生活，使他对战士们也产生了很深的感情。

半年后，他被调到师部宣传科当报道员，一待就是三年多。宣传科有许多书，比如《纲鉴易知录》《宋史纪事本末》《明史纪事本末》，这又给这位渴求知识的年轻人提供了一个学习的大好机会。但工作中的苦恼也是不可避免的——同样的连队，同样的题材，同时去采访，堂堂名牌大学的大学生居然写不过中学生。这位年轻人没有因此气馁，而是反复琢磨，终于发现原来写报道是有路子的，只要掌握了路子，一篇像样的报道也可以很快写出来。通过这件事，这位工作不久的年轻人得出一个结论：书本知识不等于实际有用的知识，要使书本知识变得有用，必须和实际相结合。不和实际结合，读书多的可能不如读书少的，但只要完成了这个结合，还是读书多的比读书少的强。

1974 年，朱佳木又被调到军部的宣传处当理论干事。这期间，部队也在按中央统一部署读马列六本书，他被派到为此成立的团以上干部轮训队里做辅导员。由于要辅导别人，他逼着自己要更细地读书。所以，朱老师说，这一年是他人生中的第二次集中读书。

“在部队的五年，我学会了走路。”朱佳木这样总结道。

三

1975年夏天，邓小平抓整顿，在国务院成立了一个由胡乔木、吴冷西、熊复、胡绳、于光远、邓力群等“笔杆子”组成的政治研究室。因为它的成立带有和“四人帮”对着干的性质，调人首先要考虑政治上可靠，于是当时只有29岁的朱佳木又一次被人推荐。调令是9月下达的，部队11月份才放人。那时“四人帮”利用毛泽东评论《水浒传》的谈话影射攻击周恩来和邓小平，政治风向已开始变化，因此，朱佳木成为调入政研室的第41个人，也是最后一个人。他一报到，便被分配到由王子野任组长的理论组，交给他的第一个任务是协助一位老同志写一篇关于工农兵学哲学的文章。但没过多长时间，所谓“批邓、反击右倾翻案风”的运动便来了。政研室自然在劫难逃，被“四人帮”点名为“邓记谣言公司”“黑风口”，而成为运动的重点。机关内部也应运而生了几位“造反派”，夺了胡乔木等领导同志的权。这是朱佳木第一次经历党内高层的政治斗争，他亲眼看见了一幕幕令他敬佩、令他无奈、令他鄙夷的场景。1976年清明节时期，他到天安门广场，亲身感受到各阶层人民的共同心声。他确信“四人帮”的日子已不长了，但他还是没想到，“四人帮”会垮得那么快。另一个他没想到的事是，“四人帮”垮了，而被“四人帮”视为眼中钉的政研室不仅不能恢复工作，相反要被撤销。政研室领导请求上级给他们一点儿时间，先把机关内与“四人帮”有联系的人和事查清楚。朱佳木因此被大家推选为政研室新的机关党支部书记，并进入清查办公室，协助领导抓运动。1977年2月6日那篇关于“两个凡是”的社论一发表，他便感到不对头，对领导说：“如果这个提法成立，小平同志就出不来了。”后来听说，这句话被反映到了

上面。

在十届三中全会上，邓小平恢复了工作。接着，邓小平提出政研室不要撤，并让胡乔木去主持关于“三个世界”问题的写作组工作，从那时起，也就是1977年7月，朱佳木开始当胡乔木的秘书。三个月后，中央决定成立中国社会科学院，任命胡乔木为院长，朱佳木又随胡乔木去了社科院，一直到1980年。

给胡乔木做秘书，使朱佳木受益匪浅，但同时也使他更感到自己研究基础的薄弱，所以，三年后主动要求回到了由政研室演变而成的中共中央书记处研究室，并在新设立的简报组工作。他每天的工作是看地方和部门上报的各种情况报告，从中挑出重要的，经过核实，重新编写，再向中央反映。这样的日子持续了大约一年，他又被调到陈云办公室做秘书。刚开始的工作也是看文件，每天从浩如烟海的报告、简报、动态、反映里挑出最有价值的呈给陈云。但过了不到半年，陈云办公室的负责人调动工作，陈云决定由朱佳木来接。朱佳木感到难以胜任，说出了四条不能接的理由——年纪轻、资历浅、经验少、水平低，但被陈云一一驳了回去。陈云说：“成千上万地选拔优秀中青年干部是我提出的，我自己要带个头。”于是，朱佳木担负起了陈云办公室的负责工作，并兼任党支部书记。那时，他35岁。

自担任陈云办公室负责人后，朱佳木的工作比过去忙多了，除了要列席中央的一些会议、与各方面打交道外，仍然要替陈云挑文件，还要根据陈云的交代起草各种文稿，他几乎没在夜里两点之前睡过觉。1983年的一天，陈云叫他去，说今天找你来不为别的事，就是谈谈要你学哲学的事。他提出，要朱佳木每天抽时间看几十页书，而且要找几个同志一起学，每周讨论一次，为期两年。陈云说，在延安时，毛主席要他学哲学，还给他派了教员，他把马列和毛主席的哲学著作认真读了三遍，这使他终身受益。朱佳木说，他也很想学，就是工作太忙，担心因此耽误看文件。

陈云说，那没有关系，二者相比，学习更重要。最后又叮嘱了一句："这件事咱们就说定了。"于是，朱佳木开始了他人生中的第三次集中读书。他定了一个计划，又找了几位同志和他一起学，坚持了两年，把马恩的《共产党宣言》《费尔巴哈论》等书又读了一遍。由于这次读书时已经有了比较多的工作实践，因此收效也比过去明显。

"在乔木同志那里学习了严谨细致的工作作风，在陈云同志那里学习了全面看问题的思想方法。"朱佳木总结道。

四

1985年，朱老师主动提出到下面去，因为在陈云那里工作，越发使他深切感到自己缺少基层工作的经验。有人建议他去城市的区委或外贸部门工作，而他却选择了天津港务局，原因是那里既是市政府的职能局又是一个大企业，既是物流中心又是一个小社会，有利于熟悉经济，接触实际。那时，国家进口突然大幅度增加，天津港出现了历史上从未有过的"压港压船"现象。朱佳木一天没在港口干过，却要指挥有两万职工的港口生产业务，难度可想而知。他采取不懂就问的态度，调动大家的积极性，多渠道疏港，渡过了难关。然而好景不长，随着港口能力的增强和进口的减少，很快又出现了少有的"码头等船"的局面。从港口的角度看，船少比"压船"日子更难过。过去"萝卜快了不洗泥"，现在船少，各种矛盾都暴露出来。于是，他利用这个时机，狠抓服务作风的转变，并带着大家走出去争取货源，力求把坏事变成好事。

朱佳木说，驻天津港的两年，他赶上了货源情况的"大起大落"，使他确实学到许多东西，但收获最大的还是学会了"看报纸"，即不只会看报纸的正面，也看它的"背面"。就是说，通过看

报纸，能够体会到报纸没有说出来的话，也大体能知道报纸的话到了基层会是什么反应、什么结果。这大概就是“下去”的好处吧。

1987年底，朱佳木回到北京，第二次进入中国社会科学院。那时高校形势不稳定，社科院研究生院也发生了罢餐事件，院里领导考虑他比较年轻，有利于和学生沟通，所以决定让他去做临时党委书记。朱佳木周围的熟人没有一个同意他去，有的甚至说“这等于是去送死”，但他还是去了。他从食堂抓起，那时研究生院实行的是院长负责制，他又没有行政职务，便以党委名义召开有行政人员和学生会负责人参加的三方联席会，共同商量改进伙食的问题。由于研究生院属于部门办的学校，不享受教育部直属高校的粮、肉、蛋、菜的平价待遇，他便积极向社科院领导反映，争取到一些优惠办法。他常去食堂，和炊事人员座谈，通过调动他们的积极性，逐步解决了饭菜花样少、价格高、质量差、来晚了没有好菜热菜等问题，以至于学生评价说，“平心而论，这是目前高校中最好的食堂”，“中午12点在城里下课，也要赶回学校吃这顿饭”。不久，他兼任了研究生院副院长，分管行政后勤和学生工作；又经过全院党代会选举，担任了研究生院党委书记，从此可以更放手地解决诸如读报难、看电视难、体育锻炼难、文娱活动难、洗衣难、打长途电话难，以及职工的电视接收难、新楼通煤气难、子女就近上学难等等实际问题。在回忆研究生院这段工作时，朱佳木谈了这样的体会：“只要党组织抓好党员尤其是领导干部自身的表率作用，抓好群众尤其是研究生中实际困难的解决，再来做大家的说服、教育、引导工作就有人听了。”

五

1990年夏天，中共中央文献研究室决定组织班子编写《陈云年

谱》，朱佳木被调到那里主持这项工作。他先是担任综合组组长，刚干了一年，又被任命为室务委员兼秘书长，从此一面主持机关日常工作，一面继续编写《陈云年谱》。过了三年，文献研究室内部机构改革，他又兼调任第四编研部主任。那个部里年轻人多，学历高、热情高，但理论功底相对薄弱，于是在他的倡议下，成立了一个理论学习小组，专门学习马列的基本著作，由他自己担任组长。学习小组平时利用业余时间分散自学，每两周用一个晚上时间集中讨论。虽然小组采取自愿参加的办法，但绝大多数人都报了名，而且每次讨论会都开得十分热烈，有时到夜里 11 点还散不了会。这个小组前后活动了三年，一共读了包括《资本论》（简本）在内的马列五本书，朱佳木说，这算是他人生中第四次集中读书。

朱佳木在中央文献研究室工作了近 10 年，主编了十几本书，在重点报刊上发表了 20 余篇论文，还两次当选为党的全国代表大会代表，出席了党的十四大和十五大。就在《陈云年谱》即将完工时，中央于 1999 年 9 月调他到中共中央党史研究室担任副主任，但很快不幸的事情发生了。2000 年 2 月底，他突发心肌梗死，被送往医院抢救。一位学医的朋友看了他的病情后认为，他这次即使能活下来，也很难恢复工作了。但令人惊奇的是，他不但活了下来，而且逐渐恢复了正常工作。同年 12 月，中央根据工作需要，又决定调他到中国社会科学院担任副院长，并兼任当代中国研究所所长。他开玩笑说，这次去社科院，已经是“三进山城”了。

当代所是由社科院代管的单位，主要任务是研究和编写中华人民共和国史。他针对当代所的实际情况，团结全所同志，用一年多时间，整顿了机关秩序，健全了规章制度，完成了机关委员、学术委员会、高级职称评委会的换届，实行了内部机构改革和人事调整，在研究生院设立了国史系，招聘了一批硕士和博士毕业生，创立了国庆学术年会和国史讲座制度，特别是制定并报经中央书记处原则批准了三年科研规划。现在，他正和大家一起，集中精力落实着这

个规划。另外，在社科院党组中，他分工负责地方志工作，并担任了中国地方志指导小组的常委副组长。

不知不觉中，我的采访已经进行了两个多小时，朱佳木含笑问我，“还有什么问题?”我赶紧问道：“您在回忆里提到您身体不是太好，而您却做了这么多的事情，您是怎么抓紧时间协调工作和生活的?”他稍稍停了一下说：“我认为生活的意义在于工作。人生苦短，从这个事实出发，可以得出完全相反的结论。一种认为，正因为人生短暂，所以要尽情享乐。另一种则认为，正因为人生短暂，所以你个人的物质生活再好也终于难免一死，不如多做工作，使你做的事或写的书在身后仍然能发挥有益的作用，这岂不等于延长了生命。我主张后一种认识。另外，生命虽然在宏观上是有限的，但在微观上却是无限的。所以，要向微观要时间。这些年，我一直用这样几句话勉励自己，那就是——笨鸟先飞，破锣重敲，粗粮细作，闲差忙干。”

谈话又被电话铃声打断了，想到访问就要结束，我环视了一下朱佳木的办公室。四个大书架靠墙并排摆着，里面放满了理论和历史书籍。墙上挂着陈云送给朱佳木的两个条幅：“横眉冷对千夫指，俯首甘为孺子牛”，“桐花万里丹山路，雏凤清于老凤声”。写字台上摆着陈云送给朱佳木的题字：“不唯上，不唯书，要唯实。”想到朱佳木在繁忙的公务中还编写了《陈云年谱》《中华名人丛书——陈云》《我所知道的十一届三中全会》《飘扬的党旗——中国共产党历史画卷》《中国革命史上的今天》等著作，再看看他正在接电话的消瘦身影，我不由地想到了郑板桥的诗——“咬定青山不放松，立根原在破岩中。千磨万击还坚劲，任尔东西南北风”。朱佳木对工作这样执着追求，不正像挺立在风中的竹石吗?

电话接完了，我抓紧时间问了他最后一个问题——对党史系同学和人大同学的期望。

朱佳木说：“党史是一门学问，非常值得研究。从建党时的十几

个人，到后来建立了新中国，并发展成一个拥有 6 400 万党员的大党，这本身就是一个需要我们好好研究的大课题。人民大学是一个有着革命传统的学校，我希望人大的同学能保持住这个传统，坚持社会主义道路，全面理解党的'一个中心、两个基本点'的基本路线，正确处理好改革、发展、稳定的关系，在今后真正担起中华民族振兴的重任。"

访问结束后，朱佳木亲切地把我送出了门。走在这条朱老师走了千百回的路上，听着外面隐约传来的呼呼风声，耳边又响起朱佳木的那四句话——"笨鸟先飞，破锣重敲，粗粮细作，闲差忙干"。

（原文发表于 2002 年）

庄仲希：法律服务　架桥铺路

◉ 黎　河

庄仲希简历

庄仲希（1946—　），生于延安，祖籍福建晋江青阳。父亲为菲律宾华侨。1965 年考入中国人民大学法律系。1970 年毕业后先后在湖南省革命委员会人保组、福建省人民法院工作，曾任经济审判庭庭长，福建省司法厅直属福建对外经济律师事务所主任。1993 年受命任中国法律服务（香港）有限公司总经理，《中国法律》杂志主编。中国法律律师事务所合伙人、香港中国企业协会法律委员会秘书长、中国法律服务（香港）有限公司审核转递办公室高级主任。

2001年9月1日，我作为记者，来到位于北京西站附近的北京京都信苑饭店，采访香港《中国法律》杂志顾问、中国法律服务（香港）有限公司前总经理、校友庄仲希。

正在餐厅用早餐的庄仲希从临街的玻璃窗中看到了我，连忙走过来打招呼。庄仲希身材魁梧、仪表堂堂。他11时就要起身飞赴台北，此时正在与一位客人交谈。我请他们继续进行未完的谈话，自己坐在这个五星级饭店前厅的沙发上，思考着采访的话题。

几年来，我采访了多位校友，感受颇深，这些为国家、为民族建功立业的人，似乎每个都是一部历史教科书，是一部厚重的词典。果然，庄仲希掀开了波澜起伏的一页。

一

庄仲希祖籍福建晋江青阳。祖父、父亲都是菲律宾华侨。祖母家是菲律宾华侨中的大家望族，至今菲律宾的航空公司、银行、大农场的经营者中，不乏祖母王氏的亲眷。

庄仲希的父亲庄申远十几岁时就到了马尼拉，并且参加了菲律宾共产党华侨支部组织的活动。1937年抗日战争全面爆发后，华侨支部组织热血青年回祖国抗日。1938年庄申远瞒着家人踏上回国抗日的征程，到了香港他才打电话告诉家里人："我去打日本鬼子!"因为庄申远是独生子，听到这个消息，家中立刻乱成一团。庄申远脱下西装放进一只皮箱，交给宾馆人员说："请帮我保管，我去打日本鬼子，一年后回来!"他身着便装，经长沙、武汉、西安，到了革命圣地延安。此一去，直到1983年，才有机会随一个经济考察团经香港重返马尼拉。

庄仲希的母亲张珂来自河南，因为在中学参加进步学生活动被学校开除，跑到延安在抗大当上了女生队长。她的同学中

很多人后来都赫赫有名。她与庄申远通过自由恋爱方式结合，抗战胜利后一起在陕甘宁边区法院工作。1947年，当庄仲希满一周岁的时候，胡宗南进攻延安，毛泽东指挥若定转战陕北。边区政府给边区法院配备一个排的兵力，带着罪不容诛却还有价值的犯人以及重要文献资料，转移在千沟万壑之中。庄仲希的哥哥在延安保育院，享受供给制，新中国成立后考入中国人民大学历史档案系。庄仲希由母亲背着，随部队辗转奔波。强烈的阳光晒脱了他的头发，生了病也无药可医。这样的日子持续了两年多。1949年，庄仲希全家到了西安，又进了北京。1950年，庄仲希的父母随大军南下，受命参加组建福建省人民法院，父亲后来从省法院调到省检察院，在“文化大革命”前任福建师范大学副校长。

庄仲希在福州实验小学、福州一中上完小学、中学。由于品学兼优，在高中阶段曾任初中学生的辅导员。考大学填报志愿时，庄仲希听从父命，放弃了自己喜欢的外语，于1965年夏季考入中国人民大学法律系。“文化大革命”开始后不久，庄仲希以干部子弟身份回避“文化大革命”活动，多半时间在家乡度过。

大学毕业后，庄仲希于1970年被分配到湖南，在陆军146师农场劳动锻炼，由于表现突出被任命为班长，当时排以上干部由现役军人担任。一年后，他被分配到湖南省革命委员会人保组，然后下基层到湖南省第一监狱，在洞庭湖岛上做监管工作。1978年被调到福建省人民法院。

福建省人民法院是庄仲希的父母长期工作过的地方。这里的领导和工作人员，是看着这个淘气的男孩长大成人的。庄仲希来这里工作，叔叔阿姨都很欢迎，对他也倍加呵护。庄仲希经办的很多大案要案，都是老审判员手把手地教他怎样阅卷，怎样提审，怎样把法律知识运用到执法实践中。法院领导先后三次派他到北

京学习，补上被“文化大革命”耽误的课程。1985 年开始，全国百万大裁军，许多部队干部转业到法院系统。庄仲希被派到中央政法干校师资班学习半年，听了人大、北大、政法下校教授的授课，回省后传授给军转干部。中央党校举办唯一一次全国法院系统班，省法院也派庄仲希去参加学习。如此关爱使得庄仲希很快成熟起来，他从书记员、助理审判员、刑事审判庭副庭长，到经济审判庭庭长，成为出色的法律干部。在刑庭工作期间，“治乱需用重典”这句话很流行，福建省法院的老同志却不以为然，认为还是应该以事实为根据，以法律为准绳，坚持实事求是办案。作为刑庭的副庭长，庄仲希赞成老同志的看法，他所分管的闽南地区很多报上来的案件都是死刑，庄仲希认真审核案情，实事求是定罪量刑，比如简单的一般抢劫，罪不该杀者，就按事实定罪量刑，不判极刑。在经济审判庭期间，庄仲希非常重视调查研究，曾组织全省经济审判干部到地、市重点法庭，考察经济审判案件，结合案例进行研究探讨，以提高理论水平、政策水平和业务水平，适应改革开放条件下的经济案件审判工作。

1989 年，经省司法厅和法院协商，庄仲希调到省司法厅直属的福建对外经济律师事务所任主任，这使他的外语能力派上了用场，也比较多地介入了两岸关系中的经济案件，开始在海峡两岸暨香港的法律事务中发挥作用。后文所述的赴台处理“闽狮渔”号事件，就是在这个任上。

庄仲希的夫人和女儿都在香港，一个温馨的家庭支撑着他的事业。2001 年，中国人民大学香港校友会推举庄仲希为第三届理事会会长，他在繁忙的工作之余，积极谋划进一步联络港澳台及海外校友，提高香港校友会的知名度，提高母校和校友的知名度，以校友会名义组织讲座，加强同新闻媒体的联系，为母校做了许多贡献。

二

1991年7月21日，福建省石狮市渔民驾驶“闽狮渔”2294号、2295号两艘渔船，正在公共海域拉网作业。此时台湾渔轮“三鑫财”号，从两艘“闽狮渔”号渔船中间强行穿过，冲破了“闽狮渔”号的拖网。“闽狮渔”号渔民对此举十分愤慨，当即向“三鑫财”号渔船提出抗议，并且“靠帮”，搬下“三鑫财”号上的一些物品，以挟制其赔偿渔网。对方赔偿损失后，“闽狮渔”号船员将扣押物品悉数归还。双方握手言和，相互告别。但祖国大陆渔民没有料到事情会节外生枝，在双方交涉过程中，“三鑫财”号渔轮向台中保七中队报警，称遭遇海盗被劫。台湾军舰开来，示令返航途中的“闽狮渔”号停船，开枪打伤闽方渔民，拖走“闽狮渔”号两艘渔船，并以所谓“抢案”扣押了18名石狮渔民。这就是震惊海内外的“闽狮渔”号事件。

“闽狮渔”事件在海峡两岸同胞中引起强烈反响，也成为国内外新闻媒体共同关注的热点。中国红十字会总会决定组团赴台对被扣渔民做人道探视。

庄仲希时为福建对外经济律师事务所主任，工作中曾涉及海峡两岸关系中的法律问题。在此之前，曾发生台湾当局将祖国大陆私渡人员投入船舱、钉死舱门，造成全部人员窒息死亡的事件，也曾发生台湾军舰撞击遣送私渡人员船只致使船毁人亡的事件。针对此类事件，庄仲希以法律工作者的身份发表声明，严正指出台湾当局应对此承担法律责任，产生了广泛的影响。因为庄仲希是福建晋江人，“闽狮渔”号事件被扣渔民是福建晋江石狮人，中国红十字会总会决定委托庄仲希以红十字总会政策理论研究室副主任的身份，作为代表团成员赴台探视船员并参与处理此次事件

的有关事宜。团长由中国红十字会总会副秘书长曲折担任。新华社记者范丽青、中新社记者郭伟峰随行前往。

1991年前，台湾当局开禁，允许国民党老兵回祖国大陆探亲，但不准祖国大陆人员赴台。此次中国红十字会入台做人道探视的要求，从一开始就受到百般阻挠。台湾报纸载文说，大陆狡猾无比，他们一讲统战，打到了长江以南，二讲统战，我们退到台湾。如果让他们过来再讲统战，我们在这里还能否立足？他们说来台湾两天三天，他们以红十字会名义，他们不走我们能用绳子将他们捆走吗？如此等等，不一而足。因为祖国大陆方面是由红十字会提出入台要求，显示了很高的政治智慧，台湾当局不得不同意红十字会赴台。但确定行期之后对方又发来电报，要求确认返回时间。中国红十字会总会答复：待完成任务时返回。没想到“任务”二字又令台湾当局一阵紧张：“你们要讲清楚，什么任务?”因为台湾只有特工才讲“任务”。事情一波三折，当拿到入台证时，已是“闽狮渔”号事件发生的10天之后了。

1991年8月12日，中国红十字会总会代表团一行四人，从首都机场登机到香港转乘飞机赴台。中国红十字会总会会长、国家卫生部一位副部长亲自到机场送行。台湾记者从北京购票登机全程跟踪采访。庄仲希在飞机上回答记者提问时谈到，对“任务”一词不要神经过敏，两岸隔阂多年，言语表述已有差异，祖国大陆用“挑灯夜战”来形容加班加点，难道可以理解为“打仗”吗?台湾对祖国大陆的敌对情绪需要逐步消除掉！一席话说得台湾记者也忍俊不禁。

从香港启德机场转乘国泰航班，在登机处，随行记者范丽青、郭伟峰顺利检票登上飞机，而曲折、庄仲希二人却被拒之门外，检票人员说，“台北出入境管理局”通知国泰航空公司，不能给曲折、庄仲希二人办理登机手续。真是一波未平，一波又起。曲、庄二人出示入台证，与登机处人员进行严正交涉，从中午到傍晚

一直没有结果。中外记者数十人聚在那里不断地采访拍照。黄昏时分，曲折和庄仲希在启德机场举行记者招待会，对台湾当局无理阻挠中国红十字会总会代表团入境的行为表示强烈抗议。他们严正申明，台湾当局无理阻挠，暴露了他们明显缺乏诚意。

曲、庄二人滞留香港，引起舆论大哗，大陆、香港、台湾报纸吵作一团。台湾岛内舆论也对台湾当局造成很大压力。曲、庄二人手无寸铁，人道探视目的明确，屡屡刁难，非常失份。经过长时间的交涉，又迫于舆论压力，台湾当局终于同意代表团入境。8 月 20 日，曲折、庄仲希乘飞机到达台北。这是大陆团体首次入台。次日台湾报纸着意报道两大新闻：一是曲、庄入台，一是戈尔巴乔夫下台。主要媒体发表两篇社论：一篇标题是《两岸猿声啼不住，轻舟已过万重山》，讲述两岸交流是阻挡不住的；另一篇标题是《曲径终成，康庄大道》，副标题是“曲庄二人终于来到了台湾”。这个标题把两人的姓巧妙地穿插其间，说明两岸关系风风雨雨、曲曲折折，经过努力终于走上康庄大道。

从香港到台北的途中，“台北新闻局”驻香港代表处记者江素惠把座位换到了曲折、庄仲希身旁。她说，你们不必担心，我不会在飞机上打扰你们。她坐在那里静静地观察，对曲、庄二人的每一句话都要记录，第二天在报纸上发了半版篇幅的报道。她看庄仲希在飞机上吃沙拉，就评论说庄仲希能够接受西方文化概念。到台北桃园机场时看到曲、庄二人从舷窗向外看，她提问：“你们现在的心情用一句话表述，可以吗?”曲、庄二人回答：“终于到了!”她在报道中评论：40 年两岸双向交流的隔阂突破了，现在终于到了。

曲、庄二人在台北机场对上百名记者发表一个简短的讲话后，驱车直奔台中市。许惠佑先生（当时任海基会法律处处长）陪庄仲希同乘一辆车。快到台中市的时候，台中方面打来电话，说“台独”分子包围了红十字会代表团准备下榻的宾馆，拿着棍棒、

鸡蛋，挥舞着标语，在那里狂呼乱叫。下榻地点被迫换到另外一处宾馆。庄仲希第二天早晨起来，打开房门看到，为防止记者或其他人冲进来骚扰，四名警察在门口整整坐了一夜。后来，看到一些“台独”分子虚张声势，庄仲希与台湾记者交谈说，我们是人道探视，这些举动完全没有必要。台湾记者解释说，“台独”分子平时鲜有人理睬，现在是借机表演，以期扩大影响。

8 月 21 日上午，曲折、庄仲希看望了被扣押在台中看守所的 8 名福建渔民，代表中国红十字会总会、福建红十字分会和晋江乡亲及渔民家属，对他们表示深切慰问，并分发茶叶、衣物等慰问品。渔民们得知曲、庄两人从祖国大陆专程来看望他们时非常激动，再次申明他们在海上是正常渔事作业，因渔网被毁坏而与台湾渔船发生纠纷，绝无抢劫情状，希望祖国大陆亲人和红十字会为他们做主讨回公道。庄仲希当场为被扣押的渔民播放祖国大陆亲人的谈话录音，渔民听了个个泪流满面。庄仲希还逐一询问了渔民的要求，录下了他们带给家乡亲人的话，为他们拍下带给家乡亲人的照片。8 月 21 日下午，曲折、庄仲希由海基会副秘书长陈荣杰等人陪同，在台北市北区电信管理局大楼会议室，以电视电话方式，慰问了被扣押在金门的 11 名渔民。

赴台之后，曲折、庄仲希本着“人道、尊严、安全”的原则，与海基会多次谈判，终于达成协议：被扣押在金门岛的渔民，由海基会派客船送至厦门，并规定了接船地点和标志；同时将“闽狮渔”2294 号、2295 号渔船由金门开回厦门港；送回时间视天气和海象情况尽快进行，并提前 48 小时告知祖国大陆有关方面，以便配合接人接船。

庄仲希还以律师身份同台湾出庭律师和律师公会人员见面，交流案情。庄仲希认为，在台湾渔船赔偿损毁渔网钱款之后，大陆渔船如数归还扣押物品，不属于侵害行为，不能视为犯罪。台湾出庭律师也认为，祖国大陆渔民无罪，他们的行为属于自救行

为。因为是律师见面，不希望记者在场，双方磋商情况没有见诸报端。后来法院的判决是“驱逐出境”。如果不做判决，渔船渔民被扣押的一切经济损失，台湾当局就必须赔偿。被扣押在台中看守所的这部分渔民很快返回了祖国大陆。被扣押在金门岛的祖国大陆渔民和“闽狮渔”2294号、2295号渔船，于8月24日下午2时许，自金门返抵厦门港。

在协议书上签字之后，双方都松了一口气。海基会安排代表团参观了台北“故宫博物院”，那里有在恒光、恒温、恒湿条件下保存得很好的文物；游览了阳明山自然风景区；晚上，安排代表团去台北街市观光。在陪同代表团观光市容时，海基会两位先生吐露了真言：“当初看到你们在香港提出的抗议，以为你们来台湾后会出现很多麻烦事，来了之后，才感到你们通情达理，和蔼可亲。”庄仲希此时无限感慨地说：“隔海相望不如当面晤谈。都是中国人，很多问题可以面谈解决。”这两位先生也很有同感：“隔着海峡，有些事情靠报纸讲不清楚啊！”正是当面交谈，引发了台湾红十字会负责人、国民党元老徐亨先生的乡思，他从想看家乡戏谈到希望能开辟两岸的文化交流、教育交流的渠道。他的这个愿望不久之后就实现了。看到来自大陆的红十字会代表团坚持原则、通情达理、和蔼可亲、落落大方，台湾舆论的态度也改变了。海基会方面主动询问代表团是否要去新竹高新技术园区参观，代表团幽默地回答：“任务”已经完成，要返回北京复命了！

8月23日，代表团及随团记者一行四人登机返京。第二天向中央领导同志做了汇报。中央领导对代表团此行给予高度评价。

香港《大公报》专栏文章称此行含有不同凡响的意义，值得人们高兴。台湾《联合报》发表题为《有客自对岸来》的文章，称曲、庄两人入台，是两岸关系的突破性进展。

三

1987年，司法部在香港创办窗口单位——中国法律服务（香港）有限公司。该公司的宗旨是：宣传中国法律，促进合作交流；为维护港、澳、台同胞及中外客户的合法权益而提供优质高效的中国法律服务；为设立在各国、各地区的法人、经济组织及个人提供有关中国法律的各种服务与协助，以切实维护和保障客户的合法权益。自1991年开始，其业务之一是提供法律文书审核登记加章转递服务，所有香港要送到内地的法律文书包括民事、公证、公私资信、婚姻、委托、遗嘱等等，都由该公司汇总转递。这项服务也是方便香港同胞、体现祖国主权之举。香港以前送到内地的法律文书，要经英国外交部确认、转交中国驻英大使馆确认后，再返回香港转送内地。就像香港居民回内地探亲使用回乡证而不使用英国护照一样，这项服务把法律文件转递，规范到法律服务国内事务这样一个范畴，是我国在政治上的一个胜利。

1993年，司法部为加强这个窗口单位的力量，调福建对外经济律师事务所主任庄仲希任中国法律服务（香港）有限公司董事、总经理之职。

庄仲希在司法部和公司领导的支持下，坚持该公司的服务宗旨，在五年任期中做出了卓有成效的工作。

1994年，庄仲希受命创办主编《中国法律》杂志，这是中国唯一一种中英文对照，在全世界发行，介绍中国立法、执法、法律服务和法学教育的杂志。这个杂志的突出特点是将法学论文、案例和法律条文都翻译成英文，聘请外国人做英文校对，集中地反映了中国法律的形象和中国法律的整体观念，具有重要的参考价值。《中国法律》杂志创刊号刊登了时为全国人大常委会委员长

的乔石的文章《关于建立社会主义市场经济法律体系框架的构想》。司法部部长肖扬为杂志撰写了“发刊词”，指出《中国法律》杂志一定会对港澳台和大陆不同法律制度的相互了解和交流、相互联系与连接，对祖国统一大业从法律角度做出应有的贡献。

1997年，为庆祝香港回归、庆祝中国法律服务（香港）有限公司成立10周年，《中国法律》出版香港回归特刊。钱其琛副总理为特刊题词：“香港基本法是实行‘一国两制’的法律保证”；最高人民法院院长任建新题词：“十年服务结硕果，九七回归谱新篇”；香港特别行政区长官董建华题词：“法律先锋”；香港特别行政区终审法院首席大法官李国能题词：“法治公义，衡稳之基”；肖扬、鲁平、周南、范徐丽泰等也为特刊题词。特刊首文《宣传中国法律，促进交流合作》，由司法部部长肖扬撰写。庄仲希亲自组稿、约稿，刘汉铨、梁爱诗、柳谷书等20位著名人士撰文共15万字，产生了广泛的社会影响。

由于庄仲希和同事们的共同辛勤努力，《中国法律》受到世界各地读者的好评，世界各国的大学图书馆、研究机构，都在订阅这份杂志，杂志刊期也由原来的季刊改为双月刊，发挥了展示中国法律形象的积极作用。全国人大常委会副委员长王汉斌路过香港时，对《中国法律》杂志给予了高度评价。

作为中国法律的窗口，公司积极介入香港社会事务，庄仲希特别为香港回归做了大量鲜为人知的工作。由庄仲希具体策划，公司专门以“中国法律”为名，制作了大型彩车，参加庆祝香港回归的游行，在各类彩车中如与众不同。它旨在向香港各界宣传这样的认识，尽管中国的法制还有许多不尽如人意之处，但是中国法律正在健全，中国的立法、执法正在走向完善。

根据国家规定，在港中资机构人员任期届满要撤回内地。但因联系着很多客户难以很快抽身，经国家正式批准，庄仲希办理了香港居民身份，留在公司所属的中国法律律师事务所做合伙人。

这个律师事务所创办之初在律师会注册登记时，被香港律师会归到外国律师事务所这一类。庄仲希等中国律师为此提出抗议说，“我们是中国人，香港是中国领土，1997年回归即将到来，你们把我们放到外国律师事务所是何居心?”香港回归后，依照基本法，非香港律师被放在外来律师一栏。庄仲希的主要工作就是为保护港澳台同胞在祖国大陆的权益办理案件。他组织律师出色地办理了“追烂尾楼”案件，为买家追回久拖不还的欠款，赢得了很好的社会声誉；他与海基会原秘书长焦仁和建立的台湾信和律师事务所合作，互相委托办案；他用半年时间办理了一桩家族假遗嘱案，保护了当事人的权益；他依法纠正在内地投资房地产的不正规做法；他以法律顾问的身份，为福州高尔夫球协会的台商会员做法律服务，解答有关法律问题；他为香港工业协会、香港总商会、台湾工商协会等举办法律讲座。庄仲希担任在台注册的《投资中国》杂志的社务委员，该杂志报道祖国大陆的建设成就，介绍投资情况、投资经验，介绍法律法规，报道商品洽谈会和展销会的动态，是一本很实用的杂志。此外，他还兼任香港注册，在祖国大陆、台湾、香港均获准发行的杂志《中国评论》的社务委员。

（原文发表于2002年）

许元英：生命的双重光华

◉ 叶旭端

许元英简历

许元英（1946— ），福建莆田人。1965年考入中国人民大学历史系中共党史专业。1970年毕业分配到贵州航空部一〇八厂，曾任党政秘书、宣传科副科长、政治部副主任、党委副书记、纪委书记、党委书记等职。1986年调至厦门经济特区，任中国航空技术进出口厦门公司副总经理、党委副书记、工会主席、党委书记兼副总经理等职。

早就知道许元英。在一次厦门校友的集会上，匆匆地交换了名片，印象却很模糊，只恍惚地记得，其人清秀儒雅，但名片上的内容却使我陷入了沉思——

航空工业（部）美术家协会副主席
厦门市美术家协会会员
厦门市企业家文艺家联谊会常务理事
中国航空技术进出口厦门公司副总经理
副研究员

当今时代，企业家的称号似乎比艺术家的名头更受欢迎。舞文弄墨的企业家为数不多，商海搏击的艺术家更是寥寥可数。社会舞台上的这两种身份，许元英却兼而有之，并且更为偏爱艺术家的角色——一个人的人生，折射出如此迥然不同的光芒。他到底是个什么样的人呢?

初春，在弥漫淡淡花香的办公室里，品着浓郁的乌龙茶，我们开始了热烈的对话……

一

“谈点儿什么呢？说说咱们人大吧！1965 年，我考上了中国人民大学中共党史专业，刚满 19 岁。我是个遗腹子，是我母亲含辛茹苦把我养大，是党和政府培养我成人。我靠助学金读完了高中，能考上我们的母校，内心真是激动！”许元英微微一笑，思绪又回到了初入人大的那一天。

那时担任人大校长的是著名的历史学家郭影秋先生。郭老清雅恬和，特地在入学第一天，招呼几位新生到他家里座谈，勉励他们努力学习，实事求是，打好基础。其间言笑晏晏、其乐融融

的师生情谊，成了许元英无法忘却的记忆。“那时的国内形势很好，大家来自五湖四海，热情很高，对我们祖国的建设充满希望。当时学校条件艰苦，可是同学们学习非常用功，参加校内外的各种社会活动十分踊跃，校园风气很好，积极、进取、蓬勃向上……”许元英的嘴角又现出恬淡的微笑，多么美好的青春！单纯，进取，坚定的社会主义信念，为祖国服务的热情，铸就了他一生的基本思想：服从党的需要，热诚地为人民服务。对造就自己生命蓓蕾的青春，许元英非常珍视。

“在人大，最主要的收获是打下了令我终身受益的马列主义理论基础，这样，在后来的工作岗位上做党务宣传工作才能得心应手。”许元英娓娓述说着，30 年的奋斗历程犹如他所画的一幅幅画卷，呈现在我的面前。

1970 年，许元英从党史专业毕业，服从国家分配，去了偏僻的贵州山沟沟，进入航空部一〇八厂劳动锻炼。清秀瘦小的许元英，下车间后展现了令人印象深刻的品质：吃苦耐劳，勤奋好学。他很快地赢得了工人们的尊敬。第二年，他被提拔为该厂办公室秘书、党政秘书。迈着坚实的脚步、不断成长的许元英历任宣传科副科长、政治部副主任、党委副书记、纪委书记、党委书记，积累了丰富的党务工作和企业管理的经验。他在贵州待了 16 年，兢兢业业，其间结识了甘苦与共的爱妻，诞育了可爱的女儿。如果不是 1986 年的工作调动，许元英或许会埋头苦干到暮年。1986 年的调动是一个契机，他被放到一个充满竞争的新环境中，人生开始折射出更为耀眼的光芒。

二

1986 年，许元英服从组织需要，奉调来到了厦门经济特区，

担任中国航空技术进出口厦门公司副总经理、党委副书记、工会主席。身兼数职，他更为忙碌了。

初至厦门时，中航技厦门公司已创建五年，还处于艰苦的第一次创业阶段。许元英从相对闭塞的内地走到改革开放的前沿，思想上的震动可想而知。要适应特区现代企业的党务工作、企业管理工作的形势，就必须改变10多年形成的惯性思维，审时度势，改变工作方法。为此，许元英付出了巨大的努力。

“当时社会上，企业间有些免不了的交际应酬，很累人也磨人，刚开始不适应，后来慢慢地适应了，并把应酬社交当作很必要的正经事去做。”许元英清瘦平和、气质雅秀，一点儿也没有“啤酒肚”，怎么看都不像经常应酬的人。但是，当磨人累人的应酬成为工作的利器时，就不能把它看作吃喝玩乐，而要善于在吃饭中解决问题，同时要懂得节制。许元英就是这样想，也是这样做的。

交际应酬等问题很快得到解决。但他面临更大的挑战：如何提高职工的社会主义觉悟和素质？如何更好地促进企业发展？他结合实际，苦苦思索，探求特区企业思想政治工作和社会主义市场经济条件下党建工作的新路子，先后撰写《特区企业思想政治工作的基本思路和做法》《社会主义市场经济体制下加强企业党建的探索》《坚持“四个结合”，搞好纪检工作》等文章，提出了自己的见解——

“一个目标”：培养四有人才，推进企业两个文明建设的发展。

“两种体系”：思想政治工作形成思想教育体系和活动教育体系。

“三股力量”：思想工作以各级党组织和政工干部为骨干力量，以各级行政领导为主体力量，以广大党员、团员为基础力量。

“四个重点”：思想政治工作的重点主要放在总经理的关心点上，中心工作的关键点上，改革出现的难点上，群众关注的热

点上。

“五个适应”：思想政治工作要适应历史性的变化和经济特区的特殊性，适应改革的变动性和复杂性，适应现代社会信息的广泛性，适应职工层次的多样性，适应社会主义阶段的长期性。

…………

许元英不紧不慢地畅谈自己的工作，偶尔夹杂一些手势，使我这个采访者不由得被深深吸引。原来，思想工作也有这么多门道啊！

企业的最有利因素就是企业里的人。一个企业的发展，除了政策，除了机遇，最重要的莫过于人——企业决策，决策执行，哪一样离得了人这种最富创造力的因素呢？多年来，与许元英息息相关的中航技厦门公司走过了不平凡的艰苦创业历程，从无到有，从小到大，从弱到强。在困难中建设，在拼搏中前进，在改革开放中发展提高，发展到今天，已成为厦门赫赫有名的出口创汇大户；成为一个工贸结合、技贸结合、进出结合，工贸储建房全面发展的多功能综合性的企业；成为航空工业在特区的窗口……矗立于厦门湖滨南路的鸿翔大厦办公大楼，矗立于湖里工业区的一幢幢厂房，矗立于仙阁里生活小区的员工宿舍楼……这是厦门人有目共睹的发展成就。而每年的巨额创汇、不断增值的固定资产，更是他们为祖国建设所做出的贡献。每一个中航技人都为此自豪，处于领导阶层的许元英也不例外。这其中，包含了多少他彻夜不眠运筹帷幄的努力啊！几年来，他对主管的工作坚持做到有计划、有落实、有检查、有总结；几年来，他坚持对职工实行“三必看”（职工生病住院必看，职工家属来厦必看，新职工报到必看）；几年来，他坚持加强企业文化的建设，亲自组织建立思想政治工作研究会、通讯报道组、神剑文学支会、职工之家，通过寓教于乐的活动增强企业职工的凝聚力。

辛苦换来了甘甜。企业的蓬勃发展、纷至沓来的荣誉，使他

由衷地感受到什么是成功，什么是贡献，什么才是共产党员、党务工作者、企业管理者的幸福。但是与幸福感伴随而来的，是更高的目标、更深沉的危机感。“公司已经制定了进一步创汇增值的目标，要达到目标仍需长期坚持不懈的努力……”许元英淡淡地说，“我们就怕接班的年轻同志忘记了艰苦创业的优良传统，所以，对青年职工的‘传帮带’工作，对后备队伍的选拔培养，都十分重要。”平淡的话语中透出他深深的危机感。厦门有几家原先不错的企业，在风头正劲时却滑入低谷，居安而不思危是重要原因。前车之鉴，不可不防！市场的竞争中，风波险恶，沉稳的舵手既要乘风破浪，亦要避开漩涡陷阱，唯有危机感和责任心是保持镇定的“药物”，二者缺一不可。

许元英手头的工作计划又堆成了厚厚的一叠：“核心工程”“人才工程”“形象工程”“爱心工程”“青年工程”……这位平和的高级政工师，要考虑的问题实在太多。他的人生，折射到这里，是审时度势领导决策的优秀党务工作者。

三

古人云：“人无癖不可与交，以其无深情也；人无痴不可与交，以其无真气也。”一个情感丰富的人，心灵的舒放，人格理想的寄托，必然会体现在其兴趣中。

文质彬彬的许元英最大的爱好是绘画。

我们愉快的交谈，是从评论厦门书画界的某些作品开始的。许元英的办公室书橱中不乏书画集，书桌上整齐有序地码放着作品、相册、获奖证书。他很迅速地抽出一本作品集来与我交谈，并且向我介绍他的作品创意之所在。音调轻快，脸上满是由衷的自豪与快乐，此时的许元英与作为企业管理者的许元英迥然不同，

此时的他倒像是海边拾到美丽石子的孩童。后来，在他安静的书房里，我发现许元英独自坐在宽大的画架前，置身于一幅幅山水花鸟画中，神致更为怡然，娓娓的述说、温雅的笑语，很容易令人想到“山间听松”的意境。

许元英回忆起自己作画的历史，就回想到艰辛的乡村童年生活，年轻的他在功课之余，最喜爱的是用稚嫩的笔触描绘日常的流霞变幻、田野风光，艰难的生活底色中涂抹的这一丝亮色，谁知竟成为日后画家的起点！在人大学习期间，许元英担任宣传工作，画画、书写更是派上了用场；在贵州山间的 16 年，他仍孜孜不倦地尽心描绘心中的彩虹；到厦门后，视野的开阔，内心的感慨，相对良好的条件，更促使他专注于丹青。许元英买来了大量的画谱，尽心临摹、揣其理构、会其神韵、学其笔法，打下了坚实的国画笔意的基础。同时，不管是前辈、同辈、晚辈，只要对国画稍有了解，都成为他的研讨同伴。而虚心向学，又使他汲取了不少旁人的长处。许元英每天坚持作画，当从繁忙的工作和俗务中脱离出来，独自坐到桌前，操起画笔时，他才能体会到愈来愈深的沉静。“我的生活，确切地说，主要分成了两部分：一部分就是尽心尽力做好工作，另一部分就是在宣纸笔墨中抒发寄托。”许元英如是说。我信手翻看他的创作目录，截至 1997 年春节前，他已经作画几百幅。有时，一个休息日就要画 2～3 幅成稿，而撕碎成废稿的，更是难以计算。日理万机的许元英能把空余时间化零为整，作出这一幅幅画，心中的毅力可想而知。

观赏许元英的绘画作品，其风格一以概之，就是清雅二字。他最擅作的是梅、兰、竹、菊这四种中国传统花卉。“竹本虚心，梅香铁骨，兰品孤洁，菊生野逸”，代表的人格思想足以使人心驰神往。常见的许多画者，画此类多了笔法就俗谛，构图立意也俗而又俗。许元英的画风既不那么嶙峋，也不那么苍劲，而是自然而然地透出一股清新温雅。画品即人品，此话在他身上已得到了

印证。

“师竹虚心有节，效梅铁骨生香。”这是一幅竹梅图。

“寒冬不凋。炎夏不莠，生生不息，绿遍天涯，高风亮节，千古留存。”这是一幅劲竹图。

“凌霸而荣，傲骨冕香，不与群芳争艳。”这是一幅菊石八哥图。

…………

“我喜欢画这些，因为它们是传统的，是美的。”许元英诚挚地说。我仔细地看了看，觉得他画的梅花，无论红梅、白梅、雪中梅、月下梅，都在傲骨中透出温馨，一扫冷艳之感，又除却甜媚之嫌，倒像一个个傲骨铮铮的人，温和微笑地看着世界。

幸运而又绝非只是幸运的是，以作画为乐、心无杂求的许元英，在绘画上也像事业上一样，获得了一个又一个的荣誉——

1990年美术作品获厦门市职工美术书法展一等奖。

1991年美术作品获“航空工业创建四十周年”中航技系统竞赛三等奖。

1992年美术作品获厦门市职工美术、书法竞赛二等奖。

1993年美术作品入选福建省“塞斯”杯美术、书法、摄影展。

1995年美术作品入选《妈祖故乡莆田书画选》，作品在中国美术馆参展，并另有两幅作品入选第二届中华企业家书画摄影大展，并得大奖。

1997年他最喜爱的《冬梅图》在《人民日报》副刊发表，同时，梅、竹等作品到新加坡、日本、菲律宾、中国香港、中国台湾等地区展出。

…………

许元英高兴而自豪，但他并不陶醉在现有的成功里。作为厦门知名的画家，他内心经常挂着的念头还是“学竹虚心有节，投椽艺海无极”。一个艺术家的画品境界往往是不进则退的，勤耕不

辍才能取得更大的成就。

“怕不怕人家说你附庸风雅，赶时髦当儒商?”面对这种尖锐的提问，许元英坦然回答道：“永远不怕！这是我真心喜欢的事情，不在乎别人怎么说。再说许多企业界的人见到我能画，还觉得百忙之中能够这样也很难得。”这倒是真的，谁不喜欢与一个能画的企业管理者交往呢？追求美的人，首先就给人以美的感觉。即使有什么风言风语，许元英一定也是“任尔东西南北风”，因为将他这个人折射到绘画上，就是一位纯净追求美，追求怡性陶情的艺术家，而纯真的艺术家是不会理会心灵外界的干扰的。

身兼企业管理者和画家的许元英，令我感动的是他谈话中对老母亲的崇敬爱戴，对女儿的殷殷期望，对爱人的感激……家庭生活的温馨美满，成为他奋斗人生的坚强后盾。人生的轨迹中有了家，有了爱的依托，才更为绚烂夺目。

“真诚地感谢人大。”许元英说完这句话后，与我握手言别。当我走在厦门熙熙攘攘的街上，突然想起离别已久的校园，想起刻有“实事求是”的大石，不由心生慨叹：“时至今日，能有多少像许元英这样集人品、画品、企业家风度于一身的人呢?”

（原文发表于 1997 年）

李荣时：奋斗不止的人生

◉ 樊　钉

李荣时简历

李荣时（1946—　），1969年毕业于中国人民大学农业经济专业。在内蒙古锡林郭勒盟、哲里木盟从事计划工作十年，1979年考取中国人民大学人口学研究生，师从刘铮、邬沧萍教授研究人口理论、人口统计。1982年毕业，成为我国第一批人口学硕士。1982年至1986年历任国家统计局人口统计司副处长、处长。1988年9月任民政部计划财务司副司长，主管民政计划、统计、科技，兼职中国统计学会社会统计分会副理事长、中国社会学会社会保障分会副理事长。1996年调中共中央办公厅调研室从事经济方面的调研工作，兼职研究员。

从中南海红墙内出来迎接我们的正是李荣时。虽已鬓染霜白，却仍旧是一副魁梧而矫健的东北大汉身材，爽直的言谈中时时流露出他那难改的乡音。

在幽静而又素雅的办公室落座不久，李荣时便向我们娓娓道出自己那满含波折的过去、充实的现在以及计划中的将来。

从辽宁到北京

李荣时出生在辽宁省开原县一个贫农家庭。1964 年，高中毕业前夕，村里小学的校长找到李荣时的父亲，希望能够让李荣时留在家乡当小学老师。

“不，我一定要到外面去闯闯。”倔强的李荣时婉言谢绝了老校长的好意，毅然报考了中国人民大学农业经济系。那年他 18 岁，如愿以偿远赴北京，带着父老乡亲的眷眷嘱托、殷殷期望，跨入了大学校门。

满腔的热忱转化为如饥似渴的学习动力：汉语写作、党史、政治经济学、俄语……李荣时在知识的海洋里尽情遨游。谁知，不到两年时间，“文化大革命”便无情地阻断了他求学的航路。谈到这段历史，李荣时的语调中仍有掩不住的遗憾，“那是一段多么可贵的求学时间啊，可惜就这么白白浪费了”。

因为学校停课“闹革命”，李荣时一直被拖到 1969 年才毕业。毕业以后，他被分配到内蒙古锡林郭勒盟工作。这是靠近中蒙边境的一片土地，“开车行驶四个多小时也见不到一个人影”。东北大汉顶天立地的秉性使李荣时毫无怨言地在这里扎下根来，一干就是五年。

当初在内蒙古负责分配工作的同志问这些大学生有什么要求，李荣时考虑到父母健在，回家尽心尽孝能方便些，便提出了唯一

条件——交通方便。谁知领导错会了他的意思。几天后，李荣时被通知，“考虑到你要求交通方便，给你分配到汽车队啦!”时隔多年，讲起这段小插曲时，李荣时仍是忍俊不禁。

这个汽车队只有司机和从盟里各个单位集中起来的车辆，并没有管理人员。学农业经济的李荣时被安排搞财会工作——这并非是整天坐办公室的工作，而是需要每天拿着收条，骑上自行车，到各处去收取运输费的工作。这样每天奔波劳碌的工作，李荣时一干就是大半年。后来，他先后被安排从事调度工作、政工工作。不久，车队解散，一纸调令下来，李荣时又被派往计委工作。在那里，他同样毫不挑剔，下工地蹲点，同建筑工人一起抹灰、盖房，协调各种纠纷……李荣时以他踏实的工作态度和出色的工作能力赢得了大家的一致好评。1975 年，他又被调往内蒙古哲里木盟从事计划工作。

丰厚的阅历是人生的一大财富。李荣时身上那处变不惊、豁达开朗的气质，可以说正是那一段曲折经历的折光。

时光如梭，转眼到了 1979 年——正是国家刚刚恢复研究生招生考试的第二年。此时的李荣时已是三个女儿的父亲了，可是那一颗不甘停滞、勇于拼搏进取的心仍旧促使他在人生的道路上又迈出了崭新的一步。

在克服了许多难以想象的困难之后，33 岁的李荣时又一次跨入了人民大学的校门，成为我国首批人口学专业硕士研究生。

人生的两个字：奋斗

爱人、孩子都远在内蒙古，读研究生期间所发的津贴每月都必须拨出一多半寄回去补贴家用。三年的学业对李荣时来说实在是艰辛。有一次学校组织研究生到海淀剧院看芭蕾舞剧《天鹅

湖》，门票九毛钱一张。考虑再三，李荣时还是觉得拿出这九毛钱比较吃力，于是便没有去看。清苦的生活，可能使弱者一蹶不振，但也可以激发出强者奋击的力量。在刘铮、邬沧萍、查瑞传等人口学界知名教授的悉心指导下，李荣时潜心钻研，积极探索，以百倍的热情和精力投入学习。1982 年，李荣时以优异的成绩毕业，被分配到国家统计局工作。

当时的国家统计局刚刚成立人口统计司，没有大学毕业生，工作人员多是复转军人，亟缺专业人才。李荣时参加工作以后接受的第一项任务便是对 1982 年全国第三次人口普查资料进行分析。凭借过硬的专业素质和扎实的工作经验，李荣时圆满地完成了任务，并先后在北京、烟台、苏州等地举办了一系列有关普查资料分析的培训班，培训了一大批后来在人口管理实际工作领域发挥骨干力量的人才。当时培训班在北京的驻地——装甲兵招待所，则被人们戏称为“人口学的黄埔军校”。

1984 年，李荣时作为我国参加国际生育率调查团的副团长，赴英国访问学习。1985 年，国家统计局在全国开展 1% 人口抽样调查，身为普查处处长的李荣时亲自带队从南到北在几个抽样城市逐一进行试点，从而保证了有关资料的系统、准确、完整。1986 年，国家统计局和民政部合作开展全国残疾人状况调查，李荣时不负重托，在调查全程，独自一人承担了从问卷设计、调查员培训、数据汇总到资料分析等一系列有关统计学、人口学内容的工作重担。项目完成以后，他又会同另外两名同志，编辑出版了 10 本项目汇总专辑，从而形成了一整套完备的统计资料成果。

李荣时的工作能力、实干精神和业务素质得到了民政部有关领导的充分肯定，经过民政部与国家统计局领导的磋商，1988 年 9 月，李荣时被正式调往民政部工作，任计划财务司副司长。一个更加广阔的天地在李荣时的面前展开了。

原先民政部的统计资料一直是一年一本内部发行的白皮书，

内容零散又不能提供给社会广泛利用。李荣时到任后，立即着手将统计资料规范化，集中编辑了《中国民政统计年鉴》作为社会公开出版物正式出版。同时，为进一步将年鉴的编写与计算机汇总技术联系起来，李荣时还亲自到各省市基层部门参与设计、硬件配置、技术培训工作。从而使各基层部门进行数据汇总、复核、上报直至编辑出版年鉴的一整套工作都日益规范化、科学化。

大量行政工作的负担，并没有使李荣时在学术研究上止步。通过深入实际地参与人口婚姻、社会保障、流动人口等多项社会调查工作，李荣时积累了大量第一手的资料，先后在《人口研究》《人口科学》等国内一级刊物上发表学术论文 50 余篇，主编出版了 100 多万字的统计资料。

“人不能停滞，必须不断地奋斗。这是人民大学教会我的。”用李荣时常讲的一句话来说便是，“奋斗不一定使你成功。但一定使你不后悔。”

新的冲刺

当李荣时主动申请调往中共中央办公厅调研室工作时，很多人不能理解，觉得李荣时身居副司长的高职，再往前的路应当是既平坦又令人羡慕的，怎么会放弃大好前程，跑到一个待遇不高、纪律又比较严的清水衙门里来?

“我总是不愿意做不学无术的官僚。应该勇于接受新的挑战。不断学习，不断发展自己。”

李荣时这样总结自己：从学校毕业参加工作，1969 年至 1978 年，是默默无闻地工作；1979 年至 1988 年，“二进宫”继续在人民大学读书，尔后在业务上、职位上都有了很大的进展；1988 年之后，打算再来一个充电调整的过程，争取到退休以前再有一个新的冲刺。回顾过去的岁月，李荣时觉得“自己虽然没有成就一番大的事业。但确实是一步一个脚印地走过来的，没有迈错步，我自己觉得是对得起党和人民对自己的培养，对得起母校对自己的培养的”。

李荣时有一个温馨和睦的家庭，夫人是大学的同班同学。从相识到建立家庭，两人同甘共苦走过数十载。李荣时说，自己倘若有一分成功，那么这其中便有一多半应归功于自己妻子的支持。

李荣时常说自己平平常常，和很多人一样，只是做了一些很普通的事情。然而，正是这些普通而实在的事情，星星点点，汇成了李荣时璀璨的人生轨迹，在这一方星河之中，我们看到一道亮丽的主线贯穿其中——宠辱不惊，奋斗不止。

（原文发表于 1997 年）